Zu diesem Buch

Zwanzig Jahre lang hatten sich die Festung Ost und die Festung West gegeneinander eingeigelt. Überholte militärische Kategorien übertrugen sich auf die wirtschaftliche und gesellschaftliche Existenz der Bürger: Im Wettkampf der Systeme fühlten sich selbst die Einzelhändler. Die außenpolitische Durchbrechung des Festungsdenkens, wie sie in der Ostpolitik der deutschen Bundesregierung und der Chinapolitik Nixons zum Ausdruck kommt, sind Schritte zu einer Friedenspolitik mit den traditionellen Methoden klassischer Außenpolitik. Die inneren Wirtschafts- und Gesellschaftsstrukturen bleiben zunächst davon unberührt.

In diesem Buch versuchen der verstorbene Oberbürgermeister von Frankfurt Walter Möller und der Publizist Fritz Vilmar, über die außenpolitische Dimension hinaus, ein Gesamtkonzept sozialistischer Friedenspolitik für Europa zu entwickeln. Dabei werden folgende Schwerpunkte entwickelt:

Kritische Analyse des militärischen und feindideologischen Komplexes: Aufdeckung der in ihm verborgenen Herrschaftsinteressen; gefordert wird eine:

Ablösung des antikommunistischen Feindbildes durch eine nüchterne Analyse des osteuropäischen Gesellschaftssystems, seiner Differenzierungen, Ideologie und Status-quo-orientierten Interessen sowie seine Neubestimmung als produktive gesellschaftspolitische Herausforderung für Westeuropa;

Analyse der kapitalistischen rüstungswirtschaftlichen Interessen und Ingangsetzung einer Umstellungsplanung von Rüstungsindustrie auf zivile Produktion im Rahmen einer demokratischen Wohlfahrtswirtschaft Westeuropas;

Verstärkung der friedlichen Verflechtung mit Osteuropa durch Intensivierung der wissenschaftlichen, technologisch-wirtschaftlichen, kulturellen und entwicklungspolitischen Kooperation;

Ersetzung der NATO-Strategie der schrittweisen Eskalation in die atomare Katastrophe durch eine Strategie räumlich und militärisch genau limitierter Grenzsicherung im Rahmen des weltstrategischen atomaren Patts und einer Politik konsequenter Rüstungsverminderung in Mitteleuropa;

Ingangsetzung einer Politik der Betriebs- und Wirtschaftsdemokratie, durch die nicht nur Rüstungswirtschaft zur ökonomischen Stabilisierung überflüssig wird, sondern auch die ökonomisch-politischen Machtpositionen derjenigen schrittweise beseitigt werden, die aus Selbsterhaltungsinteresse alles daransetzen, innen- wie außenpolitisch die antisozialistisch-antikommunistische Konfrontation aufrechtzuerhalten;

Entlarvung des neoimperialistischen Charakters der westlichen wie östlichen Entwicklungspolitik und Formulierung einer Strategie nicht-imperialistischer Kooperation mit der Dritten Welt;

Ingangsetzung politisch-kritischer friedenspädagogischer Prozesse (einschließlich lehrreicher antimilitaristischer und basisdemokratischer direkter Aktionen), die bereits die Heranwachsenden gegen Feinddenken und politische Aggressivität immun machen.

Walter Möller, geb. 1920, freier Journalist, Leiter der Volkshochschule Frankfurt, seit 1961 hauptamtlicher Stadtrat, von 1970 bis zu seinem Tode am 16. November 1971 Oberbürgermeister der Stadt Frankfurt.

Fritz Vilmar, geb. 1929, Soziologe der kritischen Frankfurter Schule, seit 1956 freier wissenschaftlicher Publizist und Referent, seit 1970 Forschungsauftrag der Carl-Backhaus-Stiftung (Modelle der Industriellen Demokratie). Veröff. u. a.: Rüstung und Abrüstung im Spätkapitalismus (Frankfurt/M. 1965; erw. Auflage 1970).

Walter Möller Fritz Vilmar

Sozialistische Friedenspolitik für Europa

Kein Frieden ohne Gesellschaftsreform in West und Ost

rororo

Rowohlt

rororo aktuell – Herausgegeben von Freimut Duve

ERSTAUSGABE

Veröffentlicht im Rowohlt Taschenbuch Verlag GmbH,
Reinbek bei Hamburg, Mai 1972

Redaktion Günter Pankalla
Umschlagentwurf Werner Rebhuhn (Fotos dpa)

Gesetzt aus der Baskerville
IBM Composersatz Herbert Kröger, Hamburg
Gesamtherstellung Clausen & Bosse, Leck/Schleswig
Printed in Germany
ISBN 3 499 11551 4

Inhalt

Einleitung

Wieso „sozialistische" Friedenspolitik?

Der hier vorgelegte Entwurf für eine europäische Friedenspolitik weist demokratisch-sozialistischer Kritik und Überwindung kapitalistischer wie bürokratischer Herrschaftsverhältnisse grundlegende Bedeutung für die Herstellung einer menschenwürdigen Friedensordnung zu. Er geht von der Erkenntnis aus: Kein Frieden ohne radikale Demokratisierung der Gesellschaft in West und Ost.

Reale Demokratie aber und Sozialismus sind ein und dasselbe. Es gilt zu erkennen, daß es aus der Natur der Sache nicht eine gesellschaftspolitisch „wertneutrale", allgemeine Friedenspolitik geben kann. Der Zusammenhang von Friedenspolitik und demokratischem Sozialismus wird in diesem Buch in mehrfacher Hinsicht erkennbar:

Erstens: Sozialistische Friedenspolitik geht von der Erkenntnis aus, daß die friedensfeindlichen Tendenzen und Kräfte in der Welt nicht einfach aus Unfähigkeit von Diplomaten und Politikern resultieren, sondern auf tiefgreifenden inner- und zwischengesellschaftlichen Widersprüchen beruhen: auf Herrschaftsinteressen, die es aufzudecken und abzubauen gilt.

Zweitens: Es zeigt sich, daß Friedenspolitik nur der realistisch betreiben kann, der in der Lage ist, gesellschaftskritisch den offiziellen Freund-Feind-Schematismus zu durchbrechen; nur wer erkannt hat, daß auch im Westen massive kapitalistische Herrschaftsinteressen einer friedlichen Koexistenz, einer Versachlichung und Normalisierung der Verhältnisse zu Osteuropa und einer erfolgreichen Wohlfahrtsentwicklung in der Dritten Welt entgegenstehen, und bereit ist, diese an der Aufrechterhaltung des „Drohsystems" wie auch des Neoimperialismus-interessierten Kräfte offen und konsequent zu kritisieren und zu bekämpfen, ist fähig zu realer Friedenspolitik.

Drittens: Nur demokratische Sozialisten sind in der Lage, mit dem Staatssozialismus des Ostens ein selbstbewußtes Verhältnis entspannter Systemkonkurrenz einzugehen. Sie sind fähig, in der Auseinandersetzung mit dem antikapitalistischen System zu unterscheiden zwischen durchaus verwerflichen, antidemokratischen Elementen, die zu verurteilen sind, und anderen, akzeptablen oder diskussionswürdigen gesellschaftlichen Elementen.

Viertens: Schließlich ist Friedenspolitik mit demokratischem Sozialismus insofern aufs engste verbunden, als nach unserer Auffassung nur insoweit eine stabile Friedensordnung langfristig geschaffen werden kann, wie es gelingt, an die Stelle von feudaler, kapitalistischer oder bürokratischer Klassenherrschaft Ordnungen des demokratischen Sozialismus überall in der Welt zu realisieren. Wir verstehen darunter Gesellschaftsordnungen, in denen nicht länger herrschende Machteliten auf Feindfixierungen und auf den Bestand militärischer Komplexe (zum Schutz gegen die Beherrschten) angewiesen sind und in denen eine demokratische Wohlfahrtsplanung nicht länger an den Profitinteressen von Kapitalbesitzern oder an den Herrschaftsinteressen totalitärer Bürokraten scheitert.

Im Sinne dieser Grundsätze entfaltet sich der Gedankengang in zwei Teilen: auf der Basis einer relativ knappen sozioökonomischen Analyse des internationalen Militarismus (unter dem Begriff des „Festungssystems“) – I. Teil – werden die gleichwohl vorhandenen, bedeutsamen Trends zur Entspannung dargestellt, von denen aus ein Gesamtkonzept sozialistischer Friedenspolitik zu entwickeln ist – II. Teil.

Es wurden zahlreiche Beiträge kritischer Sozial- und Politikwissenschaftler verarbeitet*, zugleich aber der Fachjargon nach Möglichkeit vermieden. Sachlich notwendige bzw. vielverwendete Fachbegriffe und Abkürzungen vermeiden zu wollen, ist allerdings – auch im Interesse des Lesers! – nicht sinnvoll; sie werden im Anhang kurz erläutert. Im übrigen aber ist es erstaunlich, wie relativ einfach man reden kann, wenn man versucht, auf akademische Ghettosprache zu verzichten.

Man könnte fragen, ob die spezifische Bestimmung einer friedenspolitischen Konzeption als „sozialistisch“ diese nicht auf einen begrenzten Kreis potentieller Akteure und Adressaten (Wähler, Sympathisanten) fixiert, während es das Ziel sein sollte, jeden politisch Interessierten – auch Nicht-Sozialisten – mit einem relevanten friedenspolitischen Konzept anzusprechen.

Natürlich wünschen wir, mit der hier vorgelegten Analyse und Programmatik möglichst viele zu erreichen. Es scheint uns aber wissenschaftlich richtig und politisch sinnvoll, mit offenen Karten zu spielen. Wissenschaftlich richtig, insofern der Streit um die wissenschaftliche Wertfreiheit u. E. zu der Erkenntnis geführt hat, daß die – unabweisbare – gesellschaftliche Standortgebundenheit des Sozialwissenschaftlers gerade erst dadurch zu unwissenschaftlicher Haltung führt, daß er versucht, seine Position hinter einer Fassade von akademischer Distanz und Scheinobjektivität zu verbergen. Wissenschaftlich dagegen ist gerade die Reflexion und Offenlegung des erkenntnisleitenden Interesses, in unserem Fall also des Interesses an einer gesellschaftlichen Veränderung im Sinne der Befreiung der Menschen aus der Knechtschaft des Menschen, der Ermöglichung seiner Daseinssicherung und -entfaltung in freier Selbst- und Mitbestimmung.

Daß diese Zielsetzung freilich wiederum nicht zu einer dogmatischen Annahme und Anempfehlung sozialistischer gesellschaftspolitischer Grundsätze führt, sondern diese vielmehr aus der Analyse in-

*Ein Hinweis ist zur Auffindung der Quellen notwendig: hinter den zitierten Autoren, Jahrbüchern etc. steht in Klammern das Erscheinungsjahr – (a), (b), falls mehrere Publikationen im gleichen Jahr – und die Seite des Zitats. Mit diesen Hinweisen läßt sich die Quelle im Literaturverzeichnis am Schluß des Buches sofort feststellen.

humaner – hier speziell: friedensgefährdender – gesellschaftlicher Tatbestände sich ergeben, kann nur aus den folgenden Texten selbst sich erweisen. Daß Friedenspolitik realistisch nur als sozialistische Friedenspolitik Aussicht auf Erfolg haben kann, ist insofern nicht Ausgangspunkt, sondern Arbeitsergebnis dieser Studie.

Aber es scheint, wie gesagt, auch politisch sinnvoll zu sein, mit offenen Karten zu spielen und dem Leser klarzumachen, daß hier Friedenspolitik als eine Konzeption sozialistischer Theorie und Praxis entwickelt wird. Es muß nämlich zur Ehre eines – trotz aller antisozialistischen Propaganda der vergangenen Jahrzehnte – erstaunlich großen Teils der Menschen in Westeuropa gesagt werden, daß die sozialistische Alternative in der europäischen Politik eine sich konsolidierende Massenbasis gewonnen hat; nach einer „Spiegel"-Umfrage (Heft 46/1970) verbanden 56% der Bundesbürger mit dem Begriff des Sozialismus positive Vorstellungen. Vielleicht ist es nicht zuletzt die sozialdemokratische Krankheit: die Angst vor der eigenen Courage, die in der Vergangenheit verhindert hat, daß diese Massenbasis sich auf Grund einer konsequent vorgetragenen sozialistischen Linie des politischen Handelns schneller konsolidiert hat. Wir glauben – und das war auch immer ein Grund für die avantgardistische Position der südhessischen sozialdemokratischen Initiativen –, daß die Mehrheit der Wähler längerfristig eher demjenigen vertraut, der offen, beharrlich und konsequent eine progressive Alternative vertritt, als dem ewig mauschelnden Taktierer. Freilich gibt es keine Massenbasis für einen „Sozialismus", der sich an der Leine der Sowjet-Ideologie bewegt, ebensowenig für einen Wortradikalismus und Aktionismus, der die Herstellung des Sozialismus wie eine überdimensionale Fabrikbesetzung projektiert. Sozialistische Friedenspolitik aber, so glauben wir, kann jenseits von bloßem Sozialliberalismus, doktrinärem Kommunismus und utopischem Radikalismus eine Konzeption entwickeln, die zu einem hohen Grad der Übereinstimmung in der westeuropäischen Linken führen kann und von einer potentiellen Basis von 40–60% progressiver Wähler in Westeuropa akzeptiert würde, wenn eine aktive Minderheit demokratischer Sozialisten, Reformkommunisten, linker Gewerkschafter, Publizisten und Pädagogen sie entschlossen zum Programm erhebt. Unser Entwurf liefert dazu eine *Diskussionsgrundlage.*

Dieses Buch wendet sich nicht zuletzt an alle, die glauben, die Aufgaben der Friedenssicherung seien so groß und umfassend, daß sie zu ihrer Lösung keinen sinnvollen eigenen Beitrag leisten könnten. Dieses Buch will zeigen, was wir alle tun können und tun müssen, um eine Katastrophe abzuwenden. Schließlich ist dieses Buch ein Beitrag zur aktuellen Politik der SPD*, denn die deutsche Sozialdemokratie hat die Aufgabe, an der Spitze der sozial fortschrittlichen und der friedliebenden Kräfte in unserem Lande zu stehen und aktiv mitzuwirken an einer Koalition aller progressiven gesellschaftspolitischen Organisationen in Westeuropa.

*Vgl. dazu das Nachwort.

Erster Teil
Im Festungssystem
Militarismus als Herrschaftsinstrument

1.0. Was bedeutet das: Festungssystem

Sozialistische Analyse des organisierten Unfriedens kommt auf Grund ihrer wissenschaftlichen Erkenntnisse zu dem Ergebnis, daß nur die Einsicht in den *unauflösbaren Zusammenhang der vielfältigen Erscheinungen des Militarismus mit gesellschaftlichen Herrschaftsinteressen* zur realen Einschätzung der Kräfte führen kann, mit denen Friedenspolitik sich konfrontiert findet. Es ist sinnvoll, aber nicht einfach, diese grundlegende theoretische Einsicht in die unheilvolle Verflochtenheit von gesellschaftlichen und militärpolitischen Zuständen durch einen entsprechend umfassenden Begriff sprachlich zu fixieren. In der folgenden Analyse wird dies mit dem Begriff des *Festungssystems** zu erreichen versucht. Wir wollen damit einen Ausdruck einführen für einen gesellschaftlichen Gesamtzusammenhang: dieser führt *innerhalb* der beiden Industriesysteme (wie übrigens der meisten Staaten der gegenwärtigen Menschheit) zu einer Überbetonung der Militärapparate, einschließlich der Geheimpolizei, Milizen, Bundesgrenzschutz etc., der Rüstungen, der Feind- und Bedrohungsideologien *im Interesse der Stabilisierung der herrschenden Ordnung* und stellt zugleich auch *zwischen* den Systemen eben jenes Verhältnis her, wie es zwischen zwei befestigten, sich fürchtenden und bedrohenden Städten herrschte.

Der Begriff des „Festungssystems" veranschaulicht nach unserer Auffassung besser als andere Begriffe die Prägung der Gesellschaft durch das Bewußtsein und die Demonstration der ständigen äußeren Bedrohung, die Fixierung aller Energien auf eine äußere Gefahr und den Ausbau der „Befestigungen" gegen diese äußere Gefahr unter Vernachlässigung der „Infrastrukturen" – die Begründung von harter militärischer Disziplin und persönlicher wie materieller Opferbereitschaft einschließlich der damit gegebenen autoritären Dienst- und Herrschaftsformen –, die Kriminalisierung der Opposition als vaterlandsverräterische Störung des „Burgfriedens", der in Wahrheit ein Zustand gesellschaftlicher Stagnation ist: die Unterdrückung der sozialen Konflikte und des gesellschaftlichen Wandels und Fortschritts. Die politische Architektur des Festungssystems bewirkt im allgemeineren Sinne das-

*Sehr ähnlich im Sinngehalt ist Dieter Senghaas' Begriff der „Organisierten Friedlosigkeit". Verwendbar wäre auch der klassische Begriff des *Militarismus*, der jedoch im allgemeinen Verständnis zu sehr das Moment des aggressiven politischen Verhaltens und der bloßen Überbetonung des Militärischen beinhaltet und die gesellschaftspolitischen Hintergründe nicht recht zum Ausdruck bringt; ähnlich ist es mit dem von Lasswell eingeführten Begriff des *Kasernenstaats*. Der Begriff des *Drohsystems* scheint wiederum primär die ideologische und sozialpsychologische Seite des Gesamtphänomens zu fixieren.

selbe wie die ursprüngliche materielle Festungsarchitektur: was die Freiheit erhalten soll, wird zur Einmauerung, die eben diese Freiheit einengt, behindert, vielfach liquidiert. Die Architektur der Festung ähnelt der des Zuchthauses. Die ideologischen wie faktischen Mauern, die das Festungssystem aufrichtet, machen den Nachbarn erst (oder erst dauerhaft) zum Feind, sie bewirken die Abkapselung, in der Furcht und Aggressivität gegenüber dem da draußen gedeiht, weil man ihn nicht kennenlernt.

Freilich darf der Begriff des Festungssystems nicht als der eines bloß sozialpsychologischen Mechanismus mißverstanden werden. Vielmehr reflektiert er zugleich den Kampf konkurrierender Herrschaftssysteme, die Gegensatzgebundenheit der einen Festung an die Existenz der anderen, die Bestimmung des politischen Handelns jedes Systems nicht aus seinen eigentlichen Bedürfnissen, sondern aus der wechselseitigen Gefährdung durch die Dialektik von Bedrohungen und Bedrohungsvorstellungen, Rüstungen und Militarisierung. Diese Wechselwirkung hat sich zwar teilweise zu einem schwer abstellbaren Automatismus verselbständigt, sie ist an sich aber durchaus nicht die letzte Ursache des „Festungssystems", wie die Rede von den autistischen Feindbildern nahelegen kann. Vielmehr liegen ihr reale, mit dem materiellen Mangel und infolgedessen der geschichtlichen Herausbildung von Klassengesellschaften entstandene imperialistische wie innenpolitische Herrschaftsinteressen zugrunde*.

Das „Festungssystem" stellt im Zeitalter der atomaren Massenvernichtungsmittel eine gefährliche, allerdings innenpolitisch sehr brauchbare gesellschaftliche Versteinerung dar. Eine überholte politische Struktur, so wie die Festungen selbst, deren Architektur wir hier als Gedankenbild übernehmen, im 19. Jahrhundert sinnlos (und schließlich wirklich geschliffen) wurden, als die zunehmende Sprengkraft der Artillerie jene „versteinerte" Sicherheitspolitik ad absurdum führte. Aber sie waren ursprünglich durchaus nicht bloße Ausgeburten ideologischer „vorurteilsvoller" Feindbilder. Auch das „Festungssystem", als das sich der kapitalistische wie der kommunistische Block und das Verhältnis zwischen ihnen (mit entspannungspolitischen Einschränkungen) heute noch darstellt, ist geschichtlich keineswegs aus bloß eingebildeter Bedrohung entstanden. Immerhin gab es seit 1917 zwei großangelegte militärische Aggressionen des Weltkapitalismus gegen die Sowjetunion (vgl. 1.1.), die diese an den Rand der Vernichtung brachten. Es ist ein unerläßlicher Akt westlicher Selbstkritik, dies

*Die für jede wissenschaftlich-sozialistische Theorie des Friedens grundlegenden komplizierten Zusammenhänge von materiellem Mangel, Herausbildung von Klassengesellschaften und der Entwicklung, Verselbständigung, Pervertierung von „Festungssystemen" hat Fritz Vilmar (1971,362 ff) in einem „Systematischen Entwurf zur Kritischen Friedensforschung" darzustellen versucht. Die konkrete Anwendung eines wirklich dialektischen – das heißt: nicht ökonomistisch verkürzten – Historischen Materialismus auf die Problematik der Kriegs- und Friedensforschung wird dort zum Forschungsprogramm erhoben.

nicht zu vergessen. Heute freilich hat das „Festungssystem" tatsächlich jene Züge einer verselbständigten Gegensatzbindung erlangt, die lediglich noch der innenpolitischen Herrschaftssicherung von Machteliten dient. Davon hat sozialistische Friedenspolitik auszugehen; und der Begriff des Festungssystems soll in den folgenden Analysen jederzeit diesen Zusammenhang gegenwärtig halten.

1.1. Ist unsere Festung bedroht? Analyse der Herausforderung

Kommunistische Gefahr?

In diesem Buch wird keineswegs bestritten, sondern im Gegenteil gerade herausgearbeitet, daß nicht nur im kapitalistischen Westen, sondern auch im kommunistischen Osten Machteliten herrschen, die an der Aufrechterhaltung der Militärapparate und -ideologien interessiert sind. Das hält uns allerdings nicht davon ab, eine Reihe von friedenspolitischen Forderungen – etwa zum Abbau der antikommunistischen Feindideologien, etwa zur Reduzierung und Neuorientierung der gegenwärtig weit übersteigerten westlichen Rüstung, gerade aus der der Bundeswehr – „einseitig" der gegenwärtigen westlichen und speziell der westdeutschen Politik entgegenzuhalten.

Wir sind uns durchaus bewußt, daß selbst von Gutwilligen gegenüber unseren rigorosen Forderungen zur Einschränkung des militärischen Komplexes hierzulande immer wieder der Einwand erhoben werden wird: Das alles mag gut und richtig sein, aber kann es verwirklicht werden, solange immerhin noch die massive „Bedrohung aus dem Osten", die „kommunistische Gefahr", die sich doch auch in einer gewaltigen „Roten Armee" und in einem weltrevolutionären Anspruch manifestiert, als durchaus realer Feind unserer demokratischen Ordnung bestehenbleibt? Es dürfte prinzipiell sinnvoll und für die vorbehaltlose Durchdenkung dessen, was in den folgenden Abschnitten vorgetragen wird, nützlich sein, auf diesen Einwand vor allen anderen sogleich einzugehen.

Vorab eine Feststellung, um Mißverständnisse von vornherein auszuschließen: wir sind durchaus der Meinung, daß es für uns eine kommunistische Gefahr gibt. Das staatssozialistische Gesellschaftssystem der Sowjetunion und ihrer Satelliten hat zwar eine beachtliche Reihe von beispielhaften gesellschaftlichen Errungenschaften aufzuweisen. Dennoch stellt es mit seiner Knebelung der Meinungsfreiheit, seiner totalitären Ein-Parteien-Diktatur, seinem doktrinären, in Katechismusformen erstarrten Marxismus, seinem bürokratischen Wirtschaftszentralismus ein soziales System dar, durch das entscheidende demokratische Freiheiten und sozialistische Grundsätze bedroht, ja in ihr Gegenteil verkehrt werden. So wird es beispielsweise für die Zukunft der Dritten Welt von wesentlicher Bedeutung sein, ob es in ihr gelingt, an

Stelle kapitalistischer oder solcher staatssozialistischer Gesellschaftsformen solche eines wahrhaft freiheitlichen demokratischen Sozialismus zu realisieren. Aber auch in Westeuropa wird der theoretische wie der praktische Kampf um die Transformation des kapitalistischen Systems *auch* darum gehen, daß als Alternative nicht ein totalitärer bürokratischer Staatssozialismus in Frage kommen kann. Diese „Gefahr aus dem Osten" ist aber gerade *nicht* eine militärische, sondern sie ist eine gesellschaftspolitische; sie ist eine ökonomische, ideologische und politische Herausforderung.

Aber sprechen nicht auch die hundert (nach anderen hundertsiebzig) Divisionen* des Ostblocks eine bedrohliche militärisch-aggressive Sprache? Darauf ist zunächst zu antworten, *daß die friedenspolitischen Forderungen, die in diesem Buch aufgestellt werden, selbst dann ihr Recht, ja nach unserer Auffassung ihre Notwendigkeit behalten, wenn es eine bestimmte militärisch aggressive Tendenz des Ostblocks gäbe.* Es wird nämlich versucht zu zeigen, daß wesentliche Elemente gerade der bundesrepublikanischen Politik einen provokativen Unfriedens-Charakter haben, daß die Rüstungsprozesse, die strategischen Ideologien, der emotionale Antikommunismus, das Segeln im Kielwasser der USA noch nicht einmal etwas mit rationaler Verteidigungs- oder Sicherheitspolitik zu tun hat, sondern im Gegenteil lediglich die Gegenseite provoziert und strategisch eine atomare Katastrophe riskiert. Mit anderen Worten: selbst unter der Voraussetzung, daß bestimmte militärisch aggressive Tendenzen der sowjetischen Politik noch angenommen werden müssen, behalten die friedenspolitischen Forderungen, die hier erhoben werden, ihre Gültigkeit.

Gleichwohl ist es natürlich für die vorbehaltlose, nicht von rein ideologischen Bedrohungsvorstellungen beeinträchtigte Diskussion des hier vertretenen konsequenten friedenspolitischen Konzepts von größter Bedeutung, *ob man von der begründeten Annahme ausgehen kann, daß „die Russen" unter den gegebenen gesellschaftspolitischen Voraussetzungen nicht „kommen"*.

Die Geschichte lehrt etwas anderes

Natürlich liegt es in der Logik des traditionellen Gewaltdenkens, den seit 1917 entstandenen gesellschaftlichen Antagonismus zwischen Kapitalismus und Kommunismus als einen letzten Endes nur mit militärischer Gewalt auszutragenden zu interpretieren. Die russische Oktoberrevolution verstand sich als Einleitungsakt großer internationaler proletarisch-revolutionärer Bewegungen, und sie wurde von den Herrschenden im Weltkapitalismus von Anfang an wesentlich als eine weltweite militärische Herausforderung verstanden und mit Erfolg den

*Bei diesen Zahlenspielen mit Divisionen wird meist unterschlagen, daß Divisionen der Warschauer-Pakt-Mächte nur etwa zwei Drittel der westlichen Divisionsgröße haben. Über die realen Kräfteverhältnisse vgl. unten 1. 3.

Völkern in ihrem Herrschaftsgebiet als ein drohender „roter Sturm" ins Bewußtsein gebracht. Die historische Redlichkeit gebietet es, festzustellen, daß in den folgenden fünfzig Jahren die Sowjetunion (und später auch China), bei Aufrechterhaltung der weltrevolutionären Ideologie, sich weitgehend aggressiver, expansiv-militärischer Mittel enthielten, während in der Tat die kapitalistischen Staatssysteme von 1917 an immer wieder versucht haben, in den kommunistischen Machtbereich einzudringen: sei es durch eine Kette militärischer Interventionen von 1918–22, sei es im Ostfeldzug Hitlers, sei es in der amerikanischen Roll-back-Politik nach 1945. Der kapitalistische Antikommunismus und Imperialismus in der Gestalt des deutschen Faschismus hatte sich ganz offiziell die Liquidation und Kolonisierung Sowjetrußlands zum Ziel gesetzt. Und nach 1945 deklarierte – noch *vor* dem Korea-Krieg – John Foster Dulles: „Ein wiederbelebtes Deutschland kann ein großer Trumpf in den Händen des Westens sein. Indem es Ostdeutschland in den Machtbereich des Westens zieht, kann es eine vorgeschobene strategische Position in Mitteleuropa gewinnen, welche die sowjetischen militärischen und politischen Positionen in Polen, in der ČSSR, Ungarn und in anderen angrenzenden Ländern unterminiert" (Dulles, 1950, 163). Adenauer hat bekanntlich bis tief in die fünfziger Jahre hinein die westdeutsche Wiederaufrüstung im Sinne dieser Roll-back-Politik als ein wirksames Instrument zur Erreichung der deutschen Wiedervereinigung interpretiert.

Natürlich hat man im Westen, und insbesondere in Deutschland nach 1933 und 1950, die forcierte deutsche bzw. westdeutsche Aufrüstung immer wieder mit der drohenden militärisch-weltrevolutionären Bedrohung durch den Kommunismus begründet. In Wirklichkeit aber ist die Politik der Sowjetunion seit 1917 nicht durch militärisch-weltrevolutionäre Ausweitung des eigenen Systems, sondern durch bewußte, in der Auseinandersetzung mit dem Trotzkismus bekräftigte Absage an die offensiv-militärische Expansion, durch den relativen Rückzug zum „Aufbau des Sozialismus in einem Land" gekennzeichnet. Mit Recht hat Willy Brandt (1963, 20) festgestellt: „Lenin, Stalin und Chruschtschow haben gleichermaßen versucht, nicht in einen Weltkrieg verwickelt zu werden. Auch als unter Lenin und Stalin die Sowjets noch überzeugt waren, daß Kriege unvermeidbar seien, war ihre Strategie immer darauf gerichtet, das Überleben der Sowjetunion als eine einsame Insel im Ozean des ‚feindlichen Kapitalismus' zu sichern." Und was die oft zitierte Herrschaft der Sowjetunion in Osteuropa betrifft, so wird meist dabei unterschlagen: Die Ausweitung des sowjetischen Machtbereichs bis an die Werra ist nicht Ergebnis sowjetischer Aggression, sondern des Wieder-Zurückdrängens des deutschen (kapitalistischen) Militarismus. Die Sowjetunion hat nach 1945 zwar mit brutaler Gewalt ihre neugewonnenen Machtbereiche sich untertan gemacht, aber keine weitere militärische Expansion betrieben.*

*David Horowitz (1965, 100–128) hat gegenüber dem westlichen Paradebeispiel für sowjetische Aggressivität: Korea 1950, mit einer Fülle von Dokumenten

Helmut Wolfgang Kahn (1969, 18ff) hat das Verdienst, auf Grund eines detaillierten militärpolitischen Kalküls in breiter Dokumentation die Unrichtigkeit der These von der permanenten sowjetischen Aggressionsabsicht gerade für jene Periode des kältesten Kalten Krieges nachgewiesen zu haben, in der die Ideologien des Roll-back und des Containment die Rechtfertigung für eine westdeutsche Hochrüstung produzierten. Helmut Wolfgang Kahns Argumente lassen sich wie folgt zusammenfassen:

Erstens: Die Sowjetunion hätte 1945 im Endkampf gegen Deutschland, wie der amerikanische Armeehistoriker E. F. Ziemke aus Dokumenten nachgewiesen hat, die Macht gehabt, Deutschland bis zum Rhein zu überrennen, da die westlichen Alliierten noch nicht weiter vorgestoßen waren. Sie beschränkte sich aber auf den in Jalta vereinbarten Einflußbereich. „Innerhalb dieser Grenzen errichtete und bewahrte die Sowjetunion ihre ‚Ordnung', so wie es auch der Westen innerhalb seines Bereiches tat" (S. 18).

Zweitens: Eines der Hauptargumente der westlichen Abschreckungsideologie: daß das atomare Monopol der USA bis in die Mitte der fünfziger Jahre den Westen geschützt hätte, entspricht nicht den Tatsachen. Der Besitz weniger Atombomben (1948: acht, 1951: zweiunddreißig) hätte die Sowjetunion niemals von einer „Eroberung Europas" abhalten können, wenn sie je eine militärisch-„weltrevolutionäre" Konzeption gehabt hätte. Wolfgang Kahn zitiert seinen amerikanischen Namensvetter, den Atomkriegskalkulator Herman Kahn: „Niemand kann . . . beweisen, daß eine kleine Anzahl auf Rußland abgeworfener Atombomben es tatsächlich veranlaßt hätte, um Frieden nachzusuchen. In der Tat kann man fast das Gegenteil beweisen. Die Russen haben im Zweiten Weltkrieg viel höhere Verluste erlitten . . ." (S. 26.) Außerdem weist Wolfgang Kahn nach, daß angesichts der äußerst mangelhaft gesicherten Atombombenlager und Fernbomberstartplätze ein Überraschungsangriff der Sowjetunion die amerikanische atomare *second-strike-capability* bis Anfang der fünfziger Jahre wesentlich hätte reduzieren können. Daß die russische Führung allerdings keinerlei in diese Richtung zielende politische Tendenz hatte, wird gerade durch die Tatsache erwiesen, daß – wie *Herman* Kahn besonders vermerkt – sie ihrerseits überhaupt keine Fernbomber- oder Luftbetankungssysteme in jener Zeit entwickelte.

Drittens: Die konventionelle Macht aber, der wir, der offiziellen Ideologie zufolge, an zweiter Stelle unsere Sicherheit vor der russi-

nachgewiesen, daß es sich im Korea-Krieg um einen – vom faschistischen Regime Südkoreas wesentlich mitverschuldeten – koreanischen Bürgerkrieg gehandelt hat, der ohne Abstimmung mit der Sowjetunion, ja zunächst ohne nordkoreanische Mobilmachung, aus Grenzkonflikten und Präventivkriegsmotiven entstand und erst schrittweise – wahrscheinlich vom Pentagon bewußt kalkuliert – zu einem „Stellvertreter-Krieg" zwischen den Großmächten eskalierte.

schen Dampfwalze nach 1945 verdankten, die NATO, war Anfang der fünfziger Jahre noch kaum existent: den 100 sowjetischen Divisionen stand keine nennenswerte NATO-Macht gegenüber. Wenige Jahre später aber, als man angeblich dringend 500 000 Germans an der europäischen Front gegen die kommunistische Flut brauchte, bewiesen die Amerikaner gleichzeitig den Ideologiecharakter dieser Aufrüstungsdoktrin: sie reduzierten ihre nach der Korea-Krise in Europa aufgeblähte Militärmacht von 1953–56 um 800 000 Mann. Offenbar gab es keine akute Bedrohung in Europa, offenbar gab es also auch keinerlei außenpolitischen Zwang zu einer riesenhaften westdeutschen Remilitarisierung.

Viertens: Noch bis 1958 hätte eine angriffslüsterne Sowjetunion (wiederum nach den Berechnungen Herman Kahns) mit ihrer inzwischen entwickelten Atomstreitmacht einen ungeheuer verlustreichen Schlag gegen die industriellen und militärischen Zentren Westeuropas und der USA (die damals noch keine verbunkerten Atomraketen besaß) führen können, ohne, bei rechtzeitiger Evakuierung eines Teils der russischen Stadtbewohnerschaften, vergleichbare Verluste hinnehmen zu müssen, zumal angesichts der wesentlich geringeren industriellen und urbanen Ballung der osteuropäischen Gesellschaften.

Die von Wolfgang Kahn mit vielen Details belegte militärstrategische Bilanz führt also zu dem Ergebnis, daß die Sowjetunion in den dreizehn Jahren vor dem Beginn der Koexistenzpolitik, in der Zeit der ständigen christdemokratischen Beschwörung der „Gefahr aus dem Osten“, in der Epoche einer angeblich unerläßlichen westdeutschen Wiederbewaffnung großen Stils militärisch durchaus in der Lage gewesen wäre, Westeuropa zu „erobern“, ohne vernichtende Gegenschläge der NATO bzw. der amerikanischen Atommacht befürchten zu müssen. *Offensichtlich aber entsprach eine Erweiterung des kommunistischen Machtgebietes, eine weltrevolutionäre Aktion mit militärischen Mitteln nach 1945 ebensowenig dem sowjetischen politischen Konzept wie vorher.* Und offensichtlich hat die amerikanische (Militär-) Politik mit einer aggressiven Politik der UdSSR auch niemals ernsthaft gerechnet – wohl aber, zumindest in der Ära Dulles – mit der Möglichkeit eines Roll-back durch militärische Pressionen.

Seit der Existenz des atomaren Vernichtungspotentials auf beiden Seiten und damit der Wahrscheinlichkeit einer gegenseitigen nuklearen Vernichtung der Weltmächte im Kriegsfall gilt vollends als allgemein akzeptierte politische Tatsache, daß die Führer des Ostblocks – auch die chinesischen – keinerlei Tendenz zeigen, den jahrzehntelangen industriellen Aufbau ihrer Machtbereiche, auf dem sie ihre zukünftige Überlegenheit im Wettkampf der Gesellschaftssysteme begründen, durch militärische Abenteuer zu gefährden. Seit Mitte der fünfziger Jahre ist die kommunistische Koexistenztheorie immer neu bestätigt und vom Westen seit Anfang der sechziger Jahre auch ernstgenommen und praktisch akzeptiert worden (vgl. 2.1.1.). Im Gegensatz dazu wird noch 1971 in dem „völlig neubearbeiteten“ „Verteidigungs-Handbuch" des „pro-und-contra"-Moderators Emil Obermann, das als quasi offiziös empfohlen wird, üble Kalte-Kriegspropaganda als „kommunistische Lehre von Krieg und Frieden" verbreitet (54–93!). Aus der marxistischen Feststellung des internationalen Klassenkampfes (der wie eine sowjetische Inszenierung dargestellt wird), aus der Leninschen Feststellung, daß der *kapitalistische* Krieg Geburtshelfer der Revolution sei, wird der demagogische Schluß gezogen: „Der Krieg ist für die Kommunisten eines der wichtigsten Werkzeuge der Revolution"; „friedliche Koexistenz" ein Einschläferungsmittel für den „satten ... Zivilisationsbürger der freien Welt" (66 f). Dies alles in striktem Gegensatz zur Geschichte der Sowjetunion und zum – de facto sogar Lenin korrigierenden – Programmtext der KPdSU: „Die sozialistische Revolution ist nicht notwendigerweise mit Krieg verbunden. Obwohl beide Weltkriege, welche von den Imperialisten angefangen wurden, in sozialistischen Revolutionen gipfelten, sind Revolutionen ganz ohne Krieg durchführbar. Die großen Ziele der Arbeiterklasse können ohne Weltkrieg verwirklicht werden. Heute sind die Bedingungen dafür günstiger als je zuvor ... die Arbeiterklasse, unterstützt von der Mehrheit des Volkes, ... kann ... im Parlament eine solide Mehrheit gewinnen ... und die notwendigen Bedingungen für eine friedliche sozialistische Revolution schaffen."

Daß „die Russen nicht kommen", kann inzwischen als gesicherte Erkenntnis der politisch-militärstrategischen Analyse gelten. Kein Geringerer als der ehemalige Vizepräsident des Kölner Bundesamtes für Verfassungsschutz – jener Behörde also, der das Aufspüren jeder Form von kommunistischer Aggression fast zu ihrer einzigen Aufgabe gemacht wurde – hat – noch im Amt – 1967 mit dürren, präzisen Worten die ganze Propagandaphraseologie von der drohenden weltrevolutionären Aggression des Ostblocks Lügen gestraft – immerhin ein erstaunliches, gewichtiges Votum aus diesem Amt: „Gilt die allen bisherigen Planungen zugrunde liegende Annahme von der militärischen Bedrohung aus dem Osten noch? Ich sage: nein. Daran ändert auch gelegentliches Säbelrasseln bei Manövern der Warschauer-Pakt-Staaten nichts. Die Wahrscheinlichkeit einer sowjetischen Aggression ist äußerst gering, die anderen Ostblockstaaten eingeschlossen. Ein Nebeneinander von Kapitalismus und Kommunismus ohne Schießkriege ist zu erwarten" (Nollau, in „stern" v. 28. 5. 1967). Vor allem aber widerlegt der Verfassungsschützer auch die These vom „protracted conflict" (vgl. S. 81), also von einem an die Stelle des großen Krieges tretenden langandauernden Konflikt, bei dem der Kommunismus durch die Aufstellung von subversiven Strategien und Kadern den Westen von innen her zermürbt: „Aber auch die kommunistischen Parteien Europas, eingeschlossen die KPD, haben den gewaltsamen Umsturz nur noch theoretisch ins Auge gefaßt; wir wissen doch, es gibt keinerlei praktische Vorbereitungen auf dem alten Kontinent, keine Waffenlager, keine Bürgerkriegskader, keine Bürgerkriegsschulung. Jahr für Jahr besuchen zahlreiche europäische Kommunisten Parteischulen hinter dem Eisernen Vorhang, aber für sie ist Bürgerkriegstaktik, anders als für Schüler aus Entwicklungsländern, kein Lehrfach. Sie werden nur politisch-ideologisch geschult."

Einverleibung Westeuropas wäre politischer Wahnsinn

Wenn die Sowjetunion nach 1945 trotz zeitweiliger militärischer Überlegenheit die ihr unterstellte angriffslüsterne Politik nicht praktizierte, wenn sie – und nicht der „christliche", „freiheitliche" Westen – die friedenstiftende Doktrin der Koexistenz entwickelte, wenn sie sich mit einem gegenüber den USA um 30% kleineren Rüstungsbudget (vgl. 1.3.) begnügt, so erhebt sich doch am Ende eine grundsätzliche Frage: *Ist die Sowjetunion politisch überhaupt an einer expansiven Politik gegenüber Westeuropa interessiert?*

Nach den schematischen Vorstellungen traditioneller Machtpolitik und insbesondere des kapitalistischen Imperialismus der vergangenen hundert Jahre wäre diese Frage ohne weiteres zu bejahen – und demgemäß wird sie auch gewöhnlich bejaht: wenn ein Staat sein Machtgebiet ausdehnen kann, so tut er es. Eine genauere Analyse dieser Frage führt zu einer anderen, für reale Friedenspolitik in Europa elementaren Erkenntnis: *Eine Eroberung und Besetzung Westeuropas kann kein vertretbares Ziel sowjetischer Politik sein.* Die Machteliten der Sowjetunion und der sich unter ihrer Oberhoheit entwickelnden Staaten haben einen außerordentlich schwierigen gesellschaftspolitischen Prozeß der inneren Konsolidierung und der Industrialisierung durchzustehen, der ihre politische und wirtschaftliche Kraft voll beansprucht. Die Integration des Ostblocks selbst – von der oppositionellen Entwicklung Chinas einmal ganz abgesehen – kann angesichts der Autonomiebestrebungen Rumäniens, der gesellschaftspolitisch durchaus nicht überstandenen tschechoslowakischen Krise und einer antirussischen Tendenz auch in Polen noch durchaus nicht als gelungen betrachtet werden; langfristig werden sich eher größere als geringere Verselbständigungstendenzen der östlichen Nachbarstaaten gegenüber der Sowjetunion durchsetzen. Angesichts dieser schwerwiegenden Herrschafts- und Aufbauprobleme nationaler und transnationaler Art im Ostblock wäre Westeuropa ein ins osteuropäische Herrschaftssystem schlechterdings nicht integrierbares sozioökonomisches und soziokulturelles Gebiet. Denn der gesamte Lebensstandard Westeuropas (zwei- bis dreimal so hoch wie der Osteuropas), die pluralistischen, durch (wenn auch zum Teil formale) Meinungsfreiheit gekennzeichneten Kulturtraditionen, insbesondere aber gerade die pluralistischen, freiheitlichen Traditionen der Arbeiterbewegung und ihrer Gewerkschaften sind, wie immer man sie im einzelnen beurteilen mag, von denen Osteuropas so verschieden, bedeuten gegenüber einer prospektiven bürokratischen Ein-Parteien-Herrschaft ein derartiges gesellschaftliches Widerstandspotential, daß eine Integration oder Überwindung dieser gesellschaftlichen Kräfte über die politische Potenz der sowjetrussischen Machteliten und ihrer Verbündeten in den anderen osteuropäischen Staaten ginge. Ja noch mehr: die Einverleibung Westeuropas würde für Osteuropa angesichts der eigenen blockinternen Spannungen und Antagonismen der *Integration eines Krisenherdes* gleichkommen, die ohnehin vorhandenen antisowjetischen Widerstandspotentiale vervielfachen und damit das gesamte sowjetische Herrschaftssystem aller Wahrscheinlichkeit nach in eine schwere Krise stürzen.

Fassen wir alle diese Fakten und empirisch belegbaren Argumente zusammen, so läßt sich sagen, daß bei nüchterner Betrachtung der ureigenen politischen Lebensinteressen der Sowjetunion und ihrer Machtelite die Vorstellung, der Ostblock könne sich militärisch-aggressiv, expansiv Westeuropa gegenüber verhalten, nicht nur auf Grund der bisherigen geschichtlichen Erfahrungen und nicht nur auf Grund der militärischen Lebensgefährlichkeit eines solchen Unternehmens höchst unwahrscheinlich ist, sondern auch wegen der Nicht-Integrierbarkeit Westeuropas in das Herrschaftssystem der Sowjetunion. *Damit fällt die Ideologie der kommunistischen Aggressivität als Rechtfertigung des gegenwärtigen militärischen Abschreckungsdenkens und Wettrüstens in sich zusammen.* Das heißt: Selbst wenn militärisches Risiko eine mitentscheidende Rolle im durchwegs defensiven, status-quo-sichernden Verhalten der Sowjetunion spielen kann – was nicht bestritten wird! –, so ist die unser eigenes Leben bedrohende atomare Hochrüstung Westeuropas als strategisches Vorfeld der USA ganz gewiß nicht notwendig, um dieses Risiko aufrechtzuerhalten. Das militärische Risiko kann, so lange aktive Koexistenz es nicht vollends überflüssig macht, durch das atomare Patt USA-SU und eine glaubhafte, nicht-nukleare Grenzsicherung (vgl. 2.2.4.) hergestellt werden. Daher ist radikale Rüstungsverminderung in Europa durchführbar. Das Problem sozialistischer Friedenspolitik lautet: wie ist der Widerstand herrschender Machteliten in West und Ost zu brechen, die aus ganz anderen Gründen als denen der „Sicherheit" radikale Rüstungsverminderung fürchten. Sie fürchten sie, weil dadurch das Festungssystem schrittweise abgebaut wird, das ihre Herrschaft sichert.

1.2. Der Frieden in der Festung: Burgfrieden Die Funktion von Feindideologien und Militärapparaten in antagonistischen Gesellschaften

Es ist kein Zufall, daß Ideologen und Politiker der herrschenden Machteliten in Ost und West sich einig sind in einer mehr oder weniger entrüsteten, im Osten nahezu hysterischen Ablehnung der Konvergenztheorie. Denn diese Theorie widerspricht einem grundlegenden Dogma der herrschenden Ideologien in beiden Gesellschaftssystemen: der Auffassung nämlich, daß die Ordnungen des eigenen guten Systems im großen ganzen richtig sind und sich keineswegs dem bösen

Gegensystem „drüben“ anzunähern oder gar von ihm zu lernen hätten. Die Konvergenztheorie (mit deren Problematik wir uns auseinandersetzen werden: 2.1.2.) spricht die unerhörte Ketzerei aus, daß die beiden feindlichen industriegesellschaftlichen Systeme dabei seien, bestimmte Einrichtungen und Verfahren des jeweiligen Gegensystems zu übernehmen und in einigen ihrer Charakterzüge einander immer ähnlicher werden.

Reich des Lichts – Reich der Finsternis

Man sollte sich bei allen kritischen Vorbehalten der Konvergenztheorie schon deshalb mit Aufmerksamkeit zuwenden, weil sie sehr wesentlich dazu beiträgt, Grundlagen der Herrschaftsideologien in Ost und West zu untergraben. Eine dieser Grundlagen ist das Freund-Feind-Schema. Wir verwenden hierfür den Begriff „Zwei-Reiche-Ideologie“, weil er bis hinein in bestimmte christliche Einfärbungen des Antikommunismus (=Atheismus) in verweltlichter Form religiöse Denkfiguren übernimmt, die die Welt, das Leben, die Menschen nach einem simplen Schwarz-Weiß-Schema gespalten sehen: Hier das Reich des Lichts, das Reich der Gläubigen und Guten – dort das Reich der Finsternis, der Ungläubigen und Bösen. Diese zwei- bis dreitausend Jahre alte (durchaus nicht nur christliche) Denktradition ist zugleich – und gerade heute – immer wieder zur Ideologie der Herrschaftssicherung geworden. Denn immer verstanden es die Herrschenden, festzulegen, wer gut und „rechtgläubig“ – oder böse und „gottlos“ ist.

Der die Militarisierung der beiden Großsysteme rechtfertigende Absolutheitsanspruch jedes Herrschaftssystems und die Dämonisierung des Gegensystems in den herrschenden Ideologien lassen sich etwa folgendermaßen zusammenfassen: Die kapitalistische Ideologie erklärt das System des „freien“ privaten Unternehmertums für identisch mit einem freiheitlichen Wirtschafts- und Gesellschaftssystem als solchem, sie unterschlägt alle Formen der Beherrschung und Manipulation der Massen durch die Besitzer der Produktionsmittel und speziell der Bewußtseinsindustrie. Die formale Chance der freien Wahl und der Aufstiegsmöglichkeiten, die de facto nur für eine relativ kleine Gruppe von besitz- und bildungsmäßig Privilegierten vorhanden sind, wird schon als Realität von Freiheit und Menschenwürde ausgegeben. Sofern Systemschwächen zugegeben werden, läßt man diese als minimal (und/oder unabwendbar) erscheinen gegenüber der Alternative des angeblich aggressiven, den Einzelnen angeblich in der kollektiven Organisation von Erziehung, Wirtschaft, Partei und Gesellschaft zu lebenslänglicher Unfreiheit und Einordnung verdammenden sozialistisch-kommunistischen Gegensystems. Dieses wird als wirtschaftlich unfähig, gegenüber allen religiösen, geistigen und individuell-menschlichen Werten unempfindlich, „barbarisch“ und, infolge seiner militant weltrevolutionären Ambitionen, ständig das eigene System bedrohend dargestellt.

Die staatssozialistische Ideologie des Sowjet-Marxismus ihrerseits empfiehlt sich als das auf Grund der gesellschaftlichen Verwaltung der Produktionsmittel allein menschenwürdige System, das die Ausbeutung des Menschen durch eine besitzende Klasse überwunden und damit allererst die Möglichkeit eines menschenwürdigen Daseins aller begründet habe. Unterschlagen wird die nicht durch demokratische Kontrolle und freie Wahlen in Frage zu stellende Macht einer privilegierten Partei- und Wirtschaftsbürokratie; unterschlagen wird auch das Menschenunwürdige einer den Massen aufgezwungenen, auf den Absolutheitsanspruch marxistisch-leninistischer Lehrsätze gegründeten Weltanschauung. Konsumverzicht und die Unzulässigkeit einer innergesellschaftlichen Opposition wird begründet mit der ständigen Bedrohung des „sozialistischen Lagers" durch die aggressiven Ambitionen des kapitalistischen „Imperialismus", dessen Ziel es sei, durch eine Einkreisungs- und Interventionspolitik das sozialistische Gesellschaftssystem zu liquidieren.

Zweifellos gibt es in einigen westlichen Staaten (gewiß nicht in Griechenland und Spanien – vielleicht noch nicht einmal in den USA) ein höheres Maß an persönlicher Freiheit und Entfaltungsmöglichkeit sowie demokratischer Gesellschaftsgestaltung als in den östlichen Staats- und Gesellschaftssystemen. Das berechtigt uns aber nicht, genau wie der Osten in einer völlig unzulässigen Weise unsere sozioökonomischen Strukturen als die absolut richtigen, zumindest als die dem Gegensystem absolut überlegenen zu deklarieren und dieses Gegensystem als das einer stets angriffslüsternen Machtclique zu dämonisieren. Die Devise: „Lieber tot als rot" ist ebenso irreal wie drüben die Gleichsetzung des Westens mit „Imperialismus". Eine gesellschaftspolitische und ideologische Auseinandersetzung, bei der beide Systeme bestimmte Wertordnungen und sozioökonomische Institutionen als die humaneren und freiheitlicheren einander gegenüberstellen, ist durchaus gerechtfertigt, ja notwendig. Aber die gegenwärtig vorherrschenden und von den Massen weithin (wenngleich mit abnehmender Bereitschaft) geglaubten, sich absolut setzenden ideologischen Selbstrechtfertigungen und die Dämonisierungen des Gegensystems sind zu entlarven als entspannungsfeindliche Herrschaftsmittel der Machteliten in West und Ost.

Die Produktion dieser Zwei-Reiche-Ideologie durchherrscht nahezu alle Bereiche der Meinungsindustrie; natürlich ist diese Indoktrination auch besonders ein Kernstück der Bundeswehrschulung. 1964 definierte der damalige Verteidigungsminister von Hassel die Aufgaben des Staatsbürgerlichen Unterrichts in der Bundeswehr. „Was verteidigen wir? Im Mittelpunkt steht die Verdeutlichung des (natürlich: positiven; d. Verf.) Funktionierens . . . unserer Lebensordnung . . . Die zweite Themengruppe dient dem Unterricht über die Bedrohung unserer freiheitlichen Ordnung. Sie behandelt die Unordnungsbereiche der kommunistischen Lebensordnung . . . die Machtausweitung des Kommunismus . . ."

Der „böse Feind" draußen rechtfertigt harte Herrschaft innen

Leonard Lewin hat in seinem berühmten „Report from the Iron Mountain" (dt. „Verdammter Friede") die Nützlichkeit der Feindideologien – er nennt sie „Das Kriegssystem" – für die Systemtreue, die „Loyalität" der Beherrschten mit großer Genauigkeit und schneidendem Sarkasmus beschrieben: „Das Kriegssystem war von jeher . . . unerläßlich . . . für die Stabilität (der) inneren politischen Struktur. Ohne das Kriegssystem ist keine Regierung jemals imstande gewesen, ihre ‚Legitimation' zu erlangen oder das Recht, die Gesellschaft zu regieren. Es ist die ständige Möglichkeit eines Krieges, die das Vorhandensein einer Regierung als notwendig erscheinen läßt. Bedrohung von außen ist eine Voraussetzung, ohne die kein Landesherr sich lange an der Macht halten kann.

Die Geschichtsschreibung liefert ein Beispiel nach dem anderen dafür, daß das Versäumnis einer Regierung, für glaubwürdige Kriegsgefahr zu sorgen, zu ihrer Auflösung führte . . . Die Organisation einer Gesellschaft für den Kriegsfall ist ihr wichtigster politischer Stabilisator . . . Das Kriegssystem liefert das entscheidende Motiv für die Organisation einer Gesellschaft. Es spiegelt auf der Gesellschaftsebene die Impulse des individuellen menschlichen Verhaltens wider. Der wichtigste unter ihnen ist, in gesellschaftlicher Hinsicht, das individuelle psychologische Grundprinzip der Verpflichtung des Einzelnen gegenüber einer Gesellschaft und ihren Werten. Diese Verpflichtung erfordert einen Anlaß; der Anlaß erfordert einen Feind. Soviel ist klar. Der heikle Punkt ist, daß der Feind, der den Anlaß darstellt, wahrhaft furchterregend wirken muß. Grob gesagt, die mutmaßliche Stärke des ‚Feindes' muß groß genug sein, um in jedem Einzelnen ein Gefühl der Untertanentreue zu erwecken, und sie muß in einem angemessenen Verhältnis zur Größe und Vielgestaltigkeit einer Gesellschaft stehen. Heute muß diese Macht natürlich von noch nie dagewesener Stärke und Schrecklichkeit sein" (1968, 73ff).

Flechtheim (1964, 247) hat auf die Funktion militaristischer Feind- und Festungsideologie und -politik für das bürokratische Herrschaftssystem der Sowjetunion hingewiesen: „Auch im Sowjetbereich würde der Übergang von einer Kriegs- zu einer Friedensgesellschaft und -kultur radikale Veränderungen im Verhältnis der Klassen und Schichten, im Lebensstil und in allen wichtigen Institutionen zur Folge haben. In dem Maße, wie sich die kommunistischen Länder industriell modernisieren, wie sie wohlhabender und zivilisierter werden, verschwindet die ursprüngliche ‚Rechtfertigung' für eine totale Diktatur; diese geht ihrer Funktion, die Massen zur Modernisierung zu pressen, die ursprüngliche Akkumulation auf Kosten der Konsumenten zu erzwingen, verlustig. Solange jedoch der Kalte Krieg und die Bedrohung von außen anhalten, kann man die Diktatur mit dem notwendigen Schutz der ‚Volksgemeinschaft' vor dem äußeren Feind rechtfertigen. Während eines latenten Kriegszustandes sind die Völker stets allzuleicht bereit, Burgfrieden zu wahren, den Gürtel enger zu schnallen, ihren Führern blind zu vertrauen; in einer bedrohten Festung erscheint jede kritische Regung, jede oppositionelle Forderung als Verrat. In einer Zeit der Abrüstung und der Entspannung hingegen verliert die Diktatur den Boden unter den Füßen. Mit dem Wegfall der Rüstungsaufgaben müßte sich die wirtschaftliche und kulturelle Lage der Massen rasch bessern. Auch in sozialen und politischen, ideologischen und theoretischen Fragen würde dann der einfache Mann artikulierter sprechen und bewußter auftreten."

Eins allerdings darf, wenn wir die abrüstungsfeindlichen Wirkungen der totalitären Festungsideologie und ihrer Institutionalisierungen – der militärisch-industriellen Machtapparate – im Ostblock feststellen, nicht vergessen werden: sie sind nicht dem sowjetischen System, geschweige der sozialistischen Sozialtheorie an sich immanent; in einem fünfzigjährigen Prozeß kapitalistischer Einkreisung, kulminierend in Hitlers Vernichtungskrieg, sind die – primär eindeutig exogenen – Ursachen jener totalitären Entartung des Systems zu erkennen, dessen inzwischen verhängnisvoll etablierte Staatsbürokratie ihre eigene Existenz und ihre Politik, der Staats- und Wirtschaftsmacht alle Wünsche der Individuen rigoros aufzuopfern, wesentlich jener kapitalistischen Umwelt verdankt.

Theoretische Zusammenfassung

Zusammenfassend lassen sich drei wesentliche herrschaftsstabilisierende ideologisch-psychologische Funktionen der Zwei-Reiche-Ideologie (Wir das Reich des Lichts – die anderen das Reich der Finsternis) feststellen:

Erstens: Der äußere Feind lenkt vom inneren ab und ist auch der innere. Das übermächtig Böse, als welches das derart verteufelte andere Sozialsystem erscheint, verbietet jede Infragestellung des eigenen Gesellschaftssystems. Jede nach innen gerichtete gesellschaftspolitische Kritik, jede Opposition gegen die herrschende Ordnung schwächt das eigene System und dient damit indirekt dem bösen Feind – wenn sie nicht gar durch dessen „Agenten und Helfershelfer" angezettelt ist. Coffin, der Kritiker des amerikanischen Militarismus, zitiert in diesem Sinn einen kritischen amerikanischen Offizier (1964, 19): Die dem militärischen Denken eigene „Vorstellung, daß alles in der Welt nach dem Schema Rot gegen Blau vor sich geht, erzeugt den Eindruck, daß alle Probleme, mit denen wir uns beschäftigen müssen, egal, ob es sich um Schwierigkeiten im In- oder Ausland handelt, das Werk des Feindes sind. Diese Anschauung birgt eine Gefahr; wenn nämlich unsere

Gesellschaft die Schuld an allen Mißhelligkeiten den Kommunisten in die Schuhe schiebt, dann kommt es so weit, daß man die Schwierigkeiten nichtkommunistischen Ursprungs nicht mehr an der Wurzel packen kann und daß alle diesbezüglichen Bemühungen im Keim erstickt werden."

Was jener Oberst naiv-idealistisch als „Gefahr" darstellt, ist aber gerade der von den Machteliten gewünschte Effekt: die innerkapitalistischen Konflikte, die sicher nicht kommunistischen Ursprungs sind, sollen ja gerade nicht an der Wurzel gepackt, oppositionelle Bewegungen, die darauf hinzielen, sollen ja gerade im Keime erstickt oder durch den Hinweis auf den äußeren Feind neutralisiert werden.

Aber mehr noch: wer im Innern Opposition gegen das herrschende System betreibt, wird mit dem äußeren Feind in Zusammenhang gebracht. Dessen negatives Bild wird übertragen auf diejenigen Interessengruppen, die die gegenwärtigen Herrschaftsverhältnisse in Frage stellen und ihre ideologische Verbrämung enthüllen: Wer sich weigert, den Gegner zu kriminalisieren, nimmt dessen Stellung in der eigenen Gesellschaft ein. Wir kennen das alte Rezept: linke Gewerkschafter, Atomwaffengegner, kritische Studenten sind „östlich infiziert".

Zweitens: Der äußere Feind rechtfertigt die Opfer des Volkes im Inneren. Die ideologische Stilisierung des anderen gesellschaftlichen Systems zu einem aggressiv-bösen schafft zugleich jederzeit eine ausreichende psychologische Rechtfertigung für die weitere Aufrechterhaltung und Aufblähung des Militärapparates.

„Die Haltung des amerikanischen Wählers zum Militär entspricht seinen Ansichten über die Polizei. Wenn es gerade eine Serie von Verbrechen gibt, und er Angst hat, plötzlich überfallen zu werden, dann möchte er dringend wissen, warum der Polizeichef nicht mehr Leute zur Hand hat . . . Das Pentagon versteht diese Mentalität dahin, daß es die Wählerschaft in einer Art Halbterror halten muß, um sich die gewünschten Budgetposten zu sichern. Die Marine entdeckt russische U-Boote in der Nähe der amerikanischen Küste, die Luftwaffe spielt einem Senator die Nachricht von einem ganz neuen sowjetischen Raketenprogramm zu" (Coffin, 1964, 287).

Drittens: Der äußere Feind absorbiert Aggressivität. Die „Schaffung" eines äußeren Feindes, an dem die aufgestaute Aggressivität des Nicht-Besitzenden emotionell, gedanklich oder gar, in Militärformationen und -aktionen, physisch abreagiert werden kann, wird zu einer paradoxen Form der „Befriedigung" in einer repressiven Gesellschaft. Man nimmt seinerseits an auf einen äußeren „Feind" abgelenkten Repressionen teil. Marcuse (1966, 25) hat auf diese Dialektik hingewiesen, die die Unterdrückten zu Handlangern der Unterdrücker macht: „Der Kontrast zwischen dem gesellschaftlichen Reichtum, zwischen dem technischen Fortschritt, zwischen der Beherrschung der Natur einerseits, und der Verwendung aller dieser Kräfte . . . – diese ganze fatale Einheit von Produktivität und Destruktion, von Prosperität und Elend, von Normalzustand und Krieg wirkt auf die Menschen als konstante Repression, und diese verwalteten Menschen, die Objekte dieser Repression, antworten auf sie mit einer diffusen Aggressivität." Hinzu kommt freilich ein weiteres. Die zivilen Formen (Autoraserei, sexuelle, „pädagogische", betriebliche Aggressivität, Sport, Film etc.), um sich abzureagieren, genügen nicht. „Die Aggressivität muß in einer für die Gesellschaft erträglichen und profitablen Weise ausgelöst und nutzbar gemacht werden, sonst könnte sie die Einheit des Systems selbst bedrohen . . ." Daher benötigt diese Gesellschaft einen Feind. „Das Bild des Feindes wird aufgeblasen bis zur Unkenntlichkeit, die Unfähigkeit, zu unterscheiden zwischen Propaganda, Reklame und Wahrheit, wird immer deutlicher . . ."

Und nicht zuletzt bietet das Sozialgefüge des Militärs selbst, mit seinen Chancen brutaler Herrschaftsausübung über „Untergebene" unter dem Deckmantel notwendiger militärischer „Härte", berüchtigte Möglichkeiten der Aggressionsableitung.

Der exemplarische Fall: Die Anti-DDR-Politik der CDU

Die hier zunächst allgemein-sozialtheoretisch aufgezeigte Funktion von Feindbildern zur Rechtfertigung der eigenen Herrschaft, der eigenen Rüstung, der eigenen aggressiven Absichten und zur Diffamierung der innergesellschaftlichen Opposition als „Mitläufer des Kommunismus" ist an der Ostpolitik der CDU, insbesondere ihrer systematischen Anti-DDR-Politik, nachzuweisen. Sozialistische Friedenspolitik muß in aller Offenheit dieses finstere Kapitel westdeutscher Politik aufarbeiten. Denn wir können eine Normalisierung der Beziehungen zur DDR, ja zu ganz Osteuropa nicht erreichen ohne eine bis zum heutigen Tage auch von der SPD leider niemals geleistete sozialistische Analyse des Verhältnisses BRD-DDR vom Standpunkt der westdeutschen klassenpolitischen Interessen. Diese führt zu folgenden Ergebnissen:

1. In Übereinstimmung mit der „Roll-back"-Doktrin der USA versuchten die politischen Interessenvertreter des Kapitals in Westdeutschland bis zum Ende der fünfziger Jahre, die DDR nicht als eigenen Staat, sondern als zu befreienden, vorübergehend sowjetisch besetzten Teil des Deutschen Reiches darzustellen, dessen legitimer Nachfolger die Bundesrepublik sei.

Es ist nicht zuletzt das Verdienst Gustav Heinemanns, seit 1950 in seinen Publikationen wie durch seine politische Haltung die schwere geschichtliche Schuld der christdemokratischen Machtelite aufgedeckt zu haben (1966, bes. 140ff). Er hat unwiderlegbar dokumentiert, wie im Schlepptau der USA an Stelle von Friedens- und Wiedervereinigungspolitik militärpolitische Westbindung im Zeichen eines aggressiven Antikommunismus von der Bundesregierung seit 1949 betrieben worden ist. „An diese Politik der Zurückrollung Anschluß zu gewinnen und sich für sie durch Aufrüstung und Kalten Krieg . . . zur Verfügung zu stellen, wurde Leitgedanke der Bonner Politik." Adenauer hat diese Politik auf einer Kundgebung in Heidelberg einmal besonders klar formuliert, am 1. März 1952, kurz nachdem das Ja der Regierungsparteien im Bundestag zur Aufrüstung in der „Europäischen Verteidigungsgemeinschaft" gesprochen war, und 10 Tage bevor Stalin das sensationelle, von der Bundesregierung leichtfertig (vgl. S. 169f!) verworfene Angebot des Abzugs der Roten Armee aus der DDR und freier Wahlen machte, unter der Bedingung, daß auch die westlichen Besatzungstruppen zurückgezogen und die Neutralität des wiedervereinigten Deutschlands garantiert werde. Adenauer sagte damals (lt. Bulletin der Bundesregierung v. 4. März 1952): „Ich bitte Sie, immer sich auch vor Augen zu halten, daß die Gefahr der Neutralisierung Deutschlands die unmittelbarste Gefahr ist und daß wir dieser Gefahr nur dadurch entgehen, daß wir eben in die Verteidigungsgemeinschaft eintreten. Ich denke mir die Entwicklung folgendermaßen. Wenn der Westen stärker ist als Sowjetrußland, dann ist der Tag der Verhandlung mit Sowjetrußland gekommen. Dann wird man Sowjetrußland klarmachen müssen, daß es so nicht geht, daß es unmöglich halb Europa in Sklaverei halten kann und daß im Wege einer friedlichen Auseinandersetzung die Verhältnisse in Osteuropa neu geklärt werden müssen." Es könnten diesem Zitat wesentlich schärfere an die Seite gestellt werden, die die militärische Pression, die Adenauer und seine Parteigänger damals als Mittel der Ostpolitik und Wiedervereinigung deklarierten, noch viel krasser zum Ausdruck bringen.

Aber auch später noch, als die These des Roll-back unhaltbar geworden war, wurde eine Anerkennung der DDR von diesen konservativkapitalistischen Kräften in der BRD u. a. mit dem Argument verweigert, daß man sich der Einwirkungsmöglichkeiten innerhalb der DDR begebe, wenn man sie anerkenne. Es wird bis zum heutigen Tage, wenn nicht eine unmittelbar militärische, so doch zumindest eine ideologisch-gesellschaftspolitische Roll-back-Politik betrieben. So sagte der Vorsitzende des Bundestagsausschusses für Verteidigung, Zimmermann (CDU), am 17. Mai 1967: „Eine Anerkennung der DDR ist unmöglich, weil dann alles, auf was wir noch einzuwirken versuchen (nämlich in der DDR), als eine Einmischung in die inneren Verhältnisse angesehen wird, die nicht mehr zulässig ist zwischen zwei Staaten." Sehr deutlich ausgedrückt! Und der Baron zu Guttenberg (CSU) sagte in der gleichen Zeit, im Juni 1967: „Ist die Zone erst einmal anerkannt, ist eine Einwirkung der Bundesrepublik auf die internen Verhältnisse der Zone nicht mehr möglich." Als ob sie zu Zeiten des Kalten Krieges je möglich gewesen wäre.

2. Es bleibt die historische Schuld des CDU-Regimes, die von der Sowjetunion Anfang der fünfziger Jahre mehrfach angebotenen Verhandlungen über eine Wiedervereinigung auf der Basis eines militärisch neutralen Status beider Teile Deutschlands konsequent in den Wind geschlagen zu haben, um die eigene gesellschaftliche Position in enger Anlehnung an die USA nicht zu gefährden.

Der wichtigste Vorgang in diesem Zusammenhang war die sowjetische Note vom 10. März 1952, in der Stalin vorschlug, alle vier Besatzungsmächte sollten ihre Truppen spätestens ein Jahr nach Inkrafttreten eines so bald wie möglich abzuschließenden Friedensvertrages aus Deutschland abziehen; dabei sollte Deutschland eigene nationale Sicherheitsstreitkräfte behalten. In einer ergänzenden Note vom 9. April 1952 wurde dann ausdrücklich die Herstellung der Bedingungen für freie Wahlen von der Sowjetunion vorgeschlagen. In derselben Zeit befanden sich aber bereits die Bemühungen Adenauers um eine unwiderrufbare, vor allem auch militärische Bindung der BRD an den Westen in einem Stadium, in dem das Eingehen auf diese Noten einer Annullierung der gesamten Politik dieser christlich-konservativen Front gleichgekommen wäre. Das war zweifellos auch ihr Sinn und der Grund, warum sie nicht als „Bluff" abzutun sind: Stalin fürchtete den sich abzeichnenden gigantischen deutsch-amerikanischen Militäraufmarsch an seiner Westfront, und er war bereit, die DDR zu opfern, um diese neue kapitalistische Frontbildung zu verhindern. Einer der prominentesten Kommentatoren der „New York Times", Jo Middleton, schrieb daher auch ganz folgerichtig zwei Wochen später, am 30. März 1952: „Beide, die Alliierten und der Kanzler, sind dabei, heftig die deutsche Einheit zu fordern, während sie zur selben Zeit Tag und Nacht arbeiten, um die Integration Westdeutschlands in Westeuropa perfekt zu machen, ein Prozeß, der allen Hoffnungen, Deutschland in unmittelbarer Zukunft ohne Krieg wiederzuvereinigen, ein Ende machen wird." Den Bürgern in der BRD hat man damals versichert, diese Noten seien bloß Propagandamanöver. Es bleibt aber die nationale Schuld der CDU-Regierung jenes Jahrzehnts, niemals den ernsthaften Versuch von Verhandlungen auf Grund dieser Stalinschen Angebote gemacht zu haben, weil es ihren gesellschaftspolitischen Interessen zuwiderlaufen mußte. Denn ernsthafte Wiedervereinigungspolitik hätte eben nicht nur den damals von der Sowjetunion aus Sicherheitsgründen durchaus einkalkulierten Verzicht auf die DDR bedeutet, sondern sie hätte gleichzeitig bei freien Wahlen wahrscheinlich auch das Ende des CDU-Regimes bedeutet.

3. Die zwanzigjährige CDU-Politik der Nichtanerkennung der DDR hat ihre Ursachen in Wahrheit niemals in rechtlichen oder demokratischen Bedenken gehabt. Diese waren von jeher vorgeschoben, um der gesellschaftspolitischen Frontstellung der kapitalistischen Machtelite gegen die DDR einen Anschein von Legitimität zu geben. Die ideologische und gesellschaftliche Diffamierung der sogenannten Sowjetzone als Teil eines angeblich aggressiven Blocks diente der christlich-konservativ verbrämten Klassenpolitik unter Führung Adenauers als antisozialistische Abschreckungsideologie, um den Bestand des eigenen Gesellschaftssystems zu sichern und gleichzeitig die sozialdemokratische Alternative in die Nähe des „bolschewistischen" Feindbildes zu rücken.

In der unmittelbaren Nachkriegszeit Westdeutschlands gab es bedeutende gesellschaftliche Tendenzen, die die kapitalistische Machtelite und ihre Parteigänger stark motivierte, alle Versuche eines sozialistischen Neubeginns aufs heftigste zu diffamieren. Man mußte fürchten, daß die nach 1945 in Gesamtdeutschland vorhandenen starken antikapitalistischen Kräfte sich bei einer sachlichen Auseinandersetzung mit der sozialistischen Alternative zu einem gesamtsozialistischen Trend in beiden Teilen Deutschlands formieren würden, wenn auch in verschiedenen Ausprägungen. In einer großen Zahl von Länderverfassungen waren nach 1945 Sozialisierungsparagraphen eingebaut (vgl. Abendroth, 444ff); und selbst in der Einleitung zum Ahlener Programm der CDU von 1947 hieß es: „Die kapitalistische Gesellschaftsordnung ist den sozialen und politischen Lebensinteressen des deutschen Volkes nicht gerecht geworden." Es heißt in dem Programm weiter, nach dem furchtbaren Zusammenbruch könnte nur eine *gemeinwirtschaftliche* Neuordnung für Westdeutschland in Frage kommen. Das entsprach der allgemeinen politischen Strömung nach 1945 in Westdeutschland. Kein politisch aktiver Mensch konnte sich eine Renaissance der alten Besitz- und Klassenverhältnisse vorstellen.

Wir wissen, daß eine sozialistische Neuordnung im wesentlichen durch die zugleich massive und – in Gestalt des Marshall-Plans – geschickte Intervention der USA verhindert wurde. Dennoch war bei Gründung der BRD die gesellschaftspolitische Einstellung der Massen in Westdeutschland noch keineswegs kapitalistisch. Es mußte daher ein vitales gesellschaftliches Interesse der kapitalistischen Machtelite in Westdeutschland daran bestehen, sozialistische Versuche in der DDR von vornherein als Diktatur, Zwangswirtschaft, Unmenschlichkeit, Kollektivismus etc. darzustellen. Gleichzeitig wurde diese Diffamierung zu einem Mittel der antisozialistischen Politik in Westdeutschland selbst, gerichtet gegen die sozialdemokratische Alternative hierzulande. Bei verschiedenen Wahlen verwendete die CDU ein Plakat, auf dem ein Weg in den aufgerissenen Rachen eines bestialisch gestalteten Slawenkopfes führte. Darunter stand in großen Lettern: „Alle Wege des Sozialismus führen nach Moskau." Dieses Schreckbild des ostdeutschen Sozialismus war in der Tat eine wesentliche innenpolitische Stütze der westdeutschen Restauration, neben den materiellen Stützen, die seit dem Marshall-Plan durch den amerikanisch initiierten Aufbau eines „konsumkapitalistischen" Systems gegeben waren. Selbstverständlich kann man die konservative Entwicklung der BRD nicht auf die antikommunistische Propaganda reduzieren. So groß ist die Wirkung von Propaganda nicht. Die außerordentlich günstige Entwicklung der westdeutschen Nachkriegskonjunktur ist ein entscheidender Faktor. Aber die Verteufelung des Sozialismus durch die Ideologie des Antikommunismus spielte doch eine bedeutende restaurative Rolle.

4. Schwierigkeiten der wirtschaftlich-gesellschaftlichen Umgestaltung, aber auch spätstalinistische Formen geistig-politischer Gleichschaltung in der DDR konnten von bürgerlichen Politologen in der BRD geschickt im Sinne eines allgemeinen Antisozialismus ausgenutzt werden. Daß aber auch Sozialdemokratie und Gewerkschaften in den

Sog dieses bürgerlichen Antikommunismus gerieten, war einer ihrer schwersten politischen Fehler in der Nachkriegszeit und hat der Entfaltung einer demokratisch-sozialistischen Alternative hierzulande verhängnisvoll entgegengewirkt.

Zweifellos ist es notwendig, in eine sehr kritische Auseinandersetzung über Fehlentwicklungen und antisozialistische Elemente innerhalb der DDR unter dem Einfluß der totalitären Strukturen des Spätstalinismus einzutreten. Die Frage ist nur, ob man diese Diskussion führt ohne jeglichen Bezug auf die ungeheuren objektiven Schwierigkeiten in der gesellschaftlichen Entwicklung der Sowjetunion und der DDR seit 1917 bzw. 1945 oder ob man in eine Sachauseinandersetzung eintritt, bei der neben der Ideologiekritik, neben der Kritik bestimmter Formen eines dogmatisierten Marxismus, neben der Kritik einer totalitären Bürokratie genauso auch die objektiven Handicaps (z. B. die Demontage- und Besatzungspolitik) und die positiven gesellschaftlichen Veränderungen in einer fairen Weise gewichtet werden. Dabei wären auch die ungeheuren Schwierigkeiten zu bedenken, die in einer Übergangsphase entstehen müssen, wenn in einem sehr kurzfristigen Prozeß die allem Gewohnten widersprechenden gesellschaftspolitischen, sozialethischen Normen des Sozialismus in einer Klassengesellschaft zur Geltung gebracht werden sollen.

Das Fehlen einer solchen nüchternen, sachlichen und eigenständigen Auseinandersetzung seitens der Sozialdemokratie wie der Gewerkschaften in der BRD (von wenigen Ausnahmen abgesehen) hat sich als verhängnisvoller Bumerang* gegen diese linken Großorganisationen selbst ausgewirkt. Denn beide haben ja in ihren Grundsatzprogrammen auch ihrerseits Sozialisierungsforderungen, Forderungen nach Kontrolle kapitalistischer Macht, nach volkswirtschaftlicher Planung der Wirtschaft aufgestellt, und sie mußten notwendigerweise mit ihren eigenen Forderungen und Alternativen in ein politisches Dilemma geraten, weil sie es nicht verstanden, die prinzipiell richtigen Elemente von Wirtschaftsplanung, von sozialistischem Eigentum an Produktionsmitteln, von Genossenschaftswesen und dergleichen, die es eben in der DDR gab und gibt, zu unterscheiden von den abzulehnenden, zu kritisierenden Zwangsformen oder auch Fehlentwicklungen, die bei der Realisierung dieser neuen Wirtschafts- und Gesellschaftsformen mit eingegangen sind in dieses System.

Jedenfalls muß man von demokratischen Sozialisten in Westeuropa erwarten, daß sie sich – vor allem in der BRD – nicht länger im Banne der kapitalistischen Zwei-Reiche-Lehre bewegen, wenn sie über die osteuropäischen Gesellschaftssysteme urteilen. Sie dienen sonst ungewollt den ideologischen Selbstverherrlichungsinteressen ihrer innenpolitischen Gegner.

*So kommentierte die bürgerliche Presse die (letzten) konsequent wirtschaftsdemokratischen Forderungen Brenners auf dem IGM-Gewerkschaftstag 1960 als „wirtschaftspolitischen Weg nach Osten" („FAZ").

Gegenüber kapitalistischen und vorkapitalistischen, aber auch totalitär-bürokratischen Ausbeutungs-, Bevormundungs- und Repressionssystemen entwickeln sich selbstverständlich mannigfaltige Formen von Aggressivität der Unterdrückten: Angriffe auf die bestehende ausbeuterische Eigentumsordnung, Streiks der Arbeiter und Studenten gegen unerträgliche Arbeitsverhältnisse, die spezifische Rebellion Jugendlicher gegen die Welt der autoritären Erwachsenen, Infragestellung und Nichtachtung etablierter Moral und der Ordnungen der antagonistischen Gesellschaften. In der kapitalistischen Welt droht dabei vor allem die Rebellion der proletarisch Existierenden gegenüber der Ausbeutung und Reglementierung durch die Besitzer der Produktionsmittel und ihre Manager. Aber auch in den „östlichen“ staatswirtschaftlichen Systemen führen miserable Versorgung, Knebelung der Meinungsfreiheit, Leistungsüberforderung in den Betrieben immer wieder zu Bewegungen gegen die unkontrollierte arrogante Herrschaft der Bürokratie. Dieser in sozialrevolutionären wie sozialreformerischen Bewegungen, Organisationen und Parteien sich manifestierenden bedeutsamsten innenpolitischen Aggression setzen die Machteliten zwei Formen der Repression entgegen: einmal die Methoden der sozialpolitischen und ideologischen Abmilderung oder Verschleierung jener Ausbeutungs- und Beherrschungsmechanismen; zum anderen aber die staatliche Gewalt, die zunächst mit Hilfe von Gesetzen, nötigenfalls aber, sei es durch Polizei zur Durchführung dieser Gesetze, sei es durch militärische oder paramilitärische Verbände im Falle des „inneren Notstandes“, der Demokratisierung ganz direkt Einhalt gebietet.

Nicht zuletzt die neuere Geschichte kennt eine erschreckende Reihe von Beispielen, in der das Militär hinzugezogen wurde, um diese „polizeilichen“ Aufgaben zu erfüllen: um streikende oder gar politisch demonstrierende oder rebellierende Arbeiter in Schach zu halten – wenn nötig durch Niedermetzelung und brutale Erschießungen. Es sei, um an Ort und Stelle zu bleiben, nur an die Rolle der Reichswehr in den Revolutionsmonaten nach dem November 1918 erinnert, an die blutige Rache, die Reichswehrtruppen im Ruhrgebiet nahmen, nachdem die Arbeiter 1920 ihren Generalstreik gegen den militaristischen Kapp-Putsch zu früh abgebrochen hatten, oder an die zunehmende Sympathie der Reichswehrführung für die NSDAP seit 1930. Es sei an die Zerstörung der spanischen Republik durch die Militärmacht des Generals Franco und seiner Verbündeten erinnert – an die mit Hilfe des Militärs erfolgreiche Gegenrevolution des Admirals von Horthy 1919 in Ungarn. Es sei an die Drohung de Gaulles im Mai 1968 erinnert, die streikenden Arbeiter und rebellierenden Studenten durch Einsatz von Panzerdivisionen zur Räson zu bringen. Vor allem aber ist in der Gegenwart die Emanzipation der Dritten Welt aufs schwerste bedroht durch Militärdiktaturen, die in vielen Entwicklungsländern eine demokratisch-sozialistische Entwicklung vereitelten (vgl. 74 ff!).

35 von 127 UNO-Mitgliedstaaten werden von Militärs beherrscht

Europa

Griechenland

Mittel- und Südamerika

Argentinien
Bolivien
Brasilien
El Salvador
Guatemala
Honduras
Nicaragua
Panama
Paraguay
Peru

Asien

Birma
Indonesien
Irak
Jemen
Kambodscha
Südvietnam
Syrien
Taiwan
Türkei

Afrika

Algerien
Burundi
Ghana
Kongo-Brazzaville
Kongo-Kinshasa
Libyen
Mali
Nigerien
Obervolta
Sierra Leone
Somalia
Sudan
Togo
Uganda
Zentralafrikanische Republik

Nicht weniger als 35 von 127 UNO-Mitgliedsstaaten der Welt werden gegenwärtig durch Militärregimes regiert (vgl. Vilmar, 1970, 167ff).

Zwar gibt es demgegenüber Beispiele revolutionärer Durchbrüche, die unter Mithilfe militärischer Einheiten erreicht wurden – doch handelte es sich dabei meistens um eine Revolte von Truppen gegen die alten Militärapparate, wie beispielsweise im Falle der Matrosen von Kronstadt und Kiel, im Falle der Roten Armee und der Armee Mao Tse-tungs, während in einigen Ländern (in Ägypten, Algerien, bedingt in Syrien und Peru) rebellierende Militärorganisationen tatsächlich die Rolle fortschrittlicher sozialer Umformung zu übernehmen versuchen – ob erfolgreich in Richtung auf demokratische und sozialistische Zustände, ist freilich noch keineswegs sicher. Selbst der Sozialismus nämlich gewinnt überall verzerrte, zwanghafte Züge, wo seit 1917 militärische Macht ihn durchzusetzen versuchte, ihn gegen eine feudalistische oder kapitalistisch-faschistische Bedrohung zu verteidigen hatte und noch immer verteidigen muß. Auch er hat sich durch seine – wie immer begreifbare – totalitäre Disziplinierung und Militarisierung von sich selbst entfremdet. Das Bramarbasieren sowjetischer oder chinesischer Generäle vom Sieg der sozialistischen Armeen auch in und nach einem Atomkrieg ist um keinen Deut rationaler und humaner als das des Herman Kahn. Die militärische Besetzung der ČSSR durch die Sowjetunion und ihre Satelliten schließlich ist ein Musterbeispiel für die seit der Absetzung Chruschtschows wieder verstärkt hervortretende Tendenz der sowjetischen politischen und militärischen Machtelite, mit militärischer Gewalt Demokratisierungs- und Verselbständigungstendenzen in kommunistischen Nachbarländern zu unterdrücken, nicht zuletzt deshalb, weil diese im eigenen Land auf eine für die Machtelite höchst gefährliche Weise beispielgebend wirken könnten. Ist aber Militär fragwürdig als Rammbock für eine bessere Gesellschaft, so ist es fraglos destruktiv als Stacheldrahtverhau vor bedrohter Klassenherrschaft: Instrument des Terrors, der Meinungsknebelung, der Liquidierung demokratisch-parlamentarischer Ordnung, des „kurzen Prozesses" gegenüber Demokraten, Sozialreformern und Sozialrevolutionären, gegenüber Parlamentariern, Gewerkschaftern und Journalisten, streikenden Arbeitern und Studenten. Die Beispiele Spanien, Portugal, Griechenland*, Türkei, zeitweilig auch das Beispiel Frankreich (de Gaulles Verhalten im Mai 1968) und auch die Notstandsverfassung der Bundesrepublik (die lt. Art. 87a den Einsatz der Bundeswehr bei „Aufständen" und zum „Objektschutz" ausdrücklich

*Dabei spielt die NATO eine fatale konterrevolutionäre „Interpol-Rolle". Nach dem Putsch in Griechenland stellte der verstorbene Marburger Soziologe Werner Hofmann (1967, 851 ff) fest: „Der Umsturz in Griechenland ist im übrigen nach einem von langer Hand vorbereiteten Plan der NATO . . . durchgeführt worden. Man fragt sich: gibt es solche Pläne auch für andere NATO-Länder? Etwa auch für uns? " Es scheint so zu sein. Dem „Nouvel Observateur" vom 3. Mai 1967 zufolge gibt es einen geheimen NATO-Plan für den Fall der drohenden inneren Subversion in NATO-Ländern.

vorsieht) zeigen: Es gibt die Tendenz oder die Wirklichkeit von Militärregimes zur Sicherung von Klassenherrschaft im Inneren nicht nur in Bananenrepubliken der Dritten Welt.

Gerhard Schröder hat bereits 1960 die gesellschaftspolitisch repressive Funktion der von der CDU/CSU geplanten Notstandsgesetze einbekannt – und es zeigt sich deutlich, daß nicht die illusionäre Vorstellung eines Kriegszustandes, nicht also der „äußere“ Notstand, sondern der „innere“ Notstand das eigentliche Anliegen dieser Notstandsplaner war. „Der Bundestagsabgeordnete Dr. Schäfer hat in der Bundestagsdebatte vom 28. September 1960 von einer Begebenheit im Innenausschuß berichtet: ‚Der Herr Innenminister wurde gefragt, was er unter ‚innerem Notstand‘ versteht. Er wußte nur eins anzuführen. Er sagte – ungefähr – wörtlich: ‚Dann lesen Sie doch mal die Rede, die der Vorsitzende der IG-Metall vor einigen Tagen gehalten hat, dann wissen Sie es, was wir darunter verstehen.‘ Brenner hatte erklärt: ‚Wir werden nicht vor der Anwendung des politischen Streiks zurückschrecken, wenn es gilt, die Demokratie zu verteidigen.‘“ Und Seifert zitiert weiter: „Der Bundesminister Höcherl hat . . . am 3. März 1962 in Hamburg erklärt: ‚Wenn jedoch ein Streik den Händen der Gewerkschaft entgleitet (? !) und die lebensnotwendige Versorgung der Bevölkerung gefährdet, sind staatliche Gegenmaßnahmen als Notdienst an der Bevölkerung zu betrachten‘“ (Seifert, 1965, 34).

1.3. Die Verteidigung der Festung: Selbstmord Europas Kritik der atomstrategischen Sicherheitsillusionen

Bilanz des Wettrüstens

Nach verschiedenen Berechnungen werden zur Zeit jährlich 170–200 Milliarden Dollar für die Rüstungen in der Welt ausgegeben. Ein Betrag, der etwa zwei Drittel des Sozialprodukts aller Entwicklungsländer ausmacht. Dennoch sagt dieser globale Betrag in seiner wahnsinnigen Größe politisch wenig – ebensowenig wie die Feststellung, daß die beiden antagonistischen Industriesysteme zusammen über 90% dieser Militärausgaben zu verantworten haben.

Natürlich kann man es sich leichtmachen und darauf hinweisen, daß eben nicht nur der Westen, sondern auch der Ostblock eine rational nicht zu rechtfertigende Overkill-Kapazität an atomaren Sprengköpfen und Raketen hergestellt hat. Mit einer solchen formalen Aufrechnung verdeckt man aber die immerhin beachtlichen Unterschiede: die Tatsache, daß die kapitalistischen Länder rund doppelt soviel für Rüstungen ausgeben wie der Osten, selbst wenn man die Rüstungskaufkraft des Rubels äußerst hoch veranschlagt:

Rüstungsausgaben der kapitalistischen und der kommunistischen Länder

Land	Verteidigungsausgaben in Mill. US $ 1969/70	Gesamtstreitkräfte 1969/70 (in Tausend)
Welt insgesamt	170 428	20 545
darunter:		
Kapitalistische Länder	108 804	9 127
Westdeutschland	5 301	465
Frankreich	5 586	503
Großbritannien	5 438	405
Westeuropa insgesamt	16 325	1 373
USA	78 475	3 454
Kommunistische Länder	55 886	8 516
Ostdeutschland	1 873	137
Polen	2 080	275
Sowjetunion	42 140	3 300
Osteuropa insgesamt	46 093	3 712
China	4 800	2 821

Quelle: Eigene Zusammenstellung nach den Statistiken des Londoner Instituts für strategische Studien: „The Military Balance, 1969–70". Die Rüstungsausgaben der kommunistischen Länder von etwa 56 Milliarden Dollar kommen in dieser Höhe nur zustande, weil das Londoner Institut dem Rüstungs-Rubel eine doppelt so hohe Kaufkraft wie dem Rüstungs-Dollar zuschreibt und daher statt des normalen Umrechnungskurses Rubel:Dollar = 0,9:1 den Kurs 0,42:1 zugrunde legt. Wegen der unrealistischen Paritäten der anderen Weltwährungen zum inflationären Dollar sind die Sozialprodukts- und Rüstungsausgabenvergleiche nur von relativer Bedeutung. Besonders verzerrt ist die Rüstungsausgabenziffer der Warschauer-Pakt-Länder, da in *diesem*, aber nur in diesem Fall die amerikanische Behörde (wie auch das Londoner Institute for Strategic Studies) die Umrechnung der Rubel-Werte auf Dollar-Kaufkraftbasis vornimmt: „It should be noted that the estimates of Soviet military expenditures, which represent the estimated value of Soviet military spending in terms of U.S. *prices*, are not directly comparable to the estimates of Soviet GNP because of *the use of dissimilar conversion rates.*" A. a. O. S. 33.

Diese Aufstellung geht von der u. E. einzig realistischen Annahme aus, daß man nicht isoliert NATO- und W.-P.-Staaten einander gegenüberstellen darf, sondern *alle* Staaten der beiden „Lager" in die globale Konfrontation einbeziehen muß. Aber selbst die fragwürdige Gegenüberstellung NATO-WP ändert an dem 2:1-Verhältnis nur wenig:

Rüstungsausgaben der Paktsysteme in Millionen US-Dollar 1970/71
(nach der Aufstellung des Londoner Instituts für Strategische Studien 1970/71)

Rüstungsausgaben beider Pakte 162,053 = 100%

Warschaupakt		**NATO**	
Bulgarien	279	Belgien	688
ČSSR	1 765	England	5 950
DDR	1 990	Kanada	1 998
Ungarn	511	Dänemark	368
Polen	2 220	Frankreich	5 982
Rumänien	750	BRD	6 187
Sowjetunion	51 700	Griechenland	453
		Italien	2 314
		Luxemburg	8
		Niederlande	1 106
		Norwegen	376
		Portugal	398
		Türkei	503
		USA	76 507
Total	**59 215 =** 36,5%	**Total**	**102 838 =** 63,5%

Vorübergehend stagnierende westliche Rüstungsbudgets gegenüber leicht ansteigenden im staatssozialistischen Lager sind in letzter Zeit, etwa in Kommuniqués des NATO-Ministerrats, als Rechtfertigung für neue westliche Ausgabensteigerungen benutzt worden: „Die Minister stellten fest, daß die Zuweisung von Mitteln für militärische und damit zusammenhängende (?) Programme durch die Sowjetunion und andere Mitglieder des Warschauer Pakts real (?) ausgedrückt weiter zunimmt. Angesichts dieser steigenden Schlagkraft waren sich die Minister darin einig, daß insgesamt eine gewisse Erhöhung der Verteidigungsausgaben erforderlich ist, um auch weiterhin moderne und ausreichende nukleare und konventionelle Verteidigungskräfte zur Verfügung zu stellen" (aus: „Schlußkommuniqué der Ministertagung des Verteidigungs-Planungsausschusses" v. 28. Mai 1971, zit. nach: „Pressemitteilungen des BVertM" v. 2. Juni 1971). Dergleichen isolierende Argumentation, die die Tatsache der – nach wie vor – doppelt so hohen westlichen Rüstungsausgaben unterschlägt, kann nur als Volksverdummung zur Rechtfertigung der eigenen irrationalen Hochrüstungspolitik bezeichnet werden. Im Gegenteil gilt: *die „Überrüstung" des Westens* – und wie zu zeigen ist, gerade auch der Bundesrepublik! *– ist so enorm, daß nach wie vor die Forderung nach einseitigen*

Rüstungsverminderungen als Signal und Instrument glaubwürdigen Entspannungswillens absolut realistisch ist. Sie hat nichts von einer „sicherheitsgefährdenden“ Vorleistung an sich, ebensowenig wie der, der vier Colts im Gürtel stecken hat, eine besondere „Selbstentblößung“ begeht, wenn er vor seinem Gegner, der nur zwei hat, einen oder zwei wegwirft.

Militärische Überlegenheit? Verteidigung der Heimat? Sinnlos gewordene Begriffe

Ein atomarer Angriff auf amerikanische Städte, mit einer Gesamtladung von 2000 Megatonnen ausgeführt, würde den Tod von 135 Millionen Menschen, bei einer Ladung von 10 000 Megatonnen hingegen von 160 Millionen Menschen (rund 80% der amerikanischen Bevölkerung) bewirken. Ein Bruchteil der nuklearen Kapazität der USA könnte innerhalb von 24 Stunden alle größeren sowjetischen Städte ausradieren und etwa sieben Achtel der Industrie vernichten, während rund 90% der Bevölkerung in den zwei Monaten danach sterben würden. Die sehr viel größere Konzentration der Siedlungszentren in den USA bewirkt, daß zur fast totalen Vernichtung des Volkes die Hälfte des nuklearen Sprengstoffes ausreicht, der für die Vernichtung der Sowjetunion benötigt würde.

Der Osten wäre unterlegen, wenn die Menge der Rüstungen entschiede. Die Wirkungen, die die heutigen Waffen im Fall ihrer Anwendung erzielen, lassen jedoch von einem bestimmten Punkt an die Kategorien Über- und Unterlegenheit sinnlos werden. Demgemäß urteilt einer der besten Kenner der amerikanischen strategischen Situation und Theorien: „In der Tat sind weder ‚superiority‘ (Überlegenheit) noch ‚parity‘ (gleichgewichtiges Kräfteverhältnis) heute nützliche Konzeptionen; und selbst in Zukunft werden sie den Sachverhalten kaum gerecht werden. Selbst größere Verschiebungen im Potential können kaum in politische Macht umgemünzt werden. Dies war . . . schon in den frühen sechziger Jahren der Fall . . . Die strategischen Kräfte sind auf beiden Seiten zu stark angewachsen. In bezug auf Abschreckung haben beide Seiten sicherlich längst genügend Potential und Kampfstärke erreicht (‚sufficiency‘); diese Feststellung macht auch alle Theorien von ‚Überlegenheit‘ und ‚Gleichgewicht‘ hinfällig“ (G. W. Rathjens, 1970, 87f). Gegenwärtig jedenfalls liegen die westlichen Rüstungsbudgets weit oberhalb des Bedarfs einer militärischen Abschreckung.

Sinnentleert wie der Begriff der militärischen Überlegenheit werden auch die Begriffe „Verteidigung der Heimat“, „Verteidigung der Freiheit“. In einer Atomwüste bleibt Spielraum weder für persönliche noch für demokratische Freiheit. Dasselbe gilt von der Familie, der Heimat, zu deren Schutz man angeblich rüstet: die Zivilbevölkerung, die in Jahrhunderten gewachsene Kultur der Heimat sind die Opfer.

Eine Statistik der Todesopfer, welche die letzten Kriege forderten (einschließlich einer Schätzung für einen kommenden atomaren Krieg), ergibt folgendes Verhältnis von militärischen und zivilen Todesopfern:

Entwicklung des Verhältnisses von Militär- und Ziviltoten im 20. Jahrhundert

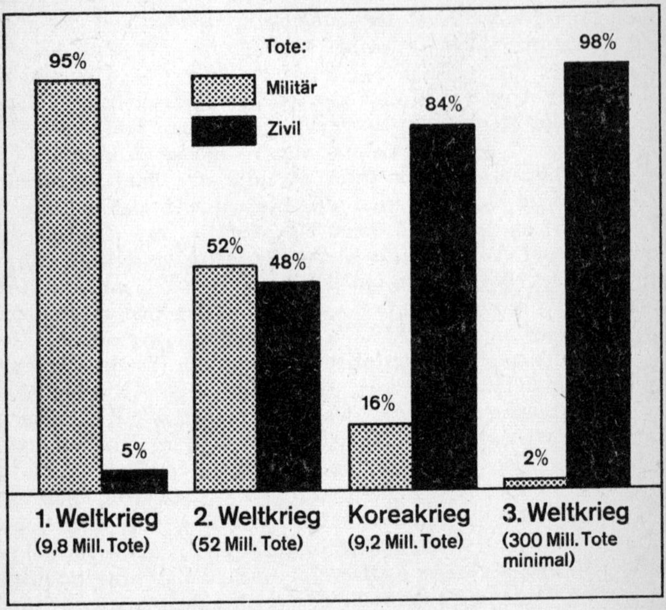

Quellen: Nach einer Graphik der „Zeit" und eigenen Schätzungen: über die Auswirkungen eines nuklearen Dritten Weltkrieges, auf Grund zahlreicher Berechnungen.

Die technische Entwicklung der Angriffswaffen hat es mehr und mehr unmöglich gemacht, die Zivilbevölkerung wirksam zu schützen. In früheren Zeiten war die Anwendung der Waffen räumlich begrenzt und blieb meist auf den militärischen Gegner beschränkt. Außerdem bestand ein gewisses Gleichgewicht in der technischen Entwicklung von offensiven und defensiven Waffen. Beides hat sich in diesem Jahrhundert radikal geändert. Vollends seit der Erfindung der Atomwaffen haben wir ein „Kriegsbild", in dem die zivilisatorisch-industriellen Zentren und damit die Zivilbevölkerung die wesentliche Zielscheibe sind. Das wurde sogar vom ehemaligen Pressereferenten des Bundesverteidigungsministeriums, Oberst Schmückle, offen zugegeben: „Die Atomwaffen haben das bisherige Kriegsbild bis zur Unkenntlichkeit zerstört, denn ... die Wirkung der Atomwaffen gegen Ziele, die im allgemeinen von Zivilisten belebt sind, ist fürchterlich, gegen bestimmte militärische Ziele dagegen relativ gering. Deutlicher gesagt: Die restliche Wirkung gegen Städte und ähnliche Ziele steht im umgekehrten Verhältnis zur Wirkung gegen gepanzerte Verbände, schwimmende Einheiten, unterirdische Befehls- und Raketenstände, mobile und weitverstreute Verbände. Dadurch wird das Verhältnis zwischen dem Militär und seinen zivilen Schutzobjekten mit einer Radikalität verändert, die nicht mehr zu überbieten ist! ... Damit wird die bisherige Aufgabe der Soldaten, die Nation im Krieg zu schützen, unerfüllbar" (in „Christ und Welt" v. 26. 1. 62).

Herman Kahn oder Die Illusionen des Überlebens

Entgegen dieser klaren und unabänderlichen Einsicht wird u. a. die tödliche Illusion genährt, durch Luftschutz lasse dennoch ein „Bevölkerungsschutz" sich bewerkstelligen. Nicht zuletzt, um dem Soldaten die Kampfmoral zu erhalten. Der Luftschutz ist aber nicht nur illusionär, er ist darüber hinaus eine gefährliche potentielle Kriegsursache, weil er suggeriert, er könne der Zivilbevölkerung wirksamen Schutz bieten. 181 amerikanische Professoren hatten das bereits 1960 erkannt, als sie bei Kennedy gegen die Luftschutzmachenschaften protestierten, weil „eine derartige Aktivität das Volk für die Hinnahme des Nuklearkrieges als Instrument der nationalen Politik vorbereitet". Diese Wissenschaftler sehen auch klar die psychologisch-politische Folge des sich verbreitenden Schutz-Wahns, wenn sie fortfahren: „Wir glauben, daß diese Hinnahme die Wahrscheinlichkeit des Krieges wesentlich erhöhen kann." Und genau dieses Ergebnis des verblendenden Atomluftschutzes: statt vor den Kriegsfolgen zu schützen, den Krieg, erst psychologisch, dann wirklich herbeizuführen – bahnt sich, vielen Berichten zufolge, im Denken der Menschen an: „Die Psychologen haben bereits gemerkt, daß die Angst vor dem Atomtod merklich zurückgegangen ist, seitdem die Leute etwas gegen den Erreger tun und sogar Vergnügen daran finden" (vgl. Vilmar, 1962, 81).

In einem Atomkrieg entsteht eine unsichtbare, unabsehbare, auf Jahrzehnte hinaus wirksame „Rest"-Strahlen-Verseuchung aller Lebensräume und Lebensmittel und die weitestgehende Verwüstung der meisten Einrichtungen menschenwürdigen Lebens, eine entsetzliche Folge von Strahlenkrankheiten, Strahlentoden, Mißgeburten in zahlreichen Generationen. Dieser die Freiheit und Menschenwürde mehr als jede Diktatur zerstörende Schrecken ohne Ende ist derart, daß man sagen muß: es ist unverantwortlich, durch Luftschutz verschleiern zu wollen, zu welch qualvollem Weitervegetieren auf Abruf die Überlebenden „gerettet" werden.

Der amerikanische Atomstratege Kahn, der „das Undenkbare denkt", hat auf zynische Weise versucht, diese These von der totalen Vernichtung durch atomaren Angriff einzuschränken. Nach seinen Berechnungen könnte die Zahl der Toten bei einem schweren Atomangriff auf Amerika erheblich eingeschränkt werden; je nach Art der Schutzmaßnahmen würde es dann zwanzig bis hundert (!) Jahre dauern, bis Amerika wieder auf dem technischen und wirtschaftlichen Stand der Vorkriegszeit wäre. Freilich kann Kahn zu einem solchen Ergebnis nur kommen, indem er alle barbarisierenden und lähmenden Folgen eines Atomkrieges bedenkenlos unterschlägt und etwa ganz naiv annimmt, daß die „bürgerlichen Tugenden, der Überlebens- und Arbeitswille", erhalten blieben.

Im Fall eines großen Atomkriegs, mit dem Kahn und sein Forscherteam sich befaßt haben, werden „mehr als hundert Millionen Amerikaner, hundert Millionen Russen, zweihundert bis dreihundert Millionen Europäer und fast alle Chinesen (Wunschdenken?) getötet". Die Welt würde noch „sehr viel radioaktiver sein und bleiben, und sogar nach Tausenden von Jahren würden mißgebildete Kinder geboren werden". Daß zugleich mit der nördlichen Hemisphäre alle wissenschaftlichen Zentren und Produktionsstätten unserer modernen industriellen Zivilisation zerstört würden, stellt Kahn nicht in Rechnung. Denn „weite Teile der südlichen Hemisphäre würden unberührt bleiben, Technologie würde nicht verschwinden, es sei denn auf Grund des Schreckens". Doch hält er einen solchen Fall für sehr unwahrscheinlich, denn er setzt voraus, „daß die Regierungen sich nicht darum kümmern, was mit ihrem eigenen Volk geschieht" (nach: „Spiegel" 16/67). Diese Sätze enthüllen, daß der Gedanke, daß gerade jene Kultur, jene zivilisierte freiheitliche Gesellschaftsordnung, für deren Bestand allein zu kämpfen sich lohnte, vernichtet wird, in den Kahnschen Überlegungen keine Rolle spielt. *Es ist nicht die Auslöschung der Existenz schlechthin, sondern die Auslöschung einer lebenswerten, menschenwürdigen Existenz, die den Atomkrieg zum schlimmsten aller Übel macht.* Der zynische Zweckoptimismus Kahns, hinter scheinbarer Wertfreiheit verborgen, wird von einem seiner Kritiker, Anatol Rapaport, entlarvt, der schreibt: „Jede Art Krieg, die nur lang genug diskutiert wird, wird uns vertraut und erhält (schließlich damit) ein gewisses Maß von Wahrscheinlichkeit (des Eintretens)." Kahn ist der führende Ideologielieferant jener Machteliten, die bis zum heutigen Tage nicht willens sind, sich der Logik der atomaren Vernichtungsmittel zu beugen. Denn diese Logik ergibt die Sinnlosigkeit weiterer Rüstungen und Rüstungspolitik. Sie erzwänge den Abbau der Militärapparate und zugleich eine rationale Koexistenz, Konkurrenz und Kooperation der Gesellschaftssysteme. Das heißt: Verzicht auf Drohungen und Verteufelungsideologien, die bisher den Massen die angebliche Notwendigkeit von Wehrpflicht, Rüstungsausgaben, Einordnung in Militärblöcke und dergleichen ständig vor Augen zu führen hatten.

Schrittweise ins atomare Chaos: Die NATO-Ideologie des „flexible response"

Um sich diesen Konsequenzen zu entziehen, werden immer neue strategische Ideologien produziert, die dem Wahnsinn des Rüstungswettlaufs einen Anschein von Sinn geben sollen. Besonders gefährlich ist die seit Beginn der sechziger Jahre entwickelte, bis heute von vielen für akzeptabel gehaltene Theorie des begrenzten Krieges. Militärideologen wie Teller, Taylor, Kahn und andere verhalfen den nichtatomaren konventionellen Formen der Kriegführung – und natürlich auch einer entsprechenden Waffenproduktion – zu neuen Ehren. Es wurde in Abwandlung der alten Idee Kissingers die Strategie einer kalkulierbaren Stufenfolge, einer sogenannten Eskalation von militärischen Aktionen entwickelt.

Man will jetzt einem Angreifer zunächst mit nichtatomaren Kräften entgegentreten, generell in der Lage sein, einen Krieg „konventionell" zu führen, „Pausen" einzulegen und insgesamt durch eine Strategie wohlabgemessener Abstufung der eingesetzten Zerstörungsmittel sich und dem Gegner die Möglichkeit geben, irgendwo, vielleicht noch vor der totalen gegenseitigen Vernichtung, einzuhalten.

Zunächst haben die Russen diese Ideologien von der Begrenzbarkeit des Krieges jahrelang mit berechtigtem Hohn als Hirngespinste behandelt. Im Laufe der sechziger Jahre aber sind sie in den Sog der strategischen Interessen der USA geraten, nicht zuletzt wohl aus Furcht, gegebenenfalls einer auf Eskalationsstufen sich umstellenden NATO-Rüstung nicht ebenfalls „abgestuft" entgegentreten zu können. So zeigt Th. Wolfe (Rand-Corporation, 1967, 130ff, 18ff), daß in der 1963 erschienenen *Neuauflage* des sowjetischen Hauptwerkes „Militärstrategie" (Sokolowski u. a.) die Möglichkeit einer „konventionellen" Kriegführung einkalkuliert wird, und in einem anderen sowjetischen Militäraufsatz vom Mai 1963 heißt es: „Unsere Streitkräfte müssen darauf vorbereitet sein, eine geeignete Abfuhr auch mit konventionellen Mitteln zu erteilen" (zit. bei Th. Wolfe, 132). Selbst die bis dahin für absurd erklärte Begrenzung auf taktische Atomwaffen wird nun zumindest für denkmöglich, wenn auch nach wie vor für sehr unwahrscheinlich gehalten. Dieses fatale Eingehen auf die flexible-response-Ideologie setzte sich nach Chruschtschows Sturz fort.

Schon vor längerer Zeit wurde in einer erfreulich ungeschminkten Darstellung von W. Roth in der „Wehrwissenschaftlichen Rundschau" mit Recht darauf hingewiesen, daß, wenn in der Strategie überhaupt atomare Waffen miteinkalkuliert werden, der ohnehin äußerst fragwürdige Versuch, einen Krieg zu begrenzen, aller Wahrscheinlichkeit nach scheitern muß: „Die mit dem Einsatz von Atomwaffen hervorgerufene sprunghafte Erhöhung des Eskalationswertes führt zu einer immer rascher verlaufenden Steigerung der Spannung, zu einer Dynamik der Geschehnisse, welche die Gefahr des totalen nuklearen Krieges unabwendbar in sich trägt."

Die Strategie des begrenzten Krieges und der schrittweisen Eskalation von konventionellen zu atomaren Kriegsformen verschafft freilich den *Supermächten* nach Ausbruch eines militärischen Konflikts einen zeitlichen Spielraum, eine Art Gnadenfrist. Die anderen Staaten in West- und Osteuropa werden von dieser Doktrin zum militärischen Vorfeld degradiert. So mag diese NATO-Strategie, auf Kosten der Satelliten, den beiden großen Zentralmächten gewisse Vorteile bringen. Denn denkbare Kriege dürften, wie die Beispiele Korea und Vietnam zeigen, zunächst weitab vom Territorium der USA und der UdSSR in krisenbedrohten Grenzzonen beginnen. Es ist also immerhin möglich, daß in einer militärischen Auseinandersetzung zwischen den Blöcken das Ausmaß der in Grenzgebieten mit konventionellen und sogenannten kleinen Atomwaffen erzielten Verwüstungen die Supermächte zum Einhalten veranlaßt.

Gerade diese denkbare Entwicklung und die sie ermöglichende strategische Ideologie des begrenzten Krieges macht sie für die im Grenzbereich der Militärblöcke liegenden Staaten zu einer tödlichen Gefahr. Auch für uns in der Bundesrepublik bietet die angeblich flexiblere neue NATO-Konzeption nicht etwa mehr Sicherheit. Sie bedeutet durch die Strategie schrittweiser Steigerung eine weit größere Gefahr des Hineinschlitterns in einen Mitteleuropa vernichtenden Krieg. *Es erscheint denkbar, daß die Großmächte ihn riskieren, weil sie selbst dabei ihre Existenz nicht sogleich aufs Spiel setzen.*

Wer das erkannt hat, legt mit um so größerer Enttäuschung Helmut Schmidts „Strategie des Gleichgewichts" (1969) aus der Hand, wenn er darin eine kritische Auseinandersetzung, vielleicht sogar eine kritische Antwort auf die für die Bundesrepublik unerträgliche NATO-Konzeption der „flexible response" erwartet hat. Helmut Schmidt reproduziert lediglich die NATO-Ideologie des begrenzten Krieges, ohne im mindesten die furchtbare Gefährlichkeit des Eskalationskonzepts herauszuarbeiten oder auch nur die vorliegende wissenschaftliche Kritik zu Wort kommen zu lassen.

Die Unhaltbarkeit dieses strategischen Wahnsystems läßt sich leider nicht mit, wohl aber gegen Helmut Schmidts Absicht, nämlich aus den Widersprüchen in seinen eigenen Aussagen ablesen. Denn sein Buch ist in seiner Substanz weit entfernt von jener Klarheit und denkerischen Radikalität, die ein Rezensent ihm bescheinigt hat.

Der nun immerhin zum obersten deutschen Militärpolitiker avancierte Autor zeigt selbst die Unlogik der NATO-Strategie auf, offenbar ohne sich dessen bewußt zu werden. So postuliert er den Grundsatz, zur Abschreckung taugten auf die Dauer nur solche Strategien, die man im Verteidigungsfall zweifelsfrei auszuführen bereit sei. Wenige Sätze weiter aber verweist er selbst auf die Unausführbarkeit, den gefährlichen Bluff der Atomstrategie, indem er schreibt: „Die Anwendung nuklearer Waffen (ist) fast undenkbar, die Drohung mit solcher Anwendung aber ebenso unabdingbar" (64/65).

Dementsprechend wird einerseits das von Schmidt selbst so genannte Abschreckungsdilemma der NATO realistisch beim Namen genannt: „Eine effektive Verteidigung Westeuropas wäre nur kurze Zeit oder nur punktuell möglich, sie würde schnell zur Zerstörung Europas führen“ (211). Andererseits aber nährt auch Helmut Schmidt die gefährlichen strategischen Illusionen, indem er fordert, durch Verstärkung der konventionellen westlichen Kampfmittel „auf der unteren Ebene möglicher Kriegführung abschreckendes Risiko zu schaffen“ (212). Eine auch bei Helmut Schmidt wiederkehrende Wahnvorstellung, man könne, wie er sagt, durch starke konventionelle Streitkräfte „das Rüstungsgleichgewicht in Europa auf niedrigere Ebenen herunterspielen“ (218).

Er sollte wissen, daß, solange Atomwaffen im Spiel sind, niemand den Konflikt auf solchen „niedrigeren Ebenen“ halten kann. Was Golo Mann allgemein von der Dialektik des Krieges – völlig exakt – feststellt, gilt um so mehr für die Supermächte, die keine Veranlassung haben, auf einer „niedrigeren Ebene“ ihr Prestige in Frage stellen zu lassen: „Daß es von alters her im Wesen des Krieges lag, von wenigstens zwei Gegnern geführt zu werden, daß ... beide unter dem Gesetz wechselseitiger Steigerung stehen, diese elementarste aller Wahrheiten kommt (bei den selbsternannten Militärfachleuten) nicht vor.“

Im übrigen weiß Schmidt ganz genau – und er belegt es an anderer Stelle mit übertreibenden Zahlen –, daß die NATO-Doktrin von einer überlegenen konventionellen Stärke des Warschauer Paktes ausgeht, *so daß die NATO-Pläne, heute so gut wie zur Zeit des Konzepts der massiven Vergeltung, die Anwendung atomarer Waffen zu einem sehr frühen Zeitpunkt vorsehen.* (Nur sollen jetzt *andere* als die Supermächte *von* den Supermächten atomar bedroht werden!) Was soll also die demonstrierte Hoffnung auf verstärkte konventionelle Abschreckung – einmal ganz abgesehen von der Tatsache, daß der von Schmidt als kleineres Übel empfohlene konventionelle Krieg in Materialschlachten ausarten würde, die an Verwüstung und Grausamkeit die des Vietnamkrieges in den Schatten stellen dürften.*

Helmut Schmidt hält aber für den, der an die konventionelle Abschreckungsalternative nicht zu glauben vermag, noch einen zweiten Rat bereit, wenn auch gleichsam gemurmelt, beiseite gesprochen und gleich wieder verworfen: „Die Aufstellung einer westeuropäischen gemeinsamen Nuklearstreitmacht“ (212). Er solidarisiert sich – man

*Selbst der übervorsichtige v. Weizsäcker stellt in der Studie seines Teams über Kriegsfolgen (S. 9) fest: „Unter dem Aspekt der Kriegsfolgen ist zu sagen, daß ein konventioneller Krieg, wenn er unser Land in wenigen Tagen schnell durchzieht, nur begrenzten Schaden bringen würde, während der vielleicht denkbare Fall eines in unserem Lande hin- und hergehenden oder festgefahrenen, lang andauernden konventionellen Krieges uns Zerstörungen bringen würde, die an den Beispielen Sowjetunion im 2. Weltkrieg, Korea und Vietnam nur unvollkommen abzulesen sind und die, sowohl wegen der größeren Ausmaße wie wegen der größeren Verletzlichkeit eines Industrielandes für unsere wirtschaftliche Fortexistenz lebensgefährlich werden könnten.“

traut seinen Augen kaum – für einen Moment mit Franz Josef Strauß, dessen Plädoyer für eben diese europäische Atomstreitmacht er „Eintreten für eine gute Idee" (217) nennt. Denn – und hier schließt sich der Kreis der strategischen Wahnlogik – für Helmut Schmidt ist auch „die Zwischenebene konventioneller Angriffe mit Einmischung taktisch-nuklearer Waffen" eine glaubhafte, weil weniger extreme Abschreckungsform.

Wie hatte er doch zuvor formuliert: „Nur die Drohung solcher Waffenwirkungen ist abschreckend, über deren tatsächliche Anwendung im Verteidigungsfall auf keiner Seite ernsthafte Zweifel bestehen können" (64). Die Anwendung nuklearer Waffen aber ist nach Helmut Schmidt fast undenkbar. Ist für Mitteleuropa vielleicht die Anwendung taktischer Atomwaffen weniger undenkbar?

Man sieht, die Argumentation des begrenzten Krieges kommt an kein logisches Ende, sie dreht sich im Kreise, kehrt letztlich immer wieder zu der Erkenntnis zurück, daß Europa nicht gegen einen massiven Angriff militärisch verteidigt werden kann.

Bundeswehrschule fordert Entschlossenheit zum Atomkrieg

Daß wir hier nicht abstrakte, „übertriebene" und abwegige strategische Denkmodelle vorführen, beweisen die Manöver der Bundeswehr, in denen sehr konkret mit „Atomschlägen" gerechnet wird. Eine exakte Liste atomarer Bombenziele in Mitteleuropa liegt – wie der „stern" nachwies – in amerikanischen Hauptquartieren. Und die Heeresoffiziersschule Hamburg formulierte folgende entlarvende „Gedanken zum Problem der Menschenführung im Atomkrieg" (nach „Konkret" v. 29. 1. 70) – eine üble vernunftfeindliche Mischung aus blinder Entschlossenheit, psychologischen Tricks und pseudoreligiöser Schicksalsergebenheit: „Atomare und konventionelle Rüstung (erhalten) ihre volle Wirksamkeit erst dann . . ., wenn die Entschlossenheit der politischen und militärischen Führung zum Einsatz dieser Waffen tatsächlich gegeben ist. Diese Entschlossenheit muß auch in der entsprechenden politischen Erziehung des Volkes und der für den Ernstfall notwendigen Gesetzgebung ihren Niederschlag finden. Eine glaubwürdige Abschreckung ist also erst dann gegeben, wenn die Führungskräfte in den westlichen Völkern stellvertretend (!) für die Massen den Entschluß gefaßt haben: lieber Einsatz aller Mittel und letzte Entschlossenheit zum Sterben als Knechtschaft, Sklaverei und Vernichtung der Menschlichkeit. Eine nüchterne realistische Beurteilung der Lage . . . bietet die erste Voraussetzung für die Führung im atomaren Gefecht. Dies Gefecht zu wagen, ist unumgängliche Forderung für den Soldaten . . .

Die eigentlichen Führungsaufgaben im atomaren Gefecht können – sofern sie die Aufgaben im konventionellen Kriege wesentlich übersteigen – nur vorausgedacht, z. T. konstruiert werden. Die Truppe muß vorher in Wahrhaftigkeit über die möglichen Auswirkungen des Atomeinsatzes und die denkbaren Bilder des Grauens informiert werden. Wo liegt die Grenze des Zumutbaren, beziehungsweise wo ist der Punkt vorstellbar, an welchem Information nicht mehr zur Festigkeit und Entschlossenheit, sondern zum Neutralismus, zur Furcht und zur Resignation führt? Bei einzelnen Soldaten werden vorübergehende geistige Störungen auftreten können. Der Vorgesetzte muß innerlich darauf vorbereitet sein, in derartigen Fällen von seinen körperlichen Kräften oder zur Warnung auch von der Schußwaffe Gebrauch machen zu müssen . . .

Menschliches Planen und Denken wird aber Stückwerk bleiben; wir tragen das Schicksal der Welt nicht in unseren Händen. Wer aber Risiko und Wagnis nicht mehr einzugehen bereit ist, verfehlt seine Aufgabe als Mensch. Eine Haltung aus Mut und Demut scheint vor dem dunklen Hintergrund einer unbekannten Zukunft allein noch vertretbar . . ."

Die Erkenntnis des strategischen Wahnsinns dämmert

Selbst innerhalb der NATO scheint man sich an die Erkenntnis des strategischen Wahnsinns heranzutasten, der uns von den USA zugemutet wird: man beginnt über die tödliche Logik der Eskalation nachzudenken. So kommentiert der Militärexperte der „Süddeutschen Zeitung", Christian Potyka, eine NATO-Konferenz am 26. Mai 1971 (um den atomaren „Zweiteinsatz"): „Jetzt, auf ihrer neunten Ministersitzung in Mittenwald, der zweiten in der Bundesrepublik überhaupt, hat das Gremium, das sich als eine Art Schaltstation zwischen der nuklearen Supermacht USA, der atomaren Mittelmacht Großbritannien und den nuklearen Habenichtsen versteht, einen neuen Begriff ins Bewußtsein der Öffentlichkeit gerückt: den sogenannten nuklearen Folgeeinsatz oder Zweiteinsatz von Nuklearwaffen. Diese Neuschöpfung ist symptomatisch für die von Anfang an bestehenden Strukturschwächen der Nuklearstrategie des Westens . . ." Die jetzt gestellte Frage, „was weiter geschehen solle, wenn das Signal (der atomare ‚Warnschuß'; d. Verf.) nicht die erhoffte Wirkung hat, bestätigt allerdings indirekt die Zweifel der Skeptiker an unserer atomaren Strategie und könnte überdies der Anfang einer gefährlichen Entwicklung sein. Denn auch mit der Fixierung des Zweiteinsatzes steht man nicht am Ende aller Probleme, sondern nähert sich vielmehr sehr schnell wieder der Frage nach dem Danach und somit dem nuklearen Dritt-, Vierteinsatz usw. Die aufeinanderfolgenden Einsatzstufen aber, welche klingenden Namen man ihnen auch immer gibt, laufen lediglich auf eine starre Eskalationsleiter hinaus, die . . . die Wahrscheinlichkeit vergrößert, daß die Eskalation eines Tages mit tödlicher Automatik abschnurrt."

Christian Potyka vermutet, es sei in dieser Frage nun erstmals ein

Konflikt zwischen der Supermacht und ihren europäischen „Vorfeld"-Verbündeten („The Germans to the front!") aufgetaucht und er argumentiert genau im Sinne der hier vorgetragenen Analyse: „Minister Schmidt bestreitet, daß es Meinungsverschiedenheiten zwischen ihm und seinem amerikanischen Kollegen Laird . . . gegeben habe. Und dies, obwohl doch die Interessen der Europäer und der Supermacht USA in der Frage des Einsatzes taktischer Nuklearwaffen grundlegend anderer Art sind. Für die Vereinigten Staaten muß . . . ein taktischer Nuklearkrieg außerhalb ihres Territoriums, der den tödlichen großen Konflikt mit der Sowjetunion aufschiebt, im Bereich des Denkbaren liegen . . . Entsprechende Studien bestätigen dies auch. Für Mitteleuropa dagegen könnte schon der Ersteinsatz von taktischen Nuklearwaffen auf seinem Territorium tödlich sein – vom Zweit- oder Dritteinsatz gar nicht zu reden. Die Äußerung von Schmidt ist politisch verständlich, aber wenig überzeugend." Erfreulicherweise wird der Befund, daß die „flexible response"-Strategie eine tödliche Drohung statt Sicherheit für Europa bedeutet, inzwischen in den Ergebnissen von einem Forscherteam bestätigt, das ganz sicher nicht – wie etwa die Verfasser – im Verdacht radikalen Denkens stehen.

Die Vereinigung Deutscher Wissenschaftler hat im Januar 1971 unter der Federführung von Carl Friedrich von Weizsäcker eine umfangreiche Studie über „Kriegsfolgen und Kriegsverhütung" veröffentlicht. Ihr Resümee lautet: „Versucht eine gegnerische Supermacht, unter Einsatz ihrer nuklearen Kapazitäten das militärische Ziel der Okkupation der Bundesrepublik zu erreichen, ist die Vernichtung der Bundesrepublik als lebensfähige Industriegesellschaft selbst dann das Ergebnis, wenn die gegnerische Supermacht diese Vernichtung nicht wünscht."

Sie wiesen nach, daß die Strategie der angemessenen Erwiderung (flexible response) unkalkulierbare Risiken der Eskalation enthalte und sie darum nur vorläufig als „Mystifikation" noch ihre abschreckende Wirkung erfülle. Die Untersuchung kommt zu dem Ergebnis: „Der bislang noch aufrechterhaltene Anspruch, allein durch richtige Abschreckungs- oder ‚arms control'-Mechanismen könne der Frieden gesichert werden, ist damit von Grund auf in Frage gestellt."

In unserer offiziellen Politik ist noch keine greifbare Reaktion auf die kritischen Analysen der „flexibel response"-Strategie festzustellen. Wenn ein prominenter, als kompetent geltender Sozialdemokrat wie Helmut Schmidt, obwohl er die Wirkungen atomarer Waffen kennt, fast wie Adenauer über den Abzug alliierter Truppen klagt (244), fast wie Strauß eine gemeinsame europäische Atomstreitmacht für eine gute Idee hält und fast wie Herman Kahn an die Wahnidee kontrollierbarer Eskalation glaubt, um den Krieg noch im Atomzeitalter für machbar, den Militärapparat für brauchbar erklären zu können, dann zeigt das, wie weit auch die sozial-liberale Regierung der Bundesrepublik noch von einem militärpolitischen Umdenken entfernt ist.

Um ein solches Umdenken realisieren zu können, bedarf es allerdings einer grundsätzlich anderen denkerischen Haltung als der jenes politischen Pragmatismus Helmut Schmidts, der die Dinge so hinnimmt und hininterpretiert, wie sie nun einmal vom Big Brother USA verordnet werden. Es bedarf dazu eines kritischen Denkens in gesellschaftlichen Zusammenhängen, innerhalb derer dann der soziologische Stellenwert des Militärischen und der herrschenden Militärideologien erkennbar wird.

Das „Gleichgewicht des Schreckens" kann zusammenbrechen

Oben wurde dargestellt, daß das Weiterrüsten sinnlos geworden ist, da auf beiden Seiten längst „overkill"-Kapazitäten angehäuft wurden, die mehrfach ausreichen, um einen „strike" der Gegenseite mit einem „second strike" zu beantworten. Das derart überfrachtete „Gleichgewicht der Abschreckung" (das Atom-Patt) ist, wie wir zu zeigen versucht haben (1. 1.), politisch von Anbeginn eine Hunderte von Milliarden verschluckende Fehlinvestition gewesen, weil es niemanden im Osten gab, den man mit einem solchen Aufwand hätte abschrecken müssen; da die Sowjetunion jedes militärische Risiko scheut, ist die gesamte Doktrin der Abschreckung durch hochgerüstete overkill-Kapazitäten auf einer irrealen politischen Feindideologie aufgebaut – ein gigantischer Aufmarsch gegen einen nicht (als Aggressor) vorhandenen Feind*. Aber diese Abschreckungsdoktrin ist nicht nur politisch irrational (wenn auch höchst rational als Herrschaftsmittel – wie wir sahen), sie ist militärtechnisch auf Sand oder, besser gesagt, auf vulkanischen Boden gebaut. Wir müssen jetzt unsere oben getroffene Feststellung, daß weiteres Wettrüsten militärisch sinnlos ist, korrigieren oder vielmehr präzisieren: weiteres Wettrüsten, die Fortsetzung einer auf militärischer „Überlegenheit" statt auf politischer Entspannung basierenden Sicherheitspolitik ist nicht nur sinnlos, sondern höchst gefährlich, da das Abschreckungsgleichgewicht durch die nächsten Schritte des Wettrüstens zunehmend ins Wanken gerät; und zwar wesentlich aus drei Gründen:

weil neue Waffensysteme auf beiden Seiten die Illusion der Unverletzlichkeit oder die Furcht künftiger Unterlegenheit erzeugen können, damit aber neue Motive für (Präventiv-)Kriege schaffen;

weil in Zukunft immer weitere Staaten Atomwaffen besitzen werden, die unabsehbare Kriegsprozesse auslösen können, wenn nicht an Stelle der gegenwärtigen antagonistischen „Sicherheitssysteme" kooperative, von konsequenter Entspannungspolitik getragene Sicherheitssysteme verwirklicht werden;

weil die sich komplizierende macht- und militärpolitische Situation

*Die beste Analyse dieses Milliarden verschlingenden ideologischen, autosuggestiven Mechanismus des „Abschreckungs"-Glaubens lieferte D. Senghaas, „Abschreckung und Frieden", Frankfurt 1969.

(der an Stelle des Duopols USA-UdSSR tretende Polyzentrismus auch im militärischen Sinn) die Gefahr einer Kriegskatastrophe durch Versagen der technischen und politischen Sicherheitssysteme immer größer werden läßt.

ABM und MIRV

Ende der sechziger Jahre begannen Russen und Amerikaner auf der Basis ihres absoluten atomaren Vernichtungsgleichgewichts, neue Waffensysteme zu entwickeln, die durch ihre Abwehr- oder aber außergewöhnliche Angriffskraft dahin tendieren, die „second strike capability" des Gegners zu vereiteln, sofern dieser diese Systeme nicht ebenso schnell entwickelt. Gemeint sind vor allem die Raketenabwehrsysteme (ABM = anti-ballistic-missiles, d. h. Antiraketenraketen) und die Mehrfachgefechtskopf-Raketen (MIRV = multiple individually targetable reentry vehicles), d. h. Interkontinentalraketen, die in der Lage sind, aus großer Höhe eine ganze Gruppe von Atomraketen mit großer individueller Zielgenauigkeit gleichzeitig in verschiedene Zielbereiche des Gegners zu bringen. De facto wird, da beide Supermächte, im Falle einer tatsächlichen Weiterentwicklung dieser Waffensysteme, sie mit etwa gleicher Geschwindigkeit entwickeln werden, am atomaren Patt nichts geändert. Es entsteht jedoch eine politisch-psychologisch für die entscheidenden Machteliten höchst prekäre Situation, weil in einem bestimmten Stadium des Aufbaues dieser – die Volkswirtschaften beiderseits an den Rand des Ruins bringenden – Waffensysteme jede der beiden Seiten zu der Ansicht kommen kann, daß sie selbst entweder einen derartigen Vorsprung an Abwehrkraft gegenüber dem „second strike" der anderen Seite erzielt hat, daß sie einen Vernichtungsschlag riskieren *kann*, oder aber zu der Auffassung gelangt, daß sie einen Atomkrieg riskieren *muß*, da die andere Seite andernfalls an einen rüstungstechnischen Punkt kommt, an dem sie durch hervorragende Abwehr- oder Angriffswaffen unangreifbar wird bzw. in der Lage ist, durch einen ersten Schlag die andere Seite auszuschalten. Bereits eine McNamara-Studie von 1967 macht deutlich, zu welchen Schlußfolgerungen die Kalkulation mit Waffenentwicklungen führt, die demjenigen, der sie zuerst hat und offensiv anwendet, einen großen Vorteil (? !) sichert. Die Studie kommt zu dem Ergebnis, „daß (im Jahre 1975) die Zahl der Todesopfer auf amerikanischer Seite – wenn die USA den ersten Angriffsschlag (first strike) führen würden – nur etwa ein Drittel so hoch wäre wie im umgekehrten Fall; dabei liegt die Annahme zugrunde, daß eine gesteigerte Drohung und intensive Anstrengungen zur Verlustminderung durch die USA vorangegangen sind und *daß die UdSSR auf diese Anstrengungen der USA nicht mit einer Verbesserung des für einen Vergeltungsschlag erforderlichen Potentials geantwortet hat* (!!). *Offenbar würden im Fall eines drohenden Krieges . . . die Vereinigten Staaten unter dem außerordentlichen*

Druck stehen, den ersten Schlag führen zu müssen. Die UdSSR wäre dem gleichen Druck ausgesetzt" (Rathjens, 1970, 114).

Mit Recht verweist Rathjens auf die rüstungspolitische Konsequenz, falls die SALT-Verhandlungen (vgl. 2.2.1.) scheitern. „In den letzten Jahren diente das Konzept der ‚sicheren Vernichtung' (des Gegners; d. Verf.) der Begrenzung der Expansion in der strategischen Rüstung der USA. In den kommenden Jahren ist es auf Grund der implizierten Unsicherheiten der ABM- und MIRV-Systeme, die dann entwickelt werden, möglich, daß dieses Konzept jede grenzenlose Expansion der strategischen Streitkräfte legitimiert" (97).

Krieg „aus Versehen"

Die hier skizzierte Verunsicherung des militärischen Gleichgewichts vergrößert ungeheuer die Gefahr eines Kriegsausbruchs auf Grund einer Kurzschlußhandlung bzw. einer Fehlinterpretation der Information eines Warnsystems. Es wächst die Wahrscheinlichkeit, daß eine Katastrophe durch technisches oder psychisches Versagen eintritt. Bodo Manstein (1963, 11) schrieb bereits 1963: „Es gibt eine ganze Anzahl bedeutender historischer Untersuchungen, die alle gezeigt haben, daß die Politik großer Rüstungen unausweichlich zum Kriege führt . . . Nicht nur die politische Psychologie läßt das Herannahen einer Katastrophe wahrscheinlich werden. Aus der Technik kommt der Begriff der kritischen Kompliziertheit. Je größer die Zahl der zu beachtenden Komponenten wird, desto kleiner wird die Zuverlässigkeit. Die heutigen Steuerungssysteme, Elektronengehirne, Satellitenaufbauten, alles wird von Tag zu Tag empfindlicher und störungsanfälliger. Daher haben sowohl der amerikanische General Taylor als auch McCloy erklärt, daß die Wahrscheinlichkeit für die Entstehung eines allgemeinen Krieges infolge von technischen Fehlern und Falscheinschätzungen ständig zunähme."

Leider ist die Vision der Auslösung eines „Krieges aus Versehen" keineswegs eine abstrakte Spekulation, sondern eine durchaus konkrete Gefahr. Ein amerikanischer Untersuchungsausschuß des Kongresses stellte vor einigen Jahren bereits fest, daß seit 1950 in 14 Fällen durch Versehen die Alarmanlage für die strategische Bomberflotte in Tätigkeit trat.

Schließlich wird die Gefahr eines katastrophalen Zusammenbruchs des so viel gerühmten militärischen Gleichgewichts um so größer, je größer die Zahl der atomar gerüsteten Mächte wird; ihre Reaktionen werden immer weniger kontrollierbar. Fritz Erler hat auf diese Tendenz hingewiesen: „Es hat seit dem Jahre 1945 immer irgendwo auf dem Erdball bewaffnete Konflikte gegeben. Ihre Entartung zum Atomkrieg war ausgeschlossen, so lange die Beteiligten selbst keine Atomwaffen hatten und auch die Großmächte vernünftige Zurückhaltung übten. Bei weiterer Verbreitung dieser Waffen wird kaum noch festzustellen sein, wer unter Umständen in der Zukunft einen Atomschlag entfesselt und damit auch die irrtümliche (oder auch unausweichliche; d. Verf.) Reaktion der Weltmacht herausfordert." Werden also nicht in Kürze Rüstungsbegrenzungen, Abrüstung und Abrüstungskontrolle schrittweise realisiert, so tritt an die Stelle der scheinbar so beruhigenden Sicherheit durch das Gleichgewicht der Abschreckung gefährliche Unsicherheit, Aggressivität erzeugende Furcht vor dem technologischen Vorsprung der anderen Seite, den kein heißer Draht, kein Warnsystem, keine Raketensilos mehr zu verhindern vermögen.

1.4. Festungsbau als „Wirtschaftspolitik" Analyse kapitalistischer Rüstungsinteressen

Der Grundwiderspruch kapitalistischer Wirtschaft

Wenn man den Zusammenhang von kapitalistischer Wirtschaft und Rüstung begreifen will, muß man vor allem den grundlegenden inneren Widerspruch des profitwirtschaftlichen Systems erkennen.

Der Drang des späten Kapitalismus nach großen Militärausgaben des Staates erwächst nicht in erster Linie aus der Gewinnsucht einzelner Kapitalisten, er erwächst aus krisenhaften Faktoren des Wirtschaftssystems als solchem. Dem Kapitalismus wohnt infolge seines primären Interesses an der Kapitalanhäufung die Tendenz inne, seine Produktivkräfte weit schneller zu entwickeln als die kaufkräftige Nachfrage. Denn diese erscheint für die immer nur betriebs-, niemals volkswirtschaftlich denkenden Privatunternehmer zum großen Teil als Lohn- und Gehaltskosten, die es so niedrig wie möglich zu halten gilt, will man die Gewinne hoch halten. Diese Vernachlässigung der Nachfrageseite schlägt schließlich gegen das Profitprinzip zurück: Verminderte gewinnbringende Absatzmöglichkeiten bewirken schließlich eine Verminderung der Investitionschancen, der Rückfluß von Kapital in den Wirtschaftskreislauf verlangsamt sich, verstärkt den gesamtwirtschaftlichen Nachfragemangel – eine Wirtschaftsstockung bahnt sich an. Um dieser Krisentendenz entgegenzuwirken, wird ständig versucht, neben der privaten Inlandnachfrage andere Möglichkeiten des Verbrauchs zu erweitern: den Staatsverbrauch, die Investitionen und den Export. (Diesen möglichst unter imperialistischen Bedingungen: indem man in äußerst profitabler Weise Waren und Kapital in [Halb-] Kolonien ausführt, vgl. 1. 5.)

Der unterstützenden, vermittelnden Tätigkeit des Staates kommt dabei eine immer bedeutendere Rolle zu. Tatsächlich wurden seit dem Ende des 19. Jahrhunderts immer stärker staatliche Machtmittel eingesetzt, um die der kapitalistischen Wirtschaft innewohnende Krisentendenz aufzufangen. Die wirtschaftlichen Machtgruppen rufen den Staat immer dann zu Hilfe, wenn es ihren Interessen entspricht. So entwickelte sich eine dem Kapitalismus dienende Handels-, Zoll-,

Steuer- und Geldpolitik, eine Subventions- und nicht zuletzt eine Sozialpolitik. Vor allem aber diente die Kolonialisierung der gesamten nichtkapitalistischen Welt, d. h. die Beherrschung anderer, insbesondere „unterentwickelter" Länder als Absatzgebiete, Rohstofflieferanten und Kapitalanlagegebiete jahrzehntelang zur Aufrechterhaltung der kapitalistischen Konjunktur. Hier liegt die sozioökonomische Grundlage des modernen Imperialismus seit etwa 1860. Das skizzierte, dem Wirtschaftssystem innewohnende Ungleichgewicht zwischen der Kapitalanhäufung, der enormen Entwicklung der Produktion und der geringen der kaufkräftigen Nachfrage bewirkt (durch Unterkonsumtion) „Überproduktion" und Kapitalüberfluß. In dieser Situation ist ein Staat äußerst nützlich, der überall in der Welt eingreifen kann, um große Gebiete in Anlagesphären für das Kapital zu verwandeln. Dabei spielten neue Rüstungen, um solche Kolonialgebiete zu erobern und zu verteidigen, eine rasch wachsende Rolle.*

Rüstung als Motor der Konjunktur

Schon lange vor der Weltwirtschaftskrise erkannte man, daß auch die Ankurbelung der Rüstungsproduktion selbst als Mittel des wirtschaftlichen Aufschwungs eingesetzt werden kann. L. Helbig (s. Wochenschau 7/71) hat vor kurzem besonders darauf hingewiesen. Admiral Tirpitz, der Initiator des Schlachtflottenbaues, schrieb bereits 1895 (Tirpitz, 1919, 52): „(Wir müssen) energisch, ohne Zeitverlust und systematisch die allgemeinen Seeinteressen vorwärts (treiben). Nicht zu geringem Grade auch deshalb, weil in der neuen großen nationalen Aufgabe und dem damit verbundenen Wirtschaftsgewinn ein starkes Palliativ gegen gebildete und ungebildete Sozialdemokraten liegt." Und im Jahre 1901, das eine schwere Wirtschaftskrise brachte, schrieb der Präsident des Deutschen Flottenvereins, Fürst zu Salm (nach Kehr, 1965, 147), an Tirpitz: „Dadurch, daß der Bau der durch die letzte Marine-Vorlage bewilligten Schiffe so beschleunigt würde, wie es die deutschen Werften überhaupt leisten könnten, würden viele Industriezweige neue Aufträge erhalten, wodurch nicht nur diese über

*Zur Imperialismusproblematik vgl. Abschnitt 1. 5. und die theoretische Zusammenfassung von F. Vilmar: „Ursachen und Wandlungen des Imperialismus", in: „Friedensforschung und Gesellschaftskritik" (hg. v. Dieter Senghaas, München 1970, S. 97 ff). Eine der besten empirisch-geschichtlichen Darstellungen insbesondere des deutschen Imperialismus ist zweifellos das große, sechshundertseitige Werk von Hans-Ulrich Wehler, „Bismarck und der Imperialismus", Köln-Berlin 1969. Insbesondere Wehlers detaillierte Bestandsaufnahme und Analyse der Wirtschaftsgeschichte Deutschlands in den letzten Jahrzehnten des 19. Jahrhunderts mit ihren Wachstumsraten, Wachstumsstörungen und Krisen, seine präzise Beziehung der Bismarckschen Kolonialpolitik auf die zunehmenden kapitalistischen Expansionsprobleme des kaiserlichen Deutschlands machen das Werk zur interessantesten aller vorliegenden Studien über den deutschen Imperialismus.

Wasser gehalten, sondern auch in den Stand gesetzt würden, ihre Arbeiter zu beschäftigen und bereits entlassene wieder einzustellen. Einer der wichtigsten Faktoren, die hier zur Sprache kommen, wäre aber der, daß durch den Auftrag neuer Kriegsschiffe und die dadurch herbeigeführte Belebung von Handel und Industrie die betreffenden Börsen-Kurse steigen, viele Werthe gerettet und eine Konsolidierung des Marktes eintreten würde."

Erst seit der Weltwirtschaftskrise aber sind staatliche Rüstungsausgaben in diesem Sinne *systematisch* als Instrument der Stabilisierung des ökonomischen Systems gebraucht worden: als besonders profitable Form der Staatsnachfrage, um – besonders in der Großindustrie – die „Überproduktion", also die krisenhaften Absatz- und Beschäftigungsschwierigkeiten beseitigen zu helfen. In den dreißiger Jahren entwickelte der englische Nationalökonom John Maynard Keynes die Theorie, daß der Staat in Zeiten mangelhafter Nachfrage, um Krisen und Massenarbeitslosigkeit zu vermeiden, selbst in großem Stil Nachfrage zu schaffen habe, selbst wenn er dabei Schulden in Kauf nehmen müsse, um Hunderttausenden von Arbeitslosen Arbeit zu verschaffen. Die staatlichen Industrieaufträge und die Löhne der Beschäftigten, also die Massenkaufkraft, würden dann in vielfältiger Weise die Gesamtwirtschaft wieder beleben. Keynes wies bereits darauf hin, daß der Staat möglichst solche wirtschaftliche Tätigkeiten in Gang setzen müsse, die keine *zusätzlichen* Produkte auf den ohnehin verstopften Markt bringen; er erwähnte – wenn auch eher sarkastisch – die Möglichkeit, der Staat könne Arbeiter Gräben ausheben und wieder zuschütten lassen.

Nun kann man in einer kapitalistischen Stagnationsphase selbst dann, wenn man zu jener Keynesschen Politik des „deficit spending" bereit ist, nicht ohne weiteres die Inkaufnahme bedeutender Staatsausgaben auf Schulden verlangen, wenn man nicht gleichzeitig plausible Gründe für solche Ausgabensteigerungen angeben kann. Außerdem genügt es nicht, einfach irgendwo und irgendwie Arbeitslose zu beschäftigen. Man muß Staatsausgaben ausfindig machen, durch die vor allem die in Krisensituationen besonders betroffenen großindustriellen Unternehmen der dauerhafte und Investitionsgüter produzierenden Industrie neue Aufträge erhalten. Die oft empfohlene Erhöhung der Sozialinvestitionen, also der Ausgaben für Schulen, Städteerneuerung, Wohlfahrtseinrichtungen und dergleichen, erfüllen nur teilweise diese Bedingung; außerdem werden sie von mächtigen, politisch einflußreichen industriellen Gruppen als „schleichender Sozialismus" bekämpft.

Dagegen gibt es eine Form staatlicher Nachfrage, die sich bei entsprechender ideologischer Begründung nahezu uferlos ausdehnen läßt, die jedwede Staatsverschuldung rechtfertigt und den interessierten Industriegruppen maximale Absatz- und Gewinnmöglichkeiten garantiert. Es sind die Rüstungsausgaben. Das erste große Beispiel einer Wiederherstellung der Konjunktur mit Hilfe überhöhter Rüstungsausgaben durch riesige Staatsverschuldung ist die Wirtschaftspolitik Hitlers.

Nun könnte man dieses geschichtliche Beispiel als eine einmalige politisch-ökonomische Konstellation abtun, da es doch den westeuropäischen Industriestaaten nach 1945 gelungen sei, im wesentlichen ohne forcierte Rüstungsausgaben eine relative konjunkturelle Stabilität zu erzielen. Diese optimistische Darstellung ist aus zwei Gründen falsch. Einmal hat auch in Westeuropa nach 1945 die Rüstung in bestimmten Industriezweigen und für die staatliche Finanzierung der Industrieforschung immer noch eine beachtliche Bedeutung. Vor allem aber darf man nicht die bedrohliche Tatsache übersehen, daß das am stärksten entwickelte privatwirtschaftliche System des Westen, das der USA, seit der Weltwirtschaftskrise keine echte Friedenskonjunktur mehr erlebt hat und seit 1940 eine gewisse Stabilität nur mit Hilfe eines staatlichen Rüstungsbudgets von 40 bis 60% des Bundeshaushalts hat erreichen können. Mit einem Anteil der Rüstung von 10% am Bruttosozialprodukt wie auch am Arbeitskräftepotential, mit einer Industrie, die zu einem Fünftel Rüstung herstellt, mit einer hochgradigen Konzentration der wichtigsten Rüstungsproduktionen innerhalb weniger Großkonzerne und in wenigen Bundesstaaten, insbesondere an der Westküste – und nicht zuletzt: mit der weitgehenden Finanzierung der universitären wie der industriellen Forschung über wehrtechnische Forschungsaufträge des Staates präsentieren sich Wirtschaft und Gesellschaft der Vereinigten Staaten heute als militarisiert, rüstungsabhängig in einem Grad, der jeder ernsthaften Friedenspolitik im Weg steht. Denn niemand in den USA hat heute ein realisierbares wirtschaftspolitisches Konzept (obwohl es Umstellungstheorien, „disarmament economics“, genug gibt), wie man den rüstungswirtschaftlichen Sektor abbauen könnte. In der Tat könnte dieser nur durch sehr langfristige und zielbewußte, tief in die privatwirtschaftliche Struktur eingreifende Umstellungsplanungen wesentlich reduziert werden. (Vgl. zur amerikanischen Rüstungsgesellschaft die neue große Analyse von Senghaas, 1972.)

Rüstungswirtschaftliche Interessen in der BRD

Der westdeutsche Wirtschaftsaufschwung in den vergangenen beiden Jahrzehnten ist nicht durch forcierte Rüstungsaufträge des Staates wesentlich bestimmt worden. Andererseits aber sind die staatlichen Rüstungsausgaben in der Bundesrepublik keineswegs ein wirtschaftlich bedeutungsloser Faktor. Ihr Anteil am Sozialprodukt betrug in den letzten Jahren 4% bis 6%, und der relative Rückgang der Rüstungsausgaben im Bundeshaushalt (vgl. Tabelle S. 56) von 33,4 auf 22,7% in den letzten 10 Jahren sollte nicht über die große volks- und konzernwirtschaftliche Bedeutung der Riesensumme von 25–30 Mrd. Mark hinwegtäuschen. In einigen industriellen Bereichen, vor allem in der Flugzeugindustrie, im schweren Fahrzeugbau und im Schiffbau, haben Rüstungsaufträge zeit- und stellenweise einen bedeutenden Teil der

Aufträge ausgemacht. Nach Untersuchungen von Klingemann (1968, 244ff) sind etwa 900 000 Menschen im militärisch-industriellen Komplex beschäftigt, davon 670 000 in den Streitkräften. Und ganz im Gegensatz zu der gelegentlich gehörten Meinung, die westdeutsche Industrie sei nach 1945 an Rüstungsaufträgen desinteressiert gewesen, enthalten etwa die Jahresberichte der zentralen Unternehmervereinigung, des „Bundesverbandes der Deutschen Industrie", seit 15 Jahren immer wieder drängende Mahnungen, einen größeren Teil der Rüstungsaufträge im Inland zu vergeben. Bereits im Jahresbericht des BDI 1958/59 wird die Hoffnung ausgesprochen, „das zur Zeit bestehende Verhältnis von Inlands- und Auslandsaufträgen dürfte sich in den nächsten Jahren zugunsten der Inlandsaufträge verändern." Zur gleichen Zeit erklärte BDI-Präsident Berg kategorisch: „Wir haben kein Verständnis dafür, daß Aufträge ins Ausland gehen, obwohl sie von unserer Industrie gleichwertig ausgeführt werden könnten." Tatsächlich konnte Verteidigungsminister Schröder im März 1968 vor der Jahresversammlung der Industriellen Arbeitgeberverbände Nordrhein-Westfalens erklären, „in den letzten neun Jahren sei der Anteil der ausländischen Beschaffungen von 60% auf 26% zurückgegangen. Die Regierung wolle den deutschen Entwicklungs- und Fertigungskapazitäten so viele Aufträge zukommen lassen, wie es nur eben möglich sei" („FAZ" v. 13. 3. 1968).

Der Bundesverband der Industrie verfehlte nicht, in seinem Jahresbericht 1967/68 auf diese Erklärung Schröders hinzuweisen und erneut energisch die Erwartung auszusprechen, daß die deutsche Industrie künftig stärker bei der Produktion von Waffen und Ausrüstung für die Bundeswehr herangezogen werde. Wörtlich heißt es: „Der Zustand, daß eine der größten Industrienationen der Welt sich den Hauptteil des Großgerätes für ihre Streitkräfte in anderen Ländern beschaffen muß, sollte überwunden werden." Auf Grund dieser in allen zurückliegenden Jahren sich wiederholenden Appelle kann man schwerlich von einem Desinteresse der westdeutschen Industrie an maximalen staatlichen Rüstungsaufträgen sprechen.

Hatten die größeren westdeutschen Rüstungsproduktionen bisher meist nur Teile der Produktionskapazitäten großer Unternehmen beansprucht, so bahnt sich jetzt eine wesentlich bedenklichere Entwicklung an. In Gestalt der entstandenen Flugzeug- und Raumfahrtkonzerne entstehen Großunternehmen, die erfahrungsgemäß – wenn man sich die Vorbilder in anderen westlichen Industriestaaten ansieht – nur als Rüstungskonzerne lebensfähig sein werden. Der schon seit langem vom Bundeswirtschaftsministerium als Voraussetzung für weitgehende staatliche Unterstützungen geforderte Konzentrationsprozeß in der westdeutschen Flugzeugindustrie ist in vollem Gange. Die zunächst nur im sogenannten Entwicklungsring Süd zusammenarbeitenden Messerschmitt und Bölkow-Flugzeugwerke haben sich im Herbst 1968 zusammengeschlossen. Wenige Monate später ist der der Familie Blohm gehörende Hamburger Flugzeugbau hinzugekommen, so daß

Verteidigungs- und Sozialausgaben des Bundes

Rechnungsjahr	Bundeshaushalt	Rüstungsausgaben		Sozialausgaben des Bundes	
	in Mrd. DM	in Mrd. DM	in % des Bundeshaushaltes	in Mrd. DM	in % des Bundeshaushaltes
1955[1]	25,3[1]	6,1[1]	24,1	10,0[1]	39,5
1961[2]	45,2	11,7	25,9	14,4[1]	31,9
1962[2]	50,1	15,7	31,3	15,7[1]	31,3
1963[2]	54,8	18,3	33,4	15,5[1]	28,3
1964[2]	58,4	17,8	30,5	18,5[1]	31,6
1965[2]	64,9	18,1	27,9	20,8[1]	32,1
1966[2]	67,9	18,4	27,1	21,9[1]	32,3
1967[2]	76,0	20,0	26,3	23,1[1]	30,4
1968[2]	75,4	17,6 (23,1)[3]	23,3 (28,0)	24,1[1]	32,0
1969[2]	81,7	19,5 (24,3)[3]	23,9 (29,3)	22,6[1]	27,7
1970[2]	87,3	20,0 (25,8)[3]	22,9 (29,6)	27,6[2]	31,6
1971[2]	98,4	21,8 (29,6)[3]	22,2 (30,1)	30,0[2]	30,5
1972[2]	106,6	24,2 (32,7)[3]	22,7 (30,7)	31,9[2]	29,9

Quellen; Anmerkungen:

[1] Statist. Bundesamt, Fachserie L, Finanzen und Steuern, Reihe 1.

[2] BM Vertdg. Weißbuch 1971/72, 153 ff. Nur Einzelplan 14, vgl. Anm.

[3] Während man „nach innen“ möglichst geringe Rüstungsausgaben nennt, nennt man gegenüber der NATO möglichst hohe, einschl. 3–5 Mrd. Berlinhilfe. Die Rüstungsausgaben 1968–72 in Klammern sind nach diesen sogenannten NATO-Kriterien errechnet (vgl. Tabelle S. 56).

Die gesamten Militärkosten der BRD

1. Verteidigungsausgaben des Bundes 1970, 1971 und 1972 nach NATO-Kriterien

Einzelpläne	– in Millionen DM –		
	1970 (Ist)	1971 (Soll)	1972 (Soll)
14: Verteidigung	19 887,7	21 816,1	24 219,0
33: Militärruhegehälter	1 583,4	1 837,8	2 018,5
35: Stationierungsstreitkräfte	621,5	641,3	700,9
05: Verteidigungshilfe für andere Länder	89,9	92,8	90,0
NATO-Zivilhaushalt	12,2	12,2	11,1
60: Personalverstärkungsmittel, Devisenausgleich, EDIP usw.	–	860,0	610,0
02: Wehrbeauftragter	1,4	1,7	2,0
06: Bundesgrenzschutz	376,5	451,5	506,5
	22 572,6	25 713,4	28 158,0
zuzüglich Berlin-Hilfe	3 217,0	3 875,6	4 530,5
Gesamt	25 789,6	29 589,0	32 688,5

Quelle:* **Weißbuch des BMVtdg 1971/72, S. 167

2. Selbst wenn man die Berlin-Hilfe, die die BRD gegenüber der NATO in Rechnung stellt, um ihren „Beitrag zur gemeinsamen Verteidigung der Freiheit" möglichst hoch erscheinen zu lassen, nicht mitrechnet, kommt man auf einen Gesamt-Militäretat, der weit über dem eigentlichen Verteidigungsetat (E.plan 14) liegt. Nach der Zusammenstellung in der außerordentlich informativen „antimilitarismus information" (Red. Chr. Wellmann) für 1972 (in Mio. DM):

Notstandsplanung des Innenministeriums (Plan 36)	135,8
„Verteidigungsforschung" und militärische Aspekte der Weltraum- und Raketenforschung des Wissenschaftsministeriums (Plan 31) etwa	600,0
Ziviler Ersatzdienst (Plan 11, Arbeit und Soziales)	72,0
Der Anteil am Eventualhaushalt 1972 (Gesamthöhe 2,5 Mrd. DM)	1 000,0
	1 807,8
Zusätzliche Militärausgaben 1972	
„NATO"-Verteidigungsausgaben (ohne Berlin-H.)	28 158,0
Gesamt-Militärausgaben der BRD 1972	**29 965,8**

Das sind 28,1% des Bundeshaushalts, während der „reine" Verteidigungshaushalt (24,2 Mrd. DM) einen Anteil der Rüstung von nur 22,7% am Gesamthaushalt vortäuscht.
Anders ausgedrückt: die tatsächlichen Militärkosten sind um 23,8% höher, als die im Einzelplan 14 ausgewiesenen!

bereits jetzt ein Konzern mit etwa 20 000 Beschäftigten besteht. Ein ähnlicher Konzern entstand durch Zusammenschlüsse mit den VFW, den Vereinigten Flugtechnischen Werken, Bremen, die ihrerseits weitgehend mit dem holländischen Fokker-Konzern fusionierten. Leider wird von allen Seiten – auch von den Gewerkschaften – nur die Forderung nach einer rationellen Konzentration der westdeutschen Luftfahrt- und Raumfahrtindustrie gestellt, nicht aber die prinzipielle Frage aufgeworfen, welchen industriellen und volkswirtschaftlichen Sinn für einen mittleren Industriestaat der nur mit Hilfe riesiger staatlicher Subventionen und – unter Umständen künstlich erzeugter – Nachfrage zu vollziehender Aufbau und Bestand eines nationalen Luftfahrtkonzerns haben kann. Eine eigene Luftfahrtindustrie scheint immer noch zu den Heiligen Kühen des Wirtschaftsnationalismus zu gehören. Wenn man, einer sehr gründlichen Analyse der „Neuen Zürcher Zeitung“ (27. Juni 1968) folgend, feststellt, daß die westdeutsche Luftfahrtindustrie zwischen 1955 und 1968 rund fünf Milliarden Mark an wehrtechnischen Subventionen erhalten, aber nur ein Leichtflugzeug sowie eine Panzerbekämpfungswaffe auf Grund dieser Milliarden kostenden Entwicklungen tatsächlich produziert hat, so ist doch wohl ernster Zweifel an der ökonomischen Rationalität solcher wehrtechnischen und rüstungsindustriellen Staatssubventionen angebracht. Nach Mechtersheimer (1971, 21f) sind in der BRD im allgemeinen vor allem 4 Finanzgruppen und Konzerne stark mit Rüstungsproduktionen beschäftigt (s. Aufstellung S. 58).

Der Flick-Konzern, nicht zuletzt durch seine Verflechtung mit dem Quandt-Konzern (Mercedes, BMW), hat sich zu dem größten Rüstung produzierenden Unternehmen Westdeutschlands entwickelt. Durch den Bau des Leopard-Panzers wurde er zum größten westeuropäischen Panzerproduzenten. Bis 1971 wurden schon weit über dreitausend geliefert und bestellt:

Bundeswehr	1845
Norwegen	78
Holland	451
Belgien	334
Spanien	200
Italien	800

(Über den westdeutschen Waffenhandel mit der Dritten Welt vgl. 1. 5.)

Es dürfte kein Zufall sein, daß der süddeutsche Raum, vor allem Bayern, zu einem „Kalifornien“ der Bundesrepublik in rüstungsindustrieller Hinsicht geworden ist: daß dort eine starke Konzentration der Rüstungsproduktion (Luft- und Raumfahrt, Panzer, Lastwagen, Elektronik, Munition) sich vollzogen hat. Schließlich war es F. J. Strauß, der die Weichen für das Wiedererstehen einer westdeutschen Rüstungsindustrie gestellt hat. Und es ist dann weiterhin kein Zufall, daß sich um Strauß und im CDU/CSU-Führungskreis heute ein erzreaktionäres

Firma	StKap. Mill. DM	Beteiligung	Rüstungsproduktion
Friedrich Flick KG. Düsseldorf			
Daimler-Benz AG, Stuttgart	507	rd. 40%	Lkw, Motoren Triebwerke
Dynamit Nobel AG, Troisdorf	110	ca. 83,3%	Munition, Sprengmittel, Raketen
Krauss-Maffei AG, München	16	Mehrheit	Panzer, Lkw
Motoren- und Turbinen-Union, München und Friedrichshafen	50	maßgebl.	Triebwerke, Dieselmotoren
Buderus'sche Eisenwerke, Wetzlar	66	Mehrheit	Panzerteile
Sauer & Sohn GmbH, Düsseldorf	?	Mehrheit	Waffen
Friedrich Krupp GmbH, Essen			
VFW-Fokker, Bremen	150	ca. 15%	Flugzeuge
Atlas-MaK Maschinenbau GmbH, Kiel-Friedrichsort	20	99,87%	Schiffsmotoren, Bergepanzer (mil. Prod.-Anteil 40%)
Atlas-Werke AG, Bremen	20	99,5%	Schiffe, U-Boote
C. Plath KG, Hamburg	0,7	45%	Nautisches Gerät
Diehl-Konzern, Nürnberg*			
Diehl-KG, Remscheid	?	100%	Panzerketten, Panzerteile
Diehl-Luftfahrtgeräte, Gauting	?	100%	Flugzeuginstrumente
Firma Diehl, Nürnberg	?	100%	Zünder
Gebr. Junghans GmbH, Schramberg	20	94%	Zünder, Flugzeuginstrumente
Quandt-Gruppe			
Bayerische Motorenwerke, München	200	40–70%	Panzermotoren
Industrie-Werke Karlsruhe	42	über 30%	Munition
Mauser-Werke AG, Oberndorf	5,4	über 30%	Waffen, Munition
Nederlandsche Wapenen Munitiefabriek			Munitionsexport
Daimler-Benz AG, Stuttgart	507	ca. 15%	Lkw, Motoren, Triebwerke

Zusammengestellt von Mechtersheimer nach: Wer gehört zu wem?, a. a. O., Berichten im Wirtschaftsteil „FAZ“ und der „Welt“. Klingemann, a. a. O., „Wehr und Wirtschaft“. Jg. 1967 ff., Thayer, War Business, a. a. O., S. 280 ff.
*Ca. 16 000 Beschäftigte und 600 Millionen Umsatz.

entspannungsfeindliches Machtkartell aus Politikern und teilweise stark rüstungsindustriell interessierten Konzernvertretern gebildet hat, der den gefährlichen harten Kern des militärisch-industriell-politischen Komplexes in diesem Land bildet. Strauß, die politische Speerspitze dieser rechtskapitalistischen Machtgruppe, ist zugleich Präsident des staatlich subventionierten, supranationalen Airbus-Konzerns; Bölkow, Generaldirektor des MBB-Flugzeugkonzerns, ist Mitglied des wehrpolitischen Arbeitskreises der CDU in München und des regelmäßig im Verteidigungsministerium tagenden industriellen „Arbeitskreises Rüstungswirtschaft"; der Ende 1971 verstorbene Pohle, Geschäftsführer der Flick-KG, CSU-Abgeordneter, gehörte zu den engsten industriellen Kontaktleuten von Strauß und hat als der stärkste Vertreter der Rüstungsindustrie im Bundestag fungiert, er war Mitglied des Verteidigungsausschusses; Kley, Vorstandsmitglied von Siemens, CDU-Abgeordneter, Mitglied des kapitalistischen Zentralorgans der CDU/CSU, des „Wirtschaftsrats"; Zimmermann, CSU-Abgeordneter, Vorsitzender des Verteidigungsausschusses im Bundestag, einer der engsten Spezi von Strauß, der diesen trotz der gegen ihn erhobenen schweren Meineid-Vorwürfe niemals fallengelassen hat.

Es wären noch viele zu nennen, Guttenberg, die propagandistischen Bannerträger Springers etc. Insgesamt hat sich, lokalisiert vor allem in Bayern, personell geführt von Strauß, ökonomisch gestützt von den reaktionärsten Vertretern des (teilweise stark rüstungsindustriell interessierten) Kapitals, ein nationalistisch-entspannungsfeindliches Machtkartell gebildet, das weit gefährlicher ist als der offene Rechtsradikalismus.

Leider zu spät, nämlich in seiner Abschiedsrede als Präsident der USA, warnte Eisenhower vor der Macht des „military-industrial complex". Er meinte damit das Interessen-, Beziehungs- und Machtgeflecht von militärischen, industriellen und politischen Machteliten: Industrielle, die Verteidigungsminister werden, Generale, die von der Rüstungsindustrie „eingekauft" sind, Spitzenmanager großer Konzerne, die engste Beziehungen zu den Planern im Pentagon unterhalten. Eine außerordentlich einflußreiche Macht- und Geldclique mit einem unübersehbaren Anhang von indirekt Interessierten – bis hin zu den Abgeordneten der rüstungsintensiven Bezirke und den Gewerkschaftsfunktionären der in den Rüstungsunternehmen Beschäftigten (vgl. die detaillierte Analyse dieser Gruppen bei Vilmar (1965/70, 295–309).

Auch in der BRD und in der EWG ist ein solcher militärisch-industrieller Komplex im Entstehen begriffen. Um das Bild der „Rüstungsfraktion" in der CDU/CSU zu vervollständigen, sei auf die verdienstvollen Zusammenstellungen von Alfred Mechtersheimer (1971) und von Werner P. D'hein (1971) hingewiesen. Beide veröffentlichten eine – nur teilweise übereinstimmende – Liste von Generalen a. D., die von bedeutenden, mit Rüstung beschäftigten Konzernen wie Rheinmetall, Hispano-Suiza, BASF, Philips, Boeing, Bell, Aerospace, VFW-Fokker, Messerschmidt-Bölkow-Blohm, Dornier, Europavia, beschäftigt werden, um auf sehr unsoldatische, keineswegs gemeinnützige Weise ihre alten Beziehungen zu den hochgestellten Kameraden in der Bundeswehr spielen zu lassen. Dabei sind so hochgestellte Offiziere wie der ehemalige Inspekteur der Luftwaffe, Werner Panitzki, ein stellvertretender Inspekteur der Marine, ein Befehlshaber im Wehrbereich II, ein Kommandeur der Technischen Akademie der Luftwaffe, ein Chef des Truppenamtes vertreten. Und D'hein berichtet: „Etwa jeder zehnte hohe Offizier, so schätzt man im Verteidigungsministerium, findet nach dem letzten Zapfenstreich Unterschlupf in Industriezweigen, die mit der Armee zusammenarbeiten . . . Mindestens hundert ehemalige Bundeswehroffiziere sind heute hauptberuflich oder als freie Mitarbeiter in den großen Firmen dieser (Luftfahrt-) Branche tätig" (38).

Der Industrie-Lobbyismus ehemaliger hoher Bundeswehroffiziere hat offensichtlich Formen angenommen, die das Verteidigungsministerium veranlaßten, am 25. Oktober 1971 einen Erlaß über die „Einschaltung in den Geschäftsverkehr mit der Bundeswehr nach Beendigung des Dienstverhältnisses" herauszubringen. Man darf allerdings zweifeln, ob die zahlreichen Ausnahmen, die dieser Erlaß vorsieht, die Grundbestimmung wirklich wirksam machen wird, wonach „ehemalige Berufs- und Zeitsoldaten, Beamte und Angestellte, die nach Beendigung des Dienstverhältnisses eine Tätigkeit in der Wirtschaft aufnehmen, . . . im dienstlichen Verkehr als Gesprächs- und Verhandlungspartner nicht zuzulassen" (sind).

Helmut Schmidt – Herr oder Diener des „militärisch-industriellen Komplexes"?

Man kann nicht leugnen, daß Helmut Schmidt, seit er Verteidigungsminister wurde, einige Verbesserungen in der Wehrpolitik erreicht hat. Er schickte einige Generale, die sich durch besonders antidemokratische Reden hervorgetan hatten, frühzeitig in Pension oder versetzte sie auf bedeutungslose Posten. Er ging daran, zunächst einmal statt großer neuer Rüstungsbestellungen die miserable soziale Situation der Berufssoldaten zu verbessern. (Immerhin hat sich der Anteil der Betriebs- und Personalkosten 1972 auf 70,9% des Rüstungshaushalts – 1967: 53,8%! – erhöht, lt. „Weißbuch" 1971/72, S. 162.) Er hat, wenn auch übervorsichtig, begonnen, den „nicht zu widerlegenden offensiven Charakter" (v. Bonin) der Bundeswehrrüstung hier und da abzubauen: die Mehrzahl der Starfighter soll nicht länger als Atombombenträger ausgerüstet bleiben, sondern auf Abwehrfunktionen umgestellt werden; das ungeheuer teuere, elektronik-überladene deutsch-amerikanische Projekt des Kampfpanzers 70 wurde liquidiert; Schmidt erwägt eine teilweise Umrüstung der Bundeswehr auf rein defensive Jagdpanzer, die nur halb so teuer wie die offensiven „Leoparden" sind; ebenso wurden die phantastisch teueren, offensiven Raketenfregatten aus der Planung gestrichen. Das Verbot des Waffenexports in „Spannungsgebiete" wurde rigoroser gehandhabt. Nach Schmidts Angaben (1970) sollen bis 1974 die Ausgabensteigerungen für Rüstung so gebremst werden, daß 5 Milliarden Mark weniger als geplant verbraucht werden.

Der Vorsitzende des Verteidigungsausschusses, CSU-Zimmermann, hetzte bereits, die Strategie Schmidts sei nach dem Motto „nach mir die Sintflut" angelegt, und sein Kollege, CDU-Klepsch, diffamierte Schmidts Maßnahmen als „schleichende Abrüstung" und Teil der sozial-liberalen Politik der „Vorleistungen" gegenüber dem Osten.

Gewichtiger als diese positiven Posten sind leider die Passiva der Schmidtschen Politik, die anpassungsbereite Ängstlichkeit dieses stets so forsch auftretenden Mannes. Mit seinen Kompromissen ist der Superpragmatiker dabei, wieder zunichte zu machen, was eben vernünftige Einsicht ihn tun ließ. So zeigte er eine unerträgliche Toleranz gegenüber unbelehrbaren Militaristen wie Schnez. Er verstärkte völlig unnötigerweise die Befehlsgewalt der Generalinspekteure gegenüber den Teilstreitkräften und räumt den Inspekteuren ein gefährliches politisches Mitbestimmungsrecht im Führungsrat seines Ministeriums ein. So hält er sich wahrscheinlich für einen überaus klugen Taktiker, wenn er die gesellschaftspolitische Instinktlosigkeit begeht, den Thyssen-Generaldirektor Mommsen als Rüstungsbeschaffer in sein Ministerium zu holen – ausgerechnet diesen Industriegeneral, der einer der höchsten Beamten in Hitlers Rüstungsministerium war. So bildete er einen Arbeitskreis „Rüstungswirtschaft", in dem die Interessenvertreter der wichtigsten deutschen Rüstung produzierenden Konzerne sitzen und dem Minister erzählen, wie sie sich die Planung und Verteilung der Rüstungsbeschaffung vorstellen.

Helmut Schmidt wird das alles als eine ungeheuer kluge Politik der „Integration" der militärischen und industriellen Machteliten in die sozial-liberale Politik interpretieren. Die Frage ist nur: wer integriert hier wen? Am verhängnisvollsten zeigt sich diese Politik der Anpassung an seiner strategischen USA-Hörigkeit (vgl. oben S. 41–47). Kaum hat er von Rüstungskürzungen gesprochen, da erklärt er den Vereinigten Staaten am 12. November 1970 die Bereitschaft der BRD, 1 bis 2 Milliarden zusätzliche NATO-Rüstungsleistungen in den nächsten Jahren als „Lastenausgleich für die Stationierung der amerikanischen Truppen" zu erbringen, damit nur ja kein amerikanisches Bataillon aus Westdeutschland abgezogen wird. In seinem „Weißbuch 1970" wird erklärt, es seien keinerlei Aggressionsabsichten des Ostens erkennbar. Die Sowjetunion „betreibt . . . die Politik einer Status-quo-Macht, die auf die Bewahrung und Konsolidierung ihrer Interessensphäre bedacht ist . . ., die aber unter den gegenwärtigen Voraussetzungen in Europa keinen territorialen Gewinn erstrebt" (4). Gleichzeitig aber hält Helmut Schmidt an Atomträgerwaffen und am Konzept taktischer Atomschläge („Weißbuch" 28; 29; 40) im Rahmen jener amerikanischen Vorfeldstrategie der „Flexiblen Reaktion" (vgl.

1.3.) fest. Er bekennt sich zu einer mehr defensiven Struktur der Bundeswehrrüstung, traut sich aber dennoch nicht, das Startsignal zu geben für eine entschiedene Umrüstung von offensiven Kampf- auf leichte defensive Jagdpanzer. Und dies, obwohl durch eine solche Umstellung auf eine höchst wirksame Defensivwaffe gleichzeitig 2 Milliarden Mark an Rüstungsausgaben eingespart werden könnten (vgl. 2.2.4.!).

Was aber das schlimmste ist: keiner der verantwortlichen Sozialdemokraten und Gewerkschafter, keiner der Friedensforscher entwickelt Vorstellungen oder gar Pläne über die künftige Umstellung unserer Rüstungsindustrie auf zivile Produktion. Alle reden über Entspannungs- und Friedenspolitik, niemand aber scheint das „amerikanische Krebsgeschwür" zu schrecken: das Geschwür einer Rüstungsindustrie im gesellschaftlichen Leib, das man nicht mehr herauszuoperieren weiß. *Wo aber planerische Voraussicht und staatliche Autorität fehlen, um jederzeit Rüstungs- auf zivile Produktionen umstellen zu können, dort wird man aus Angst vor Arbeitslosigkeit und Wirtschaftsrückgang auch nicht abrüsten.* Dort wird man fortfahren, den bösen Feind im Osten als Teufel an die Wand zu malen, damit man eine Rechtfertigung hat, um die zur Aufrechterhaltung der Profite und der Konjunktur notwendigen Rüstungsausgaben immer weiter vom Steuerzahler fordern zu können. (Da die Frage der Umstellung der Rüstungs- auf zivile Produktion angesichts der rapide fortschreitenden europäischen Rüstungskonzernverflechtung sich zunehmend als Problem gesamt-westeuropäischer Friedenspolitik erweist, wird das konkrete Umstellungskonzept im letzten Kapitel (2.3.4.) behandelt.)

Widerstände gegen eine Umstellung der Rüstungsindustrie

Die entscheidende Frage ökonomisch orientierter Militarismuskritik ist, ob Rüstungskäufe des Staates zu einem unerläßlichen Stabilisierungsfaktor im Spätkapitalismus werden. Theoretisch ist es dem Staat zweifellos möglich, Gesamtangebot und Gesamtnachfrage auch mit „zivilen" wirtschaftspolitischen Instrumenten auszugleichen. Eine vollbeschäftigte, stabile, technisch fortschrittliche Wirtschaft kann auch ohne Rüstung gesichert werden. Doch es bedarf einer in die Profit-, die Investitions- und Einkommensstrukturen eingreifenden volkswirtschaftlichen Planung, um langfristig ohne solche Formen der Kapitalvernichtung eine ökonomische Stabilität zu erreichen: auf der Basis hohen infrastrukturellen Staatsverbrauchs sowie steigender Realeinkommen, auf Kosten maximaler Profitraten. *Es ist also eine politische Machtfrage, ob die Regierung eine solche Wohlfahrtsplanung gegen die Interessen des Kapitals durchzusetzen vermag. Genauer: eine Frage der politischen Mehrheiten, die die Regierung bilden und stützen.* Bis heute lehnt die wirtschaftliche Führungsschicht eine Vollbeschäftigungspolitik durch Wohlfahrtsplanung ab. Von ihrer Interessenlage her gesehen, leitet eine solche Politik bedenkliche Entwicklungen ein. Sie ist gegen demokratische Rahmenplanung, höhere Lohnraten auf Kosten des Profits, kürzere Arbeitszeit, gegen verstärkte Sozial- und Kulturpolitik, eine umfassende Entwicklungshilfe und eine gemeinwirtschaftliche Forschungspolitik.

Gegenüber jedem dieser Vorschläge gibt es Widerstände der Produktionsmittelbesitzer:

1. Paul Sering (1948, 105 ff.) hat in seiner klassischen Analyse kapitalistischer Rüstungsinteressen darauf hingewiesen, daß bei der Produktion für den Massenkonsum das Risiko des Unternehmers nicht in gleicher Weise ausgeschaltet werden kann, wie bei der Produktion gesellschaftlich nutzloser Gegenstände auf Rechnung des Staates. Bei zivilen Gütern hat der Verbraucher Wahlfreiheit, bei Rüstungserzeugnissen kann die Annahme im voraus garantiert werden.

2. Wohlfahrtsplanung vergrößert den Einkommensanteil der arbeitenden Schichten gegenüber dem Einkommensanteil, der aus Kapitaleinkommen stammt, also dem Gewinn. Anders ausgedrückt: Produktionsausweitung auf dem Konsumgütermarkt ist an eine Erhöhung der Kaufkraft, also auch der Löhne und Gehälter gebunden. Für die Anhäufung von Rüstungsproduktion gilt dies nicht. Zugleich bedeutet jede Verschiebung in der Einkommensverteilung eine Änderung in der Machtverteilung. Höhere Masseneinkommen steigern die Chancen der Arbeitnehmer, sich kulturell und politisch durchzusetzen.

3. Rüstungsaufträge bieten Kapitalbesitzern einen ausgezeichneten Vorwand, um den Staat, das heißt den Steuerzahler dazu zu bringen, in großzügiger Weise Forschungs- und Entwicklungsausgaben zu finanzieren. Die Forschungsergebnisse werden zum Teil mit größerem Gewinn verkauft als die Rüstungsprodukte.

4. Die geforderte demokratische Rahmenplanung dürfte vieles durchsichtiger und gestaltbarer machen. Wissenschaftliche Analyse und öffentliche Diskussion würden auf weitere Gebiete übergreifen. Gesellschaftliche Instanzen würden Grundentscheidungen über Umfang und Richtung von Investition, Produktion, Kreditvolumen und Umstellung treffen. Die Entscheidungs- und Ausbeutungsfreiheit der Unternehmer im kapitalistischen System würden dadurch eingeengt werden.

5. Der Ausbau des Staates zum Wohlfahrtsstaat, der ein verbessertes Schul- und Hochschulsystem mit einschließt, wird die demokratische Substanz des Staates und der Gesellschaft stärken und die Vorherrschaft der Besitzenden abbauen. Der öffentliche Sektor wird ein größeres Gewicht erlangen.

Welche theoretischen, organisatorischen und politischen Energien mobilisiert werden müssen, um gegen diese Widerstände gleichwohl eine Wohlfahrtsplanung durchzusetzen, wird im 2. Teil erörtert (2.3.4.).

1.5. Vorburgen der Festung Unterentwicklung und Neoimperialismus

Das System von direkter und struktureller Gewalt, Drohungen und Bedrohungsvorstellungen, das wir als „Festungssystem" zusammenfassend beschreiben, ist ohne seine imperialistischen Tendenzen nicht zureichend zu begreifen. Die Zentralfestungen haben sich, um im Bilde zu bleiben, ein System von Vorburgen, abhängigen auswärtigen Be-Positionen in der ganzen Welt geschaffen, die ökonomisch, politisch und militärisch ihre Vormachtstellung absichern sollen. Johan Galtung (vgl. Galtung, 1971, bes. 83ff.) hat dieses internationale System von „Festungen" und „Vorburgen" als ein System von sozioökonomischen „Zentren" und „Peripherien" charakterisiert. Es darf allerdings bei einer solchen allgemeinen Beschreibung niemals vergessen werden, daß nach wie vor das beherrschende imperialistische Zentrum das der kapitalistischen Staatengruppe ist und die beherrschte „Peripherie" im wesentlichen eine kapitalistisch beherrschte – wenn es zweifellos heute auch starke Tendenzen zur „Gegenmachtbildung" sowjetischer oder chinesischer Art in dieser „Peripherie" gibt.

Imperialismus oder Neoimperialismus

Einer der ersten Versuche, den Imperialismus theoretisch zu bewältigen, stammt von Rosa Luxemburg (1913, 339): „Der Kapitalismus kommt zur Welt und entwickelt sich historisch in einem nichtkapitalistischen sozialen Mileu." In seiner Darlegung der Phase der ursprünglichen Akkumulation hat Marx diesem Umstand voll Rechnung getragen. Luxemburg versucht aber nun zu zeigen, daß die Existenz nichtkapitalistischer Räume nicht nur für den jungen, sondern auch für den reifen Kapitalismus von lebenswichtiger Bedeutung ist. Dieser vermag die engen Grenzen des inneren Marktes nur durch die gewaltsame Eroberung und wirtschaftliche Durchdringung der früheren Hinterländer zu überwinden. Luxemburg kommt auf diese Weise zu ihrer vielzitierten Imperialismus-Definition (443): „Der Imperialismus ist der politische Ausdruck des Prozesses der Kapitalakkumulation in ihrem Konkurrenzkampf um die Reste des noch nicht mit Beschlag belegten nichtkapitalistischen Weltbereichs." Auch in dieser Phase der kapitalistischen Entwicklung ist die Gewalt das Vehikel des ökonomischen Prozesses. Die spezifischen Operationsmethoden der Einbeziehung der Hinterländer in den kapitalistischen Lebenszusammenhang sind „auswärtige Anleihen, Eisenbahnbauten, Revolutionen und Kriege".

Angesichts der beiden Weltkriege, die im wesentlichen als imperialistische, kriegerische Vorstöße kapitalistischer Staaten zur Neuverteilung der kolonialen Weltpositionen interpretiert werden müssen, wird man anerkennen müssen, daß Rosa Luxemburg mit ihrer Voraussage katastrophaler Entwicklungen in der Endphase der imperialistischen

Expansionsperiode die Zeichen der Zeit viel scharfsinniger und richtiger erkannt hat als alle ihre Zeitgenossen, die beruhigend von dem überwiegenden Interesse des Kapitalismus an friedlichem Welthandel und von der Unwahrscheinlichkeit einer kriegerisch-katastrophalen Entwicklung der imperialistischen Politik noch am Vorabend des Ersten Weltkrieges sprachen.

Die Frage ist nun, ob es angesichts des relativen Abbaus der kapitalistischen Kolonialposition in der ganzen Welt nach 1945, in Zusammenhang mit der Entstehung eines – nicht zuletzt infolge der beiden imperialistischen Kriege möglich gewordenen – großen antikapitalistischen Gesellschafts- und Staatssystems, angesichts der schrittweisen Verselbständigung und sozialrevolutionären Gärung in der Dritten Welt dem privatwirtschaftlichen Gesellschaftssystem gelingen kann, auch ohne die kolonialen Ausbeutungs- und Anlagegebiete der Welt langfristig eine wirtschaftlich-gesellschaftliche Stabilität und Prosperität zu organisieren. Um diese Frage beantworten zu können, muß man sich mit den nachkolonialen Beherrschungstendenzen auseinandersetzen, die unter dem Begriff des Neoimperialismus zusammengefaßt werden können.

Zweifellos gibt es eine Reihe sehr gewaltsamer militärischer, wirtschaftlicher und politischer Bestrebungen, die eine volle ökonomische Emanzipation der ehemaligen Kolonien verhindern. Diese neoimperialistische Politik ist aber nicht einfach im Sinne der alten marxistischen Imperialismustheorie *unmittelbar* ökonomisch mit kapitalistischen Interessen an uneingeschränkter Ausbeutung von Rohstoffgebieten und kolonialen Produktionskräften hinreichend zu erklären. Natürlich spielt nach wie vor das klassische Motiv imperialistischer Beherrschung eine Rolle. Es braucht nur an die riesigen Erdöl- und die sonstigen Rohstofflager in der Dritten Welt erinnert zu werden, die sich in kapitalistischem, vorwiegend in amerikanischem Besitz befinden, und an die Tatsache, daß auf Grund der niedrigen Löhne in der Dritten Welt industrielle Kapitalanlagen dort sich meist ungeheuer profitabel gestalten, zumal bis zum heutigen Tage die meisten Entwicklungsländer gezwungen werden, die Gewinne in den Währungen der industriellen Eigentümerländer zu transferieren. Was man allzu euphemistisch gelegentlich die private Entwicklungshilfe nennt, ist in vielen Fällen eine neue Form von quasi-kolonialer Ausbeutung.

Gleichwohl ist es notwendig, den Imperialismus heute wesentlich komplexer zu interpretieren. Vilmar (1970, 156) hat demgemäß folgende Definition des Neoimperialismus vorgeschlagen:

Dem Imperialismus der nachkolonialen Phase geht es nicht mehr primär darum, durch militärisch-ökonomische Expansion sich vor wirtschaftlichen Krisen zu retten, sondern durch militärisch-ökonomisch-politische Präsenz sich vor der sozialistischen Bedrohung seiner gesamtgesellschaftlichen Existenz zu bewahren. Denn wenn die Dritte Welt im Laufe der nächsten Jahrzehnte kommunistisch würde, so bedeutete das, daß die weltpolitische Macht der kapitalistischen Gesellschaftssysteme am Ende dieses Jahrhunderts aufgehört hätte zu bestehen. Dieses Gesellschafts- und Wirtschaftssystem sähe sich auf ein Fünftel der Menschheit und auf seine bescheidenen Ursprungsterritorien zurückgeworfen. Es versucht daher, entweder durch wirtschaftliche „Kooperation" möglichst viele Länder der Dritten Welt für einen ihm verwandten sozialkapitalistischen Prozeß zu gewinnen oder, falls es dazu unfähig ist, durch militärische und Geheimdienstpräsenz in der ganzen Welt und gegebenenfalls durch Interventionen gegenüber radikalsozialistischen Emanzipationsbewegungen in den Entwicklungsländern seine weltpolitische Existenz schlechthin zu verteidigen.

Daß innerhalb dieses weltweiten Existenzkampfes das Interesse an der Erhaltung ökonomischer Basen und Kapitalanlagegebiete ein unlösbares „existentielles" Element ist, versteht sich von selbst. Aber die komplexere Interessenlage hat zur Folge, daß das System sich – mit unverhältnismäßigem Aufwand – durchaus auch dort zur Eindämmung des Weltkommunismus engagieren kann, wo es unmittelbar ökonomisch nichts Wesentliches zu gewinnen hat.

Mit Recht weist Kurt Steinhaus (1966, 51) in einer Studie darauf hin: „Die heutigen ökonomischen Beziehungen zwischen den kapitalistischen Ländern und den Ländern der ‚Dritten Welt' (perpetuieren) alte Abhängigkeits- und Ausbeutungsverhältnisse. Die absolute Höhe der dabei erzielten und erzielbaren Vorteile, Kapital- und Warenexporte zu günstigen Bedingungen, billige Rohstoffimporte, überdurchschnittlich hohe Profite – ist beträchtlich. Auf der anderen Seite sinkt aber der Anteil dieser Beziehungen am gesamten Reproduktionsprozeß der kapitalistischen Gesellschaften. Gleichzeitig verfügen diese mittlerweile über ein flexibles fiskalpolitisches Instrumentarium zur Krisenverhütung. Mir scheint die These gerechtfertigt, daß die Ausbeutung ökonomisch schwach entwickelter Gebiete an relativer Bedeutung für die Stabilisierung des kapitalistischen Gesellschaftssystems verloren hat. Mithin ist es fragwürdig, den ganzen Komplex des Verhältnisses Westeuropas und Nordamerikas zu den Ländern Asiens, Afrikas und Lateinamerikas immer noch wie zur Zeit des Hochimperialismus aus einem ökonomischen Zwangszusammenhang ableiten zu wollen . . . Der Versuch, etwa die US-amerikanische Politik gegenüber jedem Land unterschiedslos und allein mit der allzu groben Kategorie der neokapitalistischen Ausbeutung erklären zu wollen, führt wissenschaftlich in eine Sackgasse."

Die „Entwicklung" der Unterentwicklung

Ob Praktiken des klassischen Wirtschaftsimperialismus oder die umfassenderen politischen (z. B. Militärhilfe-)Strategien des Neoimperialismus angewandt werden: in jedem Fall ist sowohl die westliche wie die – weit unbedeutendere – östliche Politik, einschließlich der „Entwicklungshilfe", keine wirksame Entwicklungspolitik, sondern (sofern sie nicht nackte Ausbeutung ist) bestenfalls eine Politik der „Entwicklung“ hörigerNationalbourgeoisien in den Ländern der Dritten Welt.

Will man die Bedingungen der fortwährenden Unterentwicklung konkret analysieren, so muß man zunächst die historische Tatsache zur Kenntnis nehmen, daß die Nachwirkungen des Imperialismus in den riesigen ehemaligen Kolonialgebieten der Menschheit trotz deren scheinbarer politischen Befreiung und Verselbständigung Hunger, Elend und soziale Katastrophen erzeugen. Statt Freiheit und industrieller Entwicklung entstehen neue Formen von Ausbeutung, korrupter Herrschaft und Abhängigkeit. Die Dritte Welt wird nicht nur zum eigentlichen Unfriedens-Bereich durch die lawinenartige Zunahme ihrer sozialen Notstände, sondern gleichzeitig zum Aufmarschgelände west-östlicher weltweiter Konfrontation.

Sinnlos wuchernde Menschenmassen

Beginnen wir mit der augenfälligsten Krise, der „Bevölkerungsexplosion“, die keineswegs ein Naturereignis ist, sondern die Erbschaft des weißen Imperialismus in der Dritten Welt, das furchtbarste Zeugnis weltpolitischer Unfähigkeit des „weißen Mannes“.

In den 8000 Jahren vor Beginn der industriellen Revolution hat sich die Erdbevölkerung etwa alle tausend Jahre verdoppelt und zählte 1650 etwa 500 Millionen Menschen. Dann hat sie sich in 200 Jahren auf 1 Milliarde verdoppelt, dann in 80 Jahren auf 2 Milliarden.*

Im Jahre 2000 leben nach einer Studie der Vereinten Nationen mindestens 6,5 Milliarden Menschen auf der Erde.

Erschreckend anschaulich sind die Verdoppelungszeiten. Die Bevölkerung Indonesiens wird sich in 31 Jahren, Nigerias in 28 Jahren, Kenias und der Türkei in 24, Brasiliens in 22, der Philippinen in 20 und El Salvadors in 19 Jahren verdoppelt haben. In Österreich wird der gleiche Prozeß dagegen 175 Jahre dauern (nach Ehrlich).

Dieses explosive Wachstum der Erdbevölkerung ist eine direkte Folge des imperialistischen Einfalls in den Süden in den beiden letzten Jahrhunderten. Vor diesem Zeitpunkt stand einer hohen Geburtenquote eine ebenso hohe Sterbequote durch Krankheit, Mütter- und Kindersterblichkeit gegenüber. Der imperialistische Einbruch des kapitalistischen Industriesystems und seiner Produkte hat diese auch durch Stammesregeln (Heiratsalter!) kontrollierten vorindustriellen Gesellschaftssysteme völlig zerstört. Sklaverei, Industrialisierung, Zerschlagung der heimischen Handwerkswirtschaft durch Einführung billiger Industrieprodukte, Übervölkerung der Agrargebiete, Landnahme, Monokulturen haben die Familien und Wirtschaftsstrukturen, damit die Ernährungsbasis und die sozialen Ordnungen vernichtet. Gleichzei-

*Vgl. zu dieser Problematik Paul Ehrlich, „Die Bevölkerungsbombe“, München 1971.

Bevölkerungszunahme absorbiert Wirtschaftswachstum

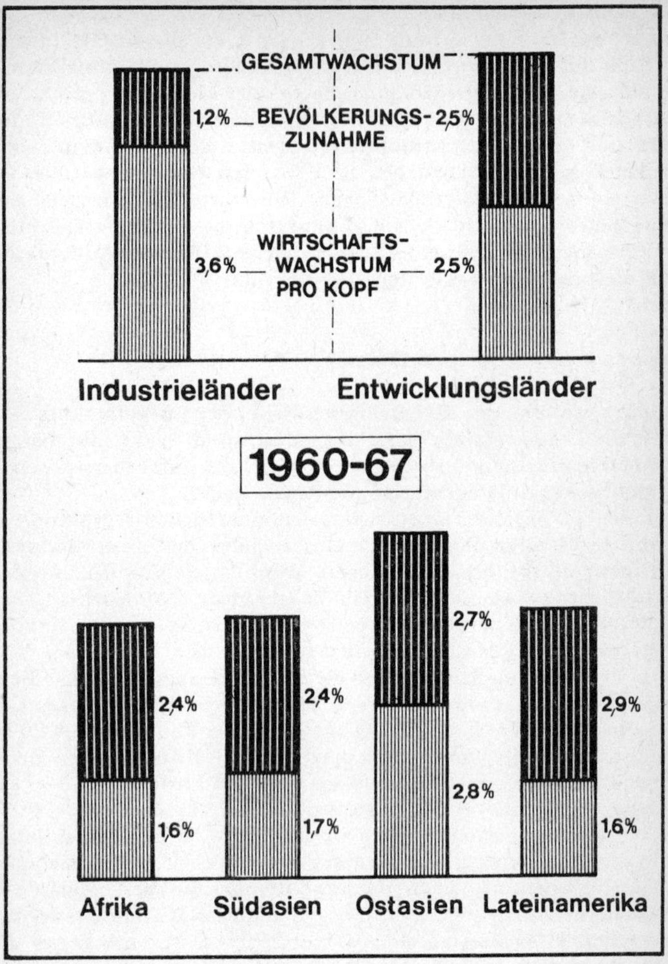

Aus Strahm (1972, 46); Quelle: Pearson-Bericht, Weltbank, Wien 1969, Anhang II, Tab. 1, p. II/6.

tig hat die moderne Medizin, bei gleichbleibenden oder steigenden Geburtenquoten, die Sterbequote drastisch reduziert.

Auch in den kapitalistischen Ländern gab es im Laufe der wissenschaftlich-technischen Revolution eine „Bevölkerungsexplosion". Doch im Gegensatz zur Dritten Welt konnte in Europa und den USA die industrielle Entwicklung und die Entwicklung eines Aufklärungs- und Bildungssystems die Verelendungsprozesse der Massengesellschaft (Arbeitslosigkeit, Slums usw.) abkürzen und den Übergang zu neuen familiären, neuen sozialen und Beschäftigungsstrukturen leichter bewältigen – nicht zuletzt auf Kosten weltweiter Kolonialpolitik. Die Masse der Bevölkerung erkannte zunehmend die Geburtenkontrolle als Vorbedingung materieller Konsolidierung. Da Kinderreichtum soziale Deklassierung bedeutet, setzten sich Abtreibung, Präservative und Anti-Baby-Pille gegen agrarische Traditionen und klerikale Normen durch. So haben sich in den industrialisierten Ländern heute die Bevölkerungen bei einer niedrigen Sterberate und einer ebenfalls niedrigen Geburtenrate stabilisiert.*

In der Dritten Welt dagegen schreiten bisher weder die Industrialisierungs- noch die Bildungsprozesse so voran, daß der menschenunwürdigen (das Individuum total entwertenden) Bevölkerungsvermehrung wirksam Einhalt geboten werden könnte. Zu Unwissenheit kommen religiöse und rassische Vorurteile. Es wird berichtet, daß in Indien in allen Gebieten, in denen es Minoritätenprobleme zwischen Hindus und Moslems gibt, die Geburtenkontrolle keine Chancen hat. Auch die religiösen und agrargesellschaftlichen Traditionen, wonach Kinderreichtum, besonders der „Besitz" vieler Söhne ein besonderer Wert ist, ist weithin noch nicht zu erschüttern.

Industrialisierung – die unerläßliche Vorbedingung

Die „europäische" Entwicklung macht deutlich: nur die Änderung der sozioökonomischen Lebensbasis, die rasche Industrialisierung kann die Bevölkerungsexplosion in den Ländern der Dritten Welt eindämmen. Weitgehend idealistisch, daher irreal bleibt demgegenüber die abstrakte Feststellung vieler Ernährungswissenschaftler, daß die Welt durchaus in der Lage sei, eine wachsende Bevölkerung zu ernähren. Die Feststellung klingt beruhigend. Die Vorstellung jedoch, daß die Nahrungsmittelproduktion in den armen Ländern bis zum Jahre 1985 auf das Zweieinhalbfache gesteigert werden müßte, will man die wachsende Bevölkerung ernähren, erweist die theoretische Möglichkeit als politisch bedeutungslos. Die meisten Zukunftsforscher sind der Auffassung, daß eine größere Hungerkatastrophe noch vor dem Jahr 2000 zu erwarten ist. Diese Feststellung unterschlägt jedoch, daß wir schon

*Hans Wollny (1962) hat das Sinken der Geburtenrate als Folge der Industrialisierung als systemunabhängiges Kopulationsgesetz herausgearbeitet: es gelte für England und Deutschland ebenso wie für Japan oder die UdSSR.

jetzt an verschiedenen Stellen auf der Erde chronische Unterernährung und regionale Hungerkatastrophen haben. In der Tat verhungern jährlich drei bis fünf Millionen Menschen.

Zwar hat die Wissenschaft zur Bewältigung der technischen und biologischen Probleme der Welternährung einiges geleistet. Es wurden große landwirtschaftliche Mechanisierungsprogramme geplant, die synthetische Ernährung von Pflanze und Tier, Bewässerung mit entsalztem Meerwasser, riesige Fischfarmen im Meer und Nahrungsmittel aus Öl und Kohle – oder einfach ertragreichere und widerstandsfähigere Reis- und Weizensorten. Bei der Schaffung der notwendigen gesellschaftspolitischen Voraussetzungen für solche Programme waren die Politiker aber weitgehend erfolglos. Während z. B. in Brasilien über vier Fünftel, in Argentinien zwei Drittel und in Venezuela neun Zehntel des landwirtschaftlich nutzbaren Bodens brachliegen, führt Lateinamerika jährlich für drei Milliarden DM Lebensmittel ein. Bis zu 90% der Bauern besitzen kein eigenes Land. Vorhandener Kunstdünger kann nicht abgesetzt werden, da den Bauern günstige Kredite fehlen, die Mechanisierung bleibt stecken, wo das Bildungswesen keine Wartungskräfte produzieren kann, das Meer wird nicht planmäßig gehegt, sondern gedankenlos im internationalen Wettbewerb ausgebeutet, und diejenigen, für die man Nahrung aus Erdöl gewinnen könnte, sind permanent arbeitslos und vom Geldumlauf völlig ausgeschlossen.

Um die Ursachen der bleibenden Armut der Entwicklungsnationen und die Probleme bei ihrer Industrialisierung, d. h. unsere Probleme bei der Formulierung entwicklungspolitischer Forderungen zu erkennen, müssen wir uns in ihre Lage versetzen und einige einfache ökonomische Überlegungen anstellen. Die ökonomische Aufgabe besteht in der raschen Erhöhung des Volkseinkommens ihrer Länder.

Nun wissen wir alle, daß das – im Vergleich zu vorindustriellen Gesellschaften – rapide Wachstum des Volkseinkommens in Industriegesellschaften nur erzielt werden kann durch ständige Vergrößerung und Verbesserung der technischen Produktionsanlagen, d. h. durch immer neue Investitionen. Investieren aber kann nur, wer Kapital hat, d. h. Einkommen, das nicht zur Existenzerhaltung und Befriedigung persönlicher Bedürfnisse für Konsumgüter, Dienstleistungen etc. ausgegeben wird.

In den kapitalistischen Ursprungsländern war und ist es für die Besitzer der Produktionsmittel ein leichtes, dieses Kapital für Neuinvestitionen zu „ersparen“: durch Ausbeutung der nichtbesitzenden Arbeitskräfte, d. h. ihre Abfindung mit einem *Lohn*, der nur einen Teil ihrer Wertschöpfung darstellt, während deren anderer Teil (heute etwa 30–40%) als *Profit* (Mehrwert) dem Produtionsmittelbesitzer zufällt, wird ein gigantischer „Sparprozeß“ erzwungen. Allerdings zwingt der Konkurrenzkampf die Kapitalbesitzer, dieses von den Arbeitern für sie „ersparte“ Kapital zum größten Teil wieder zu investieren, um die eigenen Produktionsanlagen zu modernisieren und zu vergrößern.

In den staatswirtschaftlichen Systemen Osteuropas erzwingt der die

Wirtschaft lenkende Staat diesen Sparprozeß – was immerhin den großen gesellschaftspolitischen Vorteil hat, daß nicht eine kleine Klasse von Kapitalbesitzern in die Lage versetzt wird, die immer weiter anwachsenden Produktionsstätten, errichtet mit Hilfe des von allen erarbeiteten Kapitals, als ihr persönliches Eigentum zu betrachten und nach Belieben damit zu manipulieren.

In der Dritten Welt machen ebenfalls private Kapitalbesitzer Millionen- und Milliardengewinne. Nur ein viel zu geringer Teil dieser Profite wandert aber als Investitionen in die Volkswirtschaft zurück, um das Sozialprodukt und das Volkseinkommen anwachsen zu lassen. Große Teile der Profite werden in die kapitalistischen Ursprungsländer transferiert.

Außerdem liegt es auf der Hand, daß Sparen (=Investieren) erst oberhalb des Existenzminimums möglich ist – in den armen Ländern also oberhalb der Hungergrenze. Die Sparrate außerhalb der wenigen privaten oder staatlichen Industrieunternehmen bzw. modernen Plantagen ist also sehr gering, der größte Teil des Volkseinkommens (bis zu 90%) muß zur Erhaltung des nackten Lebens konsumiert werden. Das zu Investitionen zur Verfügung stehende Kapital ist jedoch nicht nur relativ, sondern auch absolut zu gering. Ob in einer Volkswirtschaft im Jahr 100 Millionen oder 100 Milliarden DM investiert werden können, ist ein qualitativer, nicht nur ein quantitativer Unterschied, zumal ja nicht nur in industrielle Anlagen, sondern auch in Straßen, Schulen und andere öffentliche Einrichtungen zu investieren ist.

Wenn, wie allgemein in den Ländern der Dritten Welt, die Inlandsersparnis zu gering ist, um in ausreichendem, d. h. wachstumsintensivem Maße Investitionen zu tätigen, müssen die darüber hinaus erforderlichen Gelder im Außenhandel verdient werden. Die Exporterlöse müssen höher sein als die Kosten der Konsumgüterimporte. Da alle diese Länder bei geringem Anteil am gesamten Welthandel vorwiegend Grundstoffe und Agrarprodukte exportieren müssen, sinken bei wachsendem Angebot und wenig steigender Nachfrage die Preise (Ausnahmen: Erdöl, Buntmetalle), während die Preise der technischen Waren, die sie notwendig einführen müssen, steigen. Das bedeutet, daß diese Länder, die weitgehend Rohstoffe produzieren und liefern müssen, ihre Produkte zu immer schlechteren statt besseren Austauschbedingungen verkaufen. Um ein krasses Beispiel zu nennen: *1958* bekam Kamerun für seine Kakaoproduktion von 54 000 Tonnen 160 Millionen DM; *1961* hatte Kamerun eine Kakaoproduktion von 58 000 Tonnen, konnte dafür aber nur noch 100 Millionen Mark einlösen. Erst in den letzten Jahren haben sich einige Austauschbedingungen (vorläufig?) stabilisiert. Nach wie vor aber sind diese marktwirtschaftlichen Austauschbedingungen eine wesentliche Ursache des sich in manchen Bereichen nicht vermindernden, sondern fortschreitenden Verelendungsprozesses in den Entwicklungsländern.

Imperialistischer „freier“ Gewinn-Transfer

Ein anderer entscheidender Verelendungsfaktor ist, wie gesagt, die Kapitaltransferpolitik der Produktionsmittelbesitzer in der Dritten Welt. Der produktive landwirtschaftliche und industrielle Besitz und die daraus erzielten Gewinne (und das ist die Sparleistung, auf die es ankommt, denn die Massen können nicht sparen) befinden sich regelmäßig in den Händen weniger Familien und großer ausländischer Kapitalgesellschaften. Das größte Hemmnis einer demokratischen und industriellen Entwicklung im Süden der Menschheit ist die Unfähigkeit und das weitgehende Desinteresse dieser herrschenden Cliquen und ihrer Bürokratien an einer inländischen konsequenten Investitionspolitik. Was allein die Einkommenshäufung und der Luxuskonsum dieser Leute an Entwicklung verhindert, zeigt Hans Matthöfer, MdB, Kenner der lateinamerikanischen Szene. Er stellt fest (in der „Frankfurter Rundschau“ v. 11. Juni 1969): „Als Folge der ‚Nimm-was-du-kriegen-kannst-und-verbrauch's-oder-schlepp's-raus-Mentalität‘ der lateinamerikanischen Ausbeuterschichten sammeln sich zusätzlich große Fluchtkapitalbeträge in den Banken der Schweiz, der USA und in anderen Ländern an. Diese Fluchtbewegung entzieht der lateinamerikanischen Wirtschaft jährlich wahrscheinlich mehr Kapital als die ganze Auslandshilfe zuführt.“ Praktisch bedeutet dies: „Während die Armen hungern, investieren die Reichen die Gelder, die sie beim besten Willen nicht mehr konsumieren konnten, anstatt im eigenen Lande, in den USA oder in Europa. Ein Verhalten, das man ganz unpathetisch verbrecherisch nennen muß.“ Daß sich die im Export erwirtschafteten Devisen in den gleichen Händen befinden, wirkt sich entsprechend auf die Zusammensetzung der Importe aus. An Stelle von für die Industrialisierung der Länder lebenswichtigen Investitionsgütern werden Millionen von Dollar für die an internationalen Mustern orientierten luxuriösen Konsumwünsche der Besitzenden ausgegeben, noch gewaltigere Summen für die nur dem Schutze dieser Besitzenden dienenden Armeen. Mit der Moral ausländischer Investoren verhält es sich nicht besser. Carlos Fuentes sagt in seiner „Rede an die Bürger der USA“ (in: Kursbuch 2/65): „Ja, ihr habt 10 Milliarden Dollar in Lateinamerika investiert. Merkwürdig ist nur, daß wir von alters her eure Investitionen bekommen, und immer noch so arm sind wie zuvor ... warum fragt ihr nicht die, die für euch investieren, wieviel sie investieren und wieviel sie an Gewinnen in die Vereinigten Staaten zurückbringen? ... Zwischen 1950 und 1955 habt ihr zwei Milliarden Dollar investiert, dreieinhalb Milliarden Gewinn gemacht und 1,5 Milliarden in die Vereinigten Staaten zurückgeholt. In einem einzigen Jahr, 1959, habt ihr 775 Millionen verdient, aber nur 200 Millionen reinvestiert. 575 Millionen sind in die Vereinigten Staaten zurückgewandert. Während der letzten sieben Jahre hat Lateinamerika auf Grund dieses Aderlasses 2 679 000 000 Dollar verloren. Ihr nehmt zuviel mit, ihr laßt zuwenig da, und selbst das Wenige wird ungerecht verteilt.“ „Offizielle“ Zahlen sprechen die gleiche Sprache: Die USA haben (nach Magdov, 1966, 36) in den Jahren 1950–65 neun Milliarden Dollar an privaten Investitionen in die Entwicklungsländer exportiert, in derselben Zeit aber fast 26 Milliarden Dollar an Gewinnen aus diesen Ländern in die USA transferiert, so daß sich per saldo ein Abfluß aus den ohnehin ungeheuer kapitalschwachen Entwicklungsländern in die reichen USA von über 16 Milliarden Dollar vollzog.

Lefringhausen (1970) stellt in seiner Zusammenfassung des Pearson-Reports über die vergangenen Entwicklungsdekaden zu den privaten Investitionen fest: „Von 1959 bis 1969, also in der vergangenen Dekade hat sich der Fluß des privaten Kapitals von ca. 12 auf 24 Milliarden DM verdoppelt. Viele Entwicklungsländer betrachten den Zustrom dieses freien Kapitals aus den Industrienationen als ökonomischen Imperialismus.“ Diese 24 Milliarden wurden interessanterweise zu 40% allein im Bereich der Erdölgewinnung, zu 9% im Bergbau, also in rein extraktiven Industrien, und nur zu 27% in der Produktion von Fertig- oder Halbfertigfabrikaten investiert (Pearson, 1969, 126). Zwar haben die (in den Entwicklungsländern freilich relativ gering engagierten) deutschen Firmen zu 80% die in den Entwicklungsländern entstandenen Gewinne reinvestiert und nur zu 20% in die BRD transferiert, beim US-Kapital, dem entscheidenden hier in Frage kommenden Posten, ist das Verhältnis aber genau umgekehrt: 80% der Gewinne haben die USA 1959–69 aus diesen armen Ländern in die USA überführt. „Am Beispiel des US-Kapitals entzündet sich deshalb auch in der Regel die heftige Diskussion, die darauf verweist, daß das Zurücktransferieren die tödliche Devisenverknappung der Entwicklungsländer vergrößert, daß außerdem die Kapitalrendite z. B. in Lateinamerika ausbeuterisch hoch ist und daß schließlich z. Z. die in die USA zurückfließenden Gelder etwa um das Dreifache die in die Entwicklungsländer abfließenden Mittel übersteigen.“ Die Feststellungen des übervorsichtigen, völlig auf privatwirtschaftliche Politik eingeschworenen Pearson-Berichts entsprechen de facto jener Statistik von Magdov, wenn er die Resultate auch hinwegzuinterpretieren versucht (Pearson, 127ff).

Auch die Regierung der Bundesrepublik war sich nicht zu gut, in staatlichen *Kapitalexportverträgen* mit den Entwicklungsländern die kapitalistische Ausbeutung durch Festlegung entsprechender Rechtsgarantien zu legalisieren. Fast immer wurde – neben Garantien gegen jede Sozialisierung – den Entwicklungsländern die Zusage des vollständigen freien Transfers der Gewinne westdeutscher Privatunternehmen abverlangt.* Nach dem fast immer gleich oder ähnlich lautenden Artikel 4 dieser Verträge gewährleistet „jede Vertragspartei in bezug

*Im Detail ist dieser Tatbestand von Rainer Hoffmann in dem dokumentarischen Aufsatz „Kodifizierte Ausplünderung“, „Atomzeitalter“ 9/67, 510 ff., an Hand von über 30 Kapitalexportabkommen der BRD mit Entwicklungsländern nachgewiesen.

auf Kapitalanlagen den Staatsangehörigen und Gesellschaften der anderen Vertragspartei den freien Transfer des Kapitals, der Erträge und im Falle der Liquidation des Liquidationserlöses." Nur ein Drittel der Länder hat hier noch gewisse Klauseln, z. B. für den Fall extremer Zahlungsbilanzdefizite, in ihrem Interesse einbauen können. Im übrigen schützen sehr harte Entschädigungsbedingungen – es wird da von „unverzüglicher Zahlung des Marktpreises" geredet – vor Sozialisierungsgefahren. Das ist die Praxis der Bundesrepublik in bezug auf private Investitionen. Dergleichen liest man nicht in den schönen Sonntagsreden über Entwicklungshilfe.

Wenn die reichen Geberländer immer gerade das Kapital ersetzen, das einheimische Besitzercliquen ins Ausland transferieren, dann ist das genau so, als würden die westlichen Konzerne ihnen für die Wahrnehmung ihrer Herrschaftsinteressen Millionengehälter direkt auf Schweizer Banken überweisen. Bezeichnenderweise hat sich keines der Hauptanlegerländer in Südamerika bereit erklärt, die Kapitalfluchtverluste Chiles nach dem Wahlsieg des Marxisten Allende auszugleichen. Diese Kumpanei zwischen Einheimischen und ausländischen Besitzerklassen ist ein deutliches Anzeichen für weiterbestehende imperialistische Beziehungen auch nach dem Ende der Kolonialzeit.

Die Dritte Welt: Aufmarschgelände der konkurrierenden Systeme

Die Furcht vor dem Überlaufen eines Entwicklungslandes zur kommunistischen Staatengruppe verführt den Westen zum Bündnis mit den übelsten Diktaturregimes, wenn sie nur antikommunistisch sind. Bereits die Ansätze einer gewissen liberal-demokratischen Entwicklung in Griechenland haben den amerikanischen Geheimdienst dazu gebracht, in Griechenland einen Militärputsch aktiv zu unterstützen, nur um zu verhindern, daß vielleicht in Griechenland eine freiheitlichere, von bestimmten amerikanischen Interessen unabhängigere Politik betrieben werden könnte. Die gesamte Vietnam-Politik der USA war gekennzeichnet durch die Unterstützung absolut korrupter Herrschaftscliquen, deren einziger Nutzen für die USA in ihrer garantiert antisozialistischen, oft faschistischen Politik bestand. Erinnert sei ferner an die kriminelle Rolle der Tschombé in Afrika, der Trujillo in Südamerika.

In diese Politik des Weltkapitalismus werden nun wohl oder übel die kommunistischen Staaten hineingezogen. Inzwischen nämlich haben nicht nur die kapitalistischen Staaten, sondern beide Seiten die Tendenz, zum Schaden der Entwicklungsländer Regimes zu unterstützen, welche – sie mögen im übrigen so korrupt und unfähig sein, wie sie wollen – die kapitalistische bzw. die kommunistische Macht und ihren Einfluß in dem betreffenden Entwicklungsland akzeptieren. Erinnert sei an die skandalöse Unterstützung des arabischen Nationalismus oder gar Schah-Regimes durch die Sowjetunion, vor allem aber an die Rechtswendung Chinas, die angesichts der früheren chinesischen Anklagen gegen die reaktionäre Dritte-Welt-Politik der USA und der UdSSR, angesichts der proklamierten chinesischen Rolle als Vorkämpfer für die Freiheit der farbigen Völker besonders entlarvend wirkt – nicht zuletzt für den romantischen Maoismus hierzulande! Die Zeitschrift „express international" resümiert die „diplomatischen Erfolge" Tschou En-lais am 1. 10. 1971 wie folgt: „Persien: Tschou-En-lai empfängt Ashraf Palevi, Schwester des Schahs und bekannt wegen ihrer engen Kontakte zum CIA, und feiert den Schah als ‚antiimperialistischen Kämpfer' ... Ostbengalen: Der Kampf des bengalischen Volkes um sein Recht auf Selbstbestimmung wird von China zynisch kommentiert durch die Gewährung uneingeschränkter politischer und materieller Unterstützung des Regimes Jahja Khans ... Ceylon: ‚Wir sind glücklich, feststellen zu können, daß dank der Anstrengungen Eurer Exzellenz und der ceylonesischen Regierung dem Chaos, hervorgerufen von einer Handvoll Individuen, die sich ‚Guevaristen' nennen ..., nun Einhalt geboten worden ist', schreibt Tschou En-lai an Frau Bandaranaike. Einen Tag nach der blutigen Unterdrückung der JVP (Front der Befreiung des Volkes) bewilligt die chinesische Regierung Ceylon ein langfristiges, zinsloses Darlehen in Höhe von 150 Millionen Rupien als ‚uneigennützige Hilfe für Entwicklungsländer'. Afrika: Haile Selassie wird nach Peking eingeladen, während sich die Unterdrückung in Äthiopien verschärft. Nach Äthiopien und Mauretanien hat China ein neues ‚neutrales' Regime in Afrika entdeckt: Kammerun. In dem Kommuniqué anläßlich der Aufnahme diplomatischer Beziehungen zwischen beiden Ländern wird das Regime in Yaunde als ‚blockfreie Regierung' bezeichnet, als ob die enge Bindung der Regierung an Frankreich überhaupt nicht existiert ... Sudan: Das vorläufig letzte Kleinod in der Sammlung chinesischer Diplomatie ist der Sudan, dessen Führer Numeiri China großzügige wirtschaftliche Hilfe (45 Millionen Dollar) zukommen ließ ..."

Eine weitere Folge dieser entwicklungsfeindlichen und zum Teil neoimperialistischen Machtkonkurrenz nunmehr beider industriegesellschaftlicher Systeme ist dann, daß beide einen gewaltigen Teil ihrer „Entwicklungshilfe" in Gestalt einer völlig unproduktiven Militärhilfe an diejenigen Länder leisten, die sich als Stützpunkte einer gegen das andere System gerichteten Politik gebrauchen lassen. So war nicht weniger als ein Drittel der gesamten amerikanischen Entwicklungshilfe nach 1945 Militärhilfe an jene Staaten, die bereit waren, die antikommunistische Politik zu unterstützen. Auch im Falle der Ostblockstaaten läßt sich zeigen, daß sie vielerorts durch Militärhilfe ihre ohnehin begrenzten Möglichkeiten, Entwicklungshilfe zu leisten, entscheidend verminderten. Man denke nur an das Ägypten Nassers, das zweifellos 100 000 Traktoren nötiger brauchte als 200 neue MIG-Jäger für eine völlig sinnlose Fortführung des Krieges gegen Israel.

Das Stockholmer Friedensforschungsinstitut (SIPRI, 1971) hat in einer außerordentlich detaillierten Studie die starke Zunahme und die verhängnisvolle Bedeutung westlicher und östlicher „Waffenhilfe" für die Dritte Welt offengelegt. Dabei stellte sich heraus, daß die Sowjetunion, die bis 1955 nur sehr wenig Waffen in die Dritte Welt lieferte, seitdem – nicht nur durch den Vietnamkrieg – zu einem größeren Waffenlieferanten als die USA geworden ist. Nicht zuletzt der Konkurrenzkampf UdSSR/China in der Dritten Welt trug zur Militarisierung der Entwicklungsländer bei. So stellt SIPRI (189) fest: „Schließlich war in den sechziger Jahren die Konkurrenz mit China ein Faktor. In einer Reihe von Fällen erhielten sozialistische (Entwicklungs-) Länder Waffen von China, wenn die Sowjetunion ihre Lieferungen zeitweilig reduzierte; danach stiegen dann die sowjetischen Lieferungen wieder an."

Das Stockholmer Institut kommt, wie die abgebildete Tabelle zeigt, zu dem Ergebnis, daß die UdSSR in den letzten Jahren zum größten Waffenlieferanten der Welt geworden ist; dies gilt auch (für 1965–70), wenn man die Vietnam-Lieferungen miteinschließt.

In ihrer Arbeit über „Deutsche Waffen für die Dritte Welt" (1972) haben Ulrich Albrecht und Birgit Sommer gezeigt, daß auch die Bundesrepublik sich wieder – etwa in gleicher Größenordnung wie Eng-

Export größerer Waffen in die Dritte Welt (außer Vietnam): die 4 Hauptlieferländer (in Mio US $, zu Preisen von 1968)

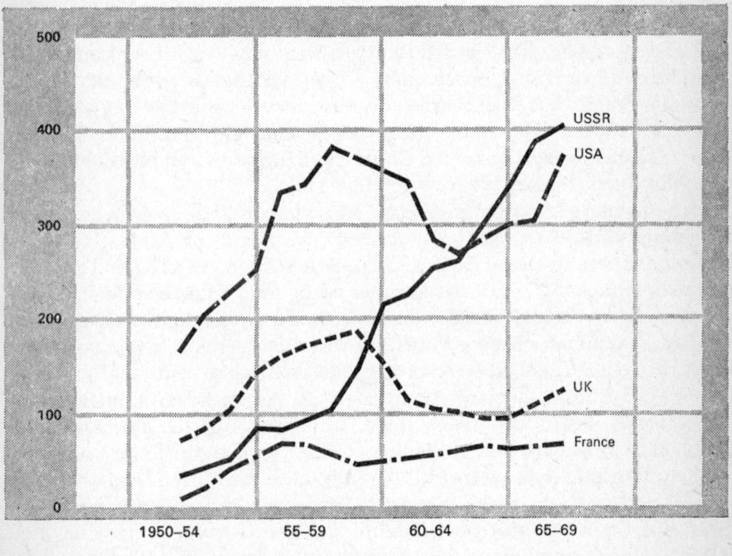

Quelle: SIPRI

land und Frankreich – durch Rüstungslieferungen und militärische „Entwicklungshilfe“ in der Dritten Welt Machtpositionen zu verschaffen versucht. Die Autoren haben dabei exakt jene systemstabilisierenden Wirkungen des Militarismus in der Dritten Welt nachgewiesen (105 ff.), die wir im ersten Teil dieses Buches dargestellt haben. Und sie kommen demgemäß auch zu einer entsprechenden Wertung der Waffenlieferungen an die Dritte Welt: „Die Aufgabe von Militärhilfe ist sicher zu einfach gesehen, wenn man meint, sie gelte der militärischen Sicherung von Investitionen des Geberlandes. Auch die einfache Hoffnung, Militärhilfe ‚angesichts der politischen Bedeutung der Armee in den meisten afrikanischen Staaten positiv für die deutsche Politik‘ (H. Haftendorn), d. h. die Deutschlandpolitik, einsetzen zu können, war enttäuscht worden. Einer angemesseneren Beschreibung nähert sich unter der Überschrift ‚Entwicklungsländer mißtrauen Investitionen‘ die ‚Frankfurter Allgemeine Zeitung‘: ‚Auch ein noch so perfekt formuliertes Kapitalschutzabkommen wird kaum mehr als ein Stück Papier sein. Die Mehrzahl der Verantwortlichen in den Entwicklungsländern weiß genau, wie wichtig die ständige Zusammenarbeit mit den erfahrenen Industrienationen ist; deshalb sollte es nicht so sehr darum gehen, von diesen bedrängten Regierungen Sicherheiten zu verlangen, sondern vielmehr darum, ihnen Schützenhilfe (!) gegen ihre fanatischen Kontrahenten im eigenen Lande zu geben.‘

Es geht also darum, militärische Institutionen so zu unterstützen, daß bestimmte ökonomische und politische Strukturen erhalten bleiben, ohne daß es infolge der auf diese Weise produzierten Spannungen, der Verarmungen der Massen zu einem völligen Zusammenbruch der Regime kommt. Regierungen, die sich wie die von Sambia oder Tansania als antiimperialistisch verstehen, bekommen keine bundesdeutsche Militärhilfe oder werden mit dem Abbruch dieser Hilfe bestraft. In Mali und Ghana setzt die deutsche Militärhilfe nach dem Sturz der Linksregierungen ein.“

Der nächste Schritt in diesem militärischen Wettlauf um die Erhaltung der Weltmachtposition ist dann, daß Entwicklungsländer, statt Hilfe bei ihrem Aufbau zu erlangen, Aufmarschgelände und Schauplatz machtpolitischer Auseinandersetzungen der beiden feindlichen Gesellschaftssysteme werden. Dabei vermindert zugleich die Tatsache, daß die kapitalistischen wie auch die kommunistischen Industrieländer ungeheure Teile ihres Staatsbudgets, nämlich 25 bis 50%, in den Rüstungswettlauf gegeneinander investiert haben, ihre Fähigkeit zu einem vernünftigen sozialen Aufbau im Innern wie auch zu einer realen Entwicklungshilfe wesentlich. Im Zusammenhang dieser weltpolitischen Herrschaftskonkurrenz erscheint auch der Nord-Süd-Gegensatz, von dem heute soviel die Rede ist, nicht als ein neuer Weltkonflikt, sondern als ein Teilbereich des Ost-West-Gegensatzes. Vietnam ist das furchtbarste Beispiel solcher Politik. Angesichts der grauenvollen Eskalation bleibt zwar die entscheidende Schuld der USA an der Eskalation des Krieges in Indochina festzustellen, nicht zuletzt deshalb, weil es die USA seit mehr als einem Jahrzehnt versäumten, durch soziale Reformen diejenigen Bedingungen zu schaffen, die eine Ausweitung dieses national-kommunistischen Bürgerkrieges verhindert hätten. Die Hauptschuld der USA an dieser Eskalation des Krieges in Indochina sollte jedoch nicht blind machen für die Tatsache, daß auch die Provokation der amerikanischen Militärmacht, die darin besteht, daß sich nordvietnamesische und Vietkong-Einheiten in immer stärkerem Maße in Kambodscha engagiert und es als Aufmarschgelände benutzt haben, eine Mitschuld daran hat, daß sich in Indochina eine unabsehbare Ausweitung des Krieges vollzieht. Der israelisch-arabische Konflikt ist ebenfalls in die Richtung eines Ost-West-Konfliktes eskaliert.

Von der vom Kapitalismus ausgehenden weltweiten Herrschaftspolitik wird also auch das Verhalten des Ostblocks im Sinne einer sehr begrenzten und neoimperialistisch orientierten „Entwicklungspolitik" geprägt. Dabei muß freilich immer zugleich bedacht werden, daß die größten Bereiche Osteuropas und Chinas selbst noch industrielle Entwicklungsländer sind. Diese kommunistischen Staaten sind nicht in der Lage, einen auch nur annähernd gleichen Einfluß in der Dritten Welt auszuüben wie die 100–150 Jahre älteren kapitalistischen Industriegesellschaften. Dabei ist zu beachten, daß radikal-sozialistische, oft zwangsläufig an den Ostblock sich anlehnende Befreiungsversuche, wie die in Vietnam, Ägypten, Kuba, nicht einfach als ein Werk des östlichen Imperialismus zu interpretieren sind. Es deutet nichts darauf hin, daß der Ostblock dazu imstande sein könnte, den sich entwickelnden sozialrevolutionären Regimes in der Dritten Welt den Status von sowjetisch oder chinesisch beherrschten Quasi-Kolonien oder Satellitenländern aufzuzwingen. Dagegen erfordert die Fairness festzustellen, daß die wenigen sozialistischen Versuche in der Dritten Welt ohne Hilfe und die machtpolitische Existenz des Ostblocks samt und sonders liquidiert wären.

Aber die kommunistischen Länder kollaborieren leider – wie gezeigt – ebenso mit Unterdrücker-Regimes. So ist das Fazit der Systemkonkurrenz in der Dritten Welt dennoch negativ. Der Kampf beider um Weltmachtpositionen ringenden industriegesellschaftlichen Systeme hat zwar in gewissen Konkurrenzsituationen, im Buhlen um die Gunst bestimmter Regierungen der Entwicklungsländer, auch zu forcierten Hilfsleistungen geführt. Aber diese Weltmachtkonkurrenz hat Entwicklungsländer militarisiert, oft bestimmte Bereiche gegeneinander verfeindet und als Exponenten der Weltmächte zu (Bürger-)Kriegsschauplätzen werden lassen. Das anhaltende und sich trotz des Reichtums der Industriestaaten weiterhin vergrößernde Elend in der Dritten Welt rührt gegenwärtig also nicht zuletzt daher, daß diese Entwicklungsbereiche der Menschheit in zunehmendem Maße zu einem *Glacis der imperialistischen Militärpolitik der beiden großen Gesellschaftssysteme geworden sind* oder zumindest die Leidtragenden einer ungeheuren Verschwendung von Produktionsmitteln im Wettrüsten der Weltmächte.

Zweiter Teil
Abbruch des Festungssystems
Grundzüge sozialistischer Friedenspolitik für Europa

Wenn diese sozioökonomische Analyse des internationalen Unfriedens zutreffend ist, so bleibt nur außenpolitisch orientierte Friedenspolitik ohnmächtig, – bestenfalls Stabilisierung des – strukturell unfriedlichen – Status quo. So kann, aus wissenschaftlich schlüssigen Gründen, reale Friedenspolitik nur eine sozialistische sein, wenn sozialistisch heißt: Analyse und Abbau von Herrschaft gemäß den objektiven gesellschaftlichen Möglichkeiten. Nur ein von den Herrschaftsinteressen und den objektiven gesellschaftlichen Trends (und nicht von bösen Feinden und abstrakten Wünschbarkeiten) ausgehendes Konzept hat Aussicht, realisiert zu werden. Nur eine Friedenspolitik, die sich den fortschreitenden Abbau von unkontrollierter Herrschaft und deren ideologischer Basis zum Ziel setzt, hat langfristig reale Aussicht auf Erfolg.

Dieser zweite Teil sucht demgemäß in seinen drei Kapiteln zunächst jeweils *objektive Trends* darzustellen, die eine Relativierung, ein Poröswerden, eine bedingte Kooperationsbereitschaft des Festungssystems anzeigen, und von diesen realen Ansätzen und Chancen ausgehend konkrete Schritte sozialistischer Friedenspolitik programmatisch zu entwickeln.

Es haben sich Prozesse entwickelt, die das west-östliche Festungssystem in Frage zu stellen beginnen:

- Die Totalität der Vernichtungsmittel auf beiden Seiten zwingt deren Machteliten, ein *Nebeneinanderbestehen* von zwei Systemen anzuerkennen. Damit wird zugleich die *Fragwürdigkeit* des weiteren Wettrüstens offenkundig. Die herrschenden Ideologien, die den Menschen hier wie dort die totale Unvereinbarkeit und Feindschaft der Systeme suggerieren wollen, werden faktisch Lügen gestraft.
- Die Gefahr der ungewollten Auslösung einer selbstmörderischen Kriegskatastrophe hat erste Schritte einer Rüstungskontrolle und -begrenzung erzwungen.
- Die ungeheuren infrastrukturellen Notstände nicht nur im Osten, sondern auch im Westen legen eine Reduzierung der Rüstungsausgaben der Machteliten dringend nahe, sollen die innenpolitischen Engpässe („öffentliche Armut") nicht zu Krisen führen, die für die „Obrigkeiten" gefährlicher werden, als es das „andere System" je war.
- Eine Reihe ökonomischer, aber auch gesellschaftspolitischer Erscheinungen und Probleme zeigt im Gegensatz zur Zwei-Reiche-Ideologie faktische Ähnlichkeiten und Annäherungen der Systeme. Wenn diese auch keineswegs einfach die „Konvergenz" der Systeme bewirken, so wird doch das beiderseitige Schreckbild einer unheimlichen, unmenschlichen *Fremdheit* des konkurrierenden Systems immer unglaubwürdiger.

- Eine friedensfördernde Sachdiskussion und eine begrenzte, „funktionale“ Kooperation auf vielen Gebieten wird ermöglicht.
- Autonomie- und Demokratisierungsbestrebungen in Ost und West bewirken – trotz vieler Rückschläge – einen Abbau der Vorherrschaft der Supermächte und der sich an die Supermächte anlehnenden nationalen Machteliten. An Stelle der totalen dualistischen Blockkonfrontation tritt – besonders durch die Verselbständigung Westeuropas und Chinas – ein Pluralismus konkurrierender und kooperierender Machtgruppen.

Aus friedenspolitischen Trends und Ansätzen ergeben sich Möglichkeiten konsequenter Friedenspolitik, und zwar vor allem in drei Richtungen:

Aus friedenspolitischen Ansätzen der Koexistenz, partieller Konvergenzen und funktionaler Kooperationen ergibt sich die Chance, eine sozialistische Friedenspolitik *produktiver Systemkonkurrenz* zu verwirklichen, durch die das Verhältnis der Gesellschaftssysteme aus einem der „Todfeindschaft“ in eines des konstruktiven gesellschaftspolitischen Wettkampfs und des gemeinsamen Strukturwandels (Kommutation) transformiert wird (Kapitel 2.1.).

Aus den – noch sehr bescheidenen – Ansätzen zur Begrenzung der militärischen Konfrontation, wie sie im Atomsperrvertrag, in den Gewaltverzichtsverträgen, den SALT-Verhandlungen und auch in der Bereitschaft zu einer Europäischen Sicherheitskonferenz erkennbar sind, ist *ein Programm des schrittweisen Disengagements und eines radikalen strategischen Umdenkens* in Europa und der Bundesrepublik zu entwickeln (Kapitel 2.2.).

Aus den Trends zur Relativierung der Blocksysteme und der Weltmachtposition der beiden Supermächte, aus der antiimperialistischen Bewegung in der Dritten Welt wie auch aus den sozial-liberalen und sozialistischen Trends in Westeuropa ergeben sich Chancen zur Verwirklichung einer eigenständigeren demokratisch-sozialistischen *Wohlfahrtspolitik Westeuropas*, die sich von *rüstungswirtschaftlichen Interessen* zunehmend befreit und sowohl durch konsequente Entspannungspolitik gegenüber Osteuropa wie durch *nicht-imperialistische Entwicklungspolitik* sich entscheidend für die Sicherung des Friedens auswirken kann (Kapitel 2.3.).

2.1 Von der feindlichen Koexistenz zum produktiven Wettkampf der Systeme

2.1.1. Koexistenz, bedingt

> Wir können mit zwei Skorpionen in einer Flasche verglichen werden: jeder ist in der Lage, den anderen zu vernichten, aber nur unter Opferung seines eigenen Lebens.
>
> Robert Oppenheimer

Anfang der sechziger Jahre begann sich auch im Westen durchzusetzen, was zunächst als „sowjetische Propagandathese" abgewertet wurde: die Einsicht notwendiger Koexistenz unterschiedlicher gesellschaftlicher Systeme. Voraussetzung dafür war allerdings im Westen die Erkenntnis, daß die Sowjetunion im Bereich der Atomwaffentechnologie ein ebenbürtiger Partner geworden war. Im Schatten des atomaren Patts begannen zwei mit Totalitätsanspruch auftretende Systeme den Gedanken aufzugeben, mit Gewalt das soziale Heil in den Bereich des anderen zu bringen. Freilich konnte bis heute die so erzwungene militärische Vernunft noch keinem Kontrollsystem unterworfen werden, das sie vor dem Umschlag in tödliche Unvernunft bewahren kann. Und bis heute herrscht Mißtrauen im Westen, daß die Propagierung der Koexistenzthese durch die Sowjetunion lediglich die Funktion habe, den Westen in Sicherheit zu wiegen und unterderhand mit allen Mitteln – mit der Strategie des „protracted conflict": der u. U. über Jahrzehnte sich hinziehenden Subversion und Zermürbung – die gewaltsame Unterwerfung des Westens vorzubereiten.

Koexistenz – trojanisches Pferd der Kommunisten?

Dieter Senghaas (1969, 71 ff) hat diese westliche Kalte-Kriegs-Ideologie weltweiter „Wühlmaus"-Strategie dargestellt. In Anlehnung an das Buch von Strausz-Hupé „Protacted Conflict" beschreibt er dieses wahnhafte „Kriegsbild": der „Protacted Conflict" entspringt aus einer langfristigen, präzisen Planung des „Communist High Command": „Als erstes Prinzip gilt der indirekte Ansatzpunkt. Es wird angenommen, daß die Strategie des Gegners jede direkte Auseinandersetzung zu vermeiden versucht, sofern und solange nicht eine überwältigende physische Überlegenheit, die zur völligen physischen Vernichtung des Gegners ausreicht, erreicht ist. Folglich liegt auf indirekten, unkonventionellen und irregulären Strategien der Nachdruck. Täuschung und Ablenkung, ehemals militärische Konzeptionen, sollen das zweite Prinzip ausmachen. Dem Gegner werden überragende Fähigkeiten zugesprochen, falsche Informationen gezielt zu lancieren und damit Verwirrung zu stiften oder direkt zu täuschen ... Der Erfolg einer ‚protacted conflict'-Strategie soll davon abhängig sein, daß der Gegner in einem defensiven und reaktiven Bewußtseinszustand gehalten wird ... Letztes überragendes Prinzip sei die Aufreibungstaktik, mit deren Hilfe jeder Status-quo-Macht ... der Boden entzogen werde."

Auch in der Bundesrepublik ist die Diffamierung der Koexistenz und neuerdings des Gewaltverzichts als Deckmantel abgefeimter Expansionsbestrebungen der Sowjetunion noch häufig anzutreffen. Auf Obermann wurde schon hingewiesen (S. 18). Von der Springer-Presse wollen wir schweigen. Unangenehmer, weil im Gewande genau informierter Sowjetschriftkunde auftretend, ist die sublimierte Kalte-Kriegs-Wissenschaft Gerhard Wettigs. Daß der Abbau des Drohsystems in Europa für die Sowjetunion ein durchaus erstrebenswertes Ziel an sich sein kann, ist für Wettig unvorstellbar. Ganz im Banne der „protacted conflict"-Ideologie, dekretiert er (1971, 20), der Gewaltverzichtsvertrag mit der BRD solle lediglich eine Entspannungsatmosphäre schaffen, um bessere Chancen für einen „auf lange Sicht (!) angelegten allmählichen Veränderungsprozeß" zu schaffen, an dessen Ende an Stelle der von der NATO verfolgten Abschreckungspolitik in Europa ein sowjetisches „Hegemonialsystem" (23) trete. Ohne auch nur den Schatten eines Beweises für diese abgewandelte Sowjetimperialismus-These zu liefern, suggeriert Wettig sie mit wissenschaftlich unerträglichen spekulativen Wendungen wie „das könnte so gedeutet werden, daß ..." (23); „von dieser Vermutung her ... würde dann zu interpretieren sein ...", (23); „das könnte in dem Sinne gemeint sein, daß ... " (23). Solchen antikommunistischen Suggestiv-Stil leistet sich Wettig immerhin als wissenschaftlicher Referent im Kölner Bundesinstitut (!) für ostwissenschaftliche Studien.

Das Gefährliche an der protacted conflict-Ideologie ist, daß sie durch Montage von Teilwahrheiten wie der Existenz von Geheimdiensten, Propagandaschriften, KP-Gruppen, politischen Stützpunkten in der Dritten Welt, eine totale Unwahrheit konstruiert: nämlich die Vorstellung einer unheimlichen weltweiten Unterwanderungs-Strategie, die quasi eine Dauermilitarisierung, einen Dauernotstand, einen ständigen Alarmzustand im Festungssystem erzeugt: jeder kritische Fernsehkommentator, jede „Rote Zelle" an einer Universität, jeder Streik wird zur (krypto-)kommunistischen Bedrohung. Das Festungssystem sieht sich bestätigt, auch wenn an seinen Mauern kein „Feind" mehr droht. Gerade der Gewaltverzicht des „Feindes" ist besonders bedrohlich. Jeder Kanaldeckel kann das Einfallstor sein, durch das das Heer der „Spisazer" (Bundeswehrjargon für „Spitzel, Saboteure, Zersetzer"!) zum Angriff auf die innere Sicherheit der „Festung" antritt!

Dem ist das Entscheidende entgegenzuhalten: daß von den überall üblichen (durch Satellitenaufklärung zunehmend überflüssig werdenden) Geheimdiensten abgesehen die weltweite kommunistische Konfrontation mit dem Weltkapitalismus im Gegensatz zur protacted conflict-Ideologie gerade durch ihre Offenheit und den Verzicht auf terroristische, anarchistische geheimbündlerische Praktiken – bis hin zur offenen Ablehnung maoistischer Guerilla-Doktrinen! – gekennzeichnet ist.

In Wahrheit sind die weltweiten subversiven Praktiken des CIA nicht nur durch dessen ungeheure finanzielle und personelle Überlegenheit und seine antiprogressiven Zielsetzungen weitaus gefährlicher für eine friedliche, evolutionäre Entwicklung der Weltpolitik. Sie entsprechen auch in besonderer Weise der Sachlogik kapitalistischer Weltpolitik: in Konspiration mit allen reaktionären Oberschichten (und/oder Oppositionscliquen) das Vordringen demokratisch-sozialistischer oder kommunistischer Bewegungen zu unterbinden.*

Bei der westlichen Diffamierung der kommunistischen Koexistenz-Doktrin wurde und wird geflissentlich übersehen, daß sie von den Kommunisten von Anfang an und ausschließlich im Sinne der Friedenssicherung und nicht der Konfliktlösung an sich interpretiert wurde. Die Sowjetunion hat immer wieder deutlich ausgesprochen, daß mit der Koexistenz keinesfalls der Verzicht auf ideologische Auseinandersetzung und sozialrevolutionäre Befreiungsbewegungen erklärt wird. Ganz klar formulierte das bereits Stalin (1953, 251): „Wir dürfen die Worte Lenins nicht vergessen, daß sehr viel für unseren Aufbau davon abhängt, ob es uns gelingen wird, den Krieg mit der kapitalistischen Welt hinauszuzögern. Deshalb ist für uns die Aufrechterhaltung friedlicher Beziehungen zu den kapitalistischen Ländern eine unerläßliche Aufgabe. Die Grundlage unserer Beziehungen zu den kapitalistischen Ländern besteht darin, daß wir ein Nebeneinanderbestehen der beiden entgegengesetzten Systeme für möglich halten. Die Praxis hat das vollständig gerechtfertigt." Bei dem seit 50 Jahren erkennbaren sowjetischen Verzicht auf militärisch-revolutionäre Aggression spielt die marxistische Krisentheorie eine wesentliche Rolle, auf Grund derer – angesichts des zu erwartenden Zusammenbruchs des Weltkapitalimus – die Notwendigkeit einer gewaltsamen revolutionären Beseitigung des kapitalistischen Systems entfällt.

Noch deutlicher wird die begrenzte, friedenspolitisch aber sehr gewichtige Bedeutung der Koexistenz-These bei Gromyko (1962, 121f): „Die friedliche Koexistenz schafft die günstigsten Bedingungen für die Mobilisierung der Massen zum Kampf gegen den Imperialismus und

*Nicht, als ob die USA – besonders freilich in der endenden Epoche ihrer Weltgendarm-Politik – offene militärische Interventionen gescheut hätten: allein in Südamerika haben sie im Laufe ihrer Geschichte etwa 70mal militärisch eingegriffen (lt. „Der Spiegel", 37/70, S. 148).

für einen dauerhaften Frieden auf der Erde. Sie dient der Festigung des sozialistischen Weltsystems, der Entfaltung des nationalen Befreiungskampfes der kolonialen und abhängigen Länder und Völker, der Erweiterung des Klassenkampfes des Proletariats der kapitalistischen Länder gegen die Monopolbourgeoisie und dem engsten Zusammenschluß aller Schichten der Bevölkerung und des Proletariats. Gerade deshalb ist die friedliche Koexistenz der beiden Systeme eine spezifische Form des Klassenkampfes, des Kampfes des Sozialismus und des Kapitalismus in der internationalen Arena, der ohne Anwendung von militärischen Mitteln, ohne Waffen geführt wird." Sozialistische Umgestaltung der Gesellschaftssysteme ohne Anwendung militärischer Gewalt bleibt das Ziel des Kommunismus, genau so, wie es nach wie vor Ziel kapitalistischer Politik geblieben ist, dem System der privaten Profitwirtschaft auf der ganzen Welt zum Durchbruch zu verhelfen. Daß dies freilich lange Zeit durchaus nicht nur auf der Basis friedlicher Koexistenz konzipiert wurde, zeigt die Geschichte seit 1917 und nicht zuletzt das amerikanische Konzept des Roll-back nach 1945.

Der Westen übernimmt die Koexistenz-These

Die Abkehr von diesen – vor allem von dem damaligen amerikanischen Außenminister Dulles entwickelten – Positionen vollzog als erster John F. Kennedy unter dem Eindruck der möglichen wechselseitigen Totalvernichtung. Ohne den umfassenden Anspruch auf Beglückung der ganzen Welt aufzugeben, aber auch ohne diese Aufgabe vom kommunistischen Teil der Welt zu verlangen, zitiert er (1961, 44) beifällig Toynbee, der darauf aufmerksam mache, daß die kalten und heißen Kriege, die ein fanatischer Islam und ein militantes Kreuzungs-Christentum austrugen, nach und nach in jahrhundertelangen Dauer-Waffenstillstand übergingen, obwohl beide Parteien ihre universalen Ziele nicht aufgaben. Allerdings sah er auch den Teufelskreis, der in der Automatik gegenseitigen Wettrüstens besteht und der – angesichts des Standes der Waffentechnologie – jederzeit – auch durch eine Verkettung unglücklicher Umstände – zur Vernichtung der Menschheit führen kann. Seit Kennedy beginnen die beiden Hauptkontrahenten zusammenzukommen, um graduelle Regelungen zu finden, die diesen tödlichen Mechanismus außer Kraft setzen. Im Interesse der Friedenssicherung und damit im wohlverstandenen Eigeninteresse der Machteliten beider „Blöcke" sind heute solche Gespräche möglich, auch wenn Partner aus dem Lager der beiden Großmächte – wie im Falle des Atomwaffensperrvertrages – „Bedenken" äußern, in dem Wahn, durch Atomwaffenbesitz Machtpolitik alten Stils betreiben zu können.

Die Entwicklung der Waffen zu totalen Instrumenten des Völkermordes hat inzwischen auch im Westen zu einer faktischen oder gar offiziellen Akzeptierung der Koexistenz-These geführt. Das Ergebnis dieses Prozesses hat zunächst einmal beide Seiten veranlaßt, die durch den Zweiten Weltkrieg entstandenen politischen Realitäten zu akzeptieren. Die Fixierung des Status quo garantiert auf diesem Hintergrund vorläufig zumindest in Europa die Abwesenheit von heißem Krieg. Diese relative Stabilisierung wird heute tatsächlich nur von denen in der BRD unterminiert, die bestehende Grenzen und Staaten in Europa nicht anerkennen wollen. Die außerordentliche friedenspolitische Bedeutung des von der Regierung Brandt 1971 abgeschlossenen Grenzanerkennungsvertrages mit Warschau wird auf diesem politischen Hintergrund einer zwei Jahrzehnte betriebenen Unfriedenspolitik zur Veränderung des Status quo erst völlig deutlich (vgl. 2.2.1.).

Die auf beiden Seiten entstandenen Bündnissysteme – Nordatlantikpakt und Warschauer Pakt – bejahen das erklärte Ziel der Sicherung der bestehenden Verhältnisse in Europa. Die Kuba-Krise freilich zeigte, wie relativ die Koexistenz-These gilt, wie labil der Status quo, d. h. die Abgrenzung westlicher und östlicher Interessensphären außerhalb Europas ist.

Labilität der Koexistenz

Was illustriert der Testfall Kuba? Eine in der angemaßten Interessensphäre der USA, in der „amerikanischen Hemisphäre" liegende Insel bietet sich für die Sowjetunion an, gewissermaßen unterderhand zu einem militärisch vorgeschobenen Posten zu werden. Es bestanden Zweifel über die Toleranzschwelle der USA, die das kommunistisch orientierte Regime Fidel Castros seit immerhin 1959 existieren ließen, wenn auch CIA-Versuche unternommen wurden, die Verhältnisse dort gewaltsam zu ändern („Schweinebucht-Debakel"). Erste wirtschaftliche Repressalien der USA waren zu verzeichnen, als sich die Sowjetunion zu einem Wirtschaftshilfe-Abkommen mit Kuba entschloß. Kuba schloß sich – nachdem es im Februar 1962 aus der OAS ausgeschlossen war und seinerseits den militärischen Beistandspakt mit den USA aufgekündigt hatte – auch militärisch mit einem Abkommen an die Sowjetunion an. Als auf Kuba Raketenabschußrampen eingerichtet wurden, entschlossen sich die USA zu einer Blockade jeglichen militärischen Materials. Die auf Kuba zulaufenden sowjetischen Schiffe mit militärischem Material führten zu einem Ultimatum der USA und schienen eine militärische Konfrontation der beiden Supermächte unumgänglich zu machen. Warum sollten es sich die Russen verbieten lassen, zu tun, was die USA in sehr vielen „verbündeten" Staaten an der sowjetischen Grenze getan haben, nämlich: Raketenbasen einzurichten? Es bleibt ein friedenspolitisches Verdienst Chruschtchows, nicht Prestigepolitik getrieben, sondern angesichts der weltweiten, tödlichen Konsequenzen den sowjetischen Schiffen Order zum Abdrehen gegeben zu haben. Später erfüllten die USA auch Chruschtchows Forderung, ihre Raketenbasen in der Türkei zu liquidieren.

Die Kubakrise bewies den Willen zur Koexistenz, zeigte allerdings auch ebenso nachdrücklich die Risiken, die durch Staaten für die ganze Welt entstehen, die nicht eindeutig in das Schema der „Interessensphären" einzuordnen sind. So werden auch im europäischen Raum Staaten der „grauen Zone" zu einer möglicherweise tödlichen Gefahr. Die Störung des relativen militärischen Gleichgewichts, wie sie im Gefolge der ČSSR-Besetzung im Falle heftiger Auseinandersetzungen zwischen UdSSR, Rumänien und Jugoslawien hätten eintreten können, hätte eine verunsicherte Sowjetunion veranlassen können, in diese Länder einzumarschieren, die – ähnlich Kuba 1962 – anscheinend nicht mehr völlig eindeutig zu einer der beiden Machtsphären gehörten: Rumänien, Albanien und vor allem Jugoslawien. (Im Norden gehört Finnland zu diesen „Grenzfällen".) Da die USA zumindest Jugoslawien durch wirtschaftliche und politische Hilfe unterstützt, wäre schließlich ein Engagement der NATO im Falle eines solchen weiteren südosteuropäischen Vorstoßes der Sowjetunion fast unvermeidlich gewesen. Der Mechanismus, der so jederzeit in den „grauen Zonen" (von den Krisenherden in der Dritten Welt einmal abgesehen!) in Gang kommen könnte, wäre nicht mehr aufzuhalten. Kein Mitgliedsland der NATO oder des Warschauer Pakts könnte sich auf die Dauer aus der Konfrontation der beiden Supermächte heraushalten: der dritte Weltkrieg, dessen Geschichte in keinem Buch stehen wird, wäre in vollem Gange. Diese „grauen Zonen" stellen auch in Europa die Koexistenz in Frage. Um so bedeutsamer wird eine Friedenspolitik – namentlich der Bundesrepublik –, die die stabilisierten geopolitischen Bereiche der Koexistenz vergrößert. Gerade wir in Mitteleuropa haben alles zu vermeiden, was die Sowjetunion – in einer krisenhaften Atmosphäre – zu einer offensiven Sicherung ihres Machtbereiches veranlassen könnte. Die ausdrücklich auf Blockspaltung hinzielende Osteuropapolitik der Strauß und Guttenberg könnte ausreichenden Anlaß dafür bieten!

Die Gefahr, daß die Koexistenzpolitik an den „grauen Zonen" scheitert, besteht natürlich noch weit mehr in der Dritten Welt. Beide Systeme versuchen, unter Umgehung offenbarer Konfrontation, die jeweiligen Einflußsphären in diesem Bereich zu erweitern. In diesen Entwicklungsländern vollzieht sich weithin unter negativem Vorzeichen das, was Koexistenz immer auch einschließt: Wettbewerb der Systeme auf allen Gebieten – dort aber eben nicht unter Ausschluß von militärischer Gewalt. Faktisch hat das Engagement der beiden konträren Systeme in vielen Staaten der Dritten Welt neoimperialistische Züge (mit starkem Übergewicht des Westens in den meisten Kontinenten; vgl. 1.5.).

Im Interesse neoimperialistischer Einflußsphärenpolitik werden erklärte Grundsätze demokratischer und sozialistischer Politik aufgegeben. Andererseits freilich ist die sowjetische Furcht vor unkalkulierbaren militant-revolutionären Prozessen, die in eine militärische Konfrontation der Supermächte führen könnten, so groß, daß sie die

Guerilla-Strategie Che Gueveras ablehnt und selbst in Indochina vorsichtig taktiert. Wenn man im Gegensatz zum Maoismus der Ansicht ist, daß die Erhaltung des Weltfriedens höheren politischen Rang hat als sozialistische Revolutionskriege, *weil im Zeitalter der Massenvernichtungsmittel der Frieden die Voraussetzung für jeden sozialistischen Fortschritt ist,* dann kann man der Sowjetunion die Anerkennung für diese „ängstliche", „egoistische" Politik der Friedenssicherung nicht versagen, bei der sie sogar den Vorwurf konterrevolutionärer Praxis in Kauf nimmt. Auch der dritte entscheidende Faktor in der Weltpolitik, China, betreibt eine Politik der Koexistenz, wenn auch der gewaltige Wortradikalismus (der wohl primär psychologisch zu erklären ist) diesen Tatbestand überdeckt. Die „fünf Prinzipien der Koexistenz" wurden zuerst 1954 von Tschou En-lai und Nehru in völkerrechtlich verbindlicher Vertragsform festgelegt. Diese fünf Punkte erscheinen wieder bei Lin Piao, in seinem Bericht auf dem IX. Parteitag der Kommunistischen Partei Chinas am 1. April 1969 (1969, 10): „Die Außenpolitik unserer Partei und Regierung ist konsequent, nämlich: nach den Prinzipien des proletarischen Internationalismus die Beziehung der Freundschaft, der gegenseitigen Hilfe und der Zusammenarbeit mit den sozialistischen Ländern entwickeln; den revolutionären Kampf aller unterdrückten Völker und unterjochten Nationen unterstützen; auf der Grundlage der fünf Prinzipien der gegenseitigen Achtung der territorialen Integrität und der Souveränität, des gegenseitigen Nichtangriffs, der gegenseitigen Nichteinmischung in die inneren Angelegenheiten, der Gleichberechtigung und des gegenseitigen Nutzens die friedliche Koexistenz mit Staaten unterschiedlicher Gesellschaftsordnung anstreben und die Aggressions- und Kriegspolitik des Imperialismus bekämpfen. *Unsere proletarische Außenpolitik ist kein zeitweiliger Notbehelf, sondern eine Politik, an der wir stets festhalten.* Wir haben es früher so getan, wir werden es auch in Zukunft unbeirrbar so tun." Auch wenn Anzeichen darauf hindeuten, daß Koexistenz zwischen zwei kommunistischen Staaten – Sowjetunion und China – zeitweilig besonders schwierig ist und bestehende Konflikte sich in gewaltsamen Auseinandersetzungen großen Ausmaßes zu entladen drohen, ist doch die bisherige kontrollierte Eskalation und De-eskalation der Grenzstreitigkeiten eher ein Hinweis dafür, daß es zu der drohenden Auseinandersetzung nicht kommen wird.

Nach Lin Piao hat sich die Sowjetunion selbst durch ihre Politik zum Untergang verurteilt; eine militärische Auseinandersetzung mit der Sowjetunion wäre deshalb, aus denselben Gründen wie ein militärischer Konflikt mit den USA, höchst überflüssig. Ein freilich höchst kurioser dialektischer Winkelzug: die Anwendung der marxistischen Zusammenbruchstheorie auf die UdSSR!

Koexistenz stabilisiert die Blocksysteme

Der Bestand der beiden vorherrschenden, mit atomarer „second-strike-capability" versehenen Machtblöcke macht es höchst wahrscheinlich, daß von der den Frieden wie auch den Status quo sichernden Politik der Koexistenz nicht abgewichen wird. Dieser fundamentale Faktor der Sicherung des Nicht-Krieges läßt jede undifferenzierte Anti-Block-Politik höchst problematisch erscheinen. Die Aufteilung der wichtigsten, militärisch gefährlichsten Menschheitsbereiche in Systemblöcke erweist sich – so hart das gegenüber den durchaus auch humanen Interessen an „nationaler Identität" klingen mag – als ein außerordentlich wichtiger Faktor eines zumindest negativen Friedens der Welt. (Über die durchaus mögliche Relativierung oder Lockerung der Blocksysteme vgl. 2.3.1.) Natürlich sind daher die Wirkungen der Koexistenz für die innere Struktur der beiden Blocksysteme auch zwiespältig. Für beide Supermächte verbürgt die Koexistenz den Bestand des Einflußbereichs und der weitgehenden Vorherrschaft innerhalb des eigenen Lagers. Die Staaten, die anerkanntermaßen zu einem der Blöcke gehören, haben weniger Anlaß, sich vor dem „feindlichen System" zu fürchten; die Gelassenheit, mit der die NATO auf den Einmarsch der Warschauer-Pakt-Staaten in der ČSSR reagierte, beweist es. Die mögliche Gefahr droht viel eher von der das eigene System dominierenden Supermacht und den ihr hörigen politisch-militärischen Machteliten in den Satellitenländern. Im Bereich des östlichen Systems war dafür Ungarn 1956 ein erstes Beispiel, wo seitens der Sowjetunion das praktiziert wurde, was 1968, nach der ČSSR-Besetzung in der Breschnew-Doktrin formuliert wurde: die beschränkte Souveränität sozialistischer Staaten. Dahinter verbirgt sich ein Interventions-„recht", wenn der Bestand des östlichen Machtbereiches nach der Interpretation derer, die über jene Macht verfügen, ernsthaft bedroht erscheint. Die Ereignisse in Ungarn und der Tschechoslowakei sind Ausdruck einer anderen Seite der Koexistenz: der Disziplinierung der Block-Satelliten im Sinne einer sozioökonomischen wie militärischen Anpassung an die Herrschaftsinteressen der Supermacht.

Der große Vorteil der westeuropäischen Satelliten ist, daß die Dominanz der USA weit weniger fühlbar in Erscheinung tritt. Allerdings ist vor der Illusion zu warnen, eine „Breschnew-Doktrin" existiere faktisch nicht im westlichen System. Zwar wurde eine solche Doktrin bislang nie öffentlich formuliert. Es wäre jedoch illusionär, die faktische Existenz einer solchen US-amerikanischen Vorherrschaft leugnen zu wollen. Sicher gibt es im Westen wesentlich höhere „Interventionsschwellen", wie sich im Falle des Austritts Frankreichs aus der NATO (der freilich nur für Friedenszeiten gelten soll) gezeigt hat. Welche Versuche, ein Land im eigenen Machtbereich zu halten, mit oder ohne direkter militärischer Intervention auch von den USA unternommen werden, zeigten nicht nur die Fälle Guatemala und Santo Domingo und die CIA-gelenkten Aktionen in Indonesien und Kambodscha, sondern auch die aktive Rolle des CIA beim Obristen-Putsch in Griechenland.

Der Breschnew-Doktrin ähnliche Interventionstheorien, die allerdings seitens der USA nicht in bezug auf Europa formuliert wurden, gibt es in der amerikanischen Außenpolitik der jüngsten Geschichte nicht selten. Der niederländische Friedensforscher Bert V. A. Röling schreibt dazu: „Seit 1947 haben die Vereinigten Staaten die ‚Truman-Doktrin', in der sich die amerikanische Regierung bereit erklärt, jeder Regierung, die sich von ‚armed minorities or outside pressure' bedroht fühlt, auf Wunsch militärische Hilfe zu leisten. Die Eisenhower-Doktrin besagte, daß die USA bereit seien, die Lücken auszufüllen, die entstehen würden, wenn sich europäische Mächte aus bestimmten Gebieten zurückzögen (z. B. im Nahen Osten). Gemäß der Johnson-Doktrin wird Amerika in der westlichen Hemisphäre kein zweites Kuba dulden."

In dieser Kette von Interventionsdoktrinen hat auch die von Eisenhower geäußerte Domino-Theorie ihren Platz, die besagt, daß im Fernen Osten eine Reihe pro-westlicher Staaten dem Kommunismus anheimfalle, wenn auch nur einer aus dieser Reihe herausbreche und sozusagen den Auslöser für diese Kettenreaktion bilde. Diese Überlegung reichte aus, um sich zum Krieg in Vietnam veranlaßt zu sehen. Zweifellos handelt es sich bei den Kriegen in Vietnam, in Korea und im Nahen Osten um Konfrontationen in sozialrevolutionär erschütterten geopolitischen Bereichen der Dritten Welt. Im Fall Vietnam wie im Fall Korea aber gab es gleichwohl – durch die Teilungen markiert! – wie im Fall Deutschland klare Blockzugehörigkeiten. Es gab in beiden Fällen keine Aggressionen der Supermächte, sondern eine militärische Eskalation nationaler Krisen, die aber zu einer Existenzfrage der Status-quo-Sicherung der Supermächte wurde. Ein Menetekel für Deutschland! Koexistenz, die auch in Vietnam von USA und UdSSR offenbar nicht in Frage gestellt werden soll, schließt offenbar das Risiko „begrenzter" Kriege nicht aus. Für Vietnam wurde es – für Deutschland und Mitteleuropa, laut NATO nur mit Hilfe „taktischer" Atomwaffen zu verteidigen, würde es – ein totaler, alles vernichtender Krieg. Koexistenz kann also in „begrenzte" Vernichtung umschlagen, wenn die Supermächte mit beschränktem militärischen (auch atomaren) Einsatz u. U. bloß durch Waffenhilfe einen territorial beschränkten Krieg führen (lassen). Die angebliche Schutzfunktion der Supermächte schlägt dann um in eine tödliche Bedrohung der kleinen Länder, wenn sie im Grenzbereich der Blocksysteme Opfer eines „begrenzten" Krieges werden (vgl. 1.3.)

Fazit

Die Koexistenz hat trotz ihrer Risiken und repressiven blockpolitischen Funktionen zumindest in Europa bisher die politische Situation des Nicht-Krieges stabilisiert. Sie hat vor militärischer, blutiger Konfrontation der beiden Großmächte und ihrer Satelliten bewahrt. Das Prinzip der Koexistenz kann aber deshalb noch keineswegs als eine ausreichende Basis der internationalen Beziehungen betrachtet werden. Zum einen schon deshalb nicht, weil die gleichzeitige Aufrechterhaltung der Droh- und Rüstungssysteme die Koexistenz ständig in Frage stellt. Außerdem aber, weil der Ausschluß militärischer Gewalt, wenn nicht gleichzeitig Strategien ziviler Gegenmacht entwickelt werden (vgl. 2.2.4.), zu einem Zustand führt, in dem Unrecht, Unterdrückung und Ausbeutung unter allen Umständen sanktioniert werden.

Koexistenz ist also nicht mehr, aber auch nicht weniger als die elementarste Voraussetzung einer friedlichen politischen, ökonomischen und ideologischen Auseinandersetzung verschiedener Gesellschaftssysteme.

Friedenspolitik muß diese Minimalbasis als eine weltpolitische Errungenschaft betrachten, die es mit allen Mitteln zu sichern, hinter die es unter keinen Umständen zurückzufallen gilt. Koexistenz hat gegenüber dem ideologisch indoktrinierten Absolutheitsanspruch, den die Herrschenden für ihr System erheben, und der Dämonisierung des Gegensystems die unschätzbare ideologiekritische Wirkung, diese Zwei-Reiche-Ideologie tagtäglich durch den faktischen – und sogar jetzt offiziell anerkannten – Zwang zum Miteinanderauskommen in Frage zu stellen. Ja, Koexistenz zwingt sogar zum Miteinanderreden und hat die Basis geschaffen für eine schrittweise Verminderung der Rüstungsgefahr.

2.1.2 Konvergenzen, aber keine Konvergenz

Koexistenz und kleine Schritte der Rüstungsbegrenzung helfen, den negativen Frieden, den Nicht-Krieg zwischen den Systemen zu stabilisieren. Doch nach wie vor wird dieser durch den Totalitätsanspruch der Systeme und die Verteufelung des Gegensystems ständig in Frage gestellt. Daher ist von größter Bedeutung, ob ein weiterer friedenspolitisch relevanter objektiver Trend sich als stark genug erweist, den – tendenziell immer aggressiven! – Ausschließlichkeitsanspruch der beiden Systeme schrittweise zu relativieren und in ein Verhältnis lernbereiter Konkurrenz und partieller Kooperation umzuwandeln: Der Trend zur Annäherung an bestimmte Strukturen und Regelsysteme des anderen gesellschaftlichen Systems.

Die richtigen Elemente dieses Prozesses sind leider von den *Konvergenztheorien* durch Überinterpretation meist mehr verdeckt als erhellt worden, weil versucht wurde, unter Vernachlässigung grundlegend verschiedener Herrschafts- und Produktionsverhältnisse bestimmte, sicher bedeutsame Ähnlichkeiten und Parallelentwicklungen *als Elemente eines quasi selbständigen Gesamtprozesses der Annäherung umzudeu-*

ten, der bei Ideologen des Kapitalismus das Sowjetsystem eines Tages auf den rechten Pfad des „freiheitlichen Westens" (also der Marktwirtschaft) führen sollte – bei idealistischen Friedensforschern *beide* Systeme schließlich in einer vernünftigen Mischung von Markt- und Planwirtschaft sich treffen ließ. Die eigentliche Unwahrheit in fast allen Konvergenztheorien ist die in ihr – meist unausgesprochen – zum Ausdruck kommende geschichtliche Harmonievorstellung. Diese unterschlägt erstens das Unvereinbare: das faktische wie theoretische Konfliktpotential zwischen den beiden Gesellschaftssystemen, und unterschlägt zweitens die Tendenzen zu einer absolut *negativen* Konvergenz beider Systeme in Richtung auf Staatsallmacht und perfekte Einpassung entmündigter Menschenmassen in eine von kleinen Machteliten gesteuerte Produktions- und Gesellschaftsordnung, wie sie Huxley in seiner „Brave New World" unübertrefflich geschildert hat.

Sollen die tatsächlich durchaus vorhandenen positiven Annäherungstendenzen der beiden konkurrierenden Systeme friedenspolitisch ernst genommen werden, so muß man sie völlig unabhängig von der allzu optimistischen evolutionistischen Ideologie der meisten Konvergenztheoretiker bewerten. Willy Brandt hat einen wichtigen Beitrag zur Unterscheidung des Wahren und Unwahren im Reden von Konvergenz geliefert. Ausgehend von der friedenspolitischen Forderung, daß es gelte, von der Konfrontation der beiden Systeme zu einer Kooperation zu gelangen, formulierte er 1970 mit Blick auf die beiden deutschen Staaten (anläßlich des Berichts des Bundeskanzlers zur Lage der Nation): „Die unter dem Namen Konvergenztheorie bekanntgewordene Auffassung ist falsch und richtig zugleich; falsch, weil sich die beiden Staaten in Deutschland nicht automatisch aufeinander zu entwickeln; richtig, weil die Notwendigkeiten der modernen Industriegesellschaft in Ost und West zu Reformen zwingen, unabhängig davon, welche politischen und gesellschaftlichen Bedingungen gegeben sind. So ist es auch zu erklären, daß manche technischen und wissenschaftlichen Vorhaben und die Behandlung einiger Strukturprobleme auf verschiedenen Gebieten in den beiden Teilen Deutschlands in die gleiche Richtung weisen. Diese Tatsachen sind ermutigend."

Kritik der Konvergenztheorien

Wir wollen diesen ermutigenden Tendenzen uns zuwenden, die eine Chance der Entspannung enthalten, weil sie ideologische Zwei-Reiche-Lehren immer unglaubwürdiger machen (wenn der Feind, der Fremde mir ähnlicher wird, kann ich ihn schwer hassen). Aber zuvor gilt es, von Konvergenztheorien kritisch Distanz zu gewinnen. (Unsere Darstellung folgt teilweise Bassam Tibis Aufsatz „Theorien der Konvergenz kapitalistischer und sozialistischer Industriegesellschaften" [1968, 125ff.])

Jeweils mit antikommunistischen Motiven oder zur Bekämpfung

des Antikommunismus werden etwa seit 10 Jahren Versuche unternommen, Übereinstimmungen in der Gesellschaftsordnung besonders der Vereinigten Staaten und der Sowjetunion festzustellen. Theoretiker des Antikommunismus nutzen die Behauptung der Konvergenz als theoretische Fundierung der Annahme, „daß die Reproduktionsbedingungen des Kapitalismus schlechthin die jeder industriellen Gesellschaft seien. Das Ziel ist, die Marxsche zentrale Kategorie der ‚Produktionsverhältnisse' als nicht brauchbar ad acta zu legen und sie durch die ärmere (die Herrschaftsverhältnisse ausklammernde; d. Verf.) Kategorie der ‚industriellen Gesellschaft' zu ersetzen." Andererseits gibt es Versuche, die als Bekämpfung von Antikommunismus zu verstehen sind: „So halten sie dem amerikanischen militanten Antikommunismus, der fanatisch eine naive Zusammenbruchstheorie über das Sowjet-System verficht, entgegen, daß gerade dieses System funktionsfähig ist und daher alle Existenzbedingungen besitzt" (Tibi).

W. W. Rostow (1961) will mit den Begriffen von traditioneller Gesellschaft, Anlaufperiode, Aufstiegsperiode, Reifestadium und Massenkonsumzeitalter die Marxschen Kategorien Feudalismus, Kapitalismus, Sozialismus und Kommunismus ablösen. Prinzipielle Unterschiede zwischen den Gesellschaftssystemen der USA und der Sowjetunion bestehen danach nicht, lediglich Phasenverschiebungen innerhalb der Wachstumsstadien. Rostow erklärt Kommunismus als „unmenschliche Form politischer Organisation, die fähig ist, einen Wachstumsprozeß in Gesellschaften einzuleiten und aufrechtzuerhalten, in denen die Anlaufperiode keine bedeutende unternehmerische Mittelklasse und keine ausreichende politische Übereinstimmung zwischen den Führern der Gesellschaften hervorgebracht hat. Es ist eine Art Krankheit, die eine traditionelle Gesellschaft befallen kann, wenn sie nicht die Elemente in sich wirksam organisieren kann, die bereit sind, die Aufgabe der Modernisierung durchzuführen." Rostow weiter: „Das Wesen des Kommunismus wird im Zeitalter des Massenkonsums wahrscheinlich dahinschwinden, und das hat auch Moskau schon begriffen." Ähnlich, wenn auch in der Konsequenz differenzierter, sieht Raymond Aron (1964) das Problem der Konvergenz. Er rekurriert auf den Begriff der industriellen Gesellschaft, um die Unterschiede zwischen kommunistischer und kapitalistischer Gesellschaft zum Verschwinden zu bringen. „Aron zufolge kann man aus der elementaren Definition der industriellen Gesellschaft einige grundlegende Eigentümlichkeiten ableiten, die diese Gesellschaft charakterisieren. Er meint, die ganze marxistische Konzeption an der Ähnlichkeit von Großunternehmen in sozialistischen und kapitalistischen Ländern falsifizieren zu können" (Tibi 128).

Ein Ansatz zu einer marxistischen Konvergenztheorie – die allerdings als Basis die mögliche *negative* Konvergenz zwischen westlicher und sowjetischer Gesellschaft nimmt, nicht etwa die zwischen westlicher Gesellschaft und einer möglichen sozialistischen Gesellschaft – findet sich bei Herbert Marcuse (1964): Tibi wendet allerdings gegen

Marcuse ein: „Wenn man Marcuses Hinweis, daß die Sowjetunion auf keinen Fall als Modell einer sozialistischen Gesellschaft hingenommen werden darf, als Stärke seiner Theorie gegenüber der Aronschen demonstriert, so muß man jedoch hinzufügen, daß dieser Hinweis irreführend bleibt, wenn nicht gleichzeitig betont wird, daß die Trennung der unmittelbaren Produzenten von der Kontrolle über den Produktionsprozeß in der Sowjetunion nicht der Motor des Produktionsprozesses selbst (ist); sie ist in diesem Prozeß nicht als die im Privateigentum an den Produktionsmitteln gründende Spaltung von Kapital und Arbeit eingebaut" (Tibi 140). Angesichts des stalinistischen „Führungsprinzips" in Betrieb und Wirtschaft des Ostblocks – in strengem, auch ideologischen Gegensatz zur jugoslawischen Arbeiterselbstverwaltung! – wäre an Tibi freilich die antikritische Frage zu stellen, ob die Trennung – zwar nicht die prinzipielle, aber die faktische – der Produzenten von der Kontrolle über den Produktionsprozeß in der Sowjetunion nicht ebenso zu einem inhumanen Strukturelement geworden ist.

Wenn man schon die notwendigen ökonomischen Unterscheidungsmerkmale zu präzisieren versucht (es ist offenbar selbst für Marxisten keineswegs einfach!), so sind vielmehr die entscheidenden: daß keine vererbbare Herrschaft mehr auf Grund des Privateigentums an Produktionsmitteln und der darauf gegründeten profitablen Ausbeutung anderer etabliert werden kann; daß die planlose Akkumulation von Kapital nicht länger zu ökonomischen Disproportionalitätem führen kann, die Krisen, organisierte Verschwendung und kapitalvernichtende Staatsausgaben (vgl. 1.4.) provozieren; daß zwar horrende Gehaltsunterschiede zugunsten der Privilegierten auch im Ostblock möglich sind, wegen der Unmöglichkeit privaten Profits und der Möglichkeit zentraler Disposition über die Verwendung des Sozialprodukts aber jene menschenunwürdige kapitalistische Diskrepanz zwischen privatem Reichtum und persönlicher wie öffentlicher Armut im staatswirtschaftlichen System des Ostblocks undenkbar ist.

Negative Konvergenzen

Wenn man derart wesentliche ökonomische Unterschiede zwischen kapitalistischer und staatssozialistischer Gesellschaftsordnung nicht übersieht, kann man andererseits wesentliche konvergierende Erscheinungen in beiden Systemen erkennen und an der partiellen Annäherung der gesellschaftlichen Entwicklungen die Chancen einer Entkrampfung und Entspannung abschätzen. Im Bereich der Wirtschaft und Wirtschaftspolitik zeigen sich zunächst formale Übereinstimmungen, die sich in der Gleichheit industrieller Produktionsmethoden manifestieren. Produktionsverfahren, Anlage des Arbeitsprozesses, Einsatz von Technik bis hin zur Verwendung von Regeltechniken und Kybernetik erscheinen austauschbar. Die Identität des technologi-

Modelle der Konvergenz und Kommutation

(in Anlehnung an Johan Galtung, 1970, 13)

„Naive" Konvergenzmodelle

A

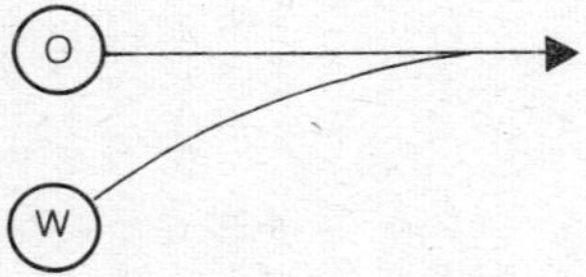

Der Westen
wird immer
„kommunistischer"

B

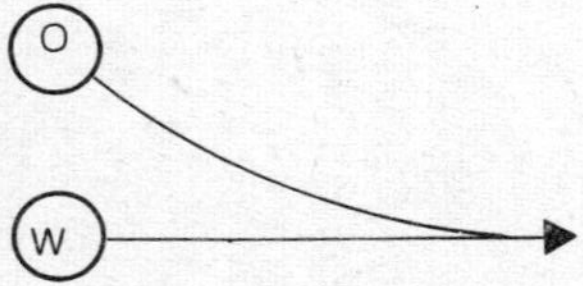

Der Osten
wird immer
„kapitalistischer"

C

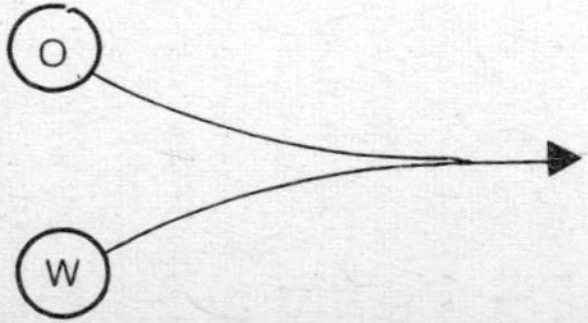

Ost und West
„treffen sich
in der Mitte"

Kritische Konvergenzmodelle; Kommutation

D

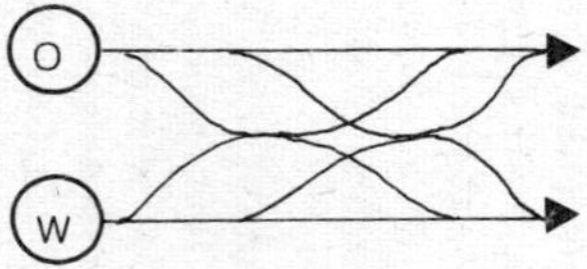

Partielle Konvergenzen zwischen West und Ost

E

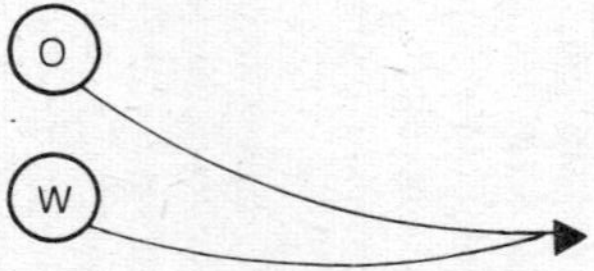

Negative Konvergenz: Ost und West konvergieren zu totalitär „formierten" Gesellschaften

F

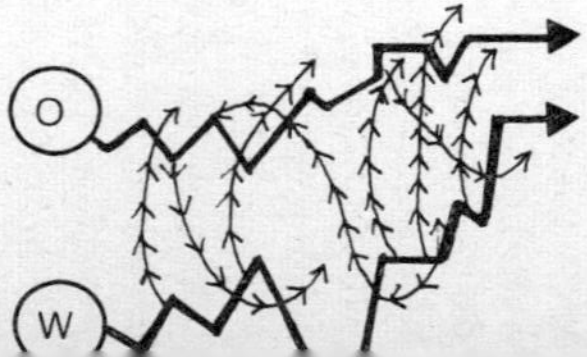

Kommutation:
Kritik, Konkurrenz, Kommunikation der Systeme bewirkt gemeinsame gesellschaftliche Strukturveränderung: demokratischen Sozialismus

schen Prozesses zeigt sich daran, daß Fiat in der Sowjetunion ein Automobilwerk errichten kann oder Henry Ford II von Kossygin das Angebot bekommt, ein in der Größenordnung einmaliges Werk zur Herstellung von Lastkraftwagen in der Sowjetunion zu bauen. Andererseits kaufen die Vereinigten Staaten in der Sowjetunion technische Lizenzen. Dies veranlaßt einen Anti-Konvergenztheoretiker der DDR zu der Konzession, „daß die Technik verschiedenen Systemen dient, daß sie also – marxistisch gesprochen – klassenindifferent ist" (Rose, 1969, 939).

Freilich muß gerade angesichts dieser sowjetideologischen „Konzession" an die ansonsten wütend bekämpfte Konvergenztheorie gefragt werden, ob ein Sozialist wirklich die Klassenindifferenz der Technik konzedieren kann! Daß der DDR-Ideologe es tut, ist vielmehr ein bedeutungsvolles Beispiel für das, was oben Negative Konvergenz genannt wurde: die ähnlichen Tendenzen zur Unterordnung der humanen Interessen unter die eines maximal funktionierenden Produktionsapparates in Ost und West. Denn: ein technisches Ding, eine Drehbank etwa, mag zwar in Turin und Togliattigrad gleich sein. Aber die Technik, genauer: die Anlage des technischen Produktions- und Arbeitsprozesses bis hin zur Konstruktion einer Maschine, eines Montagebandes würde eben in einer sozialistischen Fabrik durchaus differieren, insofern nämlich hier auf menschengemäße Konstruktion der Maschinen, Lärmschutz, Sicherheit, auf Montagebänder ohne mörderische monotone, kurze, schnelle Arbeitsvollzüge („Job enlargement") hingearbeitet würde. Sozialistisch geschulte Fiat-Arbeiter erhoben im Mai 1971 erstmals die „unerhörte" Forderung nach einer solchen Umorganisation der Technologie: „Eine neue Art, Autos zu produzieren", eine menschenwürdige Arbeitsorganisation – darum ging es in Turin. Das völlig konsternierte Management hielt die Forderung für absolut utopisch. Es bot den Funktionären der Fiatarbeiter an, auf Werkskosten unter anderem nach – Togliattigrad zu fahren: dort würden Autos auch nicht anders produziert.

Hier zeigt sich hinter der „Konzession" des DDR-Divergenz-Theoretikers Rose *ein Musterbeispiel Negativer Konvergenz*: die Tendenz zu ähnlichen negativen Formen der Massenmanipulation und des ökonomischen Produktionsfetischismus im spätkapitalistischen und staatssozialistischen System – im Westen auf den Profit, im Osten auf den einzuholenden Vorsprung des Westens fixiert. Zu diesem Gesamtphänomen der Negativen Konvergenz gehört dann auch die dem Westen sich angleichende östliche Tendenz zur Umweltverschmutzung oder zur bedenkenlosen Chemisierung der Landwirtschaft im Zeichen einer enthumanisierten ökonomischen Wachstumsideologie. Theodor Prager (1971, 3ff.) hat auf diese makabre, so ganz unsozialistische Parallelität hingewiesen und die Gesamttendenz zum negativen Konvergieren mit dem Zielbegriff des „Etatismus" in beiden Systemen beschrieben.

Die Negativität dieser Angleichung bürokratisch-managerieller Herrschaftsformen wird von Konvergenztheoretikern oft übersehen, die schlicht konstatieren, die Staats- und Wirtschaftsbürokratien würden „im Maße der Ausreifung der industriellen Systeme einander in ihren Funktionen immer ähnlicher und damit prinzipiell austauschbar" (Krockow, 1970, 112). Wie so viele nicht speziell ökonomisch interessierte Politologen verkennt auch Krockow die entscheidende Differenz von kapitalistischem und gemeinwirtschaftlichem Management. Er meint, die Frage der Eigentumsverhältnisse sei für das Management westlicher oder östlicher Produktionsbetriebe tendenziell immer irrelevanter. Ob der Staat, das Volk oder Aktionäre Eigentümer sind, habe kaum noch Einfluß auf Position, Funktion und faktische Macht der bürokratischen Experten. Diese formale Parallelisierung verkennt die Macht der über der Expertokratie stehenden eigentlichen Machteliten: der Kapitalbesitzer oder aber der Parteiführer, die jeweils vollkommen verschiedene ökonomische Interessen verfolgen (können). Herbert Marcuse, der als einziger Konvergenztheoretiker die Negativität bestimmter Entwicklungen nicht nur erkennt, sondern geradezu zum bestimmenden Prinzip der konvergierenden Entwicklung im staatsinterventionistischen Kapitalismus und im Staatssozialismus macht, vernachlässigt dabei überraschenderweise ebenfalls weitgehend sowohl die erkennbaren herrschaftssoziologischen Ursachen dieser negativen Angleichung – nämlich den Widerstand beider Machteliten gegen demokratische Kontrolle! – wie auch die dennoch vorhandenen entscheidenden politökonomischen Unterschiede in beiden Industriesystemen. Vielmehr schiebt er, fast wie konservative Kulturkritiker, der „Technik" die Schuld zu: „Infolge der Art, wie sie ihre technische Basis organisiert, tendiert die gegenwärtige Industriegesellschaft zum Totalitären" (1967, 23), und kommt damit zu einem „technologischen Determinismus" (Offe), der, wie viele Elemente der Philosophie Marcuses, in ein politisches Ohnmachtsbewußtsein führt.*

Konvergenzen der Systemkritik

Wenn aber nicht Ohnmacht oder anarchistische Absage an die technische Zivilisation – was bleibt dann angesichts solcher inhumaner Tendenzen zur Negativen Konvergenz an politischer und speziell friedenspolitischer Relevanz? Sehr Entscheidendes. Wichtig ist schon die Offenlegung ähnlicher Inhumanitäten, des ähnlichen Nicht-fertig-Werdens mit den Problemen einer industriellen Massengesellschaft. Das macht bescheidener. Auch dadurch verfällt das Zwei-Reiche-Bild, der hochmütige Anspruch, den allein seligmachenden way of life zu wissen und zu gehen. Außerdem schafft es beiderseits immer schwerere innere Notstände, die ohne Streichungen am Rüstungsbudget schlech-

*Vgl. die Kritik von Wilfried Spohn, „Konvergenz- und Divergenztheorie – ideologischer Ausdruck der Koexistenz von Kapitalismus und Sozialismus", in: Futurum 1/71, S. 18 ff, bes. 39 ff.

terdings nicht lösbar sein werden. Und nicht zuletzt provoziert Negative Konvergenz zum monotonen, fremdbestimmten Industriesystem beiderseits den entscheidenden Konflikt: den der wachwerdenden (durch die unausweichliche Akademisierung vom Denken nicht fernzuhaltenden) Abhängigen mit den sie manipulierenden Machteliten. Und nichts, auf längere Sicht, ist friedenspolitisch relevanter als die beginnende breite, international sich bestätigende und ermutigende Widerstandsbewegung derer, die Demokratie und Sozialismus endlich ernst nehmen gegen die autoritären Führungscliquen und ihre immer unglaubwürdiger werdenden Bedrohungsideologien und Rüstungspolitik. Mehr und mehr zeigen sich ähnliche Protestformen – besonders der Jugend in Ost und West – gegen die autoritären Bürokraten der „verwalteten Welt". Eine Art internationaler Solidarität der heranwachsenden, passiv oder aktiv protestierenden Generation kann zum Abbau der offiziellen friedensgefährdenden Ideologien beitragen, wonach das eigene System so viel besser, so viel freiheitlicher sei als das „drüben". Offensichtlich ist in beiden Systemen eine kritische Minderheit herangewachsen, die die von den jeweiligen Systemen zur Schau gestellten Werte mit den Wirklichkeiten der Systeme konfrontiert. Das sehr bestimmte Einklagen der gesellschaftlichen Zusagen durch Teile der jungen Generation ist in beiden Gesellschaften nahezu identisch. Die Breite und „Öffentlichkeit" des Protestes und die Reaktion des Establishments sind allerdings – das muß zur Ehre der wenigen funktionierenden westlichen Demokratien gesagt werden – auf Grund der noch vorhandenen Versammlungs-, Demonstrations- und Presserechte im Westen durch einen beträchtlich höheren Grad an demokratischen Spielraum gekennzeichnet. Dennoch wird es wohl auch in Warschau, Belgrad, Moskau und Prag nicht bei den wenigen, rasch unterdrückten Studentenbewegungen bleiben.

Trotz der sich verhärtenden inneren Entwicklung in der Sowjetunion kommt es auch dort zu einem vernehmlichen Aufbegehren Intellektueller, sei es der Literaten, der Wissenschaftler oder der akademischen Jugend.

In letzter Zeit ist mit der Demokratisierungsforderung in der Sowjetunion vor allem der Kernphysiker Andrej Sacharow (1968) hervorgetreten. Interessanterweise hat er seinen Appell in Zusammenhang gebracht mit konvergenztheoretischen Ansätzen, durch die er die totale Gegensätzlichkeit der Systeme relativieren und die Ähnlichkeit der in beiden Systemen stattfindenden Auseinandersetzung um Demokratisierung der gesellschaftlichen Prozesse zu beweisen versuchte. 1968 – vor der Intervention der Warschauer-Pakt-Staaten in die ČSSR – gelangte ein Papier in den Westen, das als „Sacharow-Memorandum" allgemein bekannt wurde und sich mit Gedanken über den Fortschritt, der friedlichen Koexistenz und der geistigen Freiheit beschäftigte. Anfang 1970 meldete sich Sacharow zusammen mit zwei anderen Wissenschaftlern erneut zu Wort. Trotz der verkrusteten Machtstrukturen kann die Diskussion über den Stand und den Weg des Sozialismus auch in der Sowjetunion offensichtlich nicht unterdrückt werden. Die Widerstände, die sich solchen Bemühungen entgegenstellen, haben zum großen Teil in Ost und West identische Ursachen: Die Sorge der Machteliten um ihre Positionen. Die Angriffspunkte, die Sacharow herausstellt, haben teilweise eine verblüffende Ähnlichkeit mit der in westlichen Ländern vorgebrachten Kritik am System. Ursache für die Schwierigkeiten in der Sowjetunion sind die antidemokratischen Traditionen und Normen des öffentlichen Lebens. Diese werden allerdings auf die Stalin-Ära zurückgeführt. „Beschränkungen im Informationsaustausch erschweren jede Kontrolle über die Führung und frustrieren die Initiative des Volkes . . . Probleme der Organisation und des Managements können nicht von einzelnen Machthabern gelöst werden. Sie erfordern die schöpferische Teilnahme von Millionen Menschen auf allen Ebenen des wirtschaftlichen Systems . . . Unter den Bedingungen der heutigen Industriegesellschaft, da die Rolle der Intelligenz wächst, kann die Kluft zwischen Staat und Intelligenz nicht anders als selbstmörderisch genannt werden" (1970/164ff). Die Forderungen, die der Autor aus dieser Analyse entwickelt, entsprechen denen, die die „Neue Linke" in westlichen Ländern erhebt. Allerdings mit der wesentlich unterschiedlichen Perspektive, daß die Demokratisierungsforderungen hier tendenziell auf die Transformation des ökonomischen (teilweise auch des politischen) Systems hinzielt, während im Osten lediglich die sozialistische Reform des bürokratischen Zentralismus in Politik, Meinungsbildung und Wirtschaft gefordert wird. Sacharow schreibt: „Demokratisierung und vollständige Information müssen unserem ideologischen Leben seine Dynamik wiedergeben und den bürokratischen, dogmatischen, heuchlerischen Stil, der heute entscheidend ist, liquidieren. Eine Demokratisierung würde die Kluft zwischen dem Partei- und Staatsapparat und der Intelligenz beseitigen" (aaO.). Die Produktivität der Systemkonkurrenz erweist sich in Argumenten, die für beide Systeme gleichermaßen gelten, die aber Sacharow für das östliche System formuliert: „Was hat unser Land zu erwarten, wenn der Demokratisierungsprozeß nicht eingeleitet wird? Es würde in der zweiten industriellen Revolution hinter den kapitalistischen Ländern zurückbleiben und allmählich zu einer zweitrangigen Provinzmacht werden. Die Geschichte kennt ähnliche Fälle. Jetzt haben wir eine Chance, den richtigen Weg einzuschlagen und die notwendigen Reformen durchzuführen. In ein paar Jahren wird es vielleicht zu spät sein."

Unfehlbar wird das Bewußtsein für die Ähnlichkeit des internationalen Kampfes gegen die repressiven Herrschaftsschichten in beiden Systemen zunehmen. Diese Erkenntnis, daß der „Feind" *innen* sich befindet, führt die Ideologie und Politik des Festungssystems mehr und mehr ad absurdum und dient damit dem Frieden. Natürlich darf die friedenspolitische Problematik der konvergierenden Demokratisierungsbestrebungen und -konflikte nicht übersehen werden. Wie sich im Falle der ČSSR besonders kraß gezeigt hat, bewirken sie zwar einerseits einen Strom ehrlicher Sympathie zwischen West und Ost, andererseits aber verstärkte Tendenzen der Machteliten, durch Beschwören des drohenden äußeren Feindes bzw. Diffamierung der inneren Opposition als Helfershelfer dieser Feinde innere Konflikte als eine Art von Wehrkraftzersetzung zu kriminalisieren (vgl. oben 1.2.).

Positive Konvergenzen

Natürlich gibt es auch in der „offiziellen“ gesellschaftspolitischen Entwicklung wichtige positive Konvergenzen. Nicht zuletzt die – bisher freilich niemals eingestandenen – Tendenzen gegenseitigen Lernens voneinander etwa im zentralen Bereich der Wirtschaftspolitik. In kapitalistischen Systemen zeigt sich eine Entwicklung zu der bis vor kurzem noch als systemfremd abgelehnten Wirtschaftsplanung, teilweise sogar zur Vergrößerung des sozialistischen, gemeinwirtschaftlichen oder öffentlichen Sektors; im westlichen Wirtschaftsbereich sind im Laufe der vergangenen Jahre erhebliche marktwirtschaftliche Steuerungsmechanismen übernommen worden. Im Gegensatz zur Auffassung von Altvater und anderen Vertretern der reinen Lehre*, die diese „Übernahmen“ als Teil eines bürokratisch-staatskapitalistischen Rückbildungsprozesses in Osteuropa zu werten versuchen, sind sie im Gegenteil als Ergebnis der – freilich bislang noch nicht theoretisch verarbeiteten – Erkenntnis anzusehen, daß bestimmte ökonomische Steuerungsmechanismen marktwirtschaftlicher Art durchaus nicht mit „Kapitalismus“ gleichzusetzen sind, obwohl sie im Kapitalismus entwickelt wurden. Vielmehr sind sie auch jenseits einer durch Privateigentum an den Produktionsmitteln gekennzeichneten Wirtschaft sinnvoll anzuwenden: Konkurrenz zwischen Unternehmen; betriebliche Gewinn- und Verlustrechnung sowie kollektive betriebliche Gewinnbeteiligung; dezentralisierte Produktplanung; unternehmerischer Spielraum der Betriebsleitungen; kreditwirtschaftliche Kapitalzuweisung; Aufrechterhaltung (z. T. Reprivatisierung) kleiner und mittelbetrieblicher privater Wirtschaftsbereiche.

Obwohl vorläufig beide Systeme noch versuchen, alle Anleihen beim Gegensystem als bloße „systemkonforme“ Weiterentwicklung ihrer ökonomischen „Ordnung“ zu verleugnen, werden diese Überkreuzentwicklungen langfristig zweifellos bestimmte dogmatisch festgehaltene Gegensätzlichkeiten der Systeme relativieren können. Natürlich differieren die beiden Gesellschaftssysteme weiterhin durch die verschiedenen Produktionsverhältnisse. Apologeten des Ostens mei-

*Vgl. dazu den schon (S. 96) zitierten Aufsatz von Wilfried Spohn, wo in Anlehnung an Altvater und andere ausgerechnet jene Bürokraten für die Übernahme solcher marktwirtschaftlicher Regelmechanismen verantwortlich gemacht werden, die inzwischen, da diese marktwirtschaftlichen Elemente nämlich eine dezentralisierende, die bürokratische Macht in Frage stellende Funktion haben, eben diese Mechanismen zu eliminieren versuchen!

nen, „daraus ergibt sich eine gegensätzliche Zielfunktion der Produktion: hier Produktion zur Befriedigung der materiellen und geistigen Bedürfnisse der Gesellschaft, dort Produktion um des Profits der herrschenden Minderheit willen" (Rose, 1969, 939). Das ist prinzipiell zwar unbestreitbar richtig – und es macht langfristig einen entscheidenden gesellschaftspolitischen Vorsprung selbst der *staats*sozialistischen Ordnung vor der spätkapitalistischen aus. Nur handelt es sich – negativ wie positiv – nicht um eine so absolute Divergenz, wie Rose und andere östliche Zwei-Reiche-Lehrer es gern im Interesse der offiziellen Selbstvergötzung darzustellen versuchen. Denn einerseits sind in den staatssozialistischen Systemen auf Grund der Machtinteressen der Führung in beträchtlichem Umfang die Bedürfnisse der Gesellschaft und der einzelnen Menschen vernachlässigt worden – andererseits haben Steuerpolitik, infrastrukturelle und sozialpolitische Eingriffe im Westen dem Gewinnmaximierungsprinzip Gegenkräfte entgegengesetzt und können durch härtere Eingriffe, auf der Basis linker Parlamentsmehrheiten, dieses Prinzip noch wesentlich stärker relativieren.

Außerdem kann leider nicht übersehen werden, daß selbst das relativ entwickelteste planwirtschaftliche System, das der DDR, noch nicht einmal tendenziell die Einkommensentwicklung der BRD einholt; der Abstand der durchschnittlichen Nettoeinkommen ist eher größer geworden (Bundesregierung, Bericht zur Lage der Nation 1971, 31)*. Ein derartiges permanentes Nachhinken kann wohl kaum noch allein mit den negativen Start- und Comecon-Bedingungen der DDR im Gegensatz zur BRD erklärt werden, zumal nicht etwa höhere betriebswirtschaftliche Investitionsraten das noch weiter zunehmende Nachhinken im privaten Verbrauch als Folge eines vorübergehenden notwendigen Konsumverzichts erklären könnten**. Schließlich sind auch die unentgeltlichen Leistungen eines Staates – von um 25% höheren Bildungsausgaben abgesehen – in der DDR nicht so gravierend höher (vgl. Bericht, 1971, 126), daß sie das weitere Zurückbleiben der DDR-Pro-Kopf-Einkommen per Saldo kompensierten. Offensichtlich muß das Ausmaß hemmender, disfunktionaler Einwirkungen

*Obwohl dieser Bericht den ersten Versuch eines nicht grob antikommunistisch verzerrten Systemvergleichs darstellt, enthält er noch zahlreiche tendenziöse Statistiken. So ist darin die Rechnung, wonach die durchschnittlichen Arbeitnehmereinkommen in der BRD von 1960–69 um 90%, in der DDR dagegen nur um 30% gestiegen sind, irreführend, da in derselben Zeit, wie der Bundesbericht S. 143 selbst darlegt, die Kaufkraft der Ostmark von 76%, der West-Mark auf 89% gestiegen ist. Bestehen bleibt die Tatsache, daß von einem Einholen der BRD keine Rede sein kann.

**Vgl. Bericht der Bundesregierung aaO., S. 369: Brutto-Anlageinvestitionen der BRD 1960 = 23,6%; 1969 = 24,6% des Sozialproduktes; DDR 1960: 17,7%; 1969: 22,7% des Sozialproduktes. Allerdings sind die Investitionen der DDR von 1960–69 um 91%, in der BRD nur um 58% gestiegen.

des parteibürokratischen Zentralismus in der DDR, noch mehr aber in den erschreckend schlecht mit Konsumgütern versorgten anderen Ostblockländern doch derart sein, daß von einer funktionierenden sozialistisch geplanten und entwickelten Wirtschaft noch keine Rede sein kann.

Die Mängel des kapitalistischen Wirtschaftssystems andererseits sollten bekannt genug sein: die aus den Milliardenbeträgen privater Profitanhäufung erwachsende politische (parteipolitische, pressepolitische, wahlpolitische) Macht; die Abhängigkeit einer Regierung vom goodwill der ökonomischen Machtelite, ihrer Investitions- und Preispolitik; die katastrophale Vernachlässigung der öffentlichen Aufgaben bei gleichzeitiger organisierter Verschwendung infolge der Tendenz zur Überproduktion auf Grund der Anhäufung unverwertbaren Kapitals in den Händen der Produktionsmittelbesitzer; die Tendenz zu überhöhten staatlichen Rüstungsbestellungen als Form dieser organisierten Verschwendung . . .

Friedenspolitisch bedeutet dies, daß die ökonomischen Mechanismen beider Systeme dringend der weiteren Lernprozesse, der weiteren Korrektur durch Integration wichtiger Regelungselemente bedürfen, die im Gegensystem ausgebildet sind oder die neu zu entwickeln wären. Sowohl das Privateigentum an den großen Produktionsmitteln wie eine zentralistisch-bürokratische Planung werden sich dann als falsche Alternative erweisen. Das heißt, es sind letzten Endes nach wie vor die Einflüsse der Machteliten in beiden Systemen, die sich hemmend auf eine vernünftige Ordnung und Entwicklung der Produktivkräfte auswirken.

Entspannungsfördernd sind konvergierende Tendenzen in den Bildungssystemen. Die Anforderungen, die die Entwicklung industrieller Gesellschaften, aber auch bestimmte demokratische bzw. sozialistische Prinzipien an das Bildungswesen stellen, ähneln sich in beiden Systemen. Allerdings erweisen sich die besitz- und bildungsbürgerlichen Privilegien, die im Westen immer noch sehr wesentlich die Struktur der Besucher höherer Schulen und Universitäten bestimmen, als schwerwiegendes Handikap einer demokratischen Entwicklung, das die staatssozialistischen Gesellschaften des Ostblocks nicht mehr kennen. Selbst der in dieser Hinsicht völlig unzureichende, wesentliche Fakten unterschlagene Bericht der Bundesregierung zur Lage der Nation 1971* gibt zu, daß in der BRD pro tausend Einwohner im Alter von 18 bis 45 Jahren nur 14 (1960 nur 11), in der viel ärmeren DDR dagegen 17 Studenten verzeichnet werden. Und über die Berufsausbildung heißt es: „In der Bundesrepublik ist der Anteil der Lehrlinge im Handwerk erheblich höher, in der Industrie erheblich niedriger als in der DDR. In der Bundesrepublik ist der Anteil der von Reformen erfaßten Berufsanfänger wesentlich geringer als in der DDR. In der Bun-

*Es wird u. a. verschwiegen, daß in der BRD 11%, in der DDR dagegen 40% Arbeiterkinder studieren.

desrepublik besteht das duale System (Berufsschule neben praktischer Arbeit im Betrieb; d. V.) weiter fort. In der DDR ist eine immer stärkere Ablösung von dualen Systemen festzustellen. In der Bundesrepublik beträgt der Anteil der schulischen Ausbildungszeit in der Berufsausbildung etwa die Hälfte des Anteils in der DDR . . . In der Bundesrepublik ist die Ausbildungsdauer länger als in der DDR. In der Bundesrepublik sind Durchfallquoten in den Lehrabschlußprüfungen rund um die Hälfte höher als in der DDR" (187). Abgesehen von der gesellschaftlichen Notwendigkeit eines qualifizierten Nachwuchses in allen Bereichen, abgesehen von dem hohen Stand an Ausbildung, die jedes Mitglied einer Gesellschaft unter den Bedingungen raschen wissenschaftlich-technischen Fortschritts wird aufweisen müssen, um seine „Einsatzfähigkeit" und die Funktionsfähigkeit eben dieser Gesellschaft zu gewährleisten, ist die Glaubwürdigkeit der Systeme auf lange Sicht nur durch eine zunehmende Chancengleichheit zu erhalten.

Der durch diese beiden Faktoren bestimmte Veränderungszwang im Bildungswesen hat vor allem im Osten, später, z. T. durch einen Lernprozeß, auch im Westen zu einer Bildungsrevolution geführt („Sputnik-Schock"!), der freilich hier nur langsam ins Bewußtsein der Betroffenen und ihren politischen Repräsentanten gerückt ist. Diese Revolutionierung des Bildungswesens weist in den technologischen Bereichen der Ausbildung in beiden Systemen ein hohes Maß von Ähnlichkeit auf. Insbesondere bei der Realisierung der Chancengleichheit im Bildungssystem durch Schaffung eines „durchlässigen" Gesamtschul- und Hochschulsystems ist nicht nur Schweden, sondern u. a. auch die DDR partiell objektiv vorbildlich gewesen – ob unsere Bildungsreformer das nun wahrhaben wollen oder nicht. Die grundverschiedenen ideologischen Prämissen beider Bildungssysteme, der noch keineswegs überwundene Klassencharakter etwa der westdeutschen Universitäten, aber auch die zweifellos größere Freiheitlichkeit unseres Bildungssystems – all das kann nicht übersehen werden. Dennoch werden zahllose didaktische, organisatorische, bildungspsychologische, ökonomische und curriculare Probleme der Bildungsreform in Ost und West sich ähnlich stellen und weitere Möglichkeiten versachlichter Auseinandersetzungen, Lernprozesse und sogar entspannungsfördernder Anerkennung bestimmter vorbildlicher Leistungen des anderen Systems schaffen.

Die Notwendigkeit kollektiver Daseinsvorsorge in industriellen Gesellschaften, die Planung der Bedürfnisse, der allgemeinen Versorgung und sozialen Sicherheit der Massen führt nicht nur zu den beschriebenen Tendenzen Negativer Konvergenz (Vordringen der „verwalteten Welt"), sondern auch zu einer großen Reihe von positiven konvergierenden sozialpolitischen Entwicklungen. Der Ausbau der öffentlichen Krankenversicherung bis hin zu einem öffentlich finanzierten ärztlichen Versorgungs- und Gesundheitsfürsorgesystem; – die Altersversorgung, von der Rentenversicherung bis hin zu einer egalisierenden Volkspension, und viele andere Elemente des Systems sozialer Sicherung bis hin zum öffentlichen Wohnungs- und Städtebau zeigen durchaus vergleicbare Entwicklungstendenzen. Die gesellschaftspolitische Problematik des Westens, angesichts der strukturellen Ungleichheiten einer kapitalistischen Klassengesellschaft durch Systeme der staatlichen Daseinsfürsorge ausgleichend wirken zu wollen, tritt in der sozialpolitischen Konkurrenz mit dem Ostblock leider immer noch nicht hervor. Denn in Osteuropa werden die Mittel zwar gerechter verteilt; aber da pro Kopf sehr viel geringere Mittel in den staatssozialistischen Ländern für Daseinsfürsorge vorhanden sind, steht der „Sozialkapitalismus", von den USA abgesehen, immer noch relativ gut da. „Da die durchschnittlichen Einkommen der Rentnerhaushalte in der Bundesrepublik 1969 . . . über 800 DM monatlich betrugen, dürften heute die Realeinkommen in Zwei-Personen-Rentnerhaushalten in der DDR nur bei etwas mehr als einem Drittel der Rentnereinkommen in der Bundesrepublik liegen" (Bericht der Bundesregierung, 145).

Fazit

Versuchen wir, ein Fazit der – wie wir sahen durchaus ambivalenten – konvergierenden Tendenzen zu ziehen. Zunächst ist auf die Grenzen jeder Konvergenz bei Aufrechterhaltung der militarisierten Systemkonkurrenz hinzuweisen. Krockow (1970, 114) spricht mit Recht von einem Zustand der antagonistischen Annäherung. Damit soll bezeichnet sein ein Prozeß des sich „Aufeinanderzuentwickelns", der die konträren Positionen nicht negiert. Dieser Zustand, der sich auf der Basis von Koexistenz und Konvergenz vollzieht, ist jedoch durch Eskalation politisch-militärischer Krisen, wie sich am Beispiel des Vietnamkriegs gezeigt hat, tendenziell gefährdet. „Die Katastrophe auf längere Sicht wird dadurch angebahnt, daß der Zustand antagonistischer Annäherung ein Beharren auf der beiderseitigen Rüstungsmaximierung erzwingt. Selbst wenn man, optimistisch genug, unterstellt, daß eine Katastrophe als Folge technischen Versagens ausbleiben wird, bahnt sich eine andere Katastrophe doch schon sichtbar an: die Fehlleitung von Ressourcen in die Rüstungsmaximierung führt dazu, daß der Entwicklungshilfe nicht jene Mittel zufließen, die ihr unbedingt zufließen müßten."

Außerdem bleibt festzustellen, daß die Machteliten alles tun werden, um tatsächlich sich vollziehende Lernprozesse und Konvergenzen zu leugnen oder herunterzuspielen, weil dergleichen das zentrale ideologische Herrschaftsmittel, die Behauptung der Einzigartigkeit und Güte des eigenen Systems und der bösen Andersartigkeit (Abartigkeit) des Gegensystems allmählich unglaubwürdig machen würde. Vor allem die positivste konvergierende Tendenz: der antiautoritäre Protest in Ost und West, der Kampf hüben und drüben um Demokratisierung aller gesellschaftlicher Strukturen, gefährdet zugleich die Herrschenden und wird mit neuen, z. T. härteren Repressionen beantwortet, die

u. a. sogar in eine Erneuerung des Kalten Krieges (als Ablenkungsmanöver) ausschlagen können. Dabei sind es vor allem anderen die konvergierenden Tendenzen in den Protestbewegungen von jungen Arbeitern, Studenten, Intellektuellen beider Industriegesellschaften, die das Ziel – bewußt oder unbewußt – im Visier haben, auf das hin zu konvergieren es in beiden Systemen allein wirklich ankommt: eine sozialistische Demokratie. Nichts anderes kann zu realer Befriedung führen. Diese ist denkbar „nur . . . im Zeichen des demokratischen Sozialismus, der in Ost *und* West die Mündigkeit und Selbstbestimmung aller realisiert und damit den in Demokratie und Sozialismus gleichermaßen angelegten Verheißungsgehalt verwirklicht". Dies allein bedeutet die wahrhafte Überwindung des Ost-West-Konflikts, „dadurch, daß er transformiert, gewissermaßen aus der horizontalen in die vertikale Dimension gewendet und gegen die je etablierte Herrschaft als Kampf um ihr eigenes, aber uneingelöstes Versprechen ausgefochten wird. Einen anderen Weg gibt es nicht" (Krockow, 1970, 145). Trotz allem ergibt sich aber bereits aus den gegenwärtig erkennbaren Überkreuz- und Parallelentwicklungen in Teilbereichen eine Chance für Friedenspolitik, die ohne objektiv ähnliche Systemerfahrungen und -prozesse zunehmenden gegenseitigen Verstehens (bis zum Sich-Wiedererkennen wie in einem Spiegel) an den indoktrinierten Feindbildern scheitern müßte. Die Kommunikationschancen aber, die sich – entgegen den offiziellen Zwei-Reiche-Lehren – durch konvergierende Teilprozesse langfristig auftun, sind evident. Die Ähnlichkeit mancher Probleme und gerade auch der negativen Tendenzen, wie sie oben skizziert wurden, die parallelen Entwicklungen in beiden gesellschaftlichen Bereichen, der Zwang zu wechselseitigen Lernprozessen, die gleichen zweifellos immer weiter wirkenden Demokratisierungsforderungen arbeiten der Entfremdungs- und Verfeindungspropaganda entgegen. Auf dem Hintergrund eines praktischen Koexistenzzwangs können Lernprozesse in Gang kommen, die so bald wie möglich auch offen eingestanden werden müssen und ohne Prestigeverlust Kooperationen in wichtigen Teilbereichen herbeiführen. Denn ähnliche Probleme legen ähnliche Problemlösungsmodelle nahe.

So sind konvergierende Tendenzen zwar sicher nicht mit Friedenspolitik zu verwechseln, aber als bedeutsame Hilfsmittel aktiver Friedenspolitik mit aller Energie zu fördern und ins allgemeine Bewußtsein einzubringen, Feindklischees zerstörend.

Freilich kann sozialistische Friedenspolitik die Tatsache positiver wie negativer konvergierender Tendenzen nur ins Kalkül bringen, wenn sie in einen unauflösbaren dialektischen Zusammenhang gebracht werden mit einer Konflikt- und Konkurrenzstrategie in und zwischen den Gesellschaftssystemen.

Es muß sogar mit allem Nachdruck betont werden, daß eine scharfe rationale Konkurrenz und Kritik der Systeme, eine inner- und intrasystemare Konfliktstrategie gegenüber den inhumanen Herrschaftstendenzen der Machteliten und den von ihnen etablierten gesellschaftlichen Strukturen eine unabdingbare friedenspolitische Funktion hat. Die bloße Angleichung und Befestigung koexistierender Herrschaftssysteme in einer von den Machteliten selbst gewünschten Status-quo-Politik würde zu einem Friedhofsfrieden führen, zu einer Aufhebung des Festungssystems in einem autoritären „Internatssystem". In diesem wären die wohlversorgten Insassen nicht durch erdachte Feinde, sondern durch strenge konformistische Verhaltensnormen am Ausbruch in die Freiheit menschenwürdiger Selbstbestimmung und demokratischer Mitbestimmung gehindert, und die Flucht aus dem einen Internat würde nur in ein anderes Internat führen.

2.1.3. Funktionale Kooperation

Der Ostblock ist wirklich ein Papiertiger – aus politischer Klugheit und zum Glück für den Frieden. Papier bleiben seine vielen Reden vom internationalen Klassenkampf; zumindest in Europa. Real dagegen ist sein Streben nach „Entwicklung der politischen Zusammenarbeit zwischen den europäischen Staaten" durch mehr Austausch „auf dem Gebiet des Handels, der Wirtschaft, der Wissenschaft, Technik und Kultur" sowie des Umweltschutzes (laut Budapester Erklärung der Warschauer-Pakt-Staaten vom 22. Juni 1970).

Statt Klassenkampf, zumindest neben und trotz ihm, „fünktionale Kooperation". Besser sollte man von Austausch sprechen. Denn wirkliche Kooperation müßte zweifellos mehr bedeuten als die Durchführung gemeinsamer wissenschaftlicher Konferenzen und Vereinbarungen über bestimmte Verkehrs- und Kommunikationssysteme, Maßnahmen gegen Meeresverschmutzung oder Freihaltung bestimmter Bereiche (Polargebiete, Meer, Weltraum, Mond) von atomaren Rüstungen. Kooperation, die reale Friedenspolitik wäre, müßte schon gemeinsame technisch-wirtschaftliche Großprojekte oder Abrüstungskontrolle beinhalten; vor allem aber gemeinsame Entwicklungspolitik in der Dritten Welt und der Verzicht auf neoimperialistische Einflußsphären und -strategien. Wenn nicht alles täuscht, muß noch ein langer, mühsamer Prozeß der Relativierung des Ost-West-Konflikts mit dem Ergebnis des Verzichts beider Systeme auf weltweite Vorherrschaft erfolgreich realisiert sein, wenn friedenspolitisch bedeutungsvolle Kooperationsformen verwirklicht werden sollen.

Nun verweist allerdings die sogenannte *funktionalistische Theorie* auf möglicherweise friedensrelevante internationale Beziehungen. Sie wertet in diesem Sinne alle scheinbar unpolitischen Interaktionsformen, die überwiegend durch Austauschinteressen gekennzeichnet sind, als Beitrag zu einer internationalen friedlichen Verflechtung und damit zum Abbau von Feindideologien: Warenaustausch, Touristik, wissenschaftlicher, meteorologischer, sportlicher, Jugendaustausch etc. Der Funktionalismus als Theorie der internationalen Beziehungen meint, die Zunahme solcher Kontakte, Interessenverflechtungen, gemeinsamer Institutionen auch zwischen West und Ost sei bemerkenswert und friedenspolitisch bedeutungsvoll. Eva Senghaas-Knobloch (1969) hat eine ausgezeichnete zusammenfassende Darstellung des Funktionalismus gegeben und beschreibt dessen von David Mitrany seit den dreißiger Jahren entwickelte Theorie: „Frieden schaffen, so meint Mitrany, kann in der gegenwärtigen Zeit technischer und sozialer Veränderungen größten Ausmaßes nicht heißen, Nationen friedlich voneinander abzuschirmen, sondern kann nur bedeuten, Nationen durch die aktive Arbeit an gemeinsamen Aufgaben zusammenzubringen. Der ‚beschützte' Frieden muß durch den ‚arbeitenden' Frieden . . . ersetzt, der alte ‚statische' und ‚strategische' Friedensbegriff muß durch den ‚sozialen' abgelöst werden. Die wachsende Anzahl von Aufgaben, die nur im weltweiten Zusammenhang gelöst werden können, machte es möglich und notwendig, daß für solche nur international zu lösenden, aber je spezifischen Probleme (wie postalischen Verkehr, Bekämpfung von Hunger, Krankheiten und Analphabetismus) besondere Agenturen geschaffen werden, die eine internationale funktionalistische, d. h. aufgabenspezifische Kooperation vermitteln." Wie Eva Senghaas zeigt, gibt es inzwischen neben den zwanzig UN-Organisationen etwa dreihundert staatliche und zwei- bis dreitausend nichtstaatliche internationale Organisationen. Immerhin etwa 30% der nichtstaatlichen internationalen Organisationen „überstiegen" bereits 1961 die ideologischen und politischen Barrieren der beiden feindlichen Industriesysteme (1969, 62ff; 79). Von insgesamt 184 wichtigen global orientierten internationalen Organisationen „hatten immerhin drei Fünftel eine Mitgliedschaft, die die Grenzen zwischen westlicher und östlicher Ideologie überschritt" (nach Angell, E. Senghaas, 1969, 77f).

In der Bundesrepublik hat Gerda Zellentin den funktionalistischen Ansatz in einem sehr informierten und informierenden Werk (1970) auf die europäische Situation angewandt. Bereits bestehende funktionale Ansätze westöstlicher Zusammenarbeit sind zahlreicher, als das allgemeine Bewußtsein annimmt. So wächst der Ost-West-Handel, nachdem er von den Amerikanern jahrelang planmäßig im Rahmen der Roll-back-Politik sabotiert wurde (Röhren-Embargo), trotz seines noch geringen Anteils am gesamten Außenhandel beider Parteien und der Erschwernisse auf beiden Seiten beständig. Man kann davon ausgehen, daß diese Tendenz in dem Maße, in dem die amerikanische Industrie nach dem Vietnamkrieg neue, und die Europäer zur Konjunkturstabilisierung langfristige und stetige Absatzchancen suchen, und auch in dem Maße, wie die osteuropäischen Produkte exportfähiger werden, verstärkt fortgesetzt wird.

Die Tatsache, daß die östliche Exportfähigkeit bislang vom Import westlicher Technologie, dieser wiederum von eigenen Ausfuhren abhängt, macht klar, daß eine intensive Kooperation zur Überwindung des industriellen Leistungsgefälles notwendig ist. Bestimmte Formen möglicher Zusammenarbeit zeichnen sich bereits ab: „Lizenzbeziehungen, langfristige Abmachungen über Warentausch – zeitweilige und begrenzte Kooperationen durch Produktionsspezialisierung und -koordinierung in der Herstellung bestimmter Waren und zeitweilige Zusammenarbeit an einem gemeinsamen Arbeitsplatz im Lande des Partners oder in Drittländern ..." (Zellentin, 1970, 221). Es werden noch innenpolitische Auseinandersetzungen zu führen sein, um klarzumachen, daß in der Vergangenheit Boykottpolitik lediglich zur innenpolitischen Erstarrung und außenpolitischen Aggressivität geführt hat, während eine bewußt gehandhabte Kooperationspolitik über die Anpassung und Verflechtung ökonomischer Strukturen zu erhöhtem Wohlstand und entsprechend positiven innenpolitischen Folgen – auch im „Osten" – führt. „Die Mauer" wird dann und erst dann fallen, wenn für die DDR kein Abwanderungsverlust mehr zu befürchten ist, und keinen Tag früher. Kooperation zum gegenseitigen Vorteil, das heißt auch zum Ausgleich des innerdeutschen Wohlstandsgefälles, schafft allererst die Voraussetzungen für einen freizügigeren Personenverkehr zwischen den beiden deutschen Staaten.

Lizenzbeziehungen zwischen Ost und West weiten sich trotz bestehender Schwierigkeiten (Buch- und Produktionskontrollen) aus, ebenso Lohnarbeits- und Zulieferungsabkommen. Hier allerdings drohen bereits quasi-imperialistische innereuropäische „Asymmetrien", wenn etwa östliche Niedriglohnprodukte Superprofite westdeutscher Elektrofirmen oder Warenhäuser ermöglichen. Ausbaufähig erscheint eine Koproduktion mit westlichem know-how zur Belieferung dritter Märkte. Darüber hinaus bahnt sich eine besonders enge Form der Kooperation an durch die Errichtung gemeinsamer Aktiengesellschaften (ohne börsenmäßigen Handel) z. B. im Bereich der Infrastruktur (grenznahe Energiegewinnung, gemeinsame Schiffahrtskanäle etc.). Zwischen England, Frankreich und der Sowjetunion bestehen seit dem Jahr 1967 ständige Kommissionen (Zellentin, 1970, 225) zur Planung von technisch-wissenschaftlichen Großprojekten auf dem Gebiet der Atom- und Raumforschung, der Medizin und der Petrochemie. Zu diesen bestehenden und ausbaufähigen Formen der Zusammenarbeit treten neue und umfangreiche Kredit- und Finanzierungsvereinbarungen. Die bereits erreichte Komplexität dieser Beziehungen und ihre zu erwartende und zu fördernde Zunahme erfordert die Schaffung gesamteuropäischer Organisationen. Diese könnten zur Friedenssicherung einen Beitrag liefern, solange politische gesamteuropäische Organisationen nicht realisierbar sind.

Für Zellentin ist die ECE (Economic Commission for Europe) in Europa derjenige Ort, an dem die organisierte transnationale und transsystemare Gesellschaft durch mannigfache Arten der Verflechtung am deutlichsten sichtbar wird. Ob sich allerdings die im Vollzuge der „technical selfdetermination" gebildeten Interaktionsstrukturen zu einer gesamteuropäischen Gemeinschaft für Wirtschaft und Technologie fortentwickeln, hängt von dem praktischen Beschluß der europäischen Regierungen ab, die ECE zu der Organisation der friedlichen Umwertung und Koordinierung von Ressourcen zu machen, die sie ursprünglich werden sollte (256).

Den als Ergebnis dieser funktionalistischen Strategie erreichbaren friedenspolitischen Effekt definiert Gerda Zellentin (1970, VII) als „Prozeß der friedlichen Veränderung der Kommunikation, der Erwartungen, der Produktion und der Allokation von Werten, der, in ausgewählten Bereichen der Wohlfahrt und Sicherheit zum Nutzen beider Systeme in Gang gesetzt, sich graduell zu einer immer komplexeren Friedensordnung in Europa verstärkt und ausweitet."

Grenzen des Funktionalismus

Die Grenzen der Leistungsfähigkeit des funktionalistischen Ansatzes müssen jedoch erkannt werden. Die entscheidende Schwäche der technokratischen Konzeption einer Eigendynamik der Verflechtungsentwicklung ist wohl die Überschätzung des technokratischen Einflusses in außenpolitischen Entscheidungsprozessen. Die Initiierung eines stabilen Friedensprozesses bleibt eine politische Entscheidung, d. h. gebunden an die Demokratisierung innenpolitischer Machtstrukturen. Die friedenspolitisch notwendige Umgestaltung der Gesellschaft, das heißt die Kontrolle bzw. Entmachtung der am organisierten Unfrieden interessierten Machteliten, kann durch funktionale Kooperation nicht ersetzt, sondern bestenfalls auf indirekte Weise vorbereitet werden. Es ist mehr als fraglich, ob die funktionalistische Hoffnung auf einen „unpolitischen" Verflechtungs-point-of-no-return realistisch ist, ob die Machteliten so verändert oder durch die funktionale Verflechtung gehandikapt werden, daß sie nicht genau diese Rückkehr zum alterprobten Konfrontationsverhalten jederzeit bewerkstelligen können, falls es zu ihrer Selbstbehauptung wünschenswert erscheint.

Zumindest scheint gerade die *bewußte Planung* eines schleichenden, daher schlecht abbrechbaren Systemwandlungsprozesses das am wenigsten in der funktionalen „unpolitischen" Logik Liegende zu sein. Daher erscheint der Ratschlag Gerda Zellentins wenig realistisch: „Damit die Orthodoxen die durch die Kooperation entstehenden Veränderungen *im System* nicht zu früh als Veränderung *des Systems* mißverstehen (wieso? Im Sinne des Funktionalismus verstehen sie doch ganz richtig! D. Verf.) und die Interaktion gewaltsam abbrechen, muß die in Gang zu setzende Wandlung gemeinsam mit einem vereinbarten, phasierten Entwicklungsmodell geplant werden" (210). Dagegen ist vielmehr die geradezu „unvorsichtige" funktionale Kooperationsbereitschaft etwas ermutigend, mit der die Warschauer-Pakt-Staaten in ihren Verhandlungsvorschlägen für eine Europäische Sicherheitskonferenz auftreten – ganz im Gegensatz etwa zur Handelsverminderungspolitik der DDR Anfang der sechziger Jahre, als man dort – sehr zum Schaden der eigenen Wirtschaft – plötzlich von jeder Abhängigkeit vom „revanchistischen westdeutschen Imperialismus" sich frei machen zu müssen glaubte. Neuerdings (vgl 2.2.3.!) sind die Russen direkt zu friedenspolitischen Funktionalisten par excellence geworden!

Sozialistische Friedenspolitik wird jeden vertretbaren Clinch der verfeindeten Systeme, jede praktisch der Todfeindideologie Abbruch tuende Verflechtung aktiv fördern, jedes kapitalistische Absatzinteresse dankbar als List der Vernunft in ihren Dienst stellen und wahrlich die entspannende Brandt-Scheelsche Ostpolitik von den enttäuschten „Imperialismus"-Dogmatikern sich nicht mit dem Argument schlechtmachen lassen: sie diene ja lediglich den Kapitalverwertungsinteressen der großen Konzerne. Wir werden zur Verwirklichung einer progressiven gesamteuropäischen Friedensordnung zumindest mittelfristig sehr dringend angewiesen sein auf die Kooperationsbereitschaft jener klügeren, vorurteilsloseren Fraktion des westdeutschen, des westeuropäischen Kapitals, die erkannt hat, daß langfristige intensive Handelsbeziehungen mit dem riesigen eurasischen Gesellschaftssystem sich auch für sie besser auszahlen als jene antikommunistische Konfrontation, in der die reaktionäre Fraktion des Kapitals verharrt, und als deren politischer Sprecher Franz Josef Strauß fungiert. Entscheidend ist die Beachtung der friedenspolitischen Vorbehalte, die Johan Galtung in seiner großen Studie über Kooperation in Europa (1970) formuliert.

Johan Galtung geht so weit, zu sagen, daß der Frieden eine spezifische soziologische Struktur hat, und zwar genau die der Kooperation. Allerdings einer spezifischen, nämlich ausgewogenen Kooperation, wobei ausgewogen heißt, daß fünf Bedingungen (1970, 11f) erfüllt sein müssen:

1. seine Chancen- oder Machtgleichheit im Austauschprozeß;
2. die Partner müssen ähnlich oder zumindest nicht zu verschieden in ihrer sozioökonomischen Struktur sein;
3. muß der Austausch für beide Seiten etwa gleich nützlich sein, so daß ein vorteilhaftes gegenseitiges Abhängigkeitsverhältnis sich entwickelt;
4. der Austauschprozeß muß zu supranationalen Institutionen führen, die ausgleichenden und damit friedensstiftenden Charakter haben;
5. sollte die Kooperation möglichst viele Kanäle haben, damit sie nicht durch Disfunktionen in einem Bereich zusammenbricht.

Bei konkreter Prüfung im Blick auf das tatsächliche westosteuropäische ökonomische Gefälle zeigt sich, daß die von Galtung aufgestellten Bedingungen eher *Zielvorstellungen* als Voraussetzungen einer möglicherweise friedensstiftenden funktionalen Kooperation sein können. Auch *wenn* es übrigens Zielvorstellungen sind, so fehlt dabei ein wesentlicher Aspekt: *Kooperation im emphatischen Sinne, als Strukturelement positiven, assoziativen Friedens ist erst eine Zusammenarbeit, die jenseits des Tauschprinzips sich realisiert.* Auch wenn

Johan Galtung bei Kooperation zwischen Austausch (exchange) und eigentlicher Kooperation unterscheidet und unter dieser vor allem Koproduktionen, gesamteuropäische Industrieprojekte, versteht, so bleibt es hier letztlich bei bloßen Tauschverhältnissen. (Beispielsweise nach dem Modus: Westeuropa stellt das Know-how, Osteuropa die Arbeitskräfte, die Erträge werden nach einem vereinbarten Schlüssel verteilt.) Von gesamteuropäischer Kooperation im eigentlichen Sinne aber könnte erst dort die Rede sein, wo mit gemeinsamen Mitteln für einen gemeinsamen, gemeinwohlorientierten Zweck ohne partikulare Gewinninteressen zusammengearbeitet wird. Großprojekte des Umweltschutzes oder der Industrialisierung der Dritten Welt könnten in diesem Sinne in Wahrheit den Namen „Kooperation" verdienen.

Dagegen muß erkannt werden, daß die west-osteuropäischen Austauschbedingungen von solcher realen Kooperation noch sehr weit entfernt sind. So muß man, vom DDR-Handel abgesehen, weithin eine peinliche quasi-koloniale Struktur im Osthandel diagnostizieren: „Annähernd 90% der sowjetischen Lieferungen (in die BRD) bestanden 1969 aus Rohstoffen und Halbwaren . . . die Erzeugnisse der mechanischen Industrie – ich denke besonders an den Maschinenbau, die Elektrotechnik, die Feinmechanik, die Optik und den Fahrzeugbau – hatten dagegen nur einen Anteil von 1,5 Prozent" (O. Wolff v. Amerongen 1971, 11)*. Nun sind solche in der Tat asymmetrischen Austauschbedingungen dennoch nicht friedenstörend, solange sie sich nicht zu einem Dauerzustand verfestigen, solange daraus nicht indirekt politische Pressionen entwickelt werden können, sondern im Gegenteil eine Forcierung der industriellen und der allgemeinen Wohlstandsentwicklung in Osteuropa ermöglicht wird. Auf dem Hintergrund dieser faktischen west-osteuropäischen Ungleichheit wäre ernsthaft zu diskutieren, ob nicht eine wesentliche Differenzierung bzw. Neuformulierung der von Johan Galtung entwickelten Bedingungen für eine friedenspolitisch positive funktionale Kooperation notwendig wäre. Demgemäß wäre festzustellen: Mittelfristig kann weder die Gleichgewichtigkeit noch die Ähnlichkeit der Austauschprozesse zwischen West und Ost zur Conditio sine qua non erhoben werden, entscheidend vielmehr ist der Ausschluß von Austauschbedingungen, die in irgendeiner Form zum Instrument des politischen Zwanges werden können. Dies aber ist sicher so lange nicht der Fall, als die weit überwiegende Masse der ökonomisch-technologischen Kooperationsprozesse innerhalb des Comecon-Blocks selbst sich vollzieht und im übrigen die politische Einflußnahme durch direkte oder indirekte Korrumpierung von Teilen der Führungsschicht in Gestalt von Bestechungen seitens der Vertreter der großen Konzerne, wie es in der Dritten Welt an der Tagesordnung ist, im Ostblock unmöglich bleibt.

*Amerongen nennt folgende Anteilziffern: Erdöl und Erdölerzeugnisse 23%, Erze und Metalle 21%, Holz und chemische Rohstoffe 15%, Häute und Leder, Eisen und Stahl 13%.

Das Haupthindernis einer relevanten Entwicklung funktionaler Kooperationen ist gegenwärtig zweifellos deren geringe Ausbauchance infolge der begrenzten Exportfähigkeit der osteuropäischen Produktionen. Das bedeutet politisch nichts anderes, als daß, will man in Osteuropa einen potenten Partner haben, große langfristige „Vorleistungen" der westeuropäischen Volkswirtschaft realisiert werden müssen, um das Niveau der Produktionen zu verbessern und damit zugleich symmetrische Austauschbedingungen herzustellen. Es muß, mit anderen Worten, ein außergewöhnlich großer gesamteuropäischer Finanzierungsfonds geschaffen werden, der aus staatlichen Einzahlungen der EWG-Länder gespeist wird und in der Lage ist, weit über die Möglichkeiten des privaten Kapitalmarkts hinaus zinsgünstige große Kredite an Osteuropa zu geben. Durch nichts anderes dürften die Voraussetzungen für eine friedenspolitisch relevante Entwicklung der funktionalen ökonomisch-technologischen Kooperation in Gesamteuropa zu schaffen sein.

Wer meint, daß solche Forderungen utopisch seien, weil sie dem strukturell zweifellos immer noch vorhandenen antikommunistischen Konfrontationsdenken der westeuropäischen Machteliten widersprechen, dem muß entgegengehalten werden, daß diese selben Machteliten zweifellos – in einer sich verschärfenden Weltmarktsituation des Westens – an einer rein qualitativen Vergrößerung des osteuropäischen Marktes gelegen sein muß. Und sie werden sich sehr genau daran erinnern, welche enormen Absatz- und Kapitalverwertungsimpulse den USA nach 1945 die Zurverfügungstellung von rund 50 Milliarden Mark Marshall-Plan-Geldern aus Steuermitteln an die europäischen Länder eröffnet hat. Wer aber die List der Vernunft, die in den Kapitalverwertungsinteressen westeuropäischer Konzerne für einen Ausbau der west-ost-europäischen Kooperation liegt, aus Gründen linker Krisendogmatik verachtet (man hilft ja, den Kapitalismus zu stabilisieren!), der sollte lieber ganz darauf verzichten, in Europa gegenwärtig Politik machen zu wollen. Auf welch schlüpfrigem politischem Boden man sich hier allerdings bewegt, und welcher politisch-ideologischer Wachsamkeit es in der Tat auch in Osteuropa bedarf, will man nicht in eine perverse Art von (inferiorer) Kooperation abgleiten, dokumentiert eine – zweifellos „friedenspolitisch" gemeinte – Rede des Rüstungsstaatssekretärs Ernst Wolf Mommsen, die ausgerechnet das Verteidigungsministerium (Mitteil. a. d. Presse IX/3 v. 11. Jan. 1972) verbreiten ließ. Mommsen entwirft ein höchst optimistisches Bild einer möglichen Ausdehnung des Osthandels: „Aus einer Analyse dieser (stagnierenden) Ein- und Ausfuhrzahlen wird oft sehr schnell die Schlußfolgerung gezogen, daß der Osthandel eben durch diese Zahlen seine Begrenztheit beweise und daß er deshalb für ein so ausfuhrabhängiges Land wie die Bundesrepublik keine Ausweichposition gegenüber anderen Märkten schaffe . . . Diese These ist leider immer wieder zu hören und verführt zu einer m. E. falschen Betrachtung der tatsächlich vorliegenden Probleme. Daß dem so ist, kann allein aus dem Beispiel Jugoslawiens abgeleitet werden, eines Landes, bei dem sich die deutsche Ausfuhr in 5 Jahren von 550 Mio. auf über 2,3 Mrd. gesteigert hat und bei dem auch die Importseite einschließlich der Dienstleistungen und Veredelungen enorme Sprünge aufweist ... Der Weg dorthin war dornig ... Er war aber letztlich doch außerordentlich erfolgreich, wenn man bedenkt, daß im Jahre 1970 dem Export nach Jugoslawien von 2,3 Mrd. ein Export in die Sowjetunion von 1,5 Mrd. gegenüberstand! ... Der Warenverkehr mit der Sowjetunion wird zwar mit dem Anlaufen der großen Erdgaslieferungen eine sehr starke Ausweitung erfahren. Dies kann aber nur ein Anfang sein, wenn man sich wirklich die geographischen, aber auch bevölkerungsmäßigen Größenordnungen dieses riesigen östlichen Bereichs vor Augen führt. Meine Reise nach Sibirien hat mir gezeigt, welche enormen Rohstoffreservoirs in diesem Teil unserer Welt vorhanden sind. Sie wurden aber erst zu einem kleinen Teil erschlossen und befinden sich zu einem weiteren Teil in der Erschließung. Ich war tief beeindruckt von der großen Zahl japanischer Delegationen in Sibirien und von den Studien, die über eine langfristige Zusammenarbeit zwischen Japan und der Sowjetunion erstellt worden sind."

Aber Mommsen sieht unsere expansionsfähige Osthandels-Zukunft nicht nur in unserer Rolle als „Erschließer" der sibirischen Rohstofflager, sondern fordert auch eine Offensive des know-how-Angebots, nicht zuletzt beim Aufbau von Touristik- und Hotelorganisationen. „Ein Schelm, wer Schlechtes dabei denkt", so würde er Zweiflern antworten, auch angesichts seines weiteren, kaum verklausulierten Vorschlags, die Osteuropäer sollten doch Potenz und Renommee der Westeuropäer auf dem Weltmarkt sich zunutze machen, gleichzeitig könnte derart das Überhandnehmen des Arbeitskräfte-Imports in die BRD verhindert werden: „Die starke Stellung der westlichen Länder im internationalen Export einschließlich der Beeinflussung der Handelskanäle und einschließlich der Finanzierungsmöglichkeiten (ist) von großem Interesse für die kleineren Ostblockländer. Das ist auch der Ansatzpunkt für das Bestreben, westliche Partnerschaften zu suchen, mit denen langfristige Produktionsprogramme und internationale Absatzprogramme entwickelt werden können. Bei dem Bemühen um derartige Kooperationen wird sich ein Land wie das unsere, das Jahr für Jahr die Zahl der ausländischen Arbeitskräfte erhöht hat, insbesondere die Frage vorlegen lassen müssen, warum es sich nicht statt dessen auf eine Politik umstellen kann, die stärker auf eine Zusammenarbeit gerade auch mit dem Ostblock ausgerichtet ist. Diese Frage wird um so drängender, wenn gleichzeitig festzustellen ist, daß die Bundesrepublik fast alle ihre Rohstoffe über große Entfernungen zugeführt erhält und daß sie sich nunmehr auch darauf einrichtet, selbst Energie über riesige Strecken zu importieren. Hierbei ist die These, daß Umwandlungen von Energie und Rohstoffen am Ursprungsort doch sicherlich billiger durchzuführen sein müßten und daß sich hieraus eine Politik der Zusammenarbeit entwickeln ließe, schwer zu widerlegen."

Derartige Vorschläge beweisen, wie recht Johan Galtung im Prinzip hat mit seiner Forderung nach symmetrischer Kooperation, soll diese friedensfördernd sein, und wie energisch die osteuropäischen Regierungen darauf dringen müssen, all solche halbkolonialen Austauschverhältnisse (die zeitweilig objektiv unvermeidlich sein mögen) zu begrenzen und in gleichgewichtige zu verwandeln. Kein Zweifel allerdings kann daran bestehen, daß nicht nur die „kleinen" osteuropäischen Länder, sondern auch die Sowjetunion sich mehr und mehr auf funktionale Kooperation mit Westeuropa einstellt, und daß der Ostblock insofern auch bereits die EWG als eine gegebene Tatsache hinnimmt. Was im letzten Kapitel – „Westeuropa als Friedensmacht" – über die fundamentale Bedeutung einer sozialistischen oder zumindest sozial-liberalen Gestaltung der westeuropäischen Politik ausgeführt wird, hat seine Bedeutung nicht zuletzt hinsichtlich einer friedenspolitisch positiven oder aber strukturell gewaltsamen Art von funktionaler Kooperation zwischen West- und Osteuropa. Denn nur ein linksorientiertes Westeuropa kann realisieren, was Willy Brandt in einer Erklärung zur Europapolitik am 6. November 1970 vor dem Bundestag entwickelte (1971 [b], 366): „Die westeuropäische Einigung dient nicht nur den Interessen der unmittelbar Beteiligten, sie soll auch dienen und sie dient dem friedlichen Zusammenleben zwischen West und Ost. Sie dient damit der europäischen Friedensordnung, die es zu finden und zu organisieren gilt . . . Als ich im August ein paar Tage in der Hauptstadt der Sowjetunion war, hatte ich den Eindruck, daß die dort Verantwortlichen die Realität der sich fortentwickelnden westeuropäischen Gemeinschaft zu würdigen wissen. Formelle Beziehungen zur Gemeinschaft müßten sich aus einer solchen Einsicht mit einer gewissen Logik entwickeln. Dies würde jene Kooperation fördern, die im Interesse der Staaten und der Menschen West- wie Osteuropas liegt und die dazu beitragen würde, den Frieden sicherer und hoffentlich auch eines Tages weniger kostspielig zu machen."

2.1.4. Das Gegensystem als produktive Herausforderung

Wir haben versucht, die friedenspolitischen Ansätze darzustellen, die in einer ernüchterten gegenseitigen Einschätzung der Systeme liegen, wie sie sich, trotz aller Feindideologien, durch die Trends zur *Koexistenz*, zu bedingten (positiven wie negativen) *Konvergenzen* und funktionalen *Kooperationen* der antagonistischen Systeme entwickelt. Von diesen Ansätzen aus ist ein erstes strategisches Prinzip einer sozialistischen Friedenspolitik zu entwerfen und zu verwirklichen: eine totale Umgestaltung des west-östlichen Konfliktbewußtseins und -verhaltens, d. h. des politischen Selbstverständnisses im Verhältnis zum konkurrierenden gesellschaftlichen System.

Wir folgen also zuerst dem Hegelschen Prinzip: „Ist erst das Reich der Vorstellungen revolutioniert, so hält die Wirklichkeit nicht aus" (Hegel, Bd. XXVII, 253). Dem hat man freilich mit Recht* entgegengehalten, daß die Deutschen versuchten, die Revolution in den Köpfen zu veranstalten, da sie es in der Wirklichkeit nicht vermöchten. Wie sich zeigen wird, soll hier durchaus nicht Friedenspolitik auf Bewußtseinsbildung reduziert werden. Allerdings aber scheint die die Welt – und speziell Europa – beherrschende Droh- und Militarisierungspolitik in einem Ausmaß von manipulierten Schreckbildern des Gegensystems abhängig zu sein, daß deren Demontage eine entscheidende Voraussetzung für realisierbare Entspannungs- und Rüstungsverminderungsprozesse bildet.

Man könnte das Denkbild gebrauchen: daß die Feind- und Abschreckungsideologien, das „tragende Prinzip" des Festungssystems, so „irreal" und doch so furchtbar real ist, wie das Luftkissen, auf dem sich die Hoovercraft-Fähren über den Kanal bewegen. Ebenso wie diese würde das Festungssystem aktionsunfähig zusammensinken, gelänge es, die weitere Produktion jenes tragenden „Luftkissens" von Todfeindideologien und Bedrohungsvorstellungen zu verhindern.

Freilich geht es bei der notwendigen Transformation des korrelativen Verständnisses der beiden gegensatzgebundenen Systeme um weit mehr als das Abschminken der Teufelsmasken, durch die jedes das andere – mit unterschiedlichem geschichtlichen Recht! – zum unmenschlichen Aggressor stilisiert hat. Es geht um einen konstruktiven politischen Bewußtseinsprozeß und einen daraus folgenden *Aktionsbildungsprozeß*, der auf eine weit tiefgreifendere Umgestaltung des Verhaltens gegenüber dem Gegensystem hinzielt. Notwendig ist *die genaue Umkehrung des Stellenwertes des Kontersystems im eigenen gesellschaftspolitischen Weltverständnis: statt als lebensgefährliche Bedrohung der eigenen gesellschaftlichen Existenz ist es zu verstehen als eine die Lebenskraft steigernde permanente Herausforderung und produktive Kritik der eigenen gesellschaftlichen Existenz.* Oder, anders ausgedrückt: an die Stelle des Leitbildes eines tödlichen Zweikampfes kann das weltpolitische Leitbild eines verlebendigenden Wettkampfes um das beste gesellschaftliche System treten. Tödlich für den menschlichen Fortschritt wäre demnach gerade die Alleinherrschaft eines der beiden Systeme!

Eine solche friedenspolitische Aufgabenstellung im Sinne einer Umorientierung sowohl des Massenbewußtseins wie zumindest der nicht vom Festungssystem profitierenden demokratischen und sozialisti-

*Mit Recht, wie der zitierte Brief Hegels zeigt, in dem es einen Satz zuvor heißt: „Die theoretische Arbeit, überzeuge ich mich täglich mehr, bringt mehr zustande in der Welt als die praktische."

schen politischen Akteure klingt zunächst idealistisch, wie pure Wunschvorstellung. Bei genauerer Prüfung aber erweist sich diese Interpretation der anzustrebenden neuen Form von Systemkonkurrenz als logische friedenspolitische Konsequenz, als Verwirklichung der bereits entwickelten realpolitischen Ansätze und Möglichkeiten, die sich aus den beschriebenen Trends der Koexistenz gewisser Konvergenzen und Kooperationen ergeben. Sozialistische Friedenspolitik hat lediglich zum Bewußtsein zu bringen und in einer qualitativ neuen Politik der Ost-West-Beziehungen zu konkretisieren, was *objektiv* bereits seit längerem in den – offiziell natürlich uneingestandenen – Lernprozessen sich vollzieht. Um nur zwei Beispiele zu nennen: Unbestreitbar haben die Konstrukteure der Neuen Ökonomischen Systeme (NÖS) in den osteuropäischen Ländern bei ihren Versuchen, marktwirtschaftliche (d. h. nicht notwendigerweise: kapitalistische) Elemente in die zentrale Planwirtschaft zu integrieren, vom Gegensystem gelernt, um mobilisierende, kostensparende und Planungsschwächen ausschaltende Faktoren zur Optimierung des eigenen Produktions- und Verteilungssystems zu gewinnen. – Ebenso unbestreitbar hat im Westen seit dem „Sputnik-Schock" ein für viele Länder geradezu revolutionärer bildungspolitischer Reformprozeß eingesetzt, weil man begann, die gesellschaftspolitischen Wirkungen der weit größeren bildungspolitischen Anstrengungen im Osten ernsthafter zu kalkulieren, immerhin mit dem demokratisierenden Effekt, daß beispielsweise in der BRD die Zahl der höheren und Hochschüler sprunghaft angestiegen ist und der Anteil der Arbeiterkinder an den Studenten sich in wenigen Jahren von 5% auf 11% verdoppelt hat. Daß solche Lernprozesse sich vollziehen, ist aber friedenspolitisch von geringer Bedeutung, solange es verhohlen geschieht, solange Politiker, Ökonomen etc. angesichts der ideologischen Selbstverherrlichung des eigenen und der Verächtlichmachung des anderen Systems nicht wagen, offen zuzugeben, daß man von der Konkurrenz etwas gelernt habe und noch weiterhin lernen wolle. Durch ein solches Bekenntnis würde das in Ost und West herrschende Weltbild – das Weltbild der Herrschenden – seiner Unwahrheit überführt und mit ihm die Legitimationsgrundlage des ganzen Droh- und Rüstungssystems. Genau darauf aber kommt es an. Diese grundlegende politische Aufgabe kann daher realistischerweise nur als eine *radikaldemokratische, sozialistische* Friedenspolitik in Angriff genommen werden, insofern nur kritische Demokraten und Sozialisten ihre politische Existenz nicht auf die Konservierung und Tabuierung der herrschenden gesellschaftlichen Ordnung gründen. Radikale Demokraten haben in West *und* Ost genügend kritische Distanz gegenüber dem „eigenen" System, um (im Osten unter viel schwierigeren Bedingungen) den grundlegenden friedenspolitischen Schritt in aller Offenheit zu vollziehen: die Erklärung des Gegensystems als verlebendigende Herausforderung statt als tödliche Bedrohung der eigenen Gesellschaft. Wie Schuppen muß es Menschen von den Augen fallen, die derart lernen, mit unverblendetem Blick diese qualitativ neue

Potenz und geschichtlich-politische Funktion des konkurrierenden Industriesystems zu erkennen. Infolge des verharschten antikommunistischen Bewußtseins sicher ein schwieriger Lernprozeß. Aber er erzeugt mittelfristig ein den Tatsachen entsprechendes sozialpsychologisch wie politisch ungeheuer folgenreiches Gefühl entspannter Atmosphäre, gewichener Bedrohung (durch das seit Jahren zunehmende Koexistenzbewußtsein immerhin vorbereitet). Und er würde allererst die Massenbasis schaffen, auf der energische Schritte des Rüstungsabbaus und wirklich wesentlicher Kooperationen zugunsten einer nationalen und internationalen Wohlfahrtspolitik vollziehbar erscheinen.

Daß angesichts ihrer Vernichtungswaffen, ihrer Größenordnung und ihrer inneren Konflikte keines der beiden die Menschheit prägenden Gesellschaftssysteme mehr versuchen kann, das andere zu überwältigen, daß man – ganz gewiß in Europa – nur *mit*einander überleben kann – dies ist wohl inzwischen weithin bewußt. Aber die Konsequenz aus diesem unwiderruflichen Waffenstillstand der Koexistenz, die notwendig gewordene neue Qualität des West-Ost-Konflikts wird nicht bewußt, und das unveränderte, Milliarden verschlingende Gewehr-bei-Fuß-Stehen trägt wesentlich dazu bei, das Denken wie das politische Handeln im Abschreckungswahn verstrickt zu halten. Der friedenspolitisch fundamentale Fortschritt im Bewußtsein wie auch dann in neuen intersystemaren Verhaltensformen liegt genau darin, daß an die Stelle der *widerwilligen Hinnahme* der Existenz des anderen Systems die *bereitwillige Anerkennung* des weltpolitischen Kontrahenten als einer produktiven Herausforderung der je eigenen Lern- und Wandlungsfähigkeit tritt: jeder dem anderen ein kritischer Partner, der unnachgiebig und mit gebotener Rücksichtslosigkeit auf die Funktionsschwächen und Inhumanitäten des anderen Systems hinweist und in manchen Bereichen teilweise sogar humanere Lebensformen vorlebt.

Notwendig: Bejahung des Systemkonflikts; „Kommutation" und Kooperation

Dieser grundlegenden friedenspolitischen Zielsetzung: der umwälzenden Neubewertung des Gegensystems, liegt also *durchaus keine euphorische Einschätzung der möglichen zukünftigen intersystemaren Beziehungen zugrunde.* Ganz im Gegenteil wird von sehr harten systemkritischen Auseinandersetzungen ausgegangen, von einem intensiven Wettbewerb um Einfluß und Geltung in der Dritten Welt wie auch im Gegensystem und von der Aufrechterhaltung des gesellschaftlichen Überlegenheitsanspruchs zumindest seitens der Machteliten in beiden Gesellschaften. Das bedeutet mit anderen Worten: die friedenspolitische These von der produktiven, zu bejahenden Funktion des konkurrierenden Systems schließt ein *die Bejahung des gesellschaftspolitischen Konflikts*, die Bejahung der permanenten Infragestellung, Kritik und Veränderung des eigenen wie des Kontersystems. Ein friedenspolitisch positives Verständnis des hier geforderten neuen Systemverhältnisses kann derjenige niemals gewinnen, der an einem harmonistischen Leitbild der (welt)politischen Ordnung sich orientiert. Auch die Vorstellung, daß die Welt in Ordnung wäre, sobald nur das böse Gegensystem vernichtet ist, beruht auf dem harmonistischen Weltbild. Leider beherrscht dieses Leitbild den Common sense. *Eine* Gesellschaftsordnung muß die tendenziell richtige – wenn auch gewiß verbesserungsbedürftige – sein, die andere nur der weltpolitische Störenfried, den es zu eliminieren gilt. Bestenfalls wird ein internationales Laissez-faire, Laissez-aller gefordert, Koexistenz als fauler Kompromiß der Duldung des Status quo. Sozialistische Friedenspolitik dagegen geht allerdings von der begründeten Annahme aus, daß keines der beiden Industriesysteme bereits die substantiell richtige, die demokratische und menschenwürdige Ordnung darstellt, sondern daß in beiden Systemen bestenfalls Ansätze zur Entwicklung einer klassenlosen, menschlichen Gesellschaft vorhanden sind, Ansätze, die neben der innergesellschaftlichen Konfliktaustragung dringend des Motors zwischengesellschaftlicher und internationaler Kritik und Konkurrenz bedürfen, um in die notwendigen Systemtransformationen gezwungen zu werden. Also nicht eine verharmlosend harmonistische Vorstellung von einem sportsmanliken Wettstreit und Austausch, sondern die konfliktorientierte eines sehr heftigen, von berechtigten Interessenantagonismen bestimmten gesellschaftspolitischen Konkurrenzkampfs um optimale Entfaltung der inneren und äußeren Kräfte und Allianzen bestimmt die hier als oberstes friedenspolitisches Prinzip fixierte Leitidee von der Bejahung, Bewußtmachung und praktischen Umsetzung einer rationalen Systemkonkurrenz an Stelle militärischer Systemkonfrontation.

Auszugehen von der faktischen Konfliktsituation und einer mittelfristig durchaus vorantreibenden dialektischen Kraft der Systemgegensätze darf andererseits allerdings nicht dazu führen, einer sozialphilosophischen Idealisierung des Konfliktes als „Vaters aller Dinge“ im Sinne Dahrendorfs zu verfallen. Jede übetriebene Wertschätzung des Wettkampfes, der Konkurrenz als eines allgemeingültigen motorischen Gesellschaftsprinzips gerät fast unvermeidlich zur Rechtfertigung des unmenschlichen Status quo: einer desolidarisierten Menschenwelt, in der Obensein, Vorneliegen, Nachobenkommen die inhumane oberste Lebensregel ist. Hammer oder Amboß sein, Sieger oder Besiegter, Herr oder Knecht, das heißt immer auch, daß mein Erfolg nur auf Kosten anderer möglich ist. Genau diese Lebens- und Gesellschaftsordnung abzuschaffen ist der geschichtliche Sinn des Sozialismus. Insofern kann eine Friedenspolitik rationaler (statt mörderischer) Systemkonkurrenz auch nur ein aktuelles *Zwischenziel* einer *sozialistischen* Friedenspolitik sein – ein gegenwärtig höchst wünschenswertes und fortschrittliches, wie wir zu zeigen versuchten – aber niemals ein *Endziel*.

Wenn der schon zitierte norwegische Friedensforscher Johan Galtung in Übereinstimmung mit der sozialistischen Grundidee feststellt, daß stabiler Frieden nur ein *assoziativer*, die Völker verbindender Zustand sein kann, so wäre es falsche Hoffnung, Frieden letztlich von einem – wie immer „zivilisierten" – Konkurrenzverhalten der großen Gesellschaftssysteme zu erwarten. Da es aber offenbar (vgl. 2.1.2.) ebenso illusionär ist, einen assoziativen, völkerverbindenden Frieden von Konvergenz zu erwarten – also von einem quasi automatischen Prozeß des Ähnlichwerdens der Systeme, so muß Friedenspolitik einen anderen langfristigen strategischen Begriff einführen, der in und jenseits der Konfliktstrategie einen assoziativen Friedensprozeß in Gang setzt. Wir schlagen dafür den Begriff der *Kommutation* vor.

Kommutation (Kommutationstheorie) ist zu verstehen als futurologische Alternative zur Konvergenz (Konvergenztheorie). An Stelle von Konvergenz, der illusionären Vorstellung automatischer Annäherung, tritt Kommutation als Vorstellung und Forderung der Annäherung durch *gemeinsame Gesellschaftsreform*. Kommutation heißt sich miteinander wandeln. Das bedeutet konkret, sozialistische Friedenspolitik muß die Zielvorstellung in die internationale und besonders die gesamteuropäische Politik einbringen, daß die intersystemaren Lernprozesse und politischen Aktionen, jenseits ihrer bloßen Wettkampf- oder Austauschfunktion, qualitativ neu organisiert werden müssen als gemeinsames Ringen um eine neue, wahrhaft humane Gesellschaftsordnung, um reale Demokratie und realen Sozialismus; um eine menschenwürdige, klassenlose Gesellschaft in einer unzerstörten Umwelt.

Kommutation wäre also die strategische Leitidee einer internationalen Politik, die von der offenen gesellschaftlichen Selbstkritik aller Systeme ausginge und auf dieser solidarisierenden Basis die bewußte gesellschaftspolitische (und nicht etwa nur die „wertneutrale" technisch-wirtschaftliche oder „kulturelle") Zusammenarbeit mobilisierte, die wechselseitige Kritik- und Lernbereitschaft der progressiven Gruppen in allen Ländern und speziell in West- und Osteuropa: mit dem Ziel der gemeinsamen Umgestaltung der Systeme zu sozialistischen Demokratien.

Eine substantielle *Kooperation* der Systeme ist erst in einem solchen Prozeß der Kommutation, der Annäherung durch Strukturwandel, denkbar. Denn wirkliche, mehr als funktionale Kooperation bedeutet, daß beide Systeme, jenseits jedes Absolutheitsanspruchs und neoimperialistischer weltpolitischer Konkurrenz, die Notwendigkeit und Rationalität gemeinsamer Daseinsvorsorge und innerer wie weltweiter Problembewältigung erkannt haben. Insgesamt kann man also ein Stufenschema intersystemarer Annäherung und Befriedigung entwerfen(vgl. S.119!).

Wie wir sahen, sind begrenzte, aber sich intensivierende funktionale Kooperationen bereits in der Gegenwart und nahen Zukunft möglich: in die Systemkonkurrenz können mehr und mehr Elemente, Strukturen, Verhaltensweisen der Kräftekoalition für gemeinsame Ziele eingehen: zunächst wohl nur auf Grund des Unvermögens zur Alleinbewäl-

Substantielle **Kooperation** der Systeme
Gesellschaftliche **Kommutation** der Systeme
Friedliche **Konkurrenz** und funktionale **Kooperation** der Systeme
Partielle **Konvergenzen** in beiden Systemen
Feindliche bis freundliche **Koexistenz** der Systeme
Totale **Konfrontation** der Systeme

Man kann diesen geschichtlichen Prozeß in folgende drei Phasen gliedern:

Phase des kalten Krieges (1946–1956/60)	**Phase der friedlichen Koexistenz** (1960–1975/80)	**Phase der produktiven Konkurrenz** (1975/80 bis . . .)
totale Konfrontation der Systeme; totales Festungsdenken	feindliche bis freundliche Koexistenz; partielle Konvergenzen; funktionale Kooperation	konstruktive Konkurrenz; gesellschaftliche Kommutation; substantielle Kooperation

tigung verschiedener Probleme (z. B. bestimmter Kommunikations-, Produktions- und Umweltschutzprobleme). Später vielleicht in der Entwicklungspolitik aus der Einsicht in das gemeinsame Ziel einer weltweiten befriedenden Wohlfahrtspolitik, das man, wenn auch von verschiedenen gesellschaftlichen Ausgangspunkten, schließlich am besten durch kooperative, und nicht mehr durch bloß konkurrierende Parallelentwicklung erreicht.

Einwände gegen das Gesamtkonzept

Natürlich ist nicht davon auszugehen, daß in absehbarer Zeit Führungsgruppen in West und Ost zu dieser (zumindest indirekt) positiven Bewertung des konkurrierenden Systems oder gar zu einem kommutativen und substantiell kooperativen Verhalten, das auch dem gesellschaftspolitischen Gegenspieler nützen könnte, bereit sind. In Wahrheit weisen die in ihrer Offenheit begrüßenswerten Erklärungen der Kommunisten (vgl. 2.2.1.), die Koexistenz sei die Basis für eine Intensivierung des nichtmilitärischen internationalen Klassenkampfes, in die entgegengesetzte Richtung. Aber sozialistische Friedenspolitik würde sich, wie einleitend erläutert, selbst aufheben, wenn sie nur zum Programm erhöbe, was antikommunistisch verformtem Bewußtsein und den Selbsterhaltungsinteressen von Machteliten in West und Ost entspricht. Entscheidend ist, daß zumindest die westeuropäischen Progressiven in Politik, Gewerkschaftsbewegung und Meinungsbildung mit Entschiedenheit um ein öffentliches Bewußtsein und ein ostpolitisches Verhalten kämpft, das durch diese entspannende Umbewertung des Gegensystems als eines produktiven Konkurrenten, einer uns vorantreibenden Herausforderung bestimmt ist. Im übrigen läßt sich sogar bei den Machteliten Bereitschaft erkennen, angesichts der eskalierenden innergesellschaftlichen Notstände und Konflikte von der völlig unproduktiven Maximalrüstungspolitik und den dazugehörenden dramatisierenden Bedrohungsideologien abzugehen, um Budgetmittel für eine infrastrukturelle – evtl. auch entwicklungspolitische – Stabilisierung freizubekommen. Zumindest die liberaleren Fraktionen der Herrschenden (auch im Osten) dürften daher mittelfristig zumindest partiell einer Neubewertung der gesellschaftspolitischen Herausforderung des Gegensystems zustimmen oder für sie zu gewinnen sein. *Es ist bereits heute offensichtlich, daß die an relativer Entspannung und Rüstungsverminderung interessierten Führungsgruppen sich als Gefangene der nach 1945 hochgespielten Feindpropaganda erweisen.* Nachdem sie sich jahrelang aus ihrer Konfrontationsideologie, ihren Festungs- und Opferparolen gegenüber den Massen legitimiert haben, fürchten sie mit Recht um ihre Glaubwürdigkeit, wenn sie das mordlüsterne Schreckgespenst des Feindes jetzt als einen Konkurrenten darstellen, mit dem es sich leben läßt. Insofern ist auch die Umorientierung von Führungsgruppen – selbst von Teilen der über das Kapital verfügenden! –, die in völlig irrationalen Herrschaftsvorstellungen von gestern verharren, eine wesentliche friedenspädagogische Aufgabe.

Ein weiterer Einwand gegen die Konzeption der friedenspolitischen Umorientierung der politischen Kräfte zu einem konstruktiven Verständnis des Ost-West-Konflikts ist *sozialpsychologischer* Natur. Er besagt, daß die Aggressivität in den Menschen, sei sie nun in ihnen angelegt oder aus der repressiven Gesellschaft resultierend, den Feind brauche: das projektive Aggressionsobjekt. Freilich liegen keine massenpsychologischen Beweise für diese These vor. Man wird es der Zukunft überlassen müssen, wie hartnäckig Wählermassen an der indoktrinierten Vorstellung des Gegensystems als eines bösen Feindes festzuhalten „wünschen". Zahlenreihen von jährlich wiederholten Umfrageergebnissen, etwa über die russische Aggressionsgefahr, legen allerdings den Schluß nahe, daß solche Feindvorstellungen in kurzer Zeit sich beträchtlich wandeln, abnehmen, durch Ereignisse wie die ČSSR-Okkupation wieder sich intensivieren, also viel stärker von außen denn als Produkt unverzichtbarer individualpsychischer Aggressionsentlastung hervorgebracht erscheinen. Außerdem wäre zu fragen, ob nicht ein vielleicht wesentlich größeres Bedürfnis der Menschen nach einer friedlichen Weltansicht, nach – auch ganz persönlicher – Entlastung und Entspannung besteht.

Gravierender ist der Einwand, hier werde in einer allzu formalen Weise das privatwirtschaftliche System quasi symmetrisch dem gemeinwirtschaftlichen gegenübergestellt; oder, wie es ein DKP-Mitglied in einer Diskussion über die Konvergenz der Systeme formulierte:

„Sie reden immer von Lernprozessen! Der Sozialismus hat vom Kapitalismus nichts zu lernen.“ Hinter diesem Protest steht die bei manchen Linken immer noch erstaunlich verbreitete Annahme, durch die Vergesellschaftung der Produktionsmittel hätten die osteuropäischen Länder schon einen solchen qualitativen Sprung in der gesellschaftlichen Entwicklung vollzogen, daß sie vom privatwirtschaftlich bestimmten westlichen System so wenig „Lebensregeln“ zu übernehmen hätten wie der Heilige vom Sünder. (Folgerichtig interpretieren ja Ultralinke bereits die Übernahme bestimmter marktwirtschaftlicher Elemente ins Neue Ökonomische System als partiellen Sündenfall, sprich „Rückfall in den Kapitalismus“.)

Was die Systeme voneinander „lernen“ können

Nun kann mit triftigen Gründen nachgewiesen werden, daß in der Tat eine gesellschaftliche bzw. genossenschaftliche Aneignung und Verwaltung der ohnehin ihrem Charakter nach gesellschaftlichen großen Produktions- und Distributionsanlagen ein sozioökonomisches System von wesentlichen Krisen, von disfunktionalen, imperialen, asozialen und antidemokratischen Tendenzen befreien kann. Den unheilvollen Zusammenhang zwischen Kapitalismus und der imperialistischen Unterdrückung ganzer Weltteile, den Weltkriegen, Inflationen, faschistischen Regimes und immer neuen Hochrüstungen im 20. Jahrhundert kann heute nur noch ein verbissener Propagandist des westlichen Status quo leugnen. Aber die bedrückend unfreie Atmosphäre und Lebenssituation wie auch die trotz allen ökonomischen Erfolgen immer noch beträchtlichen Funktionsschwächen des staatssozialistischen ökonomischen Systems in Osteuropa zeigen eben andererseits, was infolge der ökonomistischen Tendenzen im doktrinären Marxismus seit eh und je übersehen worden ist: daß *neben* einer gemeinwirtschaftlichen Ordnung der Produktivkräfte *gleichrangig* die Garantie der persönlichen Freiheiten und die Realisierung einer funktionierenden demokratischen Herrschaftskontrolle bewertet werden muß für die Herstellung einer menschenwürdigen Gesellschaft.

Es ist schon richtig, daß die liberalen Prinzipien der bürgerlichen Verfassung mit ihren fundamentalen persönlichen und politischen Freiheiten erst bei Vergesellschaftung der Produktionsmittel voll zu verwirklichen ist – ebenso aber muß anerkannt werden, daß eine vergesellschaftete Wirtschaft zu einer sozialistischen oder demokratischen erst durch die Verwirklichung der liberalen Verfassungsideale wird. Der Staatssozialismus des Ostens kann und muß also durchaus von den westeuropäischen Demokratien – zumindest von deren linken Fraktionen! – lernen, denn diese, so deformiert sie zweifellos durch die kapitalistische Klassenherrschaft in ihnen sind, sind eben doch mehr als bloße „Agenturen des Kapitals“. In ihnen sind unverzichtbare Daseinsbedingungen einer freien Gesellschaft jedenfalls unvergleichlich stärker lebendig als in Osteuropa: Meinungsfreiheit, Versammlungsfreiheit, Koalitionsfreiheit, Freizügigkeit, Streikrecht, freie Studienwahl, Freiheit der Lehre, Forschung und der literarischen und künstlerischen Aussage, erotische Freiheit, Rechtsstaatlichkeit, Kritik und Kontrolle der Exekutive, Chancen eines demokratischen Machtwechsels. Weit entfernt von *hinreichender*, für alle sozialen Gruppen gleichermaßen garantierter Sicherung dieser Grundbedingungen demokratischer und humaner Existenz in westeuropäischen Demokratien, haben diese damit doch ein Mehr an persönlichen wie politischen Freiheits- und Entfaltungschancen, das mit aller Energie den totalitären Bürokratien als produktive Herausforderung entgegengehalten werden muß. Zum Nutzen der osteuropäischen Systeme! Welchen Zuwachs freiwilliger Loyalität, nicht zuletzt durch Befriedigung von Aggressions- und Kritikbedürfnissen, würden die Regimes in den Staaten Osteuropas gewinnen, nur allein durch die Erlaubnis der Einfuhr bzw. Publikation von Druckerzeugnissen, die von der offiziellen Linie abweichen! Heute provoziert gerade das Verbot abweichender Veröffentlichungen, das Loyalität erzwingen soll, Illoyalität, Apathie, Zynismus gegenüber den Herrschenden.

Natürlich steht dem, was der Westen, genauer gesagt, einige westliche Demokratien an politischen Errungenschaften in eine produktive Systemkonkurrenz einzubringen haben, eine beachtliche Reihe von gesellschaftspolitischen Strukturen und Normen gegenüber, die in Osteuropa wesentlich weiter entwickelt sind als bei uns, und die wir endlich als eine ernstzunehmende Herausforderung, wenn nicht gar als ein ganz eindeutiges Vorbild für unsere künftige gesellschaftliche Entwicklung studieren, diskutieren und in einer sinnvollen Weise aufnehmen sollten. Entscheidend ist und bleibt natürlich die demokratische und humanitäre Überlegenheit einer im Auftrag der Gesellschaft und/oder der Belegschaften verwalteten Ökonomie. Dabei sind die noch vorhandenen Funktionsschwächen unbestritten. Doch ebenso unbestritten sollte sein, daß – ein heute auch in Osteuropa zunehmend erreichtes Maß an Effizienz vorausgesetzt – die Fetischisierung des wirtschaftlichen Wachstums als obersten Maßstabes für das Funktionieren eines ökonomischen Systems auf immer heftigere Kritik in der Wirtschaftswissenschaft stößt (vgl. S. 251ff!). Immer schärfer tritt gegenwärtig die Frage nach den *sozialen und menschlichen Kosten* eines Industriesystems ins allgemeine Bewußtsein und wird zum mindestens gleichrangigen, wenn nicht vorrangigen Kriterium seines Wertes oder Unwertes: in einer Zeit lebensbedrohender Umweltzerstörung, des organisierten Vergeudungskonsums bei öffentlicher Armut, ungeheuer ungerechter, politisch gefährlicher Kapitalanhäufung in privater Hand, privater Ausbeutung der Dritten Welt – und nicht zuletzt angesichts einer deklassierten Agrarstruktur, die trotz der Milliardensubventionen faschistoide Tendenzen zeigt.

Demokratische Sozialisten, in Westeuropa bislang allzusehr um Abgrenzung von den Kommunisten und deren Schönfärberei der osteuropäischen Verhältnisse bemüht, sollten gerade auch aus friedenspolitischen Gründen endlich energisch die produktive Herausforderung, die humanen Elemente zur Sprache bringen, die die osteuropäische Wirtschafts- und Landwirtschaftsverfassung in vieler Hinsicht realisiert. Es muß endlich vorbehaltlos diskutiert werden, ob und inwieweit in diesen Ländern der Mensch und seine Umwelt eben nicht von Reklame und Verschwendungskonsum geschädigt wird; in den Betrieben tatsächlich, wie aus der DDR herübergekommene Arbeiter immer wieder bestätigt haben, eine wesentlich entspanntere Arbeitsatmosphäre herrscht; die genossenschaftliche Agrarstruktur mehr Freizeit und gesichertes Wohlergehen schafft als die individuelle; Städtebau und -sanierung nicht durch Bodenspekulation und einen unmenschlichen Automobilismus beeinträchtigt werden. Auch muß bei aller Kritik der antidemokratischen osteuropäischen Herrschaftsformen zugleich die Tatsache hervorgehoben werden: daß die osteuropäischen Gesellschaften nicht mehr belastet sind mit derjenigen permanenten Verfälschung der Demokratie und derjenigen (auch international) die menschlichen Beziehungen vergiftenden Immoralität, die durch das alles durchherrschende Profitprinzip, die Aneignung der wirtschaftlichen Anlagen und ihres Gewinns seitens einer kleinen Minderheit von Kapitalbesitzern hervorgerufen wird. In dem Maße, wie die Ökonomie des Ostens sich entwickelt (sie muß immerhin einen geschichtlichen Vorsprung Westeuropas von 100–150 Jahren einholen!), wird deutlich werden, daß Gesellschaften ohne profit- und absatzorientierte Ökonomie, ohne irrationalen Vergeudungskonsum und private Kapitalakkumulation wesentlich besser in der Lage sind, menschenwürdige Infrastrukturen zu schaffen: klassenlose Bildungs- und Gesundheitssysteme, rationale Verkehrssysteme, gemeinwohlorientierte Forschungs-, Kultur- und Freizeitpolitik.

Natürlich können diese humaneren sozioökonomischen Strukturen als produktive Herausforderung erst wirksam werden, wenn sie deutlicher hervortreten und nicht mehr zu sehr überkompensiert werden von der noch vorherrschenden Armut in Osteuropa. Das hier entwickelte Konzept kalkuliert allerdings die Überwindung der wirklichen Versorgungsnotstände in Europa ein. Es reflektiert aber zugleich darauf, daß erhebliche positive Entwicklungen im Osten bislang einfach nicht zur Kenntnis genommen wurden (gemäß des überall propagierten Zwei-Reiche-Weltbildes!), daß ein teilweise am westlichen Konsumfetischismus orientiertes vollkommen irrationales Verständnis von „Armut“ (gleich Abwesenheit von modischen Artikeln, fehlender Automobilisierung etc.) den Blick für die tatsächlichen Erleichterungen und Leistungen verstellt hat, die die vergesellschaftete bzw. vergenossenschaftlichte Ökonomie den Menschen in Osteuropa verschafft.

Übrigens hat es der Ärger über die Versorgungslücken, die hohen Preise der gehobenen Konsumgüter, die nur für Besitzer kapitalistischer Devisen betretbaren Touristläden, verbunden mit dem Neid auf den möglichen oder scheinbaren „Wohlstand“ der Westeuropäer den Bürgern Osteuropas selbst schwergemacht, die Vorteile ihrer ökonomischen, sozialen und kulturellen Gesellschaftsstrukturen zu erkennen, zumal die penetranten Lobpreisungen des Systems durch die Funktionäre und ihre Presse in der Bevölkerung die Gegenreaktion geradezu zynisch-negativer Beurteilung des „sozialistischen Systems“ provoziert.

Hinzu kommt etwas wesentlich Ärgeres. Gerade auf der Basis der „friedlichen Koexistenz“ ist in Osteuropa das Wachstum des ökonomischen Potentials und dessen weltweiter Einsatz zu einer fast fetischhaften Bedeutung gelangt, die Ankurbelung wirtschaftlicher Wachstumsprozesse durch oft inhumanen Konsumverzicht ist zu einem fast alles überragenden politischen Ziel geworden. *Gesellschaftspolitisch ist damit der antikapitalistische Block in einen gefährlichen kapitalistischen Sog geraten,* der sich etwa in der DDR-Wirtschaftslehre offenbart durch den Zielbegriff des „Welthöchststandes“, den es in der Technologie, Produktivität, Warenqualität, Innovation etc. zu erreichen gelte. Dieser Stress, in den eine insgesamt noch in der Entwicklung begriffene Gemeinwirtschaft gerät, wenn sie sich derart in eine weltpolitische Konkurrenz mit dem hochentwickelten inhumanen Kapitalakkumulationsprozeß des Westens einläßt (oder einlassen muß): die unaufhörlichen Aufrufe zu hoher Produktivität, Arbeitsdisziplin, die zu geringen Einkommenssteigerungen im Interesse höherer Kapitalakkumulation zum Ausbau der Produktionsbasis – all das verhindert, daß die prinzipielle Überlegenheit eines gesellschaftlich verwalteten ökonomischen Systems gegenwärtig schon so deutlich in Erscheinung tritt, wie es im Interesse des Lebens- und Selbstbewußtseins der Osteuropäer, aber auch im Interesse einer eindrucksvolleren Infragestellung der kapitalistischen Wirtschaftsform durch produktive Systemkonkurrenz dringend zu wünschen wäre.

Diese Schwierigkeiten des sozialistischen Aufbaus in einer Welt militärischer und ökonomischer kapitalistischer Vorherrschaft muß man sehen und in Rechnung stellen, und man muß dabei immer wieder an die geschichtlichen Relationen erinnern: an die außerordentliche osteuropäische Leistung, in einem Vierteljahrhundert ein Industriepotential aufgebaut zu haben, das bereits zwei Drittel der Leistung der hundert Jahre älteren kapitalistischen Industriegesellschaften erreicht hat.

Die Theorie und Praxis effektiver, aber humanerer, nichtkapitalistischer Planungs- und Lenkungsformen der Wirtschaft und Landwirtschaft sind aber gewiß nicht die einzige gesellschaftspolitische Leistung, mit der Osteuropa den Westen produktiv herausfordern kann. Mindestens gleichrangig im säkularen Lernprozeß der Systeme dürften einige Modelle osteuropäischer Bildungs- und Forschungseinrichtungen sein: ausgebaute Systeme von Kinderhorten und Vorschulerziehung; die seit langem selbstverständliche – allerdings wenig liberal strukturierte! – Gesamtschule mit einer polytechnischen Struktur der Berufsausbildung, die auf Grund ihrer breiten theoretichen Basis und ihrer vorwiegend schulischen statt betrieblichen Führung eine Lehrlingsausbeutung der bei uns bekannten Art unmöglich macht; das – zumindest in der DDR – in greifbare Nähe gerückte Planziel des Abiturs als des allgemeinen Schulabschlusses; ein Hochschulsystem, das zwar durch den Andrang der Abiturienten trotz enormen Ausbaus neuerdings verstärkt „Gesinnungsfilter" eingebaut hat, aber neben diesen zwangshaften und den spezialistisch-technokratischen Zügen auf Grund seiner kooperativen Struktur (Abbau der „Ordinarienuniversität") und seiner Praxisbezogenheit beträchtliche demokratische Elemente aufweist; ein öffentliches Fernstudiensystem, das im Zusammenhang mit großzügigen Möglichkeiten des Bildungsurlaubs (DDR: 54 Tage im Jahr) Hochschulreife und Fachqualifikationen zu erwerben ermöglicht, so daß niemand in der existentiellen Sackgasse einer unzureichenden Schul- und Fachausbildung enden muß: all das aber gedeihend *in einer Atmosphäre gesellschaftlicher Wertvorstellungen, die der Persönlichkeitsentfaltung durch Bildung und Ausbildung etwa denjenigen Rang einräumen, der bei uns dem demonstrativen Konsum, letzten Endes also dem frühen und maximalen Geldverdienen zukommt.*

Es soll nicht bestritten werden, daß auch in Westeuropa und USA beachtliche Bildungsreformen begonnen worden sind, die teilweise in ähnliche Richtung gehen, und daß es hier in mancher Hinsicht auch im Westen eine produktive Systemkonkurrenz geben kann. Aber die friedenspolitische Bedeutung einer intensiven Information über die bildungs- und forschungspolitischen Strategien in Osteuropa liegt in der Wahrnehmung, der *Bewußtmachung der hohen zivilisatorischen und humanitären Standards,* die der so lange als barbarisch, roboterhaft diffamierte „Kommunismus" im Bildungssektor aufzuweisen hat. Wobei selbstverständlich mit den Ideologen Osteuropas wiederum die kritische Auseinandersetzung überall dort geführt werden muß, wo in die Inhalte des Bildungssystems primitive antiwestliche Feindbilder und klischeehafte Parolen der Erziehung zum „internationalen Klassenkampf" mit eingehen – Feindideologien übrigens, die, wie viele Privatgespräche mit Studenten aus Osteuropa zeigen, von den Studierenden, wahrscheinlich sogar von den Schülern, nicht sonderlich ernst genommen werden. Nicht zuletzt sollten neben den unbestreitbar liberalen Grundzügen des westeuropäischen auch die humanen Vorzüge im osteuropäischen Rechtssystem genannt werden, im Erbrecht, Bodenrecht, Steuerrecht, Arbeitsrecht, in der Strafrechtstheorie und im Strafvollzug, im Jugendstrafrecht, Wirtschaftsstrafrecht, Sexualrecht – um nur einige brisante Rechtsbereiche zu nennen.

Wir können in diesem Zusammenhang darauf verzichten, weitere gesellschaftliche Bereiche aufzuzählen, in denen einer der beiden Systemkonkurrenten auf Grund seiner sozioökonomischen Bedingungen Vorbildliches geleistet hat. Dabei sollte die vorangegangene Hervorhebung ganzer gesellschaftlicher Sektoren, in denen der Westen oder Osten einen Vorsprung hat (z. B. persönliche und politische Freiheiten hier – Gemeinwirtschaft dort), nicht zu dem Mißverständnis führen, als seien hier oder dort en bloc progressive und vorbildliche, zu übernehmende Strukturen vorhanden, so daß vorurteilslose Gesellschaftstheorie und -politik nur wie ein kritischer Konsument in die beiden Supermärkte „West" und „Ost" zu gehen hätte, um nach Prüfung das jeweils bessere Produkt der Konkurrenz zu „kaufen". Produktive Systemkonkurrenz ist zweifellos ein qualitativ anderer Prozeß: ein genuiner Entwicklungsprozeß beider Industriegesellschaften, der aber in einer permanenten Wechselwirkung – in Interaktionen statt Konfrontationen – mit der Kritik und bestimmten vernünftigen, „annehmbaren" Innovationen in verschiedenen Bereichen des konkurrierenden Systems sich verändert. Eben dies ist mit dem oben vorgeschlagenen Begriff der Kommutation gemeint.

2.1.5. Der deutsche Beitrag: Produktive Systemkonkurrenz BRD-DDR

Wie diese friedenspolitische Programmatik einer produktiven und langfristig sogar kooperativen Systemkonkurrenz in konkreten Formen friedenspolitischen Handelns zu übersetzen ist, soll im folgenden am deutschen Beispiel BRD-DDR entfaltet werden, da dies unser unmittelbares Aktionsfeld ist. Allerdings ist das bisher Dargelegte mehr als eine theoretische Grundlegung; es sollte nie vergessen werden, daß Friedenspolitik – genau wie der herrschende organisierte Unfrieden – in beträchtlichem Ausmaß ein Bewußtseinsprozeß ist. Die Transformation des „Feind"-Bewußtseins der politisch aktiven Menschen in Europa in dem hier entwickelten Sinn: daß dort kein Feind ist, sondern ein mich konstruktiv in Frage stellender Kontrahent – diese Bewußtseinsrevolution zu vollziehen ist selbst schon eine der wichtigsten Aktionen einer sozialistischen Friedenspolitik.

Aber es gibt kein abstraktes politisches Lernen. Die Entspannung, Normalisierung und Intensivierung der Beziehungen der BRD zur DDR wird für die Deutschen das friedenspolitisch entscheidende Learning by doing sein. Dabei spielt die kritische Aufarbeitung der westdeutschen Anti-DDR-Politik (vgl. oben 1.2.4.!) eine wesentliche Rolle als politische Flurbereinigung.

Völkerrechtliche Anerkennung der DDR Vorbedingung

Auf der Grundlage einer solchen westdeutschen Selbstkritik erscheint dann die völkerrechtlich verbindliche Anerkennung der DDR (wie sie durch das Transitabkommen vom Dezember 1971 erstmals vollzogen wurde) als erster, aber unabdingbar notwendiger Schritt. Dieser ist nicht zuletzt deshalb von großer gesellschaftspolitischer Bedeutung, weil er die friedliche Koexistenz konkurrierender Gesellschaftssysteme in besonders anschaulicher Form, nämlich auf dem Boden einer Nation, als unabänderliche Realität unserer Epoche erkennbar macht. Die Aufhebung der staatlichen Diskriminierung der DDR würde den fünfundzwanzigjährigen Kalten Krieg zwischen den beiden deutschen Teilstaaten beenden und an Stelle neurotischer Anti-Haltungen eine Haltung intensiver, gleichwohl aber entspannter Systemkonkurrenz setzen.

Wenn es zum normalen Bestand des Bewußtseins der Menschen hüben und drüben gehört, daß es auf dem Boden des ehemaligen Deutschen Reiches zwei gesellschaftlich und vor allem ökonomisch relativ funktionsfähige Staaten gibt, Staaten, die *beide* zu den reichsten der Welt gehören, mit ganz verschiedenen ökonomischen Führungsmodellen und gesellschaftlichen Ordnungsformen, dann produziert das in beiden Staaten einen für die Ost-West-Beziehungen exemplarischen, fundamentalen friedenspolitischen Lernprozeß: die Erkenntnis, daß eine kapitalistische und eine staatssozialistische („kommunistische") Gesellschaft in Frieden nebeneinander existieren können. Die völkerrechtliche Anerkennung der DDR – es gibt keine normalen staatlichen Beziehungen, ohne daß man den Partner als staatliches Subjekt anerkennt, und nichts andere bedeutet *„völkerrechtliche"* Anerkennung – würde diesem gesellschaftspolitischen Faktum normative Kraft verleihen.

Beide Seiten müssen lernen, mit ihrer gesellschaftspolitischen Negation zu leben. Und diese ideologische Verneinung würde damit faktisch relativiert. Allein die Existenz eines Gegensystems, in dem sich auch leben läßt (angenommen, daß es in beiden Teilen Deutschlands gelingt, ein zunehmend lebenswertes und demokratisches Leben herzustellen!), würde einen schwerwiegenden Einfluß auf die Ideologie und das Selbstverständnis beider Systeme haben, und zwar in dem oben entwickelten Sinn einer *produktiven Systemkonkurrenz.* An Stelle der totalen Negation nämlich würde die „bestimmte Negation" treten, das heißt an Stelle der weltanschaulichen und quasi totalen Verwerfung des jeweiligen Gegensystems müssen beide Seiten in die konkrete Auseinandersetzung und Kritik bestimmter Herrschaftsstrukturen und sozioökonomischer Funktionsschwächen eintreten.

Im Gesamtkonzept einer sozialistischen Friedenspolitik aber ist die völkerrechtliche Anerkennung der DDR ein unabdingbares, ja fundamentales Element. Zunächst nicht aus langfristig-gesellschaftspolitischen Gründen, sondern als Conditio sine qua non der Friedenssicherung in (Mittel-)Europa. Eine Beseitigung des Krisenherdes Berlin und der Behinderung des Berlinverkehrs; eine Europäische Sicherheitskonferenz; eine Politik der regionalen Rüstungsverminderung; eine entspannungsfördernde Intensivierung des ostwestlichen Austauschs; nicht zuletzt eine dauerhafte Phase der Liberalisierung der osteuropäischen Gesellschaften: Alles das ist aufs schwerste behindert, solange die BRD (und ihre westeuropäischen Nachbarn) den nach der UdSSR wichtigsten Staat des Ostblocks nicht als Völkerrechtssubjekt anerkennen, sondern als lediglich „sowjetisch besetzte Zone“, als Nicht-Staat, völkerrechtlich nicht-existentes „Phänomen“, diskriminiert und kriminalisiert.

Es besteht heute zwar weithin Einigkeit in der BRD, daß die Beziehungen zur DDR „versachlicht“, „entspannt“, „normalisiert“ werden müssen. Um dieses Ziel zu erreichen, muß aber endlich mit dem Selbstbetrug aufgeräumt werden, man könne normale Beziehungen zu einem Staat herstellen, ohne gleichzeitig diesen Staat als Staat zu respektieren. Die völkerrechtliche Anerkennung der DDR heißt aber nichts anderes als exakt dies: Daß wir es in Ostdeutschland mit einem Staat und einer – in den Grenzen der östlichen Blockbindung – souveränen Regierung zu tun haben. Anerkennung der DDR heißt also *nicht*, wie man jahrelang in unserer antikommunistischen Propaganda hat Glauben machen wollen: Diesen Staat und seine Regierung als *demokratisch legitimiert* anerkennen. Das Wort „Anerkennung“ im völkerrechtlichen Sinne enthält kein Werturteil. Mit Recht hat Willy Brandt schon 1969 in einer Rede festgestellt: wenn wir in der ganzen Welt nur die durch freie demokratische Wahlen legitimierten Staaten und Regimes anerkennen wollten, so müßten wir auf einen wesentlichen Teil unserer außenpolitischen Beziehungen verzichten. Eigentümlicherweise fällt es keinem der gegen die Anerkennung der DDR polemisierenden Konservativen hierzulande ein, die seit langem von uns vollzogene Anerkennung der Diktaturen in Spanien und Portugal in Frage zu stellen.

Anerkennung und „menschliche Erleichterungen“ in der DDR

Zur Überwindung der berechtigten wie der propagandistisch manipulierten Vorbehalte vieler Westdeutscher gegenüber einer völkerrechtlichen Anerkennung der DDR gilt es deutlich zu machen, daß die CDU-Politik der Nicht-Anerkennung ein friedensgefährdender politischer Fehlschlag war, dessen Opfer die Bevölkerung der DDR war, während die Anerkennung der DDR und die Normalisierung der beiderseitigen Beziehungen an und für sich schon bedeutende menschliche Erleichterungen für die Bürger in der DDR bewirken wird.

Es läßt sich nicht leugnen, daß bis 1967 die Politik der BRD diese hysterische Festungsatmosphäre in der DDR wesentlich mit bestimmt hat. Die Agenten- und Subversantenpsychose, die Militarisierung und extreme Gesinnungsschnüffelei, die Terrorisierung selbst loyaler Opponenten, der Bau der Grenzbefestigungen – all das hätte sich in dieser Form wohl kaum entwickelt ohne die Dulles-Adenauersche Rollback- und Befreiungsideologie, ohne die systematische (menschlich oft sehr skrupellose) Einschleusung von Agenten in die DDR, ohne den Mißbrauch des besonderen Status von Berlin als Frontstadt des Kalten Krieges mit unzähligen antikommunistischen Propaganda- und Agentenzentralen, ohne die Unterstützung statt bewußte Stauung eines auf die Dauer für die DDR tödlichen Abwanderungsstromes von qualifizierten Kräften, ohne eine systematisch nach Osten ausgestrahlte Propagandakampagne zur ideologisch-psychologischen Frontbildung gegen das SED-Regime, das immer als Regime einer vorübergehend sowjetisch besetzten Zone erscheinen sollte. Zwar hat diese sehr wirksame Kalte-Kriegspolitik zweifellos der Ulbricht-Gruppe große Schwierigkeiten bereitet: Die Herstellung der für den gesellschaftlichen Neubeginn so besonders bedeutsamen inneren Identifizierung der Bevölkerung mit dem Staat und seinen Zielen wurde verzögert, innerer Widerstand und ökonomische (besonders Arbeitskraft-)Verluste wurden erzeugt. Aber die Zeche mußten letztlich nicht die Machthabenden, sondern die Bürger der DDR zahlen. Sie nämlich waren die Opfer des überstrengen Festungssystems der SED, der jahrelang gepredigten Wiedervereinigungshoffnungen der falschen westdeutschen Propheten; sie waren die Opfer der Abwanderung, weil sie, zurückgeblieben, die Arbeit der Fehlenden mitleisten bzw. das Fehlen ihrer Leistungen verkraften mußten; sie mußten den schrillen Fanatismus einer kommunistischen Machtelite ertragen, die mit allen Mitteln die Schmach der Nichtanerkennung überzukompensieren versucht.

Bare Heuchelei ist also die Rede von den „menschlichen Erleichterungen" für die Bürger der DDR im Munde derer, die durch ihre Nicht-Anerkennungspolitik deren Schicksal 20 Jahre lang psychisch, politisch und materiell nur erschwert haben. Dagegen wird sich die Anerkennung der DDR und der Verzicht auf die ganze Kalte-Kriegspolitik ihr gegenüber als ein überaus bedeutsames Element der *inneren* Entspannung in Ostdeutschland erweisen, so wenig wir berechtigt sind, damit die Erwartung sofortiger Liberalisierungsakte der DDR zu verbinden. Denn in dem Maße, wie die BRD und alle anderen westlichen Staaten die DDR „normal", nämlich wie einen unter den anderen osteuropäischen Staaten behandeln – nicht zuletzt in den internationalen Organisationen! –, im selben Maße wird die neurotische Überempfindlichkeit der Staats- und Parteifunktionäre in der DDR, Kompensation eines kollektiven Minderwertigkeitskomplexes als Folge einer internationalen Diskriminierungspolitik, nachlassen, damit auch die strenge Disziplinierung der Bürger im Innern. Mit der Selbstsicherheit der Führung wächst auch deren Fähigkeit, politischer Kritik, Meinungsvielfalt und selbst Opposition der Menschen gelassener zu begegnen, letztlich auch zum Nutzen eines weniger festungshaft erstarrten und verschlossenen, eines wandlungsfähiger werdenden Gesellschaftssystems in der DDR.

Vertragswerk zur Normalisierung der innerdeutschen Beziehungen

Was das konkrete politische Vorgehen betrifft, so ist eine Normalisierung der Beziehungen zwischen beiden deutschen Staaten freilich nicht durch einen isolierten bundesrepublikanischen Erklärungsakt der völkerrechtlichen Anerkennung der DDR zu erreichen. Die 20jährige Politik des Kalten Krieges hat sich inzwischen in so vielen feindseligen Gesetzen, „Sprachregelungen" und Verwaltungsakten beider Seiten verfestigt, daß nur eine Folge gründlicher Verhandlungen mit dem Ziel der Erarbeitung eines ganzen Vertragswerkes „Zur Normalisierung der Beziehungen zwischen der BRD und der DDR" jene politische Flurbereinigung herstellen kann, deren zentrales, aber nicht einziges Stück die völkerrechtliche Anerkennung der DDR ist. Die inzwischen erreichte Anerkennung der gewachsenen Beziehungen und Verbindungen Westberlins zur BRD (unter Verzicht auf politische Demonstrationsakte) erleichtert den Abschluß eines solchen Vertragswerks mit der DDR wesentlich.

In diesem Sinne wäre ein Generalvertrag zwischen den beiden deutschen Staaten auf folgender Grundlage abzuschließen:

1. Beide Seiten anerkennen in völkerrechtlich wirksamer Form, daß in der Nachkriegszeit auf deutschem Boden zwei selbständige und gleichberechtigte deutsche Staaten mit unterschiedlicher Staats- und Gesellschaftsordnung entstanden sind;

2. unbeschadet der unterschiedlichen Gesellschaftsordnungen werden beide deutschen Teilstaaten alle Möglichkeiten ausschöpfen, um die Basis der kulturgeschichtlichen Gemeinsamkeiten zu erhalten und kulturellen Austausch zu intensivieren;

3. beide Seiten erklären feierlich den Verzicht auf Gewalt und die Bereitschaft zur Zusammenarbeit bei dem Bemühen, eine europäische Friedensordnung zu errichten;

4. beide Seiten erkennen die Viermächtevereinbarungen über Berlin und die daraus resultierende besondere Viermächteverantwortung als rechtsgültig an und werden keine einseitigen Änderungen am Status von Berlin vornehmen; BRD und DDR werden alles tun, um künftig eine reibungslose Abwicklung des Verkehrs von und nach Berlin zu garantieren.

Als erste Schritte einer Normalisierung der innerdeutschen Verhältnisse mit dem Ziel, eine wesentliche Verbesserung der menschlichen Beziehungen zwischen beiden Staaten zu erreichen, sind (teilweise in einem gleichzeitig abzuschließenden Vertragswerk) folgende Punkte zu regeln*:

1. Die fortschreitende Beseitigung der tatsächlichen und rechtlichen Beschränkungen und Hindernisse, die gegenwärtig einem freien Personenverkehr innerhalb Deutschlands und Berlins entgegenstehen.

*Vgl. dazu auch folgende der 20 Punkte, die Willy Brandt in Kassel 1970 vorgelegt hat, über die aber ohne vorherige völkerrechtliche Anerkennung der DDR kein Politiker der DDR zu verhandeln bereit sein wird. (Aus: „20 Punkte zur Deutschlandpolitik", beschlossen in der Kabinettsitzung am 20. Mai 1970. Von Bundeskanzler Willy Brandt in der Begegnung mit dem Vorsitzenden des Ministerrates der DDR, Willi Stoph, am 21. Mai 1970 in Kassel vorgetragen): ...

13. Beide Seiten werden prüfen, auf welchen Gebieten Kollisionen zwischen der Gesetzgebung der beiden Staaten bestehen; sie werden darauf hinwirken,

2. Eine Erklärung der Bundesregierung, keinerlei Maßnahmen zu treffen oder zu veranlassen, die auf ein Verbot der neugegründeten DKP hinauslaufen, solange sich nicht diese Partei einen gewaltsamen Umsturz der verfassungsmäßigen Ordnung zum Ziel setzt;

3. einen ständigen und ungehinderten Redneraustausch von Abgeordneten des Bundestages und der Volkskammer;

4. einen ungehinderten Austausch von Zeitungen, Zeitschriften und Büchern;

5. die Aufhebung aller Beschränkungen für den wissenschaftlichen, technischen, kulturellen und sportlichen Austausch innerhalb Deutschlands;

6. Erleichterung des Handels und des Zahlungsverkehrs durch innerdeutsche Verrechnung, öffentliche Bürgschaften und Einräumung von Kreditlinien für die DDR;

7. sofortigen Zahlungsausgleich im innerdeutschen Post- und Fernmeldeverkehr, Anerkennung der bundesrepublikanischen Schulden gegenüber der Post der DDR; verbesserte Post- und Telefonverbindungen.

Die politischen und rechtlichen Beziehungen der beiden deutschen Staaten können nicht von der gleichen Art sein, wie die irgendeines Staates dieser Welt zu einem anderen Staat. Es ist aber mit Entschiedenheit der These entgegenzutreten, als müßte die Herstellung völkerrechtlicher Beziehungen zwischen den beiden Teilen Deutschlands

daß Kollisionen beseitigt werden, um Nachteile für Bürger beider Staaten in Deutschland zu vermeiden. Dabei werden sie von dem Grundsatz ausgehen, daß die Hoheitsgewalt jeder Seite sich auf ihr Staatsgebiet beschränkt.

14. Der Vertrag soll Maßnahmen vorsehen, die den gegenseitigen Reiseverkehr erweitern und das Ziel der Freizügigkeit anstreben.

15. Die Probleme, die sich aus der Trennung von Familien ergeben, sollen einer Lösung zugeführt werden.

16. Den Kreisen und Gemeinden an der gemeinsamen Grenze sollte ermöglicht werden, die dort bestehenden Probleme nachbarschaftlich zu lösen.

17. Beide Seiten sollten ihre Bereitschaft bekräftigen, die Zusammenarbeit unter anderem auf den Gebieten des Verkehrs, des Post- und Fernmeldewesens, des Informationsaustauschs, der Wissenschaft, der Erziehung, der Kultur, der Umweltfragen und des Sports im Interesse des gegenseitigen Vorteils zu intensivieren und zu erweitern sowie Verhandlungen über die Einzelheiten aufzunehmen.

18. Für den Handel zwischen den beiden Seiten gelten weiterhin die bestehenden Abkommen, Beauftragungen und Vereinbarungen. Die Handelsbeziehungen sollen weiter ausgebaut werden.

19. Die beiden Regierungen ernennen Bevollmächtigte im Ministerrang und errichten Dienststellen für die ständigen Beauftragten der Bevollmächtigten. Die Aufgaben der Bevollmächtigten und ihrer Beauftragten werden im einzelnen festgelegt. Ihnen werden am Sitz der jeweiligen Regierung Arbeitsmöglichkeiten geben und die notwendigen Erleichterungen und Vergünstigungen gewährt.

20. Die Bundesrepublik Deutschland und die Deutsche Demokratische Republik werden auf der Grundlage des zwischen ihnen zu vereinbarenden Vertrages die notwendigen Vorkehrungen treffen, um ihre Mitgliedschaft und Mitarbeit in internationalen Organisationen zu regeln.

notwendigerweise einen Entfremdungsprozeß rechtlich fixieren und verfestigen; demgegenüber ist von der rechtsgeschichtlichen und rechtspolitischen Tatsache auszugehen, daß das Völkerrecht Dynamik und Elastizität genug besitzt, um durch Rechtsgestaltung dem geschichtlichen Zusammenhang der beiden deutschen Teilstaaten gerecht zu werden. Es ist zweifellos politisch und juristisch notwendig, die besonderen Beziehungen der beiden deutschen Staaten zueinander rechtlichen Gestaltungen eigener Art, aber *innerhalb des Völkerrechts*, zuzuordnen. *Keinesfalls sind politisch notwendige Maßnahmen deshalb zu unterlassen, weil sie nicht in die Schablonen hergebrachter Rechtsförmlichkeiten passen.* Gerade im Verhältnis der beiden deutschen Staaten zueinander gilt es, das Völkerrecht als etwas ständiger Änderung Unterworfenes zu handhaben, das dem von den Beteiligten Gewollten und ihren Bedürfnissen und nicht vorgefundenen abstrakten Schemata zu dienen hat.

Von großer Bedeutung für die Normalisierung BRD-DDR ist die von den Vier Mächten Ende 1971 ausgehandelte Rechtsgarantie für die Existenzsicherung Westberlins. Unbestreitbar haben beide Seiten in den Jahrzehnten des Kalten Kriegs und -Nachkriegs eine Politik betrieben, die Westberlin zu einem friedensgefährdenden Krisenpunkt ersten Ranges in Europa werden ließ. Sowjetunion und DDR haben durch einige massive Abschnürungsversuche („Berliner Blockade") wie durch die Politik immer neuer Bedrohungen der Zufahrtswege verhängnisvollerweise dazu beigetragen, Westberlin in die Rolle der „bedrohten Festung der Freiheit" hineinzumanövrieren. Zwar kann man nicht behaupten, daß diese Politik unprovoziert gewesen wäre. Denn die Aktivität der westlichen Alliierten und ihrer Geheimdienste, die ständigen propagandistischen und politischen Demonstrationen der Bundesrepublik in Westberlin – nicht zuletzt aber der Mißbrauch Westberlins als Durchlaßstelle des Abwanderungsstroms –, alles das mußte diese Stadt zu einem „Pfahl im Fleische der DDR" werden lassen.

Das am 3. September 1971 erreichte Abkommen der Vier Mächte über den künftigen Status von Westberlin geht deshalb davon aus, daß beide Seiten „die Beseitigung von Spannungen und die Verhütung von Komplikationen . . . fördern" (I, 1) und „daß in diesem Gebiet keine Anwendung oder Androhung von Gewalt erfolgt" (I, 2). Ferner wird anerkannt, daß die gewachsenen wirtschaftlichen, kulturellen, rechtspolitischen und auch gesellschaftspolitischen Bindungen Westberlins zur Bundesrepublik „aufrechterhalten und entwickelt werden" (II, B) und daß die BRD Westberlin außenpolitisch vertreten kann (Anl. IV, 2). Andererseits wird klargestellt, daß trotz dieser aufrechtzuerhaltenden Verbindungen nicht jene für viele Westberliner und Westdeutsche erst heute offenbar werdende Politik des Als-Ob aufrechterhalten wird, die wider besseres Wissen so tat, als sei Westberlin ein westdeutsches Bundesland. Es wird bekräftigt, daß Westberlin eine besondere, unter der Oberhoheit der Siegermächte stehende politische Einheit ist (II,B), die nicht von der BRD regiert wird.

Programm der produktiven System-Konkurrenz BRD-DDR

Von exemplarischer friedenspolitischer Bedeutung ist die produktive Systemkonkurrenz der Gesellschaft, der gesellschaftspolitische Lernprozeß, der auf der Grundlage einer Anerkennung der DDR und einer Normalisierung der staatlichen Beziehungen zwischen Ost- und Westdeutschland in Gang gesetzt werden sollte. Ein solcher Lernprozeß zwischen den beiden deutschen Teilstaaten würde auf besonders drastische und sinnfällige Weise die Transformation des Ost-West-Konfliktes zum Ausdruck bringen. An Stelle des friedensgefährdenden Absolutheitsanspruchs beider auf deutschem Boden, in deutscher Sprache und auf der Basis einer gemeinsamen nationalen Vergangenheit sich gegenüberstehenden Gesellschaftssysteme würde eine Politik produktiver Systemkonkurrenz, freie gegenseitige Systemkritik, Fähigkeit zur gesellschaftlichen Selbstkritik und eine Bereitschaft zur sachlichen Diskussion und kritischen Aneignung fortschrittlicher Elemente des anderen Gesellschaftssystems ermöglichen.

Die oben (2.1.4.) theoretisch entfaltete Konzeption der produktiven Systemkonkurrenz wird zum Prüfstein sowohl einer realen Friedensbereitschaft wie einer wirklich progressiven Gesellschaftspolitik demokratischer Sozialisten in beiden deutschen Staaten. Zwar zeigte die brutale Zerschlägung und Bestrafung der demokratisch-sozialistischen Reformergruppe um Wolfgang Harich, wie schwierig die Entwicklung einer sozialistischen Position in der DDR ist, und der Haß, mit dem die offiziellen Ideologen dort die Theorie und Praxis des demokratischen Sozialismus als „Sozialdemokratismus“ zu diffamieren versuchen, zeigt, wie sehr man sich gerade von der Position eines solchen nicht-totalitären Sozialismus bedroht fühlt. Gleichwohl kann und muß davon ausgegangen werden, daß die interne sozialistische Kritik und Opposition in der DDR ebensowenig auf Dauer ausgeschaltet werden kann wie in der Sowjetunion, Polen, der ČSSR, Rumänien oder – unter anderen Bedingungen – Jugoslawien.

Allerdings werden sich kritische Liberale und Sozialdemokraten wie ihre sozialistischen Avantgarden darauf einzustellen haben, daß sie bei der Verwirklichung einer Friedenspolitik der produktiven Systemkonkurrenz wie auch bei einer Strategie der Rüstungsbegrenzung (2.2.4.) und einer nicht-imperialistischen Entwicklungshilfe (2.3.5.) *im wesentlichen durch eine Politik des Beispielgebens* die erstarrten Fronten des west-östlichen Festungssystems abbauen können.

Exkurs: Bedeutung des Unilateralismus oder Vom Nutzen politischer Vorleistungen

Bevor wir ein Programm des produktiven gesellschaftlichen Wettstreits BRD-DDR in diesem Sinne entwickeln, sind einige grundsätzliche Feststellungen über den realpolitischen Sinn des *Unilateralismus,* d. h.

der Politik einseitiger, „beispielgebender“ friedenspolitischer Akte zu treffen. Eine solche Politik des Beispielgebens widerspricht natürlich dem sogenannten „gesunden Menschenverstand“, der nichts anderes ist als eine sehr ungesunde Ansammlung konventioneller, oft lebensfeindlicher Vorurteile und unüberlegter Reaktionen nach dem Schema „Auge um Auge, Zahn um Zahn“. Erinnert sei nur an die ebenso eingängige wie selbstmörderische These „Lieber tot als rot“. Gegen die Politik der beispielgebenden „Einseitigkeit“, den Unilateralismus hat dieser Common sense den schon fast nach Landesverrat klingenden Vorwurf parat, es sei eine Politik der „Vorleistungen“ gegenüber „Moskau“; nach den „Gegenleistungen“ wird auftrumpfend gefragt. Dem hält die politische Theorie des Unilateralismus folgendes entgegen: die Politik der antagonistischen Machteliten im Festungssystem ist in eine gefährliche Sackgasse des Imponiergehabes geraten: jede Seite glaubt – nach der Art zweier Halbstarker –, die andere nur durch demonstrierte Stärke, Unnachgiebigkeit, Mehrrüstung, Drohungen und Pressionen hart am Rande des Krieges in Schach halten zu können, obwohl beide Seiten inzwischen – immerhin! – das Prinzip der Koexistenz, des Miteinander-Auskommen-Müssens anerkannt haben. Außerdem haben beide Seiten, wie etwa die SALT-Gespräche zeigen, erkannt, daß ein maximales Weiterrüsten jenseits des längst erreichten atomaren Patts weder Sicherheit noch gar Überlegenheit, sondern nur gefährliche neue Unsicherheit und Präventivkriegsgefahren produziert. Aber diese Symptome des Einlenkens korrigieren bestenfalls die allzu existenzbedrohenden Auswüchse des Abschreckungssystems und bauen dieses an sich selbst nach wie vor Unfrieden und Krisen reproduzierende Konfrontationsverhältnis keineswegs ab. Das hier verfochtene Konzept unilateraler Friedenspolitik geht nun davon aus, daß – speziell in den unmittelbar sich berührenden Grenzzonen der Blöcke – gerade unter dem „Dach“ des atomaren Gleichgewichts der Supermächte eine Reihe einseitiger politischer Akte der Rüstungsverminderung sowie des Abbaus aggressiver antikommunistischer Positionen im innen- und ostpolitischen Verhalten wie auch in der Dritten Welt vollzogen werden können, ohne daß unsere Sicherheit oder unsere außenpolitische Position dadurch geschwächt würde. Im Gegenteil werden solche unilateralen Akte – z. B. die Anerkennung der DDR oder die Liquidation der atomaren Komponente der Bundeswehr – als Abbau *von übersteigerten, friedensgefährdenden Drohhaltungen* gewertet, der in Verbindung mit konsequenten und beharrlichen Beweisen eines – auch in der unverzichtbaren Systemkritik – betont sachlichen, fairen Verhaltens gegenüber dem Gegensystem mittelfristig auch in diesem Kontersystem zum Verzicht auf hysterisch übersteigerte Antipositionen und -ideologien führen wird. Dieses ist der springende Punkt in dem hier mit Entschiedenheit – wenn auch nicht als allein hilfreich – vertretenen unilateralen friedenspolitischen Konzept: daß im Zeitalter grenzüberschreitender Informationsmittel gerade im deutschen Sprachraum *die einseitige, beispielgebende Liquida-*

tion von militärischen, politischen, wirtschaftlichen und ideologischen Positionen des Kalten Krieges mittelfristig Verhaltensänderungen auch auf der Gegenseite ermöglicht, ja herausfordert, weil die Fortsetzung des starren, quasi totalen Feindverhaltens und Feind-Darstellens zunehmend überflüssig, unglaubwürdig, unnötig kostspielig und schließlich als Prestigeverlust für die andere, hier: DDR-Machtelite im innen-, block- und weltpolitischen Aktionsrahmen wirkt. – Voraussetzung des unilateralen Konzepts sind allerdings zwei Annahmen: Erstens, daß zwar, wie im analytischen Teil dargetan, ein Interesse von Machteliten in West und Ost am Festungssystem als einem System ihrer Herrschaftsstabilisierung besteht, aber die im Kalten Krieg nach 1945 entstandenen Formen des übersteigerten rüstungs- und feindideologischen Wettlaufs eine überflüssig gewordene Friedens- und Wohlfahrtsbedrohung darstellen, deren Abbau beide Machteliten bis zu einem gewissen Grade wünschen, aber wegen des eingefleischten Imponiergehabes nicht energisch einzuleiten wagen aus Furcht, nachgiebig und schwach zu erscheinen. Zweitens, daß das Aufbrechen überholter Drohpolitik der Stärke am ehesten durch erheblichen Druck von unten, eingeleitet durch die aufgeklärten kritischen Minderheiten der Linken in Westeuropa, erfolgen kann, der zu einer schrittweisen Liquidation starrer militarisierter Festungspolitik hierzulande führt und damit zugleich schrittweise auch eine Revision des West-Bildes (Westeuropa-Bildes) bei politisch relevanten Gruppen in Osteuropa und speziell in der DDR erzeugt, demgegenüber auf die Dauer das offizielle Imperialismus- und Revanchismusklischee nicht aufrechterhalten werden kann.

Wesentlich ist schließlich, daß das hier vertretene unilaterale Konzept nicht isoliert betrachtet werden darf. Einseitige beispielgebende Schritte können ihren Zweck in dieser oder jener Hinsicht – etwa bei der völligen Umrüstung der Bundeswehr – zwar durchaus auch in sich selbst haben. Im Ganzen einer europäischen Friedenspolitik aber können sie nur sinnvoll sein, wenn sie *einen bilateralen und multilateralen Prozeß graduellen fortschreitenden Abbaus des Festungssystems einleiten,* also den Abbau der west-östlichen Konfrontation zugunsten produktiver Konkurrenz und Kommutation. Um es in einem Satz zu sagen: Unilateralismus kann und wird – immer wieder – die Funktion einer notwendigen Initialzündung haben in einem friedenspolitischen Gesamtkonzept des *Gradualismus,* der schrittweisen gesamteuropäischen Friedenssicherung an Stelle des organisierten Unfriedens und gefährlichen Abschreckungsgleichgewichts der Gegenwart.

Zunächst ein unpolitisches Kooperationskonzept

Welche Schwerpunkte müßte nun ein Programm der SPD zur schrittweisen Transformation des Ost-West-Konflikts in eine Politik produktiver Systemkonkurrenz enthalten? Wir müssen von der realistischen

Annahme ausgehen, daß die Machthaber in der DDR nur sehr begrenzte, unpolitische Formen des Austauschs und Wettbewerbs akzeptieren und nur mühsam ihr dogmatisches Selbstverständnis korrigieren werden, wonach die DDR bereits eine qualitativ höhere Stufe der gesellschaftlichen Entwicklung erreicht hat und daher gesellschaftspolitisch nichts vom „Westen" zu lernen hat. Daher ergeben sich folgende Schritte der Verwirklichung eines produktiven Wettbewerbs der Systeme als friedenspolitische Alternative zur militarisierten Konfrontation:

1. Ohne die friedenstiftende Kraft des Funktionalismus (vgl. 2.1.3) zu überschätzen, müssen dessen Möglichkeiten gerade zur Verbesserung der Beziehung zwischen den deutschen Staaten voll ausgeschöpft werden. Denn ein Verhältnis produktiver Systemkonkurrenz ist nur in einer politischen Atmosphäre der relativen Annäherung und relativen gegenseitigen Achtung zu verwirklichen. Zu diesem Zweck muß die SPD ein umfassendes *Gesamtprogramm der funktionalen Kooperation* mit der Regierung bzw. den Behörden der DDR über die für beide Seiten nützlichen Projekte aufstellen und der DDR die Aufnahme von Verhandlungen zur Ingangsetzung solcher Kooperationen vorschlagen. Folgende Hauptbereiche bieten sich an, die wesentlich hinausgehen über erste Ansätze wie die faire Regelung des postalischen Zahlungsausgleichs, Erleichterungen des postalischen Verkehrs oder des meteorologischen Austauschs zwischen beiden deutschen Staaten:

- die Einsetzung einer von seiten der BRD mit hohen Budgetmitteln ausgestatteten gemeinsamen Planungskommission für den Ausbau der Autobahnen, Straßen, Schienenwege und Wasserstraßen zwischen beiden Staaten (insbesondere für eine finanzielle und technische Beteiligung der BRD am Ausbau der Autobahnen zwischen der BRD und West-Berlin);
- die Einsetzung einer Forschungs- und Planungsgruppe für gemeinsam in Angriff zu nehmende Projekte des Umweltschutzes, z. B. im Bereich der Ostseeküste und von Grenzflüssen;
- die Einsetzung einer gemeinsamen Kommission zur langfristigen Intensivierung, Erleichterung und technisch-marktmäßigen Abstimmung des Warenaustauschs bei voller Wahrung der Präferenzen des „innerdeutschen" Warenverkehrs gegenüber anderen Nicht-EWG-Ländern und Einräumung außergewöhnlich günstiger, staatlich subventionierter, langfristiger Kreditlinien für die DDR;
- die planmäßige, systematische und langfristige Organisation des Austauschs wissenschaftlicher Erfahrungen und Forschungsergebnisse;
- die Intensivierung der innerdeutschen Sport- und kulturellen Jugendbewegungen.

Zweitens: Revolutionierung der DDR-Vorstellungen

Während der genannten mehr oder minder unpolitischen Kontakt-, Austausch- und Kooperationsformen politische Relevanz erlangen, indem sie an Stelle des entfremdeten, unheimlichen Propagandabildes der Gegenseite vertrauenerweckende Realitäten verläßlichen, erfolgreichen Miteinanderarbeitens setzen, muß zugleich ein korrespondierender *unilateraler* Prozeß breitangelegter, mit außerordentlichen Mitteln ausgestatteter neuer Informationspolitik über das Gesellschaftssystem der DDR organisiert werden. An Stelle der bisherigen, mit wenigen Ausnahmen nur als „Information" verkleideten *Polemiken* gegen die Institutionen und das Gesellschaftssystem der DDR muß eine Darstellungsweise treten, *in der alle positiven, konstruktiv neuen Strukturen und Normen von Einrichtungen der DDR voll zur Geltung kommen* und – wie oben an einigen Beispielen gezeigt! – als produktive Herausforderung zu den entsprechenden gesellschaftlichen Strukturen in der BRD in Beziehung gebracht werden. Eine solche Informationspolitik, die erstmalig das Gesellschaftssystem der DDR in vieler Hinsicht als beachtliche gesellschaftspolitische Konkurrenz dem Bundesbürger ins Bewußtsein bringt und ihn zur kritischen Reflexion beider Systeme zwingt, muß sowohl auf der Ebene der wissenschaftlichen wie der allgemeinverständlichen Sprache und Diskussion verwirklicht werden. In diesem Sinne sollten sowohl in der Form einer leicht zugänglichen und leicht verständlichen Gesamtübersicht wie in einer Reihe präziser Einzeldarstellungen herausgearbeitet werden:

die Theorie und Praxis des Gesellschaftssystems und des Individuums in der DDR und der BRD;

das Regierungssystem einschließlich der Partizipationsmöglichkeiten der Bürger in der DDR und der BRD;

das Wirtschaftssystem einschließlich der betrieblichen Situation und gewerkschaftlichen Vertretung der Arbeitenden in der DDR und der BRD;

das agrarwirtschaftliche System in der DDR und der BRD;

das Schulsystem und das Hochschulsystem einschließlich ihrer autoritären und partizipativen Tendenzen sowie die außerschulischen Bildungs- und Weiterbildungsmöglichkeiten in der DDR und der BRD;

das Gesundheits- und Altersversorgungssystem in der DDR und der BRD;

die Wohnungs-, Städtebau- und Verkehrspolitik in der DDR und der BRD;

die Forschungspolitik und -organisation in der DDR und der BRD;

die Literatur- und Kunsttheorien der DDR bzw. BDR und die wichtigsten künstlerischen Produktionen seit 1945;

die wichtigsten Veränderungen im Rechtssystem der DDR und der BRD unter besonderer Berücksichtigung des Wirtschafts-, Steuer-, Erb- und (individuellen) Eigentumsrechts;

das Militär- und Verteidigungssystem in der DDR und der BRD.

Da der Standort des Darstellenden für die Auswahl der (positiven wie negativen) Fakten von großem, kaum auszuschaltendem Einfluß ist, empfehlen sich folgende Prinzipien einer fairen, friedenspolitisch wirksamen Information über die Strukturen beider Gesellschaften:

aa) Darstellung durch einen Experten der DDR;

ab) dazu, soweit vorhanden, kritische Stimmen aus der inner-ostdeutschen Diskussion;

ba) kritische Würdigung und Vergleich mit dem entsprechenden Bereich in der BRD seitens eines konservativ eingestellten Fachmannes der BRD;

bb) kritische Würdigung und Vergleich mit dem entsprechenden Bereich in der BRD seitens eines sozialkritisch bzw. sozialistisch eingestellten Fachmannes der BRD.

Es ist zu erwarten, daß durch einen solchen Standortpluralismus eine einigermaßen abgewogene nuanciert-kritische Information an die Stelle der bisherigen Propagandaklischees und/oder der weitverbreiteten totalen Ignoranz tritt. Alle Darstellungen sollten zum Versuch einer gewissen Bilanzierung von politischem „Soll" und „Haben" im Blick auf die – in West und Ost! – angestrebte humane Gesellschaft führen, um Vergleiche zu erleichtern und Defizite wie Vorsprünge erkennbar zu machen.* Dergleichen ist keine Aufgabe für wenige Einzelne, sondern ein forschungs- und bildungspolitisches Großunternehmen, für das keines unserer bisherigen Friedensforschungsinstitute ausreicht – von den meist ideologisch vorgeprägten „Osteuropa-Instituten" ganz zu schweigen. Freilich ist schriftliches Informationsmaterial für eine solche das West-Ost-Bewußtsein transformierende Kampagne allein wenig wert. *Notwendig sind bildungspolitische Aktionen intensiver und langfristiger Art: im politischen Unterricht, durch Vervielfachung der DDR-Informationen in Funk und Fernsehen, in der gewerkschaftlichen, kirchlichen, parteipolitischen und freien Erwachsenenbildung* – nicht zuletzt durch eine Vielzahl öffentlicher Foren, Diskussionen und Kongresse mit Experten der DDR, wo der kritische Vergleich west- und ostdeutscher gesellschaftlicher Strukturen sich zu einem permanenten Anschauungsunterricht in produktiver Systemkonkurrenz entwickelt.

Unnötig zu sagen, daß diese Aufgabenstellung einer sozialistischen Friedenspolitik zugleich auf der Linie einer sozialistischen Bewußt-

*Wie weit wir in der BRD noch von einem kritischen, vorbehaltlosen Systemvergleich entfernt sind, zeigt das in der Anlage sehr begrüßenswerte Werk eines Autorenkollektivs: „BRD – DDR. Vergleich der Gesellschaftssysteme" (Pahl-Rugenstein-Verlag, Köln 1971). Da sie mit wenigen Ausnahmen auf einer gesinnungstreuen DKP-Linie argumentieren, bieten die Autoren an Stelle eines abgewogenen-kritischen Bildes positiver und negativer Tendenzen und Institutionen in beiden Systemen statt der hierzulande vorherrschenden Schwarz-Weiß-Zeichnung der Verhältnisse DDR–BRD eine simple Weiß-Schwarz-Zeichnung. Das Buch zeigt – trotz vieler nützlicher Fakten – negativ, was noch zu tun bleibt. Teilweise beispielhaft ist eine vergleichende Schriftenreihe der Fr.-Ebert-Stiftung.

seinsbildung überhaupt liegt: indem sie zur ständigen Infragestellung vorhandener gesellschaftlicher Strukturen führt. Wobei die möglichst selbstverständlich werdende Frage: wie macht man das denn in der DDR? gewiß nicht andere Vergleiche ausschließen soll. Die Frage nach dem entsprechenden schwedischen oder jugoslawischen Modell mag sogar hier und da interessanter sein – friedenspolitisch ist jene Bewußtseinswende *hier* die entscheidende, die dazu führt, daß jener andere deutsche Staat, der bisher als *fraglos böse* galt, nun immerhin *fraglich* wird, der genauen Nachfrage für wert befunden.

Übrigens ist einer solchen Informationspolitik eine intensive ideologiekritische Bemühung vor- und einzuordnen: die kritische Aufarbeitung der antikommunistischen Klischees. Denn vielfach wird selbst Gutwilligen die Berechtigung und Notwendigkeit eines Umlernens über die DDR und Osteuropa keineswegs einleuchten, da ihnen die weitgehend negative Selektion der Nachrichten von „drüben" nie bewußt geworden ist. Es stellen sich daher vor allem folgende ideologiekritische Aufgaben:

1. Die wichtigsten antikommunistischen Klischees sind zu kritisieren bzw. zu falsifizieren durch Konfrontation mit den zu erarbeitenden geschichtlichen Entwicklungen und Tendenzen der sowjetsozialistischen Ideologie der faktischen Politik, und zwar in dialektischer Korrelation mit der ideologisch-politischen Entwicklung der kapitalistischen Umwelt.

2. Durchführung einer breitangelegten repräsentativen Umfrage zur Ermittlung klischeehaft-antikommunistischer bzw. rationaler Ostblockvorstellungen in der BRD, gegliedert nach verschiedenen Bevölkerungsgruppen (Korrelation zum Bildungsstand usf.), zur Ermittlung spezifischer Anfälligkeit bzw. günstiger Auflösungsvoraussetzungen für autistische Feinbilder.

3. Inhaltsanalyse westdeutscher Schulbücher, Presseerzeugnisse, Osteuropa-„Informationen":

a) Vorkommen und informationspolitische Bedeutung antikommunistischer Klischees.

b) Informationsselektion und Selektionsprinzipien bei der Darstellung osteuropäischer Verhältnisse.

Zu dem traurigen Kapitel der politischen Bewußtseinsverfälschung unserer Jugend durch westdeutsche Deutsch-, Geschichts-, Sozialkunde- und Geographie-„Unterrichtswerke" seien hier nur zwei Beispiele zitiert, die einer Pädagogikstudentin bei einigen wenigen Stichproben auffielen:

In „Der Mensch im Wandel der Zeiten" (Ausgabe B vom 7. Schuljahr an, Westermann Verlag 1958, heißt es S. 194: „Hilfe von Amerika sollte allen in ihrer Freiheit bedrohten freien Völkern zuteil werden . . . Endlich aber erkannten sie (die USA), daß der Kommunismus eine nicht geringere Gefahr für die freie Welt war als Hitlers Herrschaft. Im Frühjahr 1947 erklärte Präsident Truman: . . . Die Vereinigten Staaten sind entschlossen, der weiteren Ausdehnung der Sowjetmacht mit allen Mitteln entgegenzutreten." Und in „Die Reise in die Vergangenheit" (Hans Ebeling, Band IV 1969!, Westermann Verlag) heißt es Seite 253: „Deutschlands schwerste Bilanz: ... Die jahrhundertelange, friedliche Arbeit vieler Generationen, die deutsche Siedlungsarbeit im Osten seit den Tagen des frühen Mittelalters, war mit einem Schlag hinweggewischt worden. Die bolschewistische Diktatur, der Machtbereich der UdSSR, hatte sich mächtig nach Osten und Westen ausgedehnt. Die siegreichen Armeen der Sowjetführer stehen jetzt westlich der Elbe und Saale und Donau. ..." S. 258 (roter Merksatz): „Der braunen Diktatur Hitlers folgte so in Mitteldeutschland die rote bolschewistische Diktatur mit den gleichen Merkmalen totalitärer Herrschaft."

Drittens: Radikales gesellschaftliches Reformprogramm

Die möglichst sachliche Information und Urteilsbildung über gesellschaftliche Strukturen der DDR ist zwar gewiß von eigener friedenspolitischer Bedeutung, insofern das Gegensystem *diskutabel* wird. Aber ein weiterer Schritt in der Verwirklichung einer produktiven Systemkonkurrenz BRD-DDR ist zweifellos der wichtigste. Es genügt, wie Marx sagt, nicht, die Welt zu interpretieren; sie muß verändert werden. Die Umgestaltung der westdeutschen Gesellschaft in eine alle Bereiche umfassende soziale Demokratie ist in diesem Sinn die zentrale friedenspolitische Aufgabe demokratischer Sozialisten – und zwar als eine Aufgabe, die zugleich wiederum in beispielgebender Weise einen Prozeß der Kommutation in Gang zu setzen versucht! Es geht um die konkrete Erarbeitung und konsequente Verfechtung eines *Programms der gesellschaftlichen Reform und Transformation, bei der Punkt für Punkt die Erfahrungen, Normen, Organisationsformen der staatssozialistischen Länder und speziell der DDR in aller Offenheit und Gründlichkeit in die Programmdiskussion einbezogen und konstruktive Elemente integriert werden.* Sozialistische Friedenspolitik kann sich nicht in der Analyse der militarisierten Herrschaftsinteressen der kapitalistischen Machtelite erschöpfen. Sie muß – gerade aus friedenspolitischen Gründen! – auf die Entmachtung derjenigen Führungsgruppen in der Wirtschaft (speziell der Bewußtseins- und der Rüstungsindustrie), in der Schul- und Hochschulpolitik, in den Parteien und Verbänden hinarbeiten, deren Selbsterhaltungsinteresse die Aufrechterhaltung der antikommunistischen Konfrontation wie die Diffamierung der inneren Demokratisierung als „kommunistische Unterwanderung" im Innern produziert. Und sie muß endlich den Mut zu einem strategischen Programm finden, in dem konkret gesagt wird, welche Maßnahmen zur Einschränkung und Aufhebung des antidemokratischen Einflusses dieser Herrschaftsgruppen und ökonomischen Mechanismen realistischerweise gefordert werden können und durchgesetzt werden müssen.

Ausgehend von der Tatsache, daß in der BRD ebenso wie in der gesellschaftspolitisch immer wichtiger werdenden westeuropäischen Staatenunion keine Chancen für eine revolutionäre Totalumgestaltung besteht, ist ein Transformationsprogramm systemverändernder Strukturreformen zu erarbeiten. Das teils zu vage, teils zu naiv marktwirtschafts-konforme Godesberger Programm der SPD sowie das wesentlich konkretere DGB-Grundsatzprogramm sind in dieser Richtung weiterzuentwickeln. (Vgl. dazu die – teilweise! – recht konkreten Beiträge der Jungsozialisten in: Norbert Gansel u. a.: „Überwindet den Kapitalismus"; rororo aktuell 1499, 1971.) Dabei können hier lediglich die friedenspolitisch besonders relevanten Elemente einer solchen Gesellschaftsreform zusammengefaßt werden*:

a) Es muß ein *System mittel- und langfristiger Gesellschaftsplanung* verwirklicht werden, die eine Wohlfahrtspolitik an die Stelle irrationaler, tendenziell stets imperialistischer Wirtschaftsexpansion, maximaler Profite und Einkommen setzt. Das bedeutet: gezügelte Wachstumspolitik, reduzierte Profite, langsamer wachsende Masseneinkommen zugunsten einer Umleitung großer Volkseinkommensteile zur planvollen Sanierung der kommunalen, nationalen und internationalen Infrastrukturen und ihrer Umwelt (vgl. S. 255ff.).

Das friedenspolitische Interesse an einer solchen zum Programm erhobenen Gesellschaftsplanung liegt darin, daß sie ein immer breiteres Bewußtsein und eine politische Bereitschaft erzeugt für die notwendige Umschaltung der gesamten industriegesellschaftlichen Zielsetzung: von der aggressiven und Aggressivität provozierenden, Menschen und Natur ausbeutenden „Wachstumspolitik" im Interesse privater Kapitalverwertung zu einer befriedenden Wohlfahrtspolitik. Die zum Teil katastrophalen Notstände der bisherigen profitorientierten Wirtschaftsgesellschaft werden aufgedeckt. Damit zugleich die alle Ressourcen verschwendende Gesellschafts-(speziell Militär-)Politik der kapitalistischen Machteliten und ihrer politischen Geschäftsführer. Eine sozialistische Gesellschaftsplanung erzwingt jenes selbstkritische Systembewußtsein, das die Aufrechterhaltung einer selbstherrlichen Zwei-Reiche-Ideologie immer schwieriger macht.

b) Es ist eine auf solcher Gesellschaftsplanung aufbauende elastische kurz-, mittel- und langfristige volkswirtschaftliche Planung zu realisieren, die neben den klassischen Zielsetzungen der Vollbeschäftigung, Geldwertstabilität, ausgeglichenen Zahlungsbilanz und eines rationalen Wirtschaftswachstums die Wiederherstellung einer menschenwürdigen Umwelt setzt und *zur Verwirklichung dieser Ziele der privaten Kapitalakkumulation die volkswirtschaftlich und gesellschaftspolitisch notwendigen Grenzen setzt.* Solche Wirtschaftsplanung soll so wenig wie möglich in betriebswirtschaftliche Einzelentscheidungen eingreifen, aber – möglichst durch indirekte Steuerungsinstrumente –

*Vgl. aber den Versuch, ein Gesamtkonzept darzustellen: Fritz Vilmar: „Strategien der Demokratisierung. Theorie; Modelle; Kritik" (Luchterhand, Sommer 1972).

jederzeit in der Lage sein, das Verhalten bestimmter Branchen den volkswirtschaftlichen und gesellschaftlichen Zielen unterzuordnen. Um aber Wirtschaftsplanung nicht zur Farce bloßer Orientierungsdaten-Verkündung werden zu lassen, sind außerdem die Großkonzerne geeigneten Formen öffentlicher Kontrolle zu unterwerfen. Diese kann in Änderungen des geltenden Gesellschaftsrechts bestehen, die wesentliche Vetorechte von Vertretern der Öffentlichen Hand in den Aufsichtsorganen der Großkonzerne etablieren, in Entflechtungen disfunktionaler Mischkonzerne, in qualifizierten Mitbestimmungsformen auf betrieblicher und unternehmerischer Ebene, aber auch in der Überführung marktbeherrschender und/oder regional bzw. volkswirtschaftlich lebenswichtiger Konzerne in Gemeineigentum (gem. Art. 14 und 15 des Grundgesetzes).

Eine radikale Änderung des Erb- und Steuerrechts hat die weitere Bildung und Vererbung von Großvermögen, die niemals durch eigene Leistung zustande kommen können, zu verhindern.

Die Gewerkschaften müssen durch linke, politisch aktive Gruppen von innen und außen provoziert werden, endlich die ausgezeichneten wirtschaftsdemokratischen Forderungen des DGB-Grundsatzprogramms mit Nachdruck in die politische Diskussion zu bringen. (Vgl. dazu die systematische Darstellung: Vilmar 1964).

Die friedenspolitische Bedeutung einer demokratischen Planung der Wirtschaft und Kontrolle bzw. Sozialisierung der großen Konzerne liegt auf der Hand: sie hebt die imperialistischen und rüstungswirtschaftlichen Interessen auf, die sich aus der Anarchie kapitalistischer Warenproduktion und deren Folgen (Arbeitslosigkeit, Unverwertbarkeit angehäufter Kapitalien etc., vgl. 1.4.) ergeben. Vor allem aber entmachtet eine solche demokratische Wirtschaftspolitik auch diejenigen gefährlichsten Teile der konservativen Machtelite, die, da sie ihre persönliche Existenz und Herrschaftsposition aus dem Privateigentum an Produktionsmitteln herleitet, in der osteuropäischen gemeinwirtschaftlichen Gesellschaftsordnung in der Tat ihren „Todfeind" erblicken muß.

c) Eine Strukturreform der Landwirtschaft muß zur Verwirklichung von Agrarbetriebsstrukturen führen, die – ohne ein Agrarproletariat zu erzeugen – groß genug sind, um ohne ständige Staatssubventionen den Landwirten eine menschenwürdige Existenz zu sichern, die der in anderen Wirtschaftssektoren Tätigen im wesentlichen gleich ist. Eine Förderung freiwilliger Vergenossenschaftlichung scheint eine der wichtigsten politischen Instrumente zu sein, um dieses Ziel zu erreichen.

Die friedenspolitische Bedeutung einer mit demokratischen Mitteln stabilisierten, materiell gesicherten Landwirtschaft liegt in der Eliminierung jenes Potentials von sozialer Rückständigkeit und Unzufriedenheit, die immer wieder von konservativen Machteliten als rechtes Wählerpotential mit oft faschistoid-aggressiver Tendenz mißbraucht worden ist.

d) Ein System der differenzierten, integrierten und demokratisieren zwölfjährigen Gesamtschule muß jedem Bürger die Möglichkeit eröffnen, unabhängig von seiner materiellen Lage, seinem Alter und seiner Vorbildung jederzeit ein von ihm selbst zu bestimmendes Bildungsziel zu erreichen. Insbesondere muß berufsvorbereitende Bildung, sofern sie bereits in der Schulzeit beginnt, in diese Gesamtschule integriert sein, d. h. schulisch und nicht betrieblich geführt werden. Nur eine zwölfjährige Gesamtschule, d. h. der Schulabschluß des Abiturs für alle, kann die bildungsmäßigen Voraussetzungen für urteilsfähige demokratische Mitbürger schaffen, wie politische Umfragen immer wieder beweisen.

Die Bestimmung der Lehrmethoden und Lehrinhalte muß grundlegend demokratisiert werden und an den obersten gesellschaftlichen (verfassungsmäßigen) Ideen des Friedens und der Demokratisierung (Selbst- und Mitbestimmung) aller gesellschaftlicher Bereiche orientiert sein.

Eine pluralistisch organisierte politische Erwachsenenbildung – auch in Form des Fernstudiums – im Sinne des lebenslangen staatsbürgerlichen Lernens ist, in Verbindung mit der Einführung des bezahlten Bildungsurlaubs, mit Entschiedenheit auszubauen, die Teilnahme an ihr ist als Eingangsvoraussetzung für alle gesellschaftlich relevanten Funktionen zu etablieren.

Die große friedenspolitische Bedeutung einer zwölfjährigen Schulpflicht, einer intensiven, gesellschaftspolitisch aufgewerteten Erwachsenenbildung und eines zu Kritik und demokratischem Engagement erziehenden Lernprozesses liegt vor allem in zwei Tatsachen begründet: einmal sind, wie alle Meinungsumfragen beweisen, längerfristig zu kritisch-rationalem Verhalten Erzogene (selbst in unserem Gymnasialsystem; vgl. S. 217) weitaus eher bereit, Bewußtseinsmanipulationen, z. B. irrationale antikommunistische Feindideologien, militaristische Denkklischees und nationalistische Emotionen abzuwehren; zum anderen bietet eine breit fundierte schulische und Erwachsenenbildung (neben beruflichen Weiterbildungsmöglichkeiten) eine wesentliche Voraussetzung für eine humane, friedliche Daseinsbewältigung in einer sich rasch wandelnden Welt, während Bildungslücken Unsicherheit, Ohnmachtsbewußtsein, Orientierungslosigkeit, „Furcht vor der Freiheit" (Erich Fromm) erzeugen, damit zugleich aggressive und autoritätssüchtige Massenpotentiale, die seit je die Basis für faschistische und militaristische Politik bildeten.

Wir haben hier nur einige der zentralen gesellschaftspolitischen Grundsatzforderungen genannt, und zwar solche, die eine doppelte friedenspolitische Relevanz haben:

sie sind unerläßliche Bedingungen des Aufbaus einer wahrhaft *demokratischen*, klassenlosen Industriegesellschaft – also einer Gesellschaft, in der es keine Machteliten mehr gibt, die Feindideologien (Bedrohungsvorstellungen) und Militärapparate zur Aufrechterhaltung ihrer Herrschaft mit allen demagogischen Mitteln am Leben zu erhalten versuchen;

sie können und müssen allesamt diskutiert und konkretisiert werden in Form einer bewußten Aktualisierung produktiver Systemkonkurrenz, d. h. in offener, vorurteilsloser Auseinandersetzung mit gesellschaftspolitischen Modellen der DDR und Osteuropas für die genannten Bereiche: Gesellschafts- und Wirtschaftsplanung, landwirtschaftliches Genossenschaftswesen, Sozialisierungsformen, vermögensrelevante Rechts- und Steuerreform, Chancengleichheit und demokratisches Urteilsvermögen vermittelnde Schul-, Berufsschul- und Erwachsenenbildungssysteme.

Die bewußte Einbeziehung von gesellschaftspolitischen Strukturmodellen des „Todfeindes" in die eigene gesellschaftspolitische Programm- und Reformdiskussion wäre zweifellos ein Vorgang, der wie nichts anderes das Umdenken über die „Nachbarn im Osten" in Gang setzen würde. Freilich wäre gleichzeitig, um Vorurteilsbarrieren gegen eine solche Politik in den Massen abzubauen, eine systematische, sozialkritische Friedenserziehung in der Schul- und Erwachsenenbildung zu verwirklichen.

2.1.6. Friedenserziehung: Politische Selbstkritik und „Feindesliebe"

Von der Konfrontation zur Kommutation – von der „KZ-Staat"-Ideologie zur DDR als einer ernstzunehmenden Alternative zum Gesellschaftssystem der BRD: wer wollte zweifeln, daß eine solche friedenspolitisch notwendige Umwertung aller Werte nur gelingen kann durch Ingangsetzung vehementer politischer Bildungs- und Aktionsprozesse.

Sozialistische Friedenspolitik schließt demnach ein, das Konzept und praktische Programm einer Friedenserziehung zu entwickeln, die sich strikt als kritische politische Bildung und Anleitung zum Handeln versteht – sehr im Gegensatz zu dem idealistischen Höhenflug oder der psychologischen Seelenmassage, als welche Friedenspädagogik heute vielfach auf dem pädagogischen Markt feilgeboten wird.

Leider sind die theoretischen Grundlagen wie die praktischen Ansätze einer Friedenserziehung in der BRD (aber, soweit uns bekannt, auch jenseits unserer Grenzen) mehr als unzureichend. Vielfach bewegt sie sich in echt deutscher Manier weit oberhalb der aktuellen friedensbedrohenden Konflikte in der ebenso reinen wie dünnen Luft allgemeiner Begriffe, Werte und Ideen. Das liegt nicht zuletzt auch am Zustand der Friedensforschung; dieser fehlt weithin überhaupt die Zielvorstellung, pädagogisch umsetzbare Beiträge zur politischen Bewußtseinsveränderung leisten zu müssen (man bewegt sich lieber in der elitären Vorstellung direkter „Politikberatung"). Vielfach aber bewegt sie sich auch in den Bahnen individualpsychologischer Aggressionsforschung und verschiebt damit die Problematik aus dem Bereich der politischen Interessen und Verantwortlichkeiten in den der (unabänderlichen oder zu verändernden) menschlichen „Natur".

Die Unfruchtbarkeit aller Versuche, allgemein psychische Ursachen für die wesentlich gesellschaftlich geprägte Aggressivität zu unterstellen, resultiert aus dem falschen Ansatz der traditionellen Anthropologie. Sie betrachtet den Menschen nicht primär als ein gesellschaftliches Wesen, sondern als isoliertes Individuum. Solcher isolierenden, abstrahierenden Betrachtung muß zwangsläufig entgehen, daß der Mensch in seiner gesamten Existenz fast vollständig bestimmt ist durch Kollektive, durch die oft höchst zwanghaften Ordnungen der Familie, des dörflichen oder städtischen Milieus, der Schule, des Betriebes, seiner Klasse und vor allem der staatlichen Herrschaftsverhältnisse. Es hieße daher den geschichtlichen Prozeß ignorieren, wollte man aus naturhaften individuellen Triebstrukturen oder auch aus den Affekten einzelner Politiker die primär gesellschaftlichen Ursachen der Aggression ableiten: repressive Herrschaft sowie deren Mittel und Wirkungen – Ausbeutung, Besitzausdehnung, Sexualtabus, soziale Unzufriedenheit, Opposition, Revolten, Militarismus, Feindideologien, Rüstungs- und Kriegspolitik.

Die ursprüngliche Freudsche Theorie der Aggressivität entspricht im Prinzip der hier formulierten sozioökonomischen Begründung: das menschliche Triebpotential läßt sich als Luststreben im weitesten Sinne bestimmen; es kommt aber nicht zu einer befriedigenden Entfaltung, weil repressive gesellschaftliche Mächte, lustfeindliche Familien- und Kulturstrukturen ihm entgegenstehen. Bei dieser Konfrontation des Lustprinzips mit dem „Realitätsprinzip“ kommt es zu Triebstauungen und -verdrängungen, zu Frustrationen, die sich in Aggressivität umsetzen. Die Aggressivität sozialer Herrschaft und die von ihr provozierte Gegen-Aggressivität sind veranschaulicht in dem zentralen Modell der Freudschen Theorie: im Ödipuskomplex. Dagegen wäre zu untersuchen, ob nicht der spätere Freud sich objektiv im Widerspruch zu seiner eigenen Libidotheorie gesetzt hat, indem er an Stelle der gesellschaftlich vermittelten Ableitung individueller Aggressivität diese selbst neben der Lust als zweiten Urtrieb postulierte. Er hat damit wesentlich zur beliebten Hypothese einer aus der individuellen Aggressivität abzuleitenden gesellschaftlichen Friedlosigkeit beigetragen. Der Destruktionstrieb ist nach Freud ein nach außen abgelenkter-Selbstzerstörungs- oder Todestrieb: „Wir sind zu der Auffassung gelangt, daß dieser Destruktionstrieb innerhalb jedes lebenden Wesens arbeitet und dann das Bestreben hat, es zum Zerfall zu bringen, das Leben zum Zustand der unbelebten Materie zurückzuführen. Es verdiente in allem Ernst den Namen des Todestriebes (. . .). Der Todestrieb wird zu einem Destruktionstrieb, indem er mit Hilfe besonderer Organe nach außen, gegen die Objekte gewendet wird. Das Lebewesen bewahrt sozusagen sein eigenes Leben dadurch, daß es fremdes zerstört“ (Freud, XVI, 13ff.).

Leider werden Versuche, bei der Friedensforschung von naturgegeben individuellen Aggressionstrieben auszugehen, nach wie vor auch von sozialkritischen Psychologen und Pädagogen unternommen. Infolge oft erstaunlich mangelhafter Information über sozioökonomische Zusammenhänge, zuweilen auch infolge eines heute naheliegenden Geschichtspessimismus, geraten sie unfreiwillig in die Nähe einer Status-quo-Ideologie. So meint selbst Mitscherlich: „Vielmehr ist es doch so, daß dieser in seinem Ursprung unfriedliche Mensch durch die Jahrtausende (. . .) derart unerträgliche Machtverteilungen und ein solches Ausmaß organisierter Unvernunft produzierte, für die dann kein anderer Ausweg als organisierte Destruktion oder Selbstdestruktion bleibt. (. . .) Fünfzig Kriege und kriegsähnliche Zustände seit dem Ende des Zweiten Weltkrieges zeigen doch wohl die Stärke des Druckes kollektiver unbefriedigter Triebbedürfnisse." Demgegenüber ist mit Dieter Senghaas festzustellen: „Die allgemeine These, der Krieg beginnt in den Köpfen (oder Trieben; d. Verf.) der Menschen, kommt in ihrer Undifferenziertheit einer Gegenwartsverfälschung gleich."

Friedensforschung und Friedenspädagogik bewegen sich zum großen Teil immer noch in den traditionellen Vorstellungen, als gelte es, individuelle Aggressionen abzubauen, individuelle Friedfertigkeit – vornehmlich in jungen Menschen – zu erzeugen und einzuüben. Als wenn die konkrete politische Friedlosigkeit zwischen West- und Osteuropa aus feindseligen Verhaltensweisen der Einzelnen resultierte und nicht vielmehr aus den von den herrschenden Eliten und Ideologieproduzenten geschaffenen Feindbildern, Rüstungswettläufen und Drohstrategien!

Friedenspädagogik darf deshalb nicht länger als individual-ethische, individual-psychologische oder bloß individuelle Vorurteile auflösende Erziehungsaufgabe mißverstanden werden, sondern muß sich als Aufgabe kritischer politischer Bewußtseinsbildung pädagogisch realisieren. Dabei soll nicht verkannt werden, daß in einem allgemeineren, weiteren Sinn *alle* Pädagogik Friedenspädagogik sein sollte, insofern sie nämlich, von der Erziehung des Kleinkindes an, emanzipatorische an Stelle von repressiven Sozialisationsformen zu setzen versucht, also die Entstehung individueller Aggressivität zu vermeiden trachtet, wie sie aus der konventionellen Erziehung mit ihren sexuellen Tabus, der autoritären Brechung des Willens und autoritärer Leistungserzwingung notwendigerweise sich aufstaut. Eine solche auf Selbstentfaltung gerichtete antiautoritäre Gesamttendenz moderner Pädagogik, die zweifellos wichtige friedenspädagogische Dispositionen in jungen Menschen herzustellen hilft, sollte gleichwohl nicht als Friedenspädagogik im eigentlichen Sinne definiert werden, da sonst dieser Begriff jeden spezifischen Inhalt verliert. *Diese spezielle Bestimmung erlangt Friedenserziehung nur durch den konkreten Bezug auf die politische Friedlosigkeit hier und jetzt, ihre Ursachen und ihre mögliche Überwindung durch menschliches Handeln.* Oder – um es ganz drastisch zu sagen – Friedenspädagogik hat Antwort zu geben auf die Frage, was jeder von uns, vor allem die heranwachsende Generation, beitragen kann, damit der Ost-West-Konflikt nicht in eine kriegerische Katastrophe führt, sondern mit nicht-militärischen Mitteln ausgetragen werden kann.

Wie weit Friedenspädagogik von der Inangriffnahme dieser Aufgabe noch entfernt ist, wird am besten deutlich, wenn man vorliegende friedenspädagogische Unterrichtswerke daraufhin durchsieht, inwiefern sie zur Bewältigung dieser politischen Bildungsaufgabe beitragen.

Als einer der ersten hat Karl Friedrich Roth bereits 1967 eine systematisch und pädagogisch eingeleitete „Stoffsammlung für den Unterricht" unter dem Titel „Erziehung zur Völkerverständigung und zum Friedensdenken" herausgebracht. Zweifellos ist anzuerkennen, daß Roth, zumal unter den konservativen Bedingungen seines bayerischen Wirkungsbereichs, sich redlich bemüht hat, Lehrern eine Reihe kritischer Argumente gegenüber unreflektiertem Abschreckungsdenken und der zynischen oder naiven Hinnahme bestehender Feindideologien und Gewaltstrukturen zu liefern. Insgesamt aber bleibt das, was er auf 130 Seiten vorlegt, bestürzend ohnmächtig gegenüber der einer realen Friedenspädagogik sich stellenden Aufgabe, die Ursachen des organisierten Unfriedens Menschen sichtbar und sie selbst fähig zu machen, demgegenüber wirkungsvolle Formen politischen Verhaltens und Handelns zu entwickeln. Von den 70 Seiten seiner Stoffsammlung ist über die Hälfte mit breiten Darstellungen der „Friedensbestrebungen in der Vergangenheit" gefüllt, wobei fast ausschließlich die gutgemeinten Konzepte vorgetragen, die Gründe für das immer neue verhängnisvolle Scheitern der Friedenspredigten der letzten zweieinhalb Jahrtausende aber nicht offengelegt werden. Der hier und heute entscheidende Konflikt: nämlich der alles beherrschende Gegensatz zwischen dem kapitalistischen und dem kommunistischen Gesellschaftssystem, wird auf ganzen vier Seiten skizziert. Der auf diesen wenigen Seiten entwickelte ideologie-kritische Ansatz ist sicher wichtig. (Es wird die Fragwürdigkeit einer Schwarzweiß-Zeichnung: hier das „Reich des Lichts", dort das „Reich der Finsternis" dargetan und darauf hingewiesen, daß die Systeme, ihre Probleme und Entwicklungen in der Realität keineswegs so gegensätzlich sind, wie die offiziellen Ideologien wahrhaben wollen.) Aber dieses doch schlechterdings fundamentale Problem eines von beiden Seiten künstlich aufgeblasenen Ost-West-Gegensatzes wird, wie gesagt, nur im Vorübergehen gestreift, und Lehrer wie Schüler bleiben im unklaren darüber, warum trotz der angedeuteten Relativierung des Gegensatzes beider Systeme, gleichwohl die offiziellen Ideologien der Todfeindschaft aufrechterhalten bleiben.

Wie wenig ein solches von jeder gesellschaftspolitischen Analyse sich fernhaltendes friedenspädagogisches Werk ein Einzelfall ist, zeigt die erst 1970 erschienene Textsammlung „Friedenspädagogik", die von Hermann Röhrs herausgegeben wurde. Dasselbe Schweben in den Höhen idealistischer Appelle und Predigten auch hier. Texte der großen weisen Männer werden nachgedruckt: Albert Schweitzer, Karl

Jaspers, Weizsäcker. Die Häufung der abstrakten Appelle: die Beschwörung der Menschheitsidee, der Völkerverständigung, der Toleranz für Andersartige – der Ruf nach dem neuen Menschen. Wohl kaum überbietbar in dieser Art Maria Montessori, mit einem Text, der anschaulich die Millionen vernichtenden Pestepidemien des Mittelalters in Erinnerung ruft und die Einführung der *Körper-Hygiene* als deren Überwindung – um zu der Schlußfolgerung zu gelangen: Ebenso wird die Entdeckung und Einführung einer entsprechenden *geistig-sittlichen* Hygiene, etwa die Säuberung der Seele von dem schmutzigen Bereicherungstrieb, eines Tages die Pest der Kriege beenden.*

Es muß übrigens auch verheerende Folgen haben, wenn Pädagogen noch weiterhin dergleichen als Friedenspädagogik vorgesetzt bekommen, was weder sie selbst noch auch ihre Schüler in dieser Welt harter gesellschaftspolitischer Konfrontation ernst zu nehmen vermögen. Werden sie weiter mit Derartigem beliefert, so werden sie bald den gesamten Komplex der Friedensforschung und Friedenserziehung als praxisfernes Glasperlenspiel abtun.

Ansätze zu einer friedenspolitischen Erziehung

Aus solchen ohnmächtigen, unverbindlichen Versuchen einer Völkerverständigung bestehen noch allzu viele der vorliegenden Unterrichtswerke zur Friedenserziehung. Allerdings gibt es inzwischen auch eine Reihe politisch-konkreter und kritischer Ansätze zur Friedenserziehung. Erwähnt sei das Werk von Hans-Jochen Gamm über „Aggression und Friedensfähigkeit in Deutschland", der von Dieter Senghaas herausgegebene Sammelband „Kritische Friedensforschung" (ed. Suhrkamp 1971), mit Vorbehalt auch die Textsammlung der „Bundeszentrale für politische Bildung" mit dem Titel „Probleme der Friedenserziehung", und nicht zuletzt das praktische Unterrichtsmodell von Gerhard Beier „Ost-West-Vorurteile in der Politischen Bildung" (Frankfurt 1970), das zum *Abbau* der antikommunistischen Klischees wertvolle methodische und didaktische Hilfen gibt.

Von diesen Ansätzen aus hätte kritische Friedensforschung und Friedenspädagogik weiterzuarbeiten. In dem nicht zufällig so genannten Sammelband „Kritische Friedensforschung" wird ein systemati-

*Wer meint, es würde ungerecht kritisiert, der erwäge folgendes Zitat: „Ich möchte hier so etwas Einfaches behaupten" – so läßt sich Montessori vernehmen –, „daß es fast naiv erscheinen könnte: daß nur zwei Dinge nötig sind, um der Welt den Frieden zu sichern. Das erste ist der neue Mensch, und dann eine Umgebung, die den unendlichen Wünschen der Menschen keine Grenzen mehr setzt. Dazu wäre notwendig, die Reichtümer nicht nur in *einem* Land zu lokalisieren, sondern für alle gleichmäßig zugänglich zu machen ... Die Gesetze und Verträge dieser Welt genügen nicht: was fehlt, ist eine Welt voller Wunder ... Eine neue Welt für einen neuen Menschen – das ist gebieterische Notwendigkeit."

scher Entwurf dazu entwickelt (Vilmar, 1971, 362ff.). Es sei versucht, einige der wichtigsten pädagogischen Schlußfolgerungen daraus zusammenzufassen.

Ausgangspunkt kritischer Friedenspädagogik ist die systematische, geschichtlich fundierte Erfahrung kritischer Friedensforschung, *daß die zwar überwindbare, aber geschichtlich tief verwurzelte Gewaltsamkeit aller existierender Gesellschaftssysteme, das heißt ihre Bestimmung durch herrschende, privilegierte Machteliten und beherrschte, diskriminierte Massen, der methodische Ausgangspunkt jeder Friedensforschung sein muß.* Diese – auch für das Gesamtphänomen des Militarismus grundlegende – Bestimmung der Gesellschaft durch Herrschaft und Knechtschaft beruht auf objektiven, bisher mangelhaften Lebensbedingungen der Menschheit und kann mit der produktiven Veränderung dieser Lebensbedingungen verschwinden.

Von diesem Ansatz her ergeben sich nun Schwerpunktaufgaben einer kritischen Friedenspädagogik, die in dem genannten Text in der folgenden systematischen Gliederung formuliert werden:

Didaktik Kritischer Friedensforschung (Friedenspädagogik)

Kritik idealistischer Friedenspädagogik

Friedenspädagogik als gesellschaftliche Selbstkritik (Einübung der Nicht-Identifizierung mit den repressiven Strukturen des eigenen familiären, ökonomischen, politischen und Bildungssystems)

Didaktischer Schwerpunkt: Offenlegung der rüstungswirtschaftlichen Interessen der Privatwirtschaft

Didaktischer Schwerpunkt:
Aufweis der innenpolitischen Herrschaftsfunktionen des Militärapparates

Friedenspädagogik als didaktische Umsetzung von Ideologiekritik

Didaktischer Schwerpunkt: Auflösung der ideologischen Absolutheitsansprüche (Katholizität) und Verteufelungen des Kapitalismus und Kommunismus

Didaktischer Schwerpunkt: Auflösung der Ideologien der Machbarkeit des Krieges im Atomzeitalter („Abschreckung“, „begrenzter Krieg“, „Zivilschutz“)

Friedenspädagogik als Didaktik realer Utopien friedlicher (nichtantagonistischer demokratisierter) Sozialstrukturen

Didaktischer Schwerpunkt: friedensfördernde (strukturelle und offene Gewalt auflösende) Wirkung einer Demokratisierung der Wirtschafts- und Arbeitsordnung

Didaktischer Schwerpunkt: Aggressionsabbau durch Demokratisierung der Sozialisations- und Bildungsprozesse

Friedenspädagogik als Didaktik realistischer Abrüstungsprozesse

Didaktischer Schwerpunkt: Gradualistische Entspannungs- und Abrüstungskonzepte

Didaktischer Schwerpunkt: Unilateraler Abrüstungsbeitrag, Entwurf einer begrenzten, nicht atomaren, nicht offensiven

Bundeswehrkonzeption außerhalb der „flexible response"-Ideologie

Friedenspädagogik als Einübung demokratischen, herrschafts- und gewaltfreien Verhaltens

im Bildungs- und Arbeitsprozeß:

durch kooperative (statt hierarchische) gruppendynamische Prozesse

durch direkte, gewaltfreie, demokratische Aktionen gegen militaristische und repressive Herrschaftsformen

durch Information über Recht und politische Bedeutung der Kriegsdienstverweigerung.

Was diese Gliederung pädagogisch intendiert, läßt sich in einigen Thesen zusammenfassen:

Erstens: Friedenspädagogik hat – nicht zuletzt in kritischer Aufarbeitung des Inhalts unserer Geschichtsbücher – die wesentliche geschichtliche Funktion, *militärische Gewalt als Mittel der Selbstbehauptung und der Besitzerweiterung herrschender Machteliten aufzuzeigen.* Sie leistet damit gleichzeitig einen grundlegenden Beitrag zur Entmythologisierung von kriegerischen Idealen des Heldentums und Patriotismus, mit dem man die Völker, meist Opfer dieser militarisierten Herrschaftsinteressen, bis heute militärfromm und kriegsbereit gemacht hat.

Zweitens: Friedenspädagogik gelangt – auf dem Hintergrund einer solchen kritischen Bewertung der Kriegsgeschichte – zu einer aktuellen Gesellschaftskritik. Sie lehrt, die vorhandenen *Militärsysteme daraufhin zu befragen, inwieweit sie* tatsächlich vorgegebene Verteidigungsaufgaben erfüllen oder aber auch heute noch – zumindest partiell – *der Herrschaftssicherung und -ausdehnung von Machteliten dienen.* Als didaktische Schwerpunkte bieten sich in diesem Zusammenhang von der Friedensforschung aufzubereitende Untersuchungen an über neoimperialistische Funktionen von Streitkräften und Militärhilfen des Westens oder Ostens in der Dritten Welt – oder auch über die Polizeifunktion von Militärapparaten gegen soziale Unruhen im Inneren, beispielsweise in der ČSSR oder in Griechenland. Aber auch die Analyse der spezifischen Funktion hoher Rüstungsausgaben westlicher Staaten im Interesse bestimmter Konzerne oder der Konjunktur überhaupt führt zur Erkenntnis von Herrschaftsinteressen an Aufrüstung und gegen Abrüstung, die mit „Verteidigung der Freiheit" wenig zu tun haben.

Drittens: Eine entscheidende Aufgabe von Friedenspädagogik im Sinne politischer Bildung besteht in der Kritik der Ideologien, die das Wettrüsten rechtfertigen sollen. Dabei wären zwei didaktische Schwerpunkte zu entwickeln: einmal die *Kritik der ideologischen Absolutheitsansprüche,* mit denen die beiden großen Systeme sich selbst allein als human und verteidigungswürdig vergötzen und zugleich das andere System als das schlechthin böse und angriffslüsterne verteufeln. Die ungeheuere Unfrieden stiftende Bedeutung irrationaler Feindbilder zur Rechtfertigung bestehender und weiter auszubauender Militärapparate muß deutlich gemacht werden. – Ein weiterer ideologiekritischer Schwerpunkt ist die *Frage nach der tatsächlichen Sicherheit, die die herrschende Abschreckungsdoktrin bietet.* Was wird aus der freiheitlichen Lebensordnung, wenn die strategische Ideologie der „Flexiblen Reaktion" im sogenannten Ernstfall zur Anwendung kommt? Zu dieser offiziellen NATO-Doktrin gehört, wie unser Verteidigungs-„Weißbuch" wieder ausdrücklich bestätigt hat, auch der Einsatz von Atomwaffen, die man zwar „taktische" nennt, die aber bis zur siebzigfachen Größe der Hiroshima-Bombe reichen. Jeder Staatsbürger, vor allem aber Schüler, die sich mit 18 Jahren entscheiden müssen, ob sie von ihrem verfassungsmäßigen Recht der Wehrdienstverweigerung aus Gewissensgründen Gebrauch machen wollen, müssen über Sinn oder Wahnsinn dieser offiziellen Verteidigungskonzeption, die den Krieg wieder machbar erscheinen läßt, sich ein Urteil gebildet haben.

Viertens: Friedenspädagogik, die über die Glaubwürdigkeit der herrschenden militärischen Sicherheitskonzepte kritisch informiert, muß mit Hilfe kritischer Friedensforschung die Möglichkeiten realistischer Abrüstungsprozesse in die politische Bildungsarbeit einbringen. An Stelle totaler Abrüstungsforderungen, die längst als illusionär erkannt sind und nur die allgemeine Resignation fördern, müssen die von Politikern West- und Osteuropas immer wieder vorgetragenen Konzeptionen für eine schrittweise Rüstungsverminderung hier in Mitteleuropa mit viel größerem Ernst in die politische Bewußtseinsbildung eingehen. Dabei ist zu zeigen, an welchen Widerständen die seit 15 Jahren vorgebrachten Disengagement-Pläne immer wieder gescheitert sind, und welche Fortschritte die Vorschläge zu einer Europäischen Sicherheitskonferenz seit 1968 gemacht haben.

Fünftens: Friedensforschung und -pädagogik muß Möglichkeiten und Aktionsmodelle einer fortschreitenden Demokratisierung aller gesellschaftlicher Strukturen in die politische Bildungsarbeit einbringen. Sie muß zeigen, welche konstitutive Bedeutung der Abbau materieller Privilegien und unkontrollierter Herrschaft für eine reale Befriedung der Gesellschaft hat, deren Repräsentanten auf Militärapparate und Feindideologien zur Sicherung ihrer Positionen verzichten können, weil ihre Führungsfunktionen a priori als zeitlich begrenzte und von Wahlakten abhängige wahrgenommen werden. Gegen die konservative oder fatalistische Phrase, daß es seit je Herrschende und Beherrschte gebe und geben müsse, hat sie die geschichtliche Erfahrung ins Feld zu führen, die zeigt, daß es durch zunehmende Massenaufklärung und Massenorganisation in der Neuzeit durchaus schon zu einem relativen Abbau absoluter Herrschaftspositionen und politischer Machteliten gekommen ist. Die zweifellos mühevolle und langfristige politische Arbeit der fortschreitenden Verwirklichung gesellschaftlicher Mitbestimmung, Selbstbestimmung und Herrschaftskontrolle muß zugleich als die langfristig bedeutungsvollste Friedensstrategie erkannt werden.

Sechstens: Schließlich aber muß gerade Friedensforschung und Friedenspädagogik mit der Erkenntnis ernst machen, daß relevante Bildungsprozesse sich niemals nur gedanklich, nur theoretisch, verwirklichen lassen – daß sie vielmehr praktisch werden müssen. Friedenserziehung bedeutet daher nicht zuletzt Einübung antiautoritären und gewaltfreien politischen Verhaltens – sei es im Bildungs- und Arbeitsprozeß, im nonkonformistischen partei- oder gewerkschaftspolitischen Engagement –, sei es durch direkte gewaltfreie Aktionen gegen militaristische und repressive Herrschaftsformen in der eigenen Gesellschaft.

Gerade dieses letztere, die Theorie und Praxis nicht-militärischer kollektiver Aktionen zur Durchsetzung oder Verteidigung demokratischer Strukturen wird in Zukunft grundlegende Bedeutung erlangen können bei der Eliminierung der selbstmörderisch gewordenen militärischen Ideologien, Rüstungen und „Verteidigungssysteme" aus dem Geist und Gewebe moderner Industriegesellschaften.

2.2. Abbau der Drohungen und Rüstungen in Europa

2.2.1. Schritte der Rüstungsbegrenzung und Entspannung

Der nach dem Ende des Zweiten Weltkrieges einsetzende Rüstungswettlauf zwischen den neu entstandenen Mächtegruppierungen der östlichen und westlichen Welt wurde von Anfang an von Bemühungen begleitet, durch Verhandlungen und Vorschläge zur Abrüstung die Konfrontation der Blöcke unter Kontrolle zu halten. Von den ersten Abrüstungsvorschlägen, die die Großmächte bereits im Juni 1946 der UN-Vollversammlung unterbreiteten, zieht sich eine ziemlich kontinuierliche Linie bis hin zu den derzeitigen Verhandlungen über eine Begrenzung der strategischen Rüstungen.

Gescheitert: Umfassende Abrüstungspläne

Eine Analyse des offensichtlichen Widerspruchs, einerseits die gewaltigste Kriegsmaschinerie der Menschheitsgeschichte zu errichten, andererseits Abrüstungsbemühungen gewissermaßen zu institutionalisieren, wird auf unterschiedliche Motive stoßen. Zweifellos hatten viele demonstrative Abrüstungsinitiativen beider Seiten einen Alibicharakter: sie sollten einen Friedenswillen „beweisen", der nicht in einer ernsthaften Bereitschaft zur Reduzierung des Militärkomplexes bestand. Pläne zur Rüstungsbegrenzung werden mit Bedingungen versehen, die für die Gegenseite von vornherein unannehmbar sind, und man hat dann die gewünschte Bestätigung, daß eben die andere Seite an allem Übel dieser Welt schuld sei und die Verantwortung dafür trage, wenn das Wettrüsten immer neue materielle Opfer fordert. Beleg für diese

Rechtfertigungsfunktion ist vor allem der seit Jahren bestehende sowjetisch-amerikanische Streit darüber, in welcher Weise Kontrollmaßnahmen und eigentliche Abrüstungsmaßnahmen miteinander verbunden werden sollen.

Dennoch erscheint es verfehlt, die Abrüstungsdiskussion der letzten zwei Jahrzehnte allein unter diesem Gesichtspunkt eines bloßen Scheingefechtes zu sehen. Vielmehr darf durchaus unterstellt werden, daß noch andere Beweggründe hinzukommen: Am Ende des Zweiten Weltkriegs war die erste Atombombe gefallen, eine neue, mit keiner früheren vergleichbare Waffentechnik war entstanden, deren Vernichtungskraft alle bisherigen Vorstellungen einer „Verteidigung der Heimat" fragwürdig werden ließ. Beide Weltmächte entwickelten die Fähigkeit, den Gegner total auszulöschen, allerdings um den Preis der eigenen Selbstvernichtung. Es entstand das atomare „Gleichgewicht des Schreckens", in welchem man zwar die Chance der Kriegsverhütung sah, aber es entstand auch jene Atmosphäre des Kalten Krieges mit einer von beiden Seiten betriebenen propagandistischen Verabsolutierung der eigenen Gesellschaftsordnung.

In einer solchen weltpolitischen Situation, in der der Mächtegegensatz zu einem Kreuzzug des Reichs des Lichts gegen das Reich der Finsternis hochgespielt wurde, wurde zugleich die Gefahr immer größer, daß Militärführer einer Präventivkriegsstimmung erlagen oder daß eine geringfügige Krise, ja ein bloßes Versagen der technischen Kontrollsysteme zu einem „Krieg aus Versehen" führen konnten. Es entstand daher auch und gerade unter den Bedingungen des Kalten Krieges für die Weltmächte ein Zwang, trotz aller sonstigen Gegensätze Übereinkünfte zu treffen, das Wettrüsten unter Kontrolle zu bekommen bzw. ihm die gefährlichsten Spitzen abzubrechen. Das Teststoppabkommen und der Atomsperrvertrag sind sichtbare Erfolge solcher Einsicht.

Die Abrüstungsverhandlungen der fünfziger und sechziger Jahre zeigen aber auch, daß ein tatsächlicher Waffenabbau bislang nicht zu erzielen war.

In den Verhandlungen, die in den fünfziger Jahren im Abrüstungs-Unterausschuß der UN geführt wurden, hatten bis 1955 die Westmächte vergeblich versucht, die Sowjetunion für die Zulassung internationaler Kontrollen beim Abrüstungsprozeß zu gewinnen. Diese Situation verschob sich jedoch, als die Sowjetunion am 10. Mai 1955 einen Plan vorlegte, in dem einer detaillierten Kontrolle zugestimmt wurde. Außerdem wurde in diesem Plan der bisherige sowjetische Standpunkt, wonach im Gegensatz zu den westlichen Vorstellungen die Abrüstung mit der Bannung und Vernichtung der Atomwaffen zu beginnen habe, aufgegeben und der für die schwächere Atommacht Sowjetunion riskantere westliche Vorschlag akzeptiert, zunächst 75% der herkömmlichen Waffen und Streitkräfte abzurüsten. Bodenkontrollposten an allen wichtigen Verkehrsknotenpunkten der beteiligten Länder sollten auf Basis der Gegenseitigkeit die Einhaltung der vorgeschlagenen Bestimmungen überwachen.

Von westlicher Seite wurde dieses sowjetische Einlenken in der Kontrollfrage zwar begrüßt, nicht aber das von der Sowjetunion geforderte Ausmaß tatsächlicher Abrüstungsmaßnahmen. Vielmehr erklärte der amerikanische Verteidigungsminister Quarles im Gegensatz zu den eigenen bisherigen Vorschlägen des Westens, die USA dächten nicht an ein Abrüstungssystem, das bis zur Unfähigkeit, weitere Kriege zu führen, gehe. In der „New York Times“ kommentierte dazu James Reston:

„Also, wenn die Russen fragen, ob, falls sie unser Alarmkontrollsystem annehmen, wir uns ihr System der Ächtung und Zerstörung aller Massenvernichtungswaffen zu eigen machen würden, so ist die Antwort nein. Die ganze Grundlage des amerikanischen Denkens in dieser Frage hat sich verschoben“ (zit. nach Hallgarten 1960).

Seit jener Zeit behauptete die Sowjetunion immer wieder, die USA wollten nur Kontrollen um ihrer selbst willen, aber ohne eigentliche Abrüstungsmaßnahmen, während die USA wiederum behaupteten, die Sowjetunion wolle nicht in genügendem Maße Kontrollmaßnahmen akzeptieren. In diesen Bahnen bewegt sich noch heute der sowjetisch-amerikanische Gegensatz in der Abrüstungsfrage: In welcher Weise sollen Kontrollmaßnahmen und eigentliche Abrüstungsmaßnahmen gekoppelt werden? Und: in welcher Relation, in welchem Ausmaß und welcher Zeitspanne sollen atomare und konventionelle Rüstungen vermindert werden?

Seit dem Jahr 1957 wurde der Eisenhower-Plan gegenseitiger Luftinspektion zum Zentrum der amerikanischen Abrüstungsbemühungen, die sich mehr und mehr in der Halbheit bloßer „arms control“, das heißt einer Kontrollierung und Begrenzung der gegenseitigen Rüstungen, zurückzogen. Man forderte zwei Überwachungszonen, deren eine sich über Sibirien und Alaska, deren andere sich über ein 1600 km breites europäisches Gebiet erstrecken sollte. Eine solche europäische Inspektionszone wäre noch keine tatsächliche Abrüstungsmaßnahme, sie hätte jedoch, wäre sie zustande gekommen, insofern ihren Sinn gehabt, als man hätte konkrete Erfahrungen sammeln können, wie das Tätigwerden von Kontrollposten organisiert werden müßte.

G. W. F. Hallgarten schildert, daß der Plan einer solchen abrüstungsvorbereitenden Inspektionszone nicht etwa an der Sowjetunion scheiterte, sondern am Einspruch der bundesdeutschen Regierung Adenauer, die über lange Jahre hinweg als Gralshüter des Kalten Krieges gegenüber allen Entspannungstendenzen agierte: „Kaum wurden diese Pläne in Europa bekannt, da erhob sich ein Sturm dagegen in Westdeutschland... Man meinte, die russisch-amerikanische Verständigung in der Abrüstungsfrage werde praktisch zur Verewigung der Teilung Deutschlands führen, ja man sah das Ende der NATO und den Abzug der Amerikaner aus Europa voraus. Dementis seitens der Amerikanischen Botschaft in Bonn beschwichtigten die Gemüter einigermaßen, zumal der amerikanische Staatssekretär John Foster Dulles sofort öffentlich erklärte, er stimme lediglich einer Inspektion der arktischen Gebiete zu ..." (Hallgarten, 1960, 102f).

Man fühlt sich bei dieser Schilderung an jenen angeblich von Adlai Stevenson stammenden Ausspruch erinnert, wonach „Amerikas eigentlicher Außenminister" Jahre hindurch Adenauer gewesen sei. Nun ist freilich nicht anzunehmen, daß eine amerikanische Regierung bestimmte Pläne, zu denen sie unter allen Umständen entschlossen ist, auf Geheiß kleinerer Verbündeter fallenläßt. Vielmehr deuten manche Anzeichen darauf hin, daß die damalige amerikanische Regierung eben keineswegs so fest zu Fortschritten in der Abrüstungsfrage entschlossen war, sondern von verschiedenen Interessenströmungen im eigenen Land hin und her gerissen wurde, was dann wiederum abrüstungsfeindlichen Kräften des Auslandes die Möglichkeit gab, zusammen mit machtvollen Gruppen innerhalb der USA zu operieren, um eine Beendigung des Rüstungswettlaufes zu hintertreiben. Es ist klar, daß der Einfluß dieser „neo-totalitären" Mächte, wie Hallgarten die Rüstungsindustrie bezeichnet, nicht ohne Einfluß auf die amerikanische Position bei den Abrüstungsverhandlungen bleiben kann. Eisenhower selbst war es, der bei seiner Abschiedsrede vor dem Einfluß des „militärisch-industriellen Komplexes" warnte.

Eine neuer Anlauf der Weltmächte, sich von ihren Waffenarsenalen zu trennen, begann im März 1962 in Genf. Sowohl die amerikanische als auch die sowjetische Delegation legten detaillierte Pläne zur „allgemeinen und vollständigen Abrüstung" vor. Der sowjetische Plan forderte, den Abbau der Rüstungen innerhalb von vier Jahren vorzunehmen, und zwar in drei Etappen, nach deren jeweiligem Ende festgesetzte Höchstgrenzen der Truppenstärken nicht mehr überschritten werden sollten. Der amerikanische Plan sah ebenfalls drei Etappen vor, allerdings mit einer Gesamtdauer des Abrüstungsprozesses von neun Jahren. Beide Entwürfe waren auch mit Bestimmungen über die Kontrolle der abzubauenden Militäranlagen und Produktionsstätten versehen.

Daß diese Planentwürfe nicht zu Abrüstungsverträgen führten, lag weniger an Differenzen über die Kontrollmodalitäten als vielmehr an Uneinigkeit über die Zeitdauer des mehrstufigen Abrüstungsprozesses, über die Einzelheiten der Etappen und vor allem über die Frage der amerikanischen Zivilangestellten. Die USA wollten die 1,2 Millionen Zivilangestellten ihrer Streitkräfte als nichtmilitärisches Personal betrachten und nicht in die Abrüstungsmaßnahmen einbeziehen, während die Sowjetunion sie in ihre Berechnungen der amerikanischen Streitkräfte als vollgültige Militärpersonen einordnete und folglich in alle Abrüstungsmaßnahmen miteinzubeziehen wünschte.

Es soll hier nicht der Versuch unternommen werden, aufzurechnen, ob einer der beteiligten Seiten eine größere Schuld als der anderen zuzumessen ist. Die Konsequenz, die sich aus den bislang fehlgeschlagenen Bemühungen um eine globale Abrüstung ergibt, ist die nüchterne Feststellung, daß beide Seiten vor einem eventuell entstehenden militärischen Vorteil der Gegenseite, aber wahrscheinlich noch mehr vor den innenpolitischen Folgen eines Abbaus des Militarismus und seiner Feindideologie (vgl. Erster Teil) so starke Furcht hegen, daß gegenüber solchen militär- und herrschaftspolitischen Interessen die Einsicht in die Kosten und Gefahren des Wettrüstens in den Hintergrund tritt.

Versuche schrittweiser Rüstungsbegrenzungen

Angesichts der militaristischen Herrschaftsinteressen und der faktischen Kompliziertheit, die die unterschiedlichen Vorräte an herkömmlichen und atomaren Waffen, die Produktionsstätten und die – geopolitisch unterschiedlich placierten – militärischen Anlagen „symmetrisch" abzubauen und diesen Vorgang auch genau zu kontrollieren, erscheint es fraglich, ob überhaupt ein globaler Abrüstungsplan theoretisch konzipierbar ist. Realistische Hoffnung auf einen Abbau des Wettrüstens kann sich daher gegenwärtig nur darauf gründen, daß es gelingt, zunächst auf *Teilbereichen* und durch *Rüstungsbegrenzung* Fortschritte zu erzielen, die beiden Seiten sowohl nützlich als auch vom Standpunkt ihrer Herrschafts- und Sicherheitsinteressen „zumutbar" erscheinen.

Wenigstens solche begrenzten Erwartungen sind nicht mehr pure Utopie, seitdem im Sommer 1963 die USA, Großbritannien und die Sowjetunion jenes Teststoppabkommen abschlossen, das die großen Versuchsexplosionen von Atombomben verbietet und nur noch unterirdische Versuche zuläßt. Dieses Abkommen wurde damals von der Weltöffentlichkeit fast einmütig begrüßt. Man sah in ihm einen wesentlichen Schritt weg von jener Politik, die einige Jahre zuvor John Foster Dulles als „hart am Rande eines Krieges" lokalisiert hatte.

Gewiß war damit noch kein Waffenabbau erzielt, und es wurde damals sogar von einigen Kommentatoren die Befürchtung ausgesprochen, dieser an sich positive Schritt, keine weitere radioaktive Verseuchung der Atmosphäre mehr stattfinden zu lassen, könne zu einer allzu trügerischen Beruhigung über die verbliebenen Gefahren des Wettrüstens führen. Dennoch sollte man zwei wesentliche Aspekte des Teststoppabkommens zur Kenntnis nehmen. Erstens markiert es einen ersten praktischen Ansatz beiderseitiger Anerkennung der Notwendigkeit der Koexistenz unterschiedlicher Gesellschaftssysteme: die grundsätzliche Bereitschaft, bei klarer Trennung der Einflußsphären und Aufrechterhaltung der Systemkonkurrenz auf das militärische Mittel zu verzichten. Zweitens ist durch das Aufhören der radioaktiven Strahlungen die gesamte Menschheit, in welchem politischen Lager sie auch immer lebt, von einer Gefahr befreit worden, die mehr als jedes feindliche politische System die unmittelbare biologische Lebenssubstanz bedroht hatte.

Seit diesem ersten Übereinkommen im Zeichen beginnender Koexistenzpolitik zeichnet sich eine neue Periode, eine neue – gradualistische – Strategie im Kampf gegen das Wettrüsten ab – ein wesentlich längerer, mühsamerer Weg, der aber eher Erfolg verspricht, da er davon ausgeht, *daß man die Staatenwelt nur allmählich aus dem Bann militär- und herrschaftspolitischer Rüstungssysteme und Feindideologien befreien kann.* In der Ära Kennedys (der als erster westlicher Politiker den Zwang – auch der Machteliten – zur Koexistenz voll begriff) wurde begonnen, durch eine Anzahl kleinerer Schritte im Vorfeld der Abrüstung den hemmungslosen Fortgang des Rüstungswettlaufes zu bremsen und die Kriegsgefahr zu verkleinern:

– Im Juni 1963 wird der „heiße Draht", eine direkte Fernschreiberverbindung zwischen Moskau und Washington, errichtet (später eine ähnliche direkte Kommunikationslinie zwischen Moskau und Paris), mit deren Hilfe ein versehentlicher Kriegsausbruch verhindert werden soll;

– in den Staatshaushalten beider Weltmächte wurden für 1964 relative Kürzungen der Militärbudgets gegenüber dem Vorjahr vorgesehen*;

– im Januar 1964 kündigt US-Präsident Johnson eine Senkung der Plutoniumproduktion um 25% an;

– in den Jahren 1963/64 wurden von den USA etliche Militäranlagen und Flugplätze im Ausland geschlossen.

Alle diese Schritte erfolgten einseitig, ohne vertragliche Absprache und ohne Kontrollen. Diese Maßnahmen eines gegenseitigen Beispielgebens waren und sind ein Zeichen der Einsicht der Machteliten beider Weltmächte, daß die vorhandenen Waffenvorräte in ihrer Zerstörungskraft ein Ausmaß erreicht hatten, das ein Einfrieren auf dem gegebenen Stand, ja sogar einen schrittweisen Abbau, durchaus auch einseitig ermöglicht, ohne zu einer Schmälerung des „Abschreckungspotentials" zu führen. Allerdings wurden in der zweiten Hälfte der sechziger Jahre durch den Vietnamkrieg der USA die Ansätze eines Knicks in der tödlichen Fieberkurve des Wettrüstens wieder in Frage gestellt. Immerhin haben sich seit 1968 die Weltrüstungsausgaben bei etwa 170 Milliarden Dollar stabilisiert. (Die der Bundesrepublik, nach sprunghaften Anstiegen 1955–63, sind mehrere Jahre lang bei 19–20 Mrd. DM eingefroren worden, der Rüstungsanteil am Bundeshaushalt ist gesunken; vgl. S. 55.) Und die seit 1969 geführten SALT (Strategic Arms Limitation Talks)-Verhandlungen zwischen USA und UdSSR bedeuten eine konsequente Fortführung dieser ebenso mühsamen wie bedeutungsvollen Politik gradueller Rüstungslimitierung. Denn eine sich anbahnende qualitative Veränderung der relativen atomstrategischen Gleichgewichtssituation zwischen den Supermäch-

*In den folgenden Jahren verminderte die Sowjetunion den Anteil der Rüstungsausgaben an dem (gegenüber dem der USA um über ein Drittel kleineren!) Sozialprodukt von 14,5% (1958) auf etwa 10% (1970), während die USA 1966–68, vor allem infolge des Vietnamkrieges, einen Anteil von rd. 10% beibehielt, aber 1969/70 erstmals wieder Reduktionen vornahm.

ten der sechziger Jahre (vgl. 1.3.) verurteilt die Methoden einseitiger Rüstungsbegrenzungen (mit Signalcharakter für die Gegenseite) künftig zum Scheitern.

Im Laufe der sechziger Jahre nämlich entwickelte sich eine gewaltige „second strike capability“ bei beiden Führungsmächten, eine Saturiertheit (was die USA betraf, 1968 mit 1700 gegen 1000 sowjetischen interkontinentalen Trägerwaffen [vgl. Rathjens, 1970, 84] eine Übersaturiertheit oder „overkill-capacity“) an atomaren Waffen, mit denen jede Aggression des anderen durch einen vernichtenden Gegenschlag („assured destruction“) abgeschreckt werden konnte. Angesichts dieser „destruktiven Übersättigung“, die ein stabiles militärisches Patt zu garantieren schien, konnten Rüstungsreduktionen einseitig sinnvoll und beispielgebend sein.

In der zweiten Hälfte der sechziger Jahre aber begann man, wie schon dargestellt, statt von diesem absoluten Rüstungsgleichgewicht aus Koexistenz- und Abrüstungsprozesse zu stabilisieren, Atomwaffensysteme zu entwickeln, die eben dieses Gleichgewicht zu erschüttern drohen: ABM- und MIRV-Waffensysteme, also Raketenabwehr- und Mehrfachgefechtskopf-Raketensysteme, deren Fortentwicklung in den siebziger Jahren beim jeweiligen Gegner die Furcht erwecken müssen, nicht länger die abschreckende Macht zum vernichtenden „second strike“ zu besitzen, falls er nicht durch gigantische neue Rüstungsprogramme mit dem anderen gleichzieht – Waffensysteme, die unvorstellbare neue Rüstungslasten den Völkern aufbürden und eine ungeheure Präventivkriegsgefahr heraufbeschwören*, wenn und solange eine Seite im Konfliktfall glaubt, einen entscheidenden Vorteil durch Auslösung des „ersten“ Schlages gegenüber dem Gegner zu gewinnen.

Im Anfangsstadium dieses drohenden neuen Entstehens von Rüstungs- und Drohsystemen genügen bloß quantitative Rüstungsbegrenzungen nicht mehr. Vielmehr müssen USA und UdSSR versuchen, in Verhandlungen den weitestmöglichen Verzicht auf die Entwicklung solcher Waffensysteme zu erreichen, und dadurch zu verhindern, daß eine Lawine von internationaler Instabilität und Hochrüstung ausgelöst wird. In der Tat hat die Einsicht in diese ungeheure Gefahr für die siebziger Jahre zu den SALT-Verhandlungen geführt.

Die 1963 begonnene, durch den Vietnamkrieg unterbrochene und durch die neuen Waffensysteme komplizierte Politik der kleinen Schritte im Vorfeld der Abrüstung wurde damals von amerikanischen Analytikern mit Recht nicht zuletzt auch als ein psychologisches Mittel einer weniger auf Militarismus eingeschworenen, demokratischeren politischen Machtelite gewertet, um die eigene antikommunistisch in-

*Nach Rathjens (1970, 116) hat das Verteidigungsministerium der USA bereits Berechnungen vorgelegt, wonach die USA nach Entwicklung jener die gegnerischen Raketen zerstörenden Waffensysteme bei einem (präventiven) Erstschlag nur etwa 30 Millionen Menschen durch einen sowjetischen Gegenschlag das Leben verlieren würden, während sie bei einem sowjetischen „first strike“ etwa 90 Millionen Menschen, also die dreifache Zahl verlören.

doktrinierte Öffentlichkeit überhaupt erst einmal daran zu gewöhnen, daß tatsächlich mit der als „Todfeind" betrachteten Sowjetunion auch einige gemeinsame Interessen bestehen, die nach vertraglichen Abmachungen verlangen. Dazu schrieb einer der wichtigsten Abrüstungstheoretiker des „Gradualismus", Amitai Etzioni (1964, 232):

„In einer Beziehung war der Gesamteffekt all dieser Maßnahmen gewichtig: Er führte genau zu dem, was wir vorhergesagt hatten und weshalb wir diese Schritte empfohlen hatten: Die Spannungen wurden reduziert. Denn ein großer Teil der Spannungen hat seine Ursache nicht außerhalb, zwischen den Völkern, sondern in den Völkern selber. Und hier wirkten all diese Maßnahmen. Sie änderten die Auffassungen der Bürger . . . Und wenn Sie die Rede Präsident Kennedys sehr sorgfältig lesen, werden Sie feststellen, daß die meisten der anscheinend an die Adresse der Sowjetunion gerichteten Mahnungen für die Bürger der Vereinigten Staaten bestimmt waren. Wir fanden Sätze wie: ‚Wir haben unser Verhältnis zur Sowjetunion neu zu überdenken'; ‚Wir haben die alten Mythen abzubauen.' Die Hauptaufgabe ist also, die amerikanische öffentliche Meinung aufzutauen. Denn diese Meinung ist gefroren und stimmt allen sogenannten ‚harten' Maßnahmen schnell zu. Sie ist dagegen sehr zögernd gegenüber Abrüstungsvorschlägen. Und dies hat aus dem Bereich der denkbaren amerikanischen Handlungsweisen eine Reihe von Alternativen herausgebrochen. So ist es auch die Aufgabe dieser vorbereitenden Schritte, wieder weitere Möglichkeiten für die amerikanische Politik freizutauen."

Politische Wende in der Bundesrepublik

Auch in der Bundesrepublik war lange Jahre hindurch eine solche „eingefrorene" öffentliche Meinung vorherrschend; man betrachtete jede Diskussion über Entspannungsschritte als „Aufweichung" der westlichen Abwehrfront, wie es heute noch die Springer-Presse den Menschen hierzulande einzubleuen versucht. Dennoch läßt sich ein Trend feststellen, daß breitere Bevölkerungsschichten nüchterner, realistischer, daher entspannungsbereiter über unser Verhältnis zum „Osten" denken. Es ist dies die unabdingbare Voraussetzung für jede Entspannungspolitik, wenn verhindert werden soll, daß die Sozialdemokraten bei ihren Bemühungen um einen Ausgleich mit dem Osten auf eine Mehrheit verbohrter Antikommunisten stößt, die immer noch im Gefolge der CDU/CSU und der Vertriebenenverbände in den Kategorien des Kalten Krieges denken und urteilen.

Der sich vollziehende Gesinnungswandel wurde erkennbar und zugleich bekräftigt durch die beiden Brandt-Stoph-Gespräche 1970. Sie sind fast widerspruchslos, vielfach sogar mit großer Zustimmung akzeptiert worden – von derselben Öffentlichkeit, die noch wenige Jahre zuvor in jeglichem Kontakt zu DDR-Instanzen eine „Anerkennung des Unrechtsstaates" erblickt hatte.

Aus der Bevölkerung kam auch kein nennenswerter Widerstand mehr, als Ende 1969 die sozial-liberale Bundesregierung den Atomsperrvertrag unterschrieb und damit eindeutig von der Hinhaltetaktik Kiesingers abrückte, die Unterschrift hinauszuzögern und nach Mitteln zu suchen, den Weg zu einer irgendwie gearteten Mitverfügung über Atomwaffen freizuhalten. Die Unterzeichnung des Vertrages stellt klar, daß jetzt endlich von bundesdeutscher Seite zumindest die rüstungstechnische, wenn auch noch nicht die militärisch-strategische Arbeitsteilung in atomare und nichtatomare Länder innerhalb des westlichen Bündnisses anerkannt wird.

Entgegen der „Ausverkaufs"-Propaganda der CDU/CSU muß eindeutig betont werden, daß der Atomsperrvertrag ein wesentliches Stück Entspannungspolitik darstellt. Da der waffentechnische Fortschritt dazu geführt hat, daß Atomwaffen „billig" auch von mittleren und kleineren Staaten hergestellt werden können, ist die Gefahr einer Vermehrung der atomar gerüsteten Staaten erheblich angestiegen. Damit wird die Kriegskatastrophe, aus „Versehen" oder unverantwortlicher Politik entstehend, immer wahrscheinlicher. Auch wird es immer schwieriger, bei einer solchen Verbreitung von Atomwaffen (gar in Länder mit territorialen Forderungen!) ein Abrüstungsabkommen zustande zu bringen, dem alle Atommächte zustimmen. Für die bestehenden Atommächte ist das derzeitige Problem schon schwer genug. Es ist daher offensichtlich richtig anzustreben, daß nicht noch weitere Staaten Atomwaffen erhalten. Der Abschluß des am 24. August 1967 von den USA und der UdSSR gemeinsam vorgelegten Atomsperrvertrags ist daher von größter Bedeutung, weil er eine weitere katastrophale Entwicklung wenigstens hemmen kann.

Eine ausdrückliche Garantie, daß „nichts in diesem Vertrag" die „Forschung, Produktion und Verwendung nuklearer Energie für friedliche Zwecke" und den wissenschaftlichen Austausch behindern darf, nimmt jenen den Wind aus den Segeln, die die mögliche technologische Diskriminierung der Bundesrepublik als Grund oder Vorwand für die Unannehmbarkeit dieses Vertrages nannten.

Nach der erfolgten Unterzeichnung des Sperrvertrages sind der Abschluß des Gewaltverzichtsabkommens mit der Sowjetunion (1970) und die Anerkennung der Oder-Neiße-Grenze im Warschauer Vertrag (1971) weitere wesentliche Erfolge sozialdemokratischer Politik der Friedenssicherung. Der erfolgreiche Abschluß einer Viermächte-Rahmenvereinbarung über Berlin und der detaillierten Transit- und Berlin-Reiseregelungen seitens der BRD und der DDR ermöglicht 1972 die Ratifizierung der Gewaltverzichtsabkommen. Ihre Bedeutung kann nur von den parteipolitischen wie bewußtseinsindustriellen Vertretern jener westdeutschen Machteliten gering oder gar negativ eingeschätzt werden, die die Ideologie und Politik des Antikommunismus zu ihrer Machterhaltung brauchen (vgl. 1.2.). Denn wer hier nach den „Gegenleistungen" der Sowjetunion oder Polens fragt, wer gar von „Verzicht" und „Vorleistungen" spricht, will nicht nur Hitlers verbrecherischen Krieg vergessen machen, blind machen für unsere ungeheure Friedensverpflichtung nach allem, was wir Osteuropa angetan haben; wer so demagogisch „argumentiert", der handelt auch, so national er sich gebärdet, gegen unser ureigenes, höchstes nationales Interesse (vom europäischen einmal ganz abgesehen): das doch in nichts anderem bestehen kann als in der Beseitigung, koste es, was es wolle, der Ursachen eines dritten Krieges in Europa, der uns auslöschen würde. Und nichts anderes als die in der Adenauer-Ära gezüchteten, von den Strauß und Springer, ihren Barzel und Boenisch immer neu belebten antikommunistischen Wahnvorstellungen: die selbstmörderische Illusion der Wiedervereinigung durch militärischen Druck auf die Sowjetunion, das Unfrieden erhaltende Bestehen auf den Grenzen von 1937, die Nichtachtung der DDR, die demonstrative politische Berlin-Präsenz – das sind die Krisenzündstoffe, das ist die künstlich geschaffene explosive Atmosphäre, die jeden Tag durch eine Kette von Kurzschlußhandlungen in den neuen Krieg führen könnte. Daß Willy Brandt Wesentliches von diesem Krisenstoff weggeräumt, daß er das Klima zwischen Westdeutschland und Osteuropa gereinigt hat mit den Verträgen von Moskau und Warschau: dies allein schon qualifiziert seine Ostpolitik als höchst ertragreich für ganz Europa, qualifiziert ihn selbst als den ersten wirklichen Friedenspolitiker der Bundesrepublik. Mit Recht wurde er durch den Friedensnobelpreis geehrt! Seine Leistung für Deutschland und Europa wird von weit größerem Gewicht befunden werden als die des Westbündlers Adenauer, der durch die (wohl seinem Klassenstandpunkt, nicht aber Deutschland gemäße) sklavische NATO-Integration der BRD in letzter Instanz nur der vertieften Spaltung Europas, der Organisation des Unfriedens diente. (Eine weniger spalterische Politik war durchaus realisierbar, Österreich hat es bewiesen, und die sowjetischen Noten vom März und April 1952 boten die Chance dazu, die von Adenauer bewußt ungenutzt gelassen wurde; s. Seite 27f.) Brandts geschichtliche Leistung ist, daß er, seit 1966 als Außenminister, seit 1969 als Kanzler, durch erste reale Brückenschläge – zu Rumänien, Jugoslawien, DDR, Rußland, Polen – diese lebensgefährliche europäisch-deutsche Spaltung und Verfeindung zu überwinden begonnen hat. Die Anerkennung der DDR in aller Klarheit auch formell zu vollziehen, wie sie de facto durch die völkerrechtlich verbindlichen Transitverträge vom Dezember 1971 bereits vollzogen ist – diese offizielle Normalisierung der Beziehungen zwischen den beiden deutschen Staaten muß der letzte entscheidende Schritt sein – dann, und erst dann steht das Fundament für eine neue west-osteuropäische Epoche.

Daß die DDR-Machtelite, ihrerseits ganz auf den Anti-BRD-Komplex eingeschworen, versucht, Brandt den letzten, entscheidenden friedenspolitischen Schritt zur DDR-Anerkennung durch Fortsetzung ihrer Kalten-Kriegs-Tiraden innenpolitisch höchst schwer zu machen, Springer tagtäglich in die Hände arbeitend, sollte niemanden beirren. Seit den Tagen der griechischen „Systemkonkurrenz" der athenischen und spartanischen Machtelite liefert eine Herrschaftsschicht der anderen die Argumente zur Disziplinierung und Militarisierung des Volkes. Die bewußten, beleidigenden Herabsetzungen der sozialdemokratischen Politik, das mangelnde Entgegenkommen bei den innerdeutschen Verhandlungen (wenn auch eine relative Versachlichung des Tons sich durchzusetzen scheint) – dies kann und muß ein Kanzler souverän und zielbewußt an sich abprallen lassen, der schon 1968 das einzige, das friedenspolitische Primat bundesrepublikanischer Politik treffend formuliert hat (1968, 33): „Ein Land, das im Falle eines Krieges eine Wüste würde – gleichgültig, nach welchen Gesetzen der Strategie das Inferno abliefe –, kann kein höheres Ziel haben, als die Arbeit am Frieden."

Die über die sozial-liberale Friedenspolitik entbrannten innenpolitischen Auseinandersetzungen und die knappen parlamentarischen Mehrheitsverhältnisse zeigen allerdings, daß noch ein langer Kampf gegen die alten, auf Konfrontation fixierten Machteliten auszufechten ist und daß auf Grund der konservativen Meinungsmanipulation noch durchaus erhebliche Bevölkerungsteile bewußtseinsmäßig in der Politik der fünfziger Jahre stehengeblieben sind (vgl. Gantzel 1972. Die große Gefahr, in der die sozialdemokratische Friedenspolitik sich befindet, ist, aus Furcht vor diesem antikommunistischen Meinungsblock die Vollendung ihrer ostpolitischen Entspannungsbemühungen nicht zu realisieren, die zugleich die Grundlage für den Frieden in Europa ist: die Herstellung normaler staatlicher, also auch völkerrechtlicher Beziehungen zur DDR (vgl. im einzelnen dazu 2.1.5.). Freilich: die jüngste Kampagne gegen die Ostverträge zeigt auch die reale Ursache dieser Furcht.

Europäische Sicherheitskonferenz in Sicht

Als wichtigster europäischer Schritt einer gradualistischen Entspannungs- und Abrüstungspolitik ist eine europäische Sicherheitskonferenz zu betrachten, die – nach vielen vergeblichen Disengagement-Bemühungen der vergangenen zwanzig Jahre – seit 1968 von neuem ins Zentrum des entspannungspolitischen Interesses rückt.

Als Ende der fünfziger bzw. Anfang der sechziger Jahre die verschiedenen Vorschläge über eine atomwaffenfreie Zone in Mitteleuropa vorgetragen wurden, erblickte man darin in NATO-Kreisen den Versuch, Westeuropa von Amerika zu trennen. Denn die USA müßten sich bei der Realisierung einer solchen Zone über den Atlantik zumindest aber aus der BRD zurückziehen, während sowjetische Truppen hinter der Disengagement-Zone verbleiben würden. Ernsthafte Verhandlungen wurden daher nie aufgenommen.

Ende der sechziger Jahre wurden vom Ostblock mit der Forderung nach einer gesamteuropäischen Sicherheitskonferenz neue Vorschläge für eine Entspannung in Mitteleuropa zur Diskussion gestellt. Eine solche Konferenz sollte Prinzipien aufstellen, die Konfrontation der bestehenden Blöcke mittels eines Systems funktionaler Kooperation und von Gewaltverzichtsverträgen abzubauen. Zu dieser östlichen Konferenzforderung äußerte sich im Mai 1970 die NATO-Tagung in Rom mit der Gegenforderung, daß eine beiderseitige „ausgewogene" Truppenverminderung in Europa in jedem Falle einer solchen Sicherheitskonferenz voraus- bzw. mit ihr einhergehen müsse.

Diese als „Signal von Rom" deklarierte Bereitschaft zur Truppenreduzierung (als wesentliches Element einer europäischen Sicherheitskonferenz) hat sich noch nicht zu einem konkreten Plan verdichtet: Erstens wurde bei der im Konferenz-Kommuniqué ausgesprochenen Bereitschaft, Stationierungs- und einheimische Streitkräfte „sowie ihre Waffensysteme" zu vermindern, die Frage ausgespart, ob atomare Trägerwaffen in diese Reduzierung einbezogen werden sollten. Helmut Schmidt hatte in Rom diese Einbeziehung ausdrücklich gefordert, war damit jedoch auf amerikanischen Widerstand gestoßen. Wenn man davon ausgeht, daß der relativen sowjetischen Überlegenheit auf dem nichtatomaren Militärsektor in Europa ein gefährliches atomares Drohpotential amerikanischer Stützpunkte in Europa gegenübersteht, dann hatte Schmidt sicherlich die Logik auf seiner Seite, als er die atomaren Trägerwaffen in den Prozeß der Streitkräfteverminderung einbeziehen wollte.

Ein zweiter Punkt, der auf der römischen Konferenz diskutiert wurde, zeigte noch deutlicher, wie schwer ein noch so begrenzter Abrüstungsplan konkret gestaltet werden kann, wenn er Benachteiligungen der einen oder anderen Seite ausschließen soll. Diskutiert wurden ein „symmetrisches" und zwei „asymmetrische" Modelle: Nach dem symmetrischen Modell sollen in der Zone begrenzter Rüstung (bestehend aus der Bundesrepublik und den Benelux-Staaten im Westen sowie DDR, ČSSR und Polen im Osten) nationale und ausländische Streitkräfte auf beiden Seiten in gleichen Prozentsätzen vermindert werden. Nach dem einen asymmetrischen Modell soll der Prozentsatz, um welchen die Truppenverminderung stattfände, im Osten größer als im Westen sein, und nach dem zweiten asymmetrischen Modell soll zwar der prozentuale Verminderungssatz auf beiden Seiten gleich sein, dafür aber das östliche Teilgebiet der Verdünnungszone um drei sowjetische Militärbezirke erweitert werden, um auf diese Weise die „geographische Asymmetrie" zwischen der NATO und dem Ostblock auszugleichen, die angeblich darin bestehe, daß die USA von ihren europäischen Verbündeten sehr viel weiter entfernt sind als die Sowjetunion von ihrem europäischen Vorfeld.

Da bei den Erörterungen in Rom noch weitere Aysemmetrien außer der geographischen eine Rolle spielten (Zahl und Bewaffnung der jeweiligen einheimischen Streitkräfte sowie der amerikanischen bzw. sowjetischen Stationierungstruppen), folgerte die „Zeit" am 5. Juni 1970: „Diese Asymmetrien lassen den Begriff der ausgewogenen Verminderung als ein kaum lösbares Problem erscheinen." In dem zitierten Artikel berichtet die „Zeit" dann weiter, daß die Bündnispartner sich auf keines der drei Modelle einigen konnten, weil die symmetrische Verminderung ihnen selbst unvertretbar erschien und ihnen andererseits bewußt war, daß asymmetrische Modelle im Osten auf wenig Gegenliebe stoßen würden. Die „Zeit" schlußfolgert daher sicherlich zutreffend: „Solcher internen Interessenunterschiede wegen können die Verbündeten einstweilen lediglich ihre generelle Bereitschaft zum Abbau der militärischen Konfrontation erklären und einige Kriterien für dieses Verfahren aufstellen. Modelle jedoch, die alle politischen, militärischen und geographischen Faktoren so berücksichtigen, daß sie für den Westen präsentabel und für den Osten negotiabel erscheinen könnten, gibt es noch nicht."

Und auch die „FAZ" vom 29. Mai 1970 gab zu: „Die auf der Sitzung vorgetragenen Modelle für eine Truppenreduzierung sind nicht verabschiedet worden. Der Rat veranlaßte weitere Studien. Doch ist der Eindruck entstanden, daß auf militärischem Gebiet pragmatisch vorgegangen werden soll. Alle Vorschläge sind nur technische Anhalte für ein politisches Modell, das noch ein verschwommenes Profil zeigt." Um so interessanter war dann allerdings der „FAZ"-Bericht vom 29. Juni 1970, wo ein sowjetisches Interesse am „römischen Signal" konstatiert wurde: „Dafür erscheint es aber politischen Beobachtern in Washington bemerkenswert, daß sich Moskau jetzt offenbar nicht mehr sträubt, Verringerungen in der Stärke der sowjetischen Truppen ins Auge zu fassen, die nicht nur aus militärischen, sondern vor allem auch aus politischen Gründen in Polen, Ungarn, der Tschechoslowakei, Bulgarien und der DDR stationiert sind. Daraus wird geschlossen, daß die Sowjetunion ihre gegenwärtige Position in Osteuropa offenbar als ausreichend gefestigt ansieht und nun als Ergänzung zu den strategischen Rüstungsgesprächen mit den Vereinigten Staaten in Wien auch Gespräche über eine militärische Entspannung in Europa zu führen bereit ist."

In der Tat hatte wenige Tage zuvor der Ostblock auf einer Konferenz in Budapest seine Forderung einer europäischen Sicherheitskonferenz wiederholt und vorgeschlagen, eine von dieser Konferenz zu bildende Organisation solle die mit der beiderseitigen Truppenreduzierung verbundenen Fragen erörtern.

Inzwischen hat die NATO-Wintertagung 1971 zu dem einstimmigen – allerdings von verschiedenen Vertragspartnern verschieden interpretierten – Beschluß geführt, eine europäische Sicherheitskonferenz „so bald wie möglich" durchzuführen und zu diesem Zweck zweiseitige Vorbereitungsverhandlungen der in Helsinki akkreditierten Missionschefs in Gang zu setzen. Es wird an den europäischen Regierungen liegen, die offensichtlich zögernde Haltung der USA, die die Konferenz so weit wie möglich hinausschieben wollen, zu überwinden und 1972 zu einem konkreten Termin zu gelangen.

Fast die Hälfte
der erwachsenen Weltbevölkerung kann nicht lesen . . .

. . . dafür liest die andere Hälfte, wie es scheint, um so eifriger. So wuchs die Buchproduktion:

15. Jahrhundert – 40 000 Werke (Inkunabeln)
16. Jahrhundert – 520 000 Titel
17. Jahrhundert – 1,25 Millionen Titel
18. Jahrhundert – 2 Millionen Titel
19. Jahrhundert – 8 Millionen Titel

Heute werden allein in der Bundesrepublik in einem einzigen Jahrzehnt etwa 200 000 Titel aufgelegt.

Während im 16. Jahrhundert, einer englischen Quelle zufolge, neben dem Klerus nur Gelehrte und Ärzte in geringer Zahl Bücher besaßen, sind die Bücherwürmer heute kaum noch zu klassifizieren. Das Taschenbuch hat das Bücherlesen endgültig «demokratisiert». Zum ersten Male kann man Bücher vom Taschengeld kaufen. Der günstige Preis der Taschenbücher ist zu einem Teil der Werbung zu verdanken – der Werbung für das Taschenbuch und der Werbung im Taschenbuch, wie beispielsweise dieser Anzeige, die Ihre Aufmerksamkeit auf eine vorteilhafte Sparform lenken möchte.

Schlußfolgerungen

Aus den referierten Bemühungen um die Verminderung der Rüstungs- und Kriegsgefahren ergaben sich für künftige „Sicherheitspolitik" folgende Schlußfolgerungen:

1. Angesichts der herrschaftspolitischen Interessen der Machteliten und des politisch-ideologischen Klimas der Systemkonfrontation, nicht zuletzt aber auch wegen der Rüstungsabhängigkeit der gegenwärtigen amerikanischen Volkswirtschaft, muß erkannt werden, daß das Scheitern der internationalen Verhandlungen über eine allgemeine Abrüstung nicht bloß auf technische oder bloß psychologische Schwierigkeiten zurückzuführen ist. Es hat Ursachen in den Gesellschaftssystemen des Westens und des Ostens, die in naher Zukunft nicht zu beseitigen sind. Die Forderung nach allgemeiner internationaler Abrüstung, so unabdingbar sie als langfristiges friedenspolitisches Ziel bestehenbleibt, ist daher für konkrete mittelfristige Friedenspolitik als irreal fallenzulassen.

2. Die kapitalistische Machtelite hat in den sechziger Jahren die Logik der sowjetischen Koexistenzthese (vgl. 2.1.1.) anerkannt. Ihr folgend sind eine Reihe kleiner Schritte im Vorfeld der Abrüstung verwirklicht worden, um den Rüstungswettlauf und die Atomkriegsgefahr zu vermindern. Diese Ansätze sind konsequent *in Richtung auf ein gradualistisches Gesamtkonzept* der Rüstungsverminderung weiterzuentwickeln:

- durch Ausbau des intersystemaren politischen Kommunikationssystems, das in Krisenfällen unerläßlich ist, um irrationale Kurzschlußreaktionen zu verhindern;
- durch Einfrieren bestehender Rüstungsbudgets, deren ökonomisch-politische Bedeutung in einer wachsenden Wirtschaft dadurch schrumpft, ohne eruptive gesellschaftspolitische Reaktionen zu provozieren;
- durch konsequenten, notfalls mit Pressionen zu erzeugenden Verzicht aller Nicht-Atomwaffenstaaten auf nukleare Waffen, insbesondere konsequente Denuklearisierung der Bundeswehr;
- durch Mobilisierung der Öffentlichkeit für den Verzicht der Supermächte auf die Weiterentwicklung von neuen atomaren Waffensystemen (wie ABM, MIRV), die das bestehende atomare Patt, die wichtigste Basis eines andauernden Nicht-Kriegs und möglicher Rüstungsverminderungen der großen Systeme zerstören würden;
- durch eine europäische Sicherheitskonferenz, die auf der Basis eines von den Supermächten garantierten europäischen Gewaltverzichts- und Sicherheitsvertrages, zur Denuklearisierung Mitteleuropas, einer Verminderung der Streitkräfte der Supermächte auf mitteleuropäischem Territorium und einer Intensivierung der Beziehungen zwischen West- und Osteuropa führen muß;
- durch konsequente Weiterführung der westdeutschen Entspannungspolitik gegenüber Osteuropa, insbesondere Liquidation der ob-

jektiv bedrohenden Nichtanerkennungspolitik der BRD;

- und schließlich durch eine nicht an den amerikanischen NATO-Interessen orientierte, sondern durch die äußerst beschränkten, aber realistischen Grenzschutzfunktionen definierte Umgestaltung der westdeutschen Rüstung.

Daß all diese speziell sicherheitspolitischen Forderungen nur in engstem Zusammenhang mit den oben (2.1.) entwickelten notwendigen Veränderungen in der gesellschaftspolitischen Einschätzung des Verhältnisses und im sozioökonomischen Verhalten beider Systeme zueinander zu realisieren sind, ergibt sich aus der Logik der in diesem Buch zugrunde gelegten herrschaftssoziologischen Analyse.

2.2.2. SPD-Wehrpolitik 1950–1970 – eine kritische Bilanz*

Der unendlich mühevolle wehr- und deutschlandpolitische, ja blockpolitische Transformationsprozeß: von der Konfrontation über die Koexistenz zum Gewaltverzicht, zur Anerkennung der europäischen Realitäten und zur Europäischen Sicherheitskonferenz hätte wesentlich energischer vorangetrieben werden können gerade in der BRD, wenn die SPD den Mut gehabt hätte, ihre wehrpolitischen Alternativen zur Adenauerschen Militärblockpolitik konsequent durchzuhalten.

Die deutsche wie die europäische und die allgemein strategische Entwicklung der letzten zwei Jahrzehnte hat die Verfehltheit der CDU-Politik, die Richtigkeit der sozialdemokratischen Konzeption eines Europäischen Sicherheitssystems in vollem Umfang erwiesen. *Der folgende kritische Rückblick ist ein notwendiges Lehrstück: er zeigt, wie berechtigt die wehrpolitische Kritik der SPD war, wie unnötig die Zurücknahme dieser Kritik und der eigenen Alternativen und wie wichtig die Lehre: in Zukunft mehr Mut, mehr langen Atem, weniger USA-Hörigkeit zu beweisen im Verfolg einer wirklich friedenssichernden Umgestaltung des Wehr-, Sicherheits- und Deutschlandkonzepts.*

Da schon Ende der vierziger Jahre die alliierte Kriegskoalition zerbrach und sich in der Folge auf europäischem Boden zwei gegensätzliche Blockformationen unter amerikanischer bzw. sowjetischer Führung gegenüberstanden und die beiden Teile Deutschlands jeweils im Einflußbereich dieser Blöcke lagen, ergab sich die sozialdemokratische Position zur Wehr- und Deutschlandpolitik mit zwingender Logik: Wenn man als oberste Zielsetzung politischen Handelns das Erreichen der deutschen Einheit herausstellte – und das taten anfangs alle politischen Parteien der Bundesrepublik –, dann mußte man nüchternen Blicks erkennen, eine weitgehende Integration dieses Staates in die westliche (antisowjetische) Bündnispolitik dieses Wiedervereinigungsziel unmöglich fördern konnte, sondern vielmehr parallele Integra-

*Die folgende kritische Bilanz sozialdemokratischer Wehr- und Ostpolitik ist die – leider sehr gekürzte – Fassung einer hervorragend dokumentierten Analyse, die Rainer Ledeganck für dieses Buch erarbeitet hat.

tionsbestrebungen der sowjetischen Seite unter Einschluß der DDR nach sich ziehen mußte. Eine Politik mit dem Ziel der deutschen Einheit konnte daher nach sozialdemokratischer Ansicht nur bedeuten, durch Nichtbindung der Bundesrepublik an die westlichen Bündnisse die Tür zu Verhandlungen mit der sowjetischen Seite aufzulassen.

Die politischen Bestrebungen, die entgegen der sozialdemokratischen Konzeption zur unbedingten Westintegration der Bundesrepublik hindrängten, werden erst verständlich, wenn man sich den gesellschaftspolitischen Hintergrund der Bonner Koalitionsregierung aus CDU und FDP klarmacht, die nach der Bundestagswahl von 1949 entstand und der der damalige SPD-Vorsitzende Schumacher vorwarf, auf einen „autoritären Besitzverteidigungsstaat" zuzusteuern.

Es soll hier nicht detailliert dargestellt werden, welche Faktoren insgesamt zusammenwirkten bei der späteren kapitalistischen Restauration der Bundesrepublik. Im Zuge dieser Untersuchung interessiert nur ein Faktor: Der Zusammenhang zwischen der weltpolitischen Blockstrategie der USA im Zeichen des Kalten Krieges und der innenpolitischen Neuformierung der kapitalistischen Machteliten im westlichen Deutschland, die in der Einreihung in die atlantische Bündnispolitik ihre Chance sahen, sich den USA als zuverlässiger antikommunistischer Partner zu empfehlen und damit innen- und wirtschaftspolitische Handlungsfreiheit wiederzugewinnen. Das zunächst vorherrschende, unzureichende Bemühen der Sozialdemokratie in den fünfziger Jahren, die Unvereinbarkeit von Wiedervereinigung und Westintegration aufzuzeigen, ist nur auf diesem Hintergrund verständlich.

Der Kampf gegen das Bündnis

Das Jahr 1950 bedeutet in der Geschichte der Bundesrepublik den entscheidenden Einschnitt in der politischen Orientierung der konservativen Kräfte. Noch im November 1949 hatte der Bundeskanzler Adenauer mit den westlichen Hochkommissaren das „Petersberger Abkommen" unterzeichnet, in dem zwar als Ziel der Beziehungen der Bundesrepublik mit den westlichen Besatzungsmächten „die Eingliederung der Bundesrepublik als eines friedlichen Mitgliedes der europäischen Gemeinschaft" bezeichnet wurde, in dem aber noch die Feststellung stand: „Die Bundesrepublik bekundet ferner ihre ernste Entschlossenheit, die Entmilitarisierung des Bundesgebietes aufrechtzuerhalten und sich mit allen Mitteln, die in ihrer Macht stehen, zu bestreben, daß die Wiederaufstellung bewaffneter Streitkräfte jeder Art verhütet wird" (nach Heinemann, 1966, 162).

Doch schon neun Monate später, im August 1950, forderte Adenauer eine bundesdeutsche Verteidigungstruppe, die stark genug sein müsse, „um jeden möglichen Angriff der Volkspolizei nach koreanischem Muster" abzuwehren. Im gleichen Monat sandte Adenauer den alliierten Hochkommissaren jene Denkschrift, in der erstmals westdeutsche Soldatenkontingente angeboten wurden: „Die Verteidigung des Bundes nach außen liegt in erster Linie in den Händen der Besatzungstruppen. Der Bundeskanzler hat wiederholt um die Verstärkung dieser Besatzungstruppen gebeten und erneuert hiermit diese Bitte in dringendster Form ... Der Bundeskanzler hat ferner wiederholt seine Bereitschaft erklärt, im Falle der Bildung einer internationalen westeuropäischen Armee einen Beitrag in Form eines deutschen Kontingents zu leisten" (Heinemann 1966, 165).

Dieses Angebot löste den Rücktritt des damaligen Innenministers Dr. Gustav Heinemann aus, der zur Begründung für diesen seinen Schritt sowohl auf die deutsche Teilung als auch auf die grundsätzliche militärpolitische Fragwürdigkeit einer deutschen Beteiligung am sich abzeichnenden Rüstungswettlauf hinwies:

„Es gibt viele Überlegungen, die wir mit den Westmächten gemeinsam anzustellen haben, wenn man uns zur militärischen Beteiligung am Schutze Westeuropas auffordern wird. Es gibt darüber hinaus aber auch noch einige Überlegungen, die uns Deutschen besonders obliegen werden. Ein europäischer Krieg unter unserer Beteiligung wird für uns nicht nur ein nationaler Krieg sein, wie für die anderen betroffenen Völker, sondern obendrein ein Krieg von Deutschen gegen Deutsche. Er wird sich, so wie die Dinge liegen, auf deutschem Boden abspielen. Wer auch immer die erste Schlacht gewinnt, der Stoß geht in deutsches Land, im Westen oder im Osten. Wenn der erste Stoß sich nicht zu einem endgültigen entwickelt, kann dasselbe deutsche Land im Westen oder im Osten abermals der Schauplatz des Krieges sein. Angesichts dieser Situation haben wir wahrlich bis zum äußersten ein Lebensinteresse daran, daß eine friedliche Lösung gefunden wird ..." (Heinemann 1966, 169f).

Die folgenden Jahre brachten eine Serie von Konferenzen und Besprechungen der Westmächte und der Bonner Regierung über die Möglichkeiten einer gemeinsamen westeuropäischen Verteidigung mit bundesdeutscher Teilnahme, wobei der deutsche Beitrag nicht in Form einer nationalen Armee, sondern in Form von Kontingenten im Rahmen einer weitgehend integrierten „Europäischen Verteidigungsgemeinschaft" (EVG) geleistet werden sollte. Von sozialdemokratischer Seite wurde dieses Projekt von Anfang an verworfen, da es künftige Verhandlungen mit der Sowjetunion erschwere, während die Bundesregierung argumentierte, die sowjetische Unzugänglichkeit in bezug auf die deutsche Einheit lasse keine andere Wahl.

Allerdings soll nicht verschwiegen werden, daß es unabhängig von dieser sozialdemokratischen Argumentation schon sehr früh eine höchst problematische grundsätzliche „Wehrbereitschaft" bei Kurt Schumacher gab. Schumacher, der sehr nationale, sehr antikommunistische und darum heute in deutschlandpolitischer Hinsicht kaum mehr vorbildliche Sozialdemokrat, erklärte nach einem Bericht von Klaus-Peter Schulz (1954, 53), „Schumacher bejahte die Notwendigkeit eines deutschen Verteidigungsbeitrages und damit auch der inneren Wehrhaftigkeit unseres Volkes, aber nur unter gewissen Voraussetzungen: im Falle eines bewaffneten Zusammenstoßes zwischen Ost und West dürfte das Beispiel Südkoreas auf keinen Fall nachgeahmt, sondern die westliche Verteidigung müßte von der ersten Stunde an offensiv geführt werden, mit der Absicht, den Gegner so schnell wie möglich hinter die Oder und Weichsel zurückzuwerfen. Das ließe sich nur erreichen, wenn sich der Westen zu einer einzigen geballten Kraftanstrengung aufraffe und wenn der künftige deutsche Soldat von vornherein das gleiche Risiko laufe, aber auch die gleichen Chancen habe wie alle anderen. Die kühne Konzeption des Oppositionsführers übertraf bei weitem an Bedeutung und Folgerichtigkeit die Initiative Dr. Adenauers."

In diese Auseinandersetzung schaltete sich die Sowjetunion mit ihrer an die Westalliierten gerichteten Note vom 10. März 1952 ein, in der die deutsche Einheit und der Abzug der sowjetischen Truppen angeboten wurden, sofern auch die Westalliierten ihre Truppen abziehen und das neuzuschaffende Deutschland keine militärischen Bindungen eingehen würde. Diese sowjetische Note wurde von den Westalliierten wie auch von der Bundesregierung als Propaganda abgetan: Es handele sich nur um ein Ablenkungsmanöver, um die Schaffung der EVG zu hintertreiben, im übrigen dürfe eine künftige gesamtdeutsche Regierung nicht in ihrer Handlungsfreiheit beschnitten werden; Ansatzpunkte zu sinnvollen Verhandlungen biete die Note nicht an.

Von diesem Zeitpunkt an entstand der krasse Gegensatz der sozialdemokratischen Position zu derjenigen des Regierungslagers. Es ist zwar zu keiner Zeit von der SPD verlangt worden, die in der sowjetischen Note enthaltenen Vorschläge einfach unbesehen zu übernehmen, wohl aber, darüber in Verhandlungen einzutreten und die Bedingungen für eine gangbare Wiedervereinigungspolitik herauszufinden. Scharf kritisiert wurde hingegen von der SPD sowohl die militärische Westintegration der Bundesrepublik als auch das Verlangen nach militärischer „Entscheidungsfreiheit einer künftigen gesamtdeutschen Regierung" – aus der nüchternen Einsicht heraus, daß eben dieses Verlangen daran hindern werde, daß es zu einer gesamtdeutschen Regierung überhaupt kommt.

In der Bundestagsdebatte vom 3./4. April 1952 vertrat Herbert Wehner die sozialdemokratische Auffassung: „Werden die Regierungen der drei anderen Besatzungsmächte diese Note der Sowjetregierung zum Anlaß nehmen, festzustellen, ob sich positive Möglichkeiten zur Wiedervereinigung Deutschlands zeigen? ...

Auch bei uns in Deutschland hat es ja anfangs manche falschen Vorstellungen gegeben. Da kam das hier schon einmal erwähnte Wort, die Note und das, was damit angerührt werde, seien ‚undiskutabel'. Es wurde schon am ersten Tag kategorisch erklärt, sie ‚bedeute nichts', oder auch: sie bedeute nichts Neues. Man hörte das beinahe schon zur Regel gewordene ‚ja, dies ist ja nur zur Verwirrung in die Welt gesetzt', man solle sich nicht irre machen lassen ...

Nun, was dort im einzelnen drinsteht, mag gemeint sein, wie es will. Hier kommt es doch in jeder Beziehung darauf an, daß wir uns gegen eine Ablehnung der Prüfung dieser Note und dessen, was in ihr und hinter ihr steckt, unter Berufung auf diese oder jene Einzelpunkte der Note wenden müssen" (Bundestagsprotokoll, 1. W.periode, S. 8753ff).

Der formelle Antrag der SPD, die Bundesregierung solle die Westalliierten zu Verhandlungen mit der Sowjetunion zu bewegen versuchen, wurde von der Bundestagsmehrheit abgelehnt.

Wenn auch in jener Zeit die militärischen Westbindungspläne der Regierung Adenauer von der SPD abgelehnt wurden, so kann, wie gesagt, die damalige Position der SPD nicht als antimilitärisch angesehen werden. Wenngleich die Ablehnung der EVG innerhalb der Partei unbestritten war, so bestanden doch erhebliche Meinungsverschiedenheiten in der Mitgliedschaft über die Frage, wann und unter welchen Bedingungen die sozialdemokratische Zustimmung zu einem bundesdeutschen Wehrbeitrag möglich wäre. Ein breites Spektrum der Auffassungen über die Frage bot der Parteitag, der im Juli 1954 in Westberlin stattfand.

In seinem Einleitungsreferat stellte der damalige Parteivorsitzende Erich Ollenhauer zunächst den Vorrang der Wiedervereinigungspolitik heraus und betonte die Notwendigkeit eines die gegensätzlichen Militärblöcke überwindenden europäischen kollektiven Sicherheitssystems als Voraussetzung zur deutschen Einheit: „Das Lebensinteresse unseres Volkes liegt nicht in der Verhärtung zwischen den beiden Teilen Deutschlands, die der faktisch unwiderruflichen Einbeziehung dieser beiden Teile in das westliche oder östliche Verteidigungssystem folgt. Es liegt vielmehr in einer Politik, die erneut versucht, die Position Deutschlands im Rahmen eines Sicherheitssystems zu bestimmen, das sowohl von den Vereinigten Staaten als auch von der Sowjetunion getragen wird und in dem die Stellung Deutschlands weder von der einen noch von der anderen Seite als Bedrohung empfunden werden kann . . .

Da aber die Zustimmung der Sowjetunion zu freien Wahlen für sie der sichere Verlust ihres Einflusses auf den von ihr besetzten Teil Deutschlands bedeutet, wird man diese Zustimmung immer nur erreichen können, wenn man die Frage der freien Wahlen und der europäischen Sicherheit gleichzeitig diskutiert . . ." (SPD-Parteit.-Prot. 1954, 56f).

Ollenhauer machte jedoch im weiteren Verlauf seines Referats deutlich, daß er im Wunsch nach Offenhaltung von Wiedervereinigungsmöglichkeiten im wesentlichen das einzige Motiv zur Ablehnung der EVG sah und daß ein Wehrbeitrag der Bundesrepublik beim Wegfall dieses Motivs für ihn durchaus denkbar war: „Die Sozialdemokratie bleibt bei ihrer Ablehnung der EVG. Das bedeutet keine grundsätzliche Ablehnung der Verteidigung eines demokratischen Staates überhaupt" (Protok. 59).

Auch Fritz Erler wollte in seinem Diskussionsbeitrag die Ablehnung der EVG keineswegs als Absage an jegliche militärische Rüstung aufgefaßt sehen. Er hielt eine Form von westdeutschem Militärbeitrag für eventuell denkbar, die sowohl die Verhandlungsposition nach Osten verbessern als auch die Sicherheit der Bundesrepublik erhöhen könnte: „Es wird gesprochen von den unzweifelhaften Gefahren, die bestehen in der Stationierung von amerikanischer Atomartillerie auf unserem Boden. Gerade wenn wir um diese Gefahr wissen, dann müssen wir mit dafür sorgen, daß, wenn es bei allen unseren Anstrengungen nicht zur deutschen Einheit kommt, die Deutschen im freien Teil Deutschlands und in Berlin in ihrer Sicherheit nicht abhängig sind von der Gnade der Besatzungsmächte, von den Entschlüssen der Politik fremder Mächte, sondern daß sie selber instand gesetzt werden, ihr Wort in diesen Fragen der deutschen Sicherheit mitzusprechen. Darauf wird es ankommen" (Protokoll 79f).

Diese Konzeption Erlers stand in den Debatten des Parteitags im Kreuzfeuer heftiger Kritik aus den Reihen der Delegierten.

Argumente gegen das nur situationsbedingte Nein des Parteivorstandes zum Wehrbeitrag wurden auf dem Parteitag insbesondere von den südhessischen Delegierten vorgetragen. Walter Möller kritisierte vor allem die These Erlers, daß ein militärischer Beitrag der Bundesrepublik die Verhandlungsposition nach Osten durch Schaffung eines Tauschgegenstandes verbessern könne: „Ich möchte sagen, auch unter den Voraussetzungen, wie sie in dem Antrag formuliert sind, ist eine Aufrüstung der Bundesrepublik ja eben nur in Verbindung zum westlichen Militärsystem und Sicherheitssystem denkbar. Da steht die Frage, ob wir dann die Verhandlungsbasis nicht sehr entscheidend hemmen; denn Genosse Ollenhauer erklärte, daß der Vorschlag Molotows nach der Berliner Konferenz für einen europäischen Sicherheitspakt sehr viele Berührungspunkte mit dem hat, was wir unter einem umfassenden System kollektiver Sicherheit im Rahmen der Satzung der Vereinten Nationen verstehen. Aber die Amerikaner verhalten sich gegenüber solchen Vorschlägen sehr reserviert. In dem Moment, wo wir deutsche Soldaten in ein westliches Verteidigungssystem einbringen, wird der Verhandlungswille der Amerikaner restlos erlahmen; denn die Wiedervereinigung Deutschlands hätte ja zur Voraussetzung, daß diese Einbringung wieder gelöst wird und die deutschen Soldaten aus ihrem Verteidigungssystem entlassen werden müßten. Ich glaube, daß wir eine Änderung der amerikanischen Politik nur dann erzielen können, wenn wir eben keine Soldaten in ihr Sicherheitssystem einbringen. Haben sie sie erst, werden sie nie daran denken, sie wieder aus der Hand zu geben" (Protok. 1954, 112f).

Mit dem seinerzeit häufig gebrauchten Argument, daß die westdeutsche Aufrüstung vom Standpunkt der Westalliierten schon deshalb unabdingbar sei, weil sonst die Bundesrepublik zu große Vorteile im Welthandel hätte, setzte sich Willi Birkelbach auseinander und befürwortete statt Aufrüstung eine bundesdeutsche Beteiligung am westlichen Entwicklungshilfeprogramm: „Gibt es hier nicht einen Ansatzpunkt auch für einen sozialdemokratischen Vorschlag, daß man aufzeigt, wie wenig ein großer Teil der jetzt gezahlten Besatzungskosten eigentlich der Stärkung der echten Verteidigung dient und wieviel von diesen Mitteln nicht die innere Verteidigungskraft des Westens stärkt? Wäre es nicht möglich, zu sagen: zu dem, was hier eingespart werden könnte, . . . eine Art internationalen Hilfsfonds für die Förderung der Wirtschaft der unterentwickelten Gebiete zum Beispiel in Asien zu speisen. Ich glaube, es würde sich hier um Milliardenbeträge handeln können, wenn man der Sache ernsthaft nachginge, und es würde das dazu beitragen, dort überhaupt erst dem Bolschewismus die ideologische Stoßkraft zu nehmen“ (Prot. 1954, 77f).

Es ist erstaunlich, welche Aktualität die südhessischen Beiträge zur Wehrpolitik noch heute, 18 Jahre später, besitzen. Den Auffassungen der Delegierten des südhessischen Bezirks traten mehrere Spitzenpolitiker der Partei entgegen (u. a. Herbert Wehner, Helmut Schmidt und Max Brauer), bei Diskussionsbeiträgen aus dem „Fußvolk“ des Parteitags wurde die Vorstandsposition des bedingten Ja zum Militärbeitrag allerdings nur von den Westberliner Delegierten und vom Vertriebenensprecher Wenzel Jaksch unterstützt. Nach einem Appell des Parteivorsitzenden Erich Ollenhauer, in dem er die Delegierten beschwor, die Partei nicht unter allen Umständen auf ein unbedingtes Nein zur militärischen Verteidigung festzulegen, wurde die folgende vom Vorstand eingebrachte Stellungnahme zum Beschluß erhoben: „Die Sozialdemokratie fordert energische Anstrengungen der westlichen Welt, mit dem derzeitigen Machtbereich der Sowjets zu Verhandlungen über die Errichtung regionaler Sicherheitssysteme im Rahmen der Satzung der Vereinten Nationen zu kommen. In einem allumfassenden System kollektiver Sicherheit soll auch das wiedervereinigte Deutschland seinen Beitrag zur Erhaltung des Friedens leisten. Deshalb fordert die Sozialdemokratie beharrliches Eintreten der Bundesrepublik für weitere Verhandlungen der Großmächte. Dabei müssen die europäische Sicherheit und die Wiedervereinigung Deutschlands als zusammengehörige Aufgabe behandelt werden. Die feste Eingliederung der durch die Besatzungsmächte getrennten Teile Deutschlands in westliche und östliche Bündnissysteme würde die Fortsetzung des Kalten Krieges unvermeidlich machen und die Bedrohung des Friedens vergrößern . . .

Für den Fall, daß wirksame Vereinbarungen zwischen östlicher und westlicher Welt nicht zu erzielen sind, die Gefahren für die Freiheit und den Frieden der Völker fortbestehen und die Einheit Deutschlands in einem umfassenden System kollektiver Sicherheit trotz aller Bemühungen nicht erreicht werden kann, erklärt sich die Sozialdemokratie bereit, unter Bedingungen an gemeinsamen Anstrengungen zur Sicherung des Friedens und der Verteidigung der Freiheit auch mit militärischen Maßnahmen teilzunehmen. Ob dieser Fall vorliegt, stellt ein Parteitag fest“ (Prot. 1954, 340f). Damit war klargestellt, daß das sozialdemokratische Nein zur EVG ausschließlich unter dem Gesichtspunkt betrachtet wurde, daß diese geplante Militärorganisation nicht zur Wiedervereinigung hinführen konnte. Der absolute Vorrang der Wiedervereinigung vor anderen politischen Zielsetzungen ist in den fünfziger Jahren von der SPD immer wieder betont worden, sicherlich nicht aus nationalistischen Beweggründen, sondern in der Hoffnung, eine weltpolitische Kompromißlösung in der Deutschlandfrage könne eventuell den in der Bundesrepublik stattfindenden Prozeß kapitalistischer und militärischer Restauration unterlaufen. Daß die Schaffung eines neuen Gesamtdeutschlands erhebliche gesellschaftspolitische Konsequenzen mit sich bringen müsse, ist denn auch auf dem Westberliner Parteitag von Erich Ollenhauer betont worden: „Die Wiedervereinigung Deutschlands kann nicht auf dem Wege des einfachen Anschlusses der Zone an die Bundesrepublik erfolgen.

Die Rückgabe etwa des agrarischen Großbesitzes oder die Rückgabe der Schlüsselindustrie an ihre früheren Besitzer kann nach sozialdemokratischer Auffassung nicht zur Debatte stehen" (Prot. 1954, 60).

Eine rückschauende Bewertung der oben zitierten Grundtendenz des Westberliner Parteitags zum Militärbeitrag muß zu dem Ergebnis führen, daß die Ansicht, Wiedervereinigungspolitik lasse sich nur durch Schaffung eines kollektiven Sicherheitssystems betreiben, insofern von der späteren Entwicklung als richtig bestätigt worden ist, da die einseitige Blockpolitik tatsächlich zur vollen Verfestigung der deutschen Zweistaatlichkeit geführt hat. Aus heutiger Sicht erscheint allerdings die aus den Parteitagsreden herauslesbare Tendenz falsch, daß umgekehrt das kollektive Sicherheitssystem nur in Verbindung zur deutschen Einheit angestrebt werden sollte, nicht aber beim Fortbestand der deutschen Spaltung. Es wäre statt dessen notwendig gewesen, sich der Problematik von Verteidigung überhaupt zu stellen, wie sie auch damals schon bestand: Die Theorie vom Gleichgewicht des Schreckens war für Deutschland damals so unbrauchbar wie heute!

Nachdem das Projekt der integrierten EVG am Widerspruch Frankreichs gescheitert war, standen 1955 die Pariser Verträge zur Debatte, die eine Mitgliedschaft der Bundesrepublik im Atlantikpakt sowie eigene westdeutsche Streitkräfte vorsahen. Die Sozialdemokratie lehnte diese Verträge mit der im wesentlichen gleichen Begründung ab wie im Jahr zuvor die EVG. Vor dem Bundestag formulierte damals Fritz Erler die sozialdemokratische Position:

„Wer es – das ist doch der tiefe Kern unserer Gegensätze – zum erklärten Ziel seiner Politik macht, daß auch das wiedervereinigte Deutschland einer amerikanisch geführten Militärallianz angehören müsse, der mag ein vielleicht erstrebenswertes Ziel verfolgen, aber die Einheit Deutschlands wird er damit angesichts der realen Machtverhältnisse in der Welt bestimmt nicht erreichen" (Bundestag 2. Wahlp. 1955, S. 3726).

Mit der Feststellung, daß die Zugehörigkeit zur amerikanisch geführten Blockpolitik an sich „ein vielleicht erstrebenswertes Ziel" sei, wurde erneut deutlich gemacht, daß die Gegnerschaft zur Politik Adenauers ausschließlich aus der Besonderheit der deutschen Spaltung begründet wurde. Dennoch hat Fritz Erler an anderer Stelle seines Referats auch die grundsätzliche Unmöglichkeit einer militärischen Verteidigung des Bundesgebiets angesprochen: „Ich bin jetzt bei der Untersuchung der Tatbestände, die ich eben zusammengefaßt habe unter dem Gesichtspunkt der kaum möglichen Verteidigung der Bundesrepublik, also des halben Deutschlands. Betrachten Sie sich dieses schmale Handtuch, betrachten Sie sich dieses halbe Land, das doch das Vorfeld der Verteidigung anderer zwangsläufig durch seine geographische Lage ist . . .

Es gibt keine verbindliche Form, in der Sie wirklich mit gutem Gewissen sagen können: hier ist eindeutig geplant und zugesagt, daß die Bundesrepublik für den Fall eines Konflikts *mit dem Ziele der Erhaltung ihrer menschlichen Substanz* verteidigt wird . . . Bei diesem Stand der Dinge darf es uns nicht verwundern, daß auf dem Gebiet der Bundesrepublik Manöver so angelegt worden sind, mit dem Einsatz von taktischen Atomwaffen zum Beispiel, *als gebe es in dem betreffenden Gebiet überhaupt keine Zivilbevölkerung*" a.a.O. 3729). Das wurde schon 1955 erkannt. Helmut Schmidt verdrängte diese Einsicht.

Die SPD stieß mit diesen Bedenken im Bundestag auf taube Ohren, die Pariser Verträge wurden mehrheitlich gebilligt, und ein Jahr später wurde von der gleichen Mehrheit die Wehrpflicht eingeführt, wiederum gegen die Stimmen der Sozialdemokratie, deren Sprecher Fritz Erler erneut auf die Fragwürdigkeit der damit erzielbaren „Sicherheit" hinwies: „Ich wiederhole: Die Strategie des Atlantikpaktes läßt gar keinen Zweifel daran, daß ein bewaffneter Konflikt in Europa keine Aussicht hat, auch mit 500 000 Soldaten nicht, ein Konflikt mit konventionellen Waffen zu bleiben, sondern die Planungen der atlantischen Organisation gehen von dem sofortigen und direkten Einsatz von Atomwaffen im Konfliktfall in Europa aus . . .

Man hat zwar gesagt, . . . solange es die 500 000 deutschen Soldaten nicht gebe, gebe es nicht einmal die Hoffnung, die Bundesrepublik so weit ostwärts wie möglich zu verteidigen; diese Hoffnung gebe es erst, wenn es diese 500 000 deutschen Soldaten gebe . . .

Aber auf jeden Fall gilt es hier, die Illusion zu zerstören, als ob wir für den Fall eines Konflikts angesichts der Ausstattung der modernen Armeen mit Atomwaffen hoffen dürften, durch den Einsatz der 500 000 deutschen Soldaten uns den Einsatz der taktischen Atomwaffen in der Bundesrepublik zu ersparen . . .

Bei einem Überfall durch die Sowjetunion selbst wäre die Bundeswehr in jeder Form durch Atomschläge festgenagelt und bewegungsunfähig. Eine Mobilmachung alten Stils mit der Einberufung von Reserven ist bei einem solchen Überfall überhaupt nicht möglich. Ein solcher Überfall mit den dann einsetzenden auch nur taktischen Atomwaffen auf beiden Seiten ließe von unserer Bevölkerung nicht allzuviel übrig . . .

Gegen einen ernsthaften sowjetischen Großangriff ist die Bundesrepublik nun einmal wirklich nicht zu verteidigen" (aaO. 8778).

Im Widerspruch zu dieser auch heute unverändert gültigen grundsätzlichen Erkenntnis, daß die Bundesrepublik im Rahmen der atomaren Strategie nicht verteidigt werden kann, beteiligte sich die sozialdemokratische Bundestagsfraktion an der Erarbeitung der Einzelheiten der Wehrgesetzgebung. Es ist zweifellos das Verdienst dieser Mitarbeit, eine erhebliche Ausgestaltung des Rechts auf Kriegsdienstverweigerung erreicht zu haben. Ferner war die SPD treibende Kraft hinsichtlich der Schaffung der Institution des parlamentarischen Wehrbeauftragten sowie der Bestellung eines Personalgutachterausschusses, der die Aufgabe hatte, allzu stark belastete Offiziere auszuschalten.

Innerhalb der Mitgliedschaft der Partei war damals diese Mitarbeit an den Wehrgesetzen durchaus umstritten und wurde teilweise als Abschwächung des grundsätzlichen Nein zur bundesdeutschen Militärpolitik aufgefaßt.

Zur Zeit des Münchener Parteitages 1956 war die Mitgliedschaft der Bundesrepublik in der NATO bereits feststehende Tatsache. Die Partei konnte folglich keine einseitige Aufkündigung der Pariser Verträge propagieren, sondern versprach für den Fall der Regierungsübernahme, die NATO-Verpflichtungen nur mit freiwilligen Soldaten zu erfüllen. Hierzu billigte der Parteitag folgenden Beschluß: „. . . Das Ziel der Sozialdemokratischen Partei Deutschlands ist, die verfehlte Außen- und Wehrpolitik umzugestalten, ihre bestehenden vertraglichen Verpflichtungen im Einvernehmen mit den Vertragspartnern zu revidieren und das Wehrpflichtgesetz wieder aufzuheben" (SPD-Parteit.-Prot. 1956, 349).

Mit diesem Konzept ging die Partei in den kommenden Bundestagswahlkampf, wo sie von seiten der bürgerlichen Parteien in einer massiven Agitation der „nationalen Unzuverlässigkeit" und des „mangelnden Verteidigungswillens" geziehen wurde.

Man sah sich nun in dem Zwang, der NATO-Politik der Bundesregierung einen konkreten Plan gegenüberzustellen, den Erich Ollenhauer am 23. Mai 1957 veröffentlichen ließ. Danach sollte ein europäisches Sicherheitssystem auf folgenden Voraussetzungen beruhen:

„1. Ihm gehören Deutschland und seine Nachbarn im Osten und Westen an.

2. Die Vertragspartner schließen miteinander einen Nichtangriffspakt.

3. Die Vertragspartner verpflichten sich zum gegenseitigen Beistand gegen jeden Angreifer und verzichten hierbei auf jeden Vorbehalt, der wie ein Veto wirken könnte.

4. Es wird eine Schiedsordnung zur Regelung von Streitigkeiten auf friedlichem Wege vereinbart.

5. Die Rüstungen der Vertragspartner werden begrenzt und kontrolliert.

In die Verhandlungen sollen auch die Forderungen nach freien, allgemeinen, geheimen und international kontrollierten Wahlen als Grundlage der Wiedervereinigung einbezogen werden" (Heinemann, 1966, 195).

Angesichts des Wahlergebnisses vom 15. September 1957, das der SPD nur ein knappes Drittel der Stimmen einbrachte, konnte dieser Ollenhauer-Plan nicht zum Tragen kommen. Im Gegenteil: Die Regierung Adenauer war nach dieser Wahl so gestärkt, daß sie sogar darangehen konnte, im Zusammenwirken mit den NATO-Spitzengremien eine atomare Bewaffnung der Bundeswehr und die Aufstellung von Mittelstreckenraketen im Bundesgebiet ins Auge zu fassen. In der Bundestagsdebatte vom 23. Januar 1958 wurde diese Zielsetzung von der Bundesregierung mit der These begründet, die Bundeswehr dürfe im Kriegsfall nicht mit schlechteren Waffen versehen sein als der militärische Gegner.

Von der Sozialdemokratie wurde dieser Standpunkt schärfstens kritisiert und statt dessen gefordert, die Bundesrepublik solle sich den Plan des polnischen Ministers Rapacki zu eigen machen, der eine atomwaffenfreie Zone in Mitteleuropa vorsah, bestehend aus Polen, ČSSR, DDR und Bundesrepublik. Die Mehrheit des Bundestages lehnte jedoch diesen Plan kategorisch ab und faßte am 25. März 1958 einen Beschluß, in dem die Regierung Adenauer autorisiert wurde, „die Streitkräfte der Bundesrepublik mit den modernsten Waffen auszurüsten". In der diesem Beschluß vorausgegangenen Debatte hatten die sozialdemokratischen Sprecher erneut den Gedanken eines Disengagements (Auseinanderrückens) der Militärblöcke vertreten. Fritz Erler sagte dazu: „Die Sozialisten in Westeuropa haben im Unterschied zu Ihnen mit ganz wenigen Ausnahmen sich zu der Vorstellung bekannt, daß es aus der schauerlichen Situation des Atomwettrüstens einen Ausweg in Richtung auf eine Politik des Auseinanderrückens der beiden hochgerüsteten Mächteblöcke dort geben muß, wo es am gefährlichsten ist: hier im Herzen Europas. Diese Politik lehnen Sie ab, und wir bejahen sie. Das ist der Unterschied . . .

Natürlich schützt eine geographisch begrenzte Abrüstung nicht dagegen, daß ein Konflikt der anderen dann doch Auswirkungen auf dieses Gebiet hat. Aber sie erhöht die Chance, daß durch eine Politik der Entspannung und des Ausräumens von Zündstoff im Herzen Europas der Konflikt gar nicht erst wahrscheinlich wird" (Bundestag-Prot. 1958, 880ff).

In jener Zeit durchgeführte Meinungsumfragen wiesen deutlich aus, daß ein erheblicher Teil der Bevölkerung die Atombewaffnung ablehnte. Es war daher durchaus konsequent, daß die SPD seinerzeit nicht nur parlamentarisch agierte, sondern auch eine breite Volksbewegung „Kampf dem Atomtod" ins Leben rief.

Diese Aktionen gegen die Atomrüstung wurden jedoch von der Partei im Spätsommer 1958 eingestellt.

Die SPD hatte sich mit ihren Vorstellungen einer glaubwürdigen Entspannungspolitik weder gegen das mächtige Interessenkartell aus amerikanischer Blockpolitik, Rüstungsindustrie und westdeutscher Reaktion noch gegen die in der Bevölkerung systematisch verbreitete Furcht vor etwaigen sowjetischen Angriffsabsichten durchsetzen können. Andererseits konnte die Partei jedoch darauf hinweisen, daß die Bonner Politik zu genau den Ergebnissen hingeführt hatte, die von den Kritikern dieser Politik erwartet worden waren: Die Bonner Verheißungen, durch eine Politik der Stärke die Sowjetunion aus Osteuropa „zurückrollen" zu können, wurden von Jahr zu Jahr irrealer.

In dieser Situation war es ein letzter Versuch der SPD, mit dem im März 1959 präsentierten „Deutschlandplan" noch einmal die Verbindung herzustellen zwischen einem Auseinanderrücken der Militärblöcke und einer Lösung der Deutschlandfrage.

Der Plan skizzierte zunächst die stufenweise Schaffung einer militärisch verdünnten Entspannungszone beiderseits der europäischen Ost-West-Grenze:

„Die SPD hält Vereinbarungen über regionale und kontrollierte Rüstungsbeschränkungen in Mitteleuropa für dringend erforderlich, weil ohne diese die politischen Probleme dieses Raumes nicht zu lösen sind.

Die SPD schlägt vor:

1. Festlegung einer Entspannungszone, die vorerst beide Teile Deutschlands, Polen, die Tschechoslowakei und Ungarn umfaßt.

2. Innerhalb dieser Entspannungszone und ihrer möglichen Erweiterungen treten Vereinbarungen über die Rüstungsbeschränkungen der nationalen Truppen und über den gleichwertigen Abzug der Fremdtruppen der NATO und des Warschauer Paktes in Kraft.

Die nationalen Streitkräfte besitzen keine Atom- und Wasserstoffwaffen. Solche Waffen der im Zonenbereich noch stationierten Fremdtruppen werden eingefroren, d. h. weder vermehrt noch verstärkt. Nach Abschluß der in räumlichen und zeitlichen Phasen genau festzulegenden militärischen Verdünnung ist die Entspannungszone frei von Fremdtruppen und von Atom- und Wasserstoffwaffen.

3. Alle Vereinbarungen über die Rüstungsbeschränkungen und über das gleichwertige Auseinanderrücken der in Mitteleuropa einander gegenüberstehenden Streitkräfte der NATO und des Warschauer Paktes sind vom ersten Schritt an durch eine ungehinderte Boden- und Luftkontrolle zu sichern.

4. Die Unverletzbarkeit der Teilnehmerstaaten in der Entspannungszone ist durch ein kollektives Sicherheitsabkommen aller interessierten Staaten einschließlich der USA und der UdSSR zu garantieren.

5. Mit dem Wirksamwerden des europäischen Sicherheitssystems scheiden die in der Entspannungszone gelegenen Staaten aus der NA-

TO und aus dem Warschauer Pakt aus. Die Staaten in der Entspannungszone werden dann im Rahmen dieses europäischen Sicherheitssystems zur eigenen und europäischen Sicherheit mit angemessenen Leistungen beitragen" (nach Heinemann, 1966, 212).

Die SPD lehnte sich mit diesem Vorschlag bewußt an die seinerzeit in England diskutierten Vorschläge eines europäischen Disengagements als auch an den polnischen Rapacki-Plan an, der eine atomwaffenfreie Zone aus beiden Teilen Deutschlands sowie Polens und der ČSSR vorsah. Während dem polnischen Plan jedoch der Gedanke zugrunde lag, daß die durch die direkte Konfrontation der militärischen Blöcke vorhandene europäische Spannungssituation ein Gefahrenherd für die Erhaltung des Friedens war und somit eine Entspannungszone auch unter Beibehaltung der deutschen Spaltung einen Wert an sich dargestellt hätte, sahen die Autoren des Deutschlandplanes in der vorgeschlagenen Entspannungszone vorrangig das Mittel, um einem Ende der deutschen Teilung näherzukommen:

„Das deutsche Volk steht vor einer furchtbaren Gefahr. Wenn sich die vier Großmächte nicht über Berlin verständigen, droht die Teilung Deutschlands endgültig zu werden.

Der sowjetische Vorstoß in der Berlin-Frage und der durch jahrelange Versäumnisse und Fehlspekulationen ermöglichte Friedensvertragsentwurf der Sowjetunion zwingen jetzt zur der Erkenntnis, daß die Teilung Deutschlands den Weltfrieden bedroht.

Die Zeit drängt. Der weitere Verzicht auf das entschlossene Bemühen, die deutsche Frage und das mit ihr untrennbar verbundene Sicherheitsproblem in Europa friedlich zu lösen, wäre gleichbedeutend mit dem Verzicht auf die Anwendung der Vernunft.

Die Sozialdemokratische Partei Deutschlands legt aus diesem Grunde der Weltöffentlichkeit ihren Plan vor, dessen Ziel es ist, den Weg endlich für eine Politik des Friedens, der Freiheit, der Sicherheit und der sozialen Gerechtigkeit in Europa frei zu machen" (Heinemann, 1966, 211).

Herbert Wehner, der als der geistige Vater des Deutschlandplanes galt, erläuterte damals in einem „Spiegel"-Gespräch die Zielsetzung des Plans mit den Worten, „daß wir den Versuch gemacht haben wollen, gewisse grundlegende Richtlinien in einer Vereinbarung der Vier Mächte für die Regelung der europäischen Sicherheit und der Deutschlandfrage niederzulegen und dann die beiden Teile Deutschlands das, was innerdeutsch zu machen ist, machen zu lassen" (1968, 193). Auch in weiteren Passagen des „Spiegel"-Gesprächs betont Wehner die Funktion des militärischen Disengagements fast ausschließlich als Wegbereiter zu einer nationalen Einheitspolitik.

Der Deutschlandplan war der letzte Versuch der SPD, der Politik Adenauers alternative Vorstellungen grundsätzlicher Art entgegenzusetzen. Er war insofern verdienstvoll, da er noch einmal die Unvereinbarkeit von Westintegration und Wiedervereinigung aufzeigte und das militärische Blockdenken mit der Forderung einer blockfreien Entspannungszone in Frage stellte.

Was aus heutiger Sicht vor allem bedauert werden muß, ist die Tatsache, daß die SPD ein Jahr später, als nach dem Scheitern der Pariser Gipfelkonferenz Wiedervereinigungskonzeptionen aussichtslos geworden waren, auch von allen Disengagement-Vorstellungen abrückte und auf Alternativen zur Blockpolitik verzichtete. Hier rächte es sich, daß man Entspannungspolitik zu einseitig als Hebel zur Wiedervereinigung gesehen hatte. Als diese Hebelfunktion nicht mehr möglich war, glaubte man sich vor die Notwendigkeit gestellt, sich vom Deutschlandplan insgesamt zu distanzieren. Die Folge war jene „Gemeinsamkeitspolitik", die in den beginnenden sechziger Jahren verfolgt wurde.

Politik der Überanpassung

Am Beginn der sechziger Jahre waren Voraussetzungen und Ausgangspunkte sozialdemokratischer Konzeptionen erheblich verändert gegenüber den vorausgegangenen Jahren:

1. Mitte November 1959 hatte ein Sonderparteitag in Bad Godesberg das neue Grundsatzprogramm der Partei beschlossen, das von Befürwortern und Kritikern übereinstimmend als Versuch gewertet wurde, durch die Abkehr von prononciert sozialistischen Zielvorstellungen neue Anhängerschichten zu erschließen, die durch ihre Bindung an konservative Gesellschaftsbilder bisher sich von der SPD ferngehalten hatten.
2. Die NATO-Bindung der Bundesrepublik war seit mehreren Jahren eine feststehende und unumstößliche Tatsache geworden, so daß keine Aussicht mehr bestand, die Sowjetunion an Verhandlungen über die deutsche Frage zu interessieren.

In dieser gewandelten Situation sah sich die sozialdemokratische Führung einerseits veranlaßt, auf ihrem Weg der Sympathiewerbung bei konservativen Wählergruppen die „Glaubwürdigkeit" ihrer Wandlung auch durch die teilweise Übernahme der Freiheits- und Stärkeparolen des Kalten Krieges und durch ein „Bekenntnis zur Landesverteidigung" zu untermauern.

Die Pariser Gipfelkonferenz vom Frühsommer 1960, die von Chruschtschow ergebnislos abgebrochen wurde, führte die sozialdemokratische Führung zu der richtigen Erkenntnis, daß die Periode der Wiedervereinigungsverhandlungen zu Ende war, jedoch auch zur der Schlußfolgerung, die Partei müsse nun auf Alternativen zur Regierungspolitik verzichten und eine „gemeinsame Bestandsaufnahme" mit der Regierung Adenauer anstreben. Vor der Öffentlichkeit vollzog Herbert Wehner den Kurswechsel der Parteiführung, als er am 13. Juni 1960 vor dem Plenum des Bundestages forderte, „ernstlich zu versuchen, herauszufinden, ob die demokratischen Kräfte in der Bundesrepublik nicht zu gemeinsamen Bemühungen um die Lösung der gesamtdeutschen Fragen imstande und fähig sind" (Wehner, 1968).

Angesichts der bisherigen Unterschiede zur Regierungspolitik mußte eine solche Zielsetzung, wenn sie als vorrangig galt, natürlich mit ganz erheblichen Abstrichen der eigenen Auffassungen und mit Konzessionen an die bisher bekämpfte Politik erkauft werden. Daß man sich über diesen Preis durchaus im klaren war, zeigen die weiteren Ausführungen Wehners in der erwähnten Debatte, in denen er die neue sozialdemokratische Position umriß: „. . . Die Sozialdemokratische Partei Deutschlands geht davon aus, daß das europäische und das atlantische Vertragssystem, dem die Bundesrepublik angehört, Grundlage und Rahmen für alle Bemühungen der deutschen Außen- und Wiedervereinigungspolitik ist.

. . . . Die Sozialdemokratische Partei Deutschlands hat nicht gefordert und beabsichtigt nicht, das Ausscheiden der Bundesrepublik aus den Vertrags- und Bündnisverpflichtungen zu betreiben" (Wehner 1968, 240).

Die letzten Unklarheiten über die – von den Regierungsparteien bestrittene – „Ernsthaftigkeit" der sozialdemokratischen Wandlung beseitigte Wehner schließlich durch ein klares Abrücken von allen Konzepten eines europäischen Disengagements. Damit gehörte die sozialdemokratische Politik der fünfziger Jahre endgültig der Vergangenheit an. Mit dem Vorsatz, größtmögliche Gemeinsamkeit „in den Lebensfragen der Nation" mit der Regierung Adenauer anzustreben, ging man in die sechziger Jahre.

Auf dem Parteitag in Hannover 1960 forderten verschiedene, insbesondere südhessische, Delegierte, man solle die nationale Gemeinsamkeit mit Adenauer und Strauß nicht um jeden Preis betreiben, sondern Bedingungen stellen. Kritische Einwände gegen die Vorstandspolitik wurden am deutlichsten von Walter Möller vorgetragen: „Ich glaube, daß wir im Gegensatz zur CDU weiterhin den Gedanken der atomwaffenfreien Zone in Mitteleuropa unterstützen müssen. Denn wenn wir keine Atomwaffen haben wollen, so beruht das doch . . . auf dem Gedanken, daß es die Kommunisten bisher abgelehnt haben, ihre Verbündeten, auch ihre deutschen Verbündeten, mit Atomwaffen auszurüsten. Jemand, der Abrüstung will, der Entspannung will, kann doch im Grunde nur daran denken, diese noch vorhandene Möglichkeit weiter auszubauen im Hinblick auf eine erweiterte Zone, in der es diese Waffen nicht gibt und in der dann vielleicht auch andere Ansatzpunkte der Entspannung, bis hin zu dem von uns geforderten europäischen Sicherheitssystem sich entwickeln können. Ist das keine Alternative, eine solche ganz verschiedene Betrachtung des militärischen Gleichgewichts auf der Basis des Wettrüstens oder des Abrüstens? " (SPD-Parteitag-Protok. 1960, 164f)

Wenn man die psychische Auswirkung des Mauerbaus von 1961, dessen zeitliches Zusammenfallen mit der Wahl nicht voraussehbar war, mit in die Betrachtung des Wahlergebnisses einbezieht, dann wirkt der sozialdemokratische Stimmenanteil von 36,6% (gegenüber 31,8% im Jahre 1957) nicht gerade überwältigend – vor allem dann nicht, wenn man den dafür bezahlten Preis betrachtet: Die Partei hatte eine ziemlich weitgehende Anpassung an konservative Denkklischees vollzogen und als Auswirkung dieser Tatsache innerhalb eines Jahres eine überdurchschnittliche Zahl von Austritten und Ausschlüssen zu verzeichnen.

Die Sozialdemokratie hat den Gedanken einer Atomwaffenachse Bonn–Paris zwar stets verworfen, ferner die Ansicht vertreten, es müsse einer weiteren Verbreitung solcher Waffen entgegengewirkt werden und die Bundesrepublik solle sich nicht nach eigener atomarer Verfügungsgewalt drängen. Jedoch auf dem Parteitag in Karlsruhe im November 1964 war es Fritz Erler, der das Projekt der multilateralen Atommacht befürwortete. Es handelte sich bei diesem Projekt nach amerikanischen Vorstellungen um eine von den NATO-Staaten getragene, mit national gemischten Mannschaften besetzte sowie mit Atomsprengköpfen und Polarisraketen versehene Überwasserflotte von „Geisterschiffen", die als Handelsschiffe getarnt die Weltmeere befahren sollten. Fritz Erler befürwortete die Polarisflotte mit der These, dadurch werde der Trend zu nationaler Verfügungsgewalt über Atomwaffen eingedämmt. Den Parteitagsdelegierten, die in Karlsruhe hauptsächlich mit den wirtschafts-, sozial- und bildungspolitischen Gemeinschaftsaufgaben befaßt waren, versuchte Erler die Polarisflotte mit einem rhetorischen Trick schmackhaft zu machen, indem er sie als „atomare Gemeinschaftsaufgabe der NATO" bezeichnete. Der offizielle Parteitagsbeschluß trug deutlich die Handschrift von Fritz Erler: „Die Sicherheit Europas verlangt angesichts der Reichweiten und der Kosten moderner Waffensysteme eine enge Verflechtung des amerikanischen Verteidigungspotentials mit dem europäischen. Eine solche Verflechtung, auch auf atomaren Gebiet, würde die beste Gewähr dafür bieten, die weitere Ausdehnung der nationalen Verfügungsgewalt über atomare Waffen zu verhindern. Deshalb hält der Parteitag eine von möglichst vielen Mitgliedstaaten des Atlantischen Bündnisses getragene Gemeinschaftslösung der atomaren Gemeinschaftsprobleme für erforderlich" (SPD-Parteit.-Prot. 1964, 956). Zum Tragen kam dieser Beschluß allerdings nicht, da die Amerikaner ihrerseits vom Projekt der Polarisflotte allmählich wieder abrückten.

Der Parteitag von Karlsruhe stellte zweifellos den Kulminationspunkt jener sozialdemokratischen Politik dar, die jahrelang das Suchen nach Alternativen in den Hintergrund gestellt und die „Gemeinsamkeit in den Lebensfragen der Nation" als oberstes Gebot angesehen hatte. Als jedoch in der Bundestagswahl 1965 die Partei immer noch knapp unter 40% der gültigen Stimmen verblieb, mußte ganz natürlich in der Mitgliedschaft die Frage entstehen, ob nicht die Relation von Aufwand (an politischer Umorientierung) und Ertrag (am Wahlstimmenzuwachs) unbefriedigend war. Sicherlich mit beeinflußt durch das Wahlergebnis waren im Juni 1966 auf dem Parteitag in Dortmund verschiedene kritische Stimmen zu hören. Die Einwände gegen die Vorstandspolitik der vorangegangenen Jahre wurde von Walter Möller wie folgt vorgetragen: „Die letzte wirklich nüchterne Bilanz deutscher Wirklichkeit haben wir im Jahre 1959 gezogen, dem Jahr, in dem ja außer dem Grundsatzprogramm von Bad Godesberg auch der Deutschlandplan konzipiert wurde, ein Plan, der nach meiner Meinung bis heute im Grunde nicht nur die detaillierteste, sondern auch die klarste Aussage darüber darstellt, wie man unter den jetzigen Bedingungen in der deutschen Frage weiterkommen kann. Diese Grundlage wurde ohne ersichtlichen Grund verworfen, und an ihre Stelle trat im Grunde nur der Ruf, die Forderung nach einer gemeinsamen Bestandsaufnahme zwischen den Parteien, nach einer gemeinsamen Deutschlandinitiative. Aber dieser Ruf ist seit sechs Jahren ohne greifbares Ergebnis geblieben – sicher nicht durch unsere Schuld.

Dadurch, daß wir darauf verzichtet haben, weiterhin in dieser Frage offensiv voranzuschreiten, haben wir einen echten Verlust an wirklich überzeugender Alternative in der deutschen Politik und eine gewisse Verringerung unseres Führungsanspruchs und unseres Vorsprungs in der Vertretung der deutschen Sache und auch bei der Sicherung des Friedens zu beklagen. Daraus erklärt sich, wie ich meine, ein gewisser defensiver Grundzug, der in den letzten Jahren leider festzustellen war und der, verbunden mit gewissen konservativen Parolen, bei der Bundestagswahl mit dazu geführt hat, daß sie vielleicht nicht ganz das Ergebnis zeitigte, das wir uns alle erhofft hatten. Es ist uns auf diese Weise nicht gelungen, und es konnte uns auf diese Weise auch nicht gelingen, im deutschen Volk ein wirklich verwurzeltes Bewußtsein von der Notwendigkeit der Änderung der Politik in der Bundesrepublik zu erzeugen" (SPD-Parteit.-Prot. 1966, 97).

Diese Ausführungen waren Ausdruck eines weitverbreiteten Unbehagens und mußten von der Führungsspitze der Partei ernst genommen werden. So wurde denn insbesondere in Äußerungen von Willy Brandt auf diesem Parteitag deutlich, daß das Bekenntnis zu einer bundesdeutschen Friedenspolitik notwendigerweise konkrete Konsequenzen hinsichtlich einer gewissen Abkehr von militärischer Machtpolitik erfordert: „Ein Land wie Deutschland, das im Falle eines Krieges auch oder gerade weil gespalten, eine Wüste würde, gleichgültig nach welchen Gesetzen der Strategie das Inferno abliefe, hat kein höheres Ziel, als am Frieden zu arbeiten und dies der Welt aus verschiedenen Gründen glaubhaft zu machen . . . Wir sagen in aller Deutlichkeit: Wir haben keinen nuklearen Ehrgeiz; auch deutscher Mitbesitz an Atomwaffen ist nicht erforderlich . . . Wenn ein internationales Abkommen über die Nichtweitergabe von atomaren Waffen erreichbar ist, dann darf das nicht an der Bundesrepublik scheitern, sondern sie muß es fördern" (aaO. 82f).

Das klang schon ganz anders als die frühere Bejahung einer bundesdeutschen Teilnahme an der Polarisflotte. Überdies konnte Willy Brandt gegenüber den Delegierten darauf verweisen, daß das in jener Zeit geplante Projekt eines Redneraustausches der Partei mit der SED – geplant waren zwei Diskussionsveranstaltungen in Karl-Marx-Stadt und Hannover – eine Abkehr von jener Position des Kalten Krieges bedeutete, wonach man mit Kommunisten (zumal mit solchen der DDR!) grundsätzlich nicht verhandeln oder gar nach gemeinsamen Interessen auf Teilgebieten suchen dürfe. In seinen Darlegungen zum Rederaustausch machte Willy Brandt klar, daß es dabei nicht nur um die Darlegung westlicher Standpunkte gehe, sondern auch um den Versuch konkreter Sachverhandlungen: „Ob es uns Spaß macht oder nicht: die Kommunisten sind eine Größe der Politik auf deutschem Boden ... Das ist der eine Tatbestand. Der andere ist, daß wir die entscheidenden politischen Fragen gegensätzlich beantworten. Aber Herbert Wehner, Fritz Erler und ich gehen nach Chemnitz auch nicht nur, um dort einen rednerischen Ringkampf aufzuführen. Schlagabtausch ja, soweit es nötig ist, aber Sachlichkeit im Interesse von praktischen Fortschritten – und seien sie noch so klein – soweit es möglich ist" (aaO. 87).

Die SPD in der Regierung

In die Bundesregierung der Großen Koalition trat Willy Brandt 1966 als Außenminister und Vizekanzler ein, und ihm ist es zweifellos zuzuschreiben, daß in der auswärtigen Politik der Bundesrepublik einige Akzente neu gesetzt wurden, die sich von der in den vergangenen Jahren betriebenen Politik des Kalten Krieges wohltuend abhoben.

Werfen wir zunächst einen Blick zurück auf die Situation der Bundesrepublik in der ersten Hälfte der sechziger Jahre. Spätestens seit dem Mauerbau im August 1961 war jedem nüchternen Betrachter klargeworden, daß sich das gesamte Europa im Zustand einer Zweiteilung in amerikanische und sowjetische Einflußgebiete befand, daß das einstige Deutschland nun auf Dauer in seinen beiden Teilen in die beiden Einflußsphären integriert war und daß eine Verschiebung der Ost-West-Grenze nach keiner Richtung möglich war. In dieser Situation war es der Bundesregierung klargeworden, daß auch die amerikanische Schutzmacht sich auf längere Sicht mit der deutschen Teilung abgefunden hatte und nicht geneigt war, die Suche nach einem Modus vivendi mit der Sowjetunion durch Bonner Wiedervereinigungsforderungen stören zu lassen.

Der entscheidende Negativpunkt der Bonner Politik jener Jahre war nun, sich gegen die weltpolitische Entspannungstendenz querzulegen und die Forderung aufzustellen, die westlichen Mächte dürften Fortschritte in der Entspannungspolitik nur dann zulassen, wenn damit gleichzeitig Fortschritte zur deutschen Einheit erfolgten. Der damalige Außenminister Schröder kämpfte in dieser Störenfriedposition vor allem mit dem Versuch, durch massive Rüstungskäufe in den USA sich als „Partner" unentbehrlich zu machen. Noch krasser als Schröder gingen die „deutschen Gaullisten" vor, die das Projekt verfolgten, eine Atomwaffenachse Bonn-Paris zu schaffen, die der amerikanischen

Entspannungstendenz entgegenwirken sollte.

Vermutlich sind sich in der damaligen Regierung sowohl die „Gaullisten" als auch die „Atlantiker" darüber im klaren gewesen, daß sie aussichtslos gegen Windmühlenflügel kämpften. Wenn sie dennoch mit kaum zu überbietender Starrsinnigkeit an ihren überholten Positionen festhielten, ist dieses Verhalten eigentlich nur als eine Alibipolitik erklärbar, weil man sonst hätte eingestehen müssen, daß jegliche Chance auf die deutsche Einheit unter anderem deswegen verloren war, weil man in den fünfziger Jahren sowjetische Verhandlungsangebote ignoriert und die atlantische Militärpolitik vorgezogen hatte.

Während die Bonner Außenpolitik der Zeit vor der Großen Koalition wohl am treffendsten durch den Ausspruch Adenauers: „Ich kann das Entspannungsgerede nicht mehr hören" gekennzeichnet war, zeigte die am 13. Dezember 1966 vom Erhard-Nachfolger Kiesinger abgegebene Regierungserklärung an einigen Stellen schon deutlich die Handschrift des neuen Außenministers Willy Brandt. Insbesondere wurde darin eine gewisse Relativierung der Hallstein-Doktrin angekündigt: „Deutschland war jahrhundertelang die Brücke zwischen West- und Osteuropa. Wir möchten diese Aufgaben auch in unserer Zeit gern erfüllen. Es liegt uns darum daran, das Verhältnis zu unseren östlichen Nachbarn, die denselben Wunsch haben, auf allen Gebieten des wirtschaftlichen, kulturellen und politischen Lebens zu verbessern und, wo immer dies nach den Umständen möglich ist, auch diplomatische Beziehungen aufzunehmen."

Zu den „Umständen", die eine Aufnahme diplomatischer Beziehungen unmöglich machten, hatte bisher die Existenz von diplomatischen Beziehungen der osteuropäischen Länder zur DDR gehört. Dieser Grundsatz wurde 1967 umgestoßen, als auf Betreiben Brandts ein Botschafter-Austausch zunächst mit Rumänien vereinbart wurde. Als zu diesem Zweck der rumänische Außenminister Manescu in Bonn war, wurde es von der neuen Bundesregierung im Grunde widerspruchslos hingenommen, daß Manescu vor der Presse erklärte, daß nach rumänischer Ansicht zwei deutsche Staaten existieren und die DDR ein souveränes Subjekt des Völkerrechts sei.

Der entscheidende Durchbruch zur Beseitigung der Hallstein-Doktrin von der deutschen Alleinvertretung durch die Bundesrepublik war jedoch die kurze Zeit später erfolgte Wiederaufnahme diplomatischer Beziehungen zu Jugoslawien, also zu jenem Land, mit dem man seit Herbst 1957 keine diplomatischen Beziehungen mehr unterhalten hatte, weil es die DDR vollgültig anerkannt hatte. Die Wiederaufnahme der Beziehungen zu Jugoslawien konnte nicht anders als eine demonstrative Abkehr von der früheren Bonner Alleinvertretungsposition verstanden werden.

Ein zweiter Punkt, in dem sich die Außenpolitik von Willy Brandt erheblich gegen die seiner Vorgänger abhob, war die Abkehr von atomaren Ambitionen. Hierzu erklärte Brandt in Paris am 14. Dezember 1966 (einen Tag nach Kiesingers Regierungserklärung): „Die deutsche

Regierung . . . ist bereit, einem kontrollierten Abkommen zur Begrenzung und stufenweisen Verringerung der atomaren Waffen in ganz Europa beizutreten. Wir wollen uns geduldig mühen, eine Lage herbeiführen zu helfen, in der umfassende Regelungen der europäischen Verhältnisse möglich werden. Ich denke hier an eine Klimaverbesserung durch schrittweise und ausgewogene Verminderung der Streitkräfte auf beiden Seiten der Demarkationslinie . . .

In der gestrigen Erklärung der deutschen Regierung ist unterstrichen worden, daß wir an Vorschlägen zur Kontrolle und Minderung der Rüstungen mitarbeiten wollen. Wir haben es deutlich gemacht, daß Deutschland keine nuklearen Ambitionen hat, weder in bezug auf Besitz, noch in bezug auf Verfügungsgewalt."

So positiv diese Stellungnahme zu bewerten war, so war sie doch insofern sehr optimistisch, als dieses Versprechen atomarer Abstinenz für „die deutsche Regierung" gegeben wurde, aber wohl nur für deren sozialdemokratischen Teil wirkliche Geltung beanspruchen konnte. Denn die Weigerung der CDU/CSU, den Atomwaffensperrvertrag zu unterzeichnen, wurde vom Finanzminister Strauß in aller Offenheit damit begründet, man müsse sich die Tür offenhalten, eines Tages an der Atommacht eines vereinten Europa teilzunehmen. Bundeskanzler Kiesinger hat sich zu keiner Zeit veranlaßt gesehen, sich bei seiner Ablehnung der Unterschrift unter diesen Vertrag von dem zitierten Motiv der Straußschen Ablehnung zu distanzieren.

Einen dritten Schwerpunkt setzte Brandt in der Frage innerdeutscher Beziehungen, wobei er als Nahziel ein „geregeltes Nebeneinander in Deutschland" anvisierte. Die Bereitschaft, auch mit der DDR in Verhandlungen einzutreten und ihre Existenz zur Kenntnis zu nehmen, mußte notwendigerweise der gewandelten Ostpolitik folgen, um den Verdacht abzubauen, man wolle im Zusammenwirken mit Teilen Osteuropas eine „Einkreisung" der DDR betreiben. Insofern war es eine erfreuliche Klarstellung, daß Brandt am 26. Januar 1967 seine Bereitschaft bekundete, bestehende innerdeutsche Kontakte zu erweitern: „Wir werden dennoch" – gemeint war: trotz Mauer und Stacheldraht – „den politisch möglichen Rahmen innerdeutscher Kontakte voll auszunutzen versuchen, damit die beiden Teile unseres Volkes sich nicht weiter auseinanderleben. Wir streben ein geregeltes Nebeneinander in Deutschland an, das geeignet sein kann, weitergehende Lösungen der Deutschlandfrage vorzubereiten . . .

Wer von Entspannung in Europa spricht, darf natürlich nicht so tun, als ob es den kommunistisch beherrschten Teil Deutschlands nicht gäbe."

Die hier angedeutete Bereitschaft, die frühere Position des Nichtverhandelns aufzugeben, wurde später erweitert zu dem Angebot, mit der DDR auch Verhandlungen auf Ministerebene „unterhalb der Schwelle völkerrechtlicher Anerkennung" zu führen.

Die SPD des Jahres 1972 kann von Glück sagen, daß es ihr mit ihrer Friedenspolitik seit 1950 nicht ganz so geht wie Hemingways Altem Mann mit dem großen Fisch, den er aus dem Meer holen wollte, und von dem er nach unendlichen Mühen nur klägliche Reste ans Land zog. Die endlich errungene sozial-liberale Regierungsmacht, in der günstigen entspannungspolitischen Großwetterlage Ende der sechziger Jahre, haben der SPD die Chance eröffnet, wenigstens ein Stück von der friedensfeindlichen antikommunistischen Konfrontationspolitik abzubauen, die die CDU in zwanzigjähriger Herrschaft entwickelt hat. Und sie hat diese Chance genutzt. Der Nobelpreis wurde Willy Brandt nicht grundlos verliehen. Es ist ihr in zwei Jahren gelungen, wesentliche der friedensgefährdenden Positionen und Illusionen jener „verfehlten Deutschlandpolitik“ (Heinemann) der CDU aufzulösen, gegen die eine allzu schwankende zwanzigjährige Opposition zunehmend lahmer gekämpft hatte. Aber Entscheidendes, wie unsere NATO-Hörigkeit, bleibt nach wie vor tabu.

Daran aber ist eine überangepaßte Oppositionspolitik der SPD, besonders seit 1960, mit schuld. Wir behaupten – und Walter Möller hat es auf den Parteitagen mehrfach zum Ausdruck gebracht –, daß die SPD heute ihre Friedenspolitik mit viel größerer Entschiedenheit, etwa in Rüstungsfragen, vorantreiben könnte, wenn sie nicht wider besseres Wissen (oder aber selbst im Banne eines unreflektierten Antikommunismus) ihre friedenspolitischen Gegenpositionen einer fragwürdigen kurzfristigen Imagepflege geopfert hätte. Halten wir fest:

- Die SPD warnte zu Beginn der fünfziger Jahre vor Adenauers Aufrüstung im Rahmen eines westlichen Militärblocks als der Vereitelung jeder realen Wiedervereinigungschancen. Sie hat damit recht behalten.
- Die SPD warnte bis Ende der fünfziger Jahre vor der Wahnidee einer atomaren „Verteidigung“ Europas und lehnte die atomare Rüstung der Bundeswehr ab. Die gefährliche Irrealität der vermeintlich realistischeren „flexible response“-Strategie erweist ihren (abgebrochenen) „Kampf dem Atomtod“, ihre Kritik der Nuklearstrategie in ihrer völlig aktuellen Bedeutung und zwingenden Logik. Fritz Erlers, 1955 formulierte Entlarvung der Atomkriegsstrategie gilt Satz für Satz ebenso heute, siebzehn Jahre später.
- Die SPD forderte in Übereinstimmung mit zahlreichen west- und osteuropäischen Regierungen an Stelle der Block-Konfrontation ein europäisches Sicherheitssystem, das das schrittweise militärische Disengagement der hochgerüsteten Militärblöcke in Mitteleuropa ermöglichen sollte.

Nach Jahren der Diffamierung dieser Idee (sie schaffe ein „Machtvakuum“) erweisen die neuen Rüstungsverminderungskonzepte der europäischen Sicherheitskonferenz die unveränderte Gültigkeit dieses friedenspolitischen Konzepts.

- Die SPD forderte im Deutschlandplan direkte Verhandlungen zwischen BRD und DDR zum Abbau der Feindschaft und Entfremdung.

Heute wird – nach Jahren wütender Diffamierung solcher Ideen – die Notwendigkeit von offiziellen direkten Verhandlungen zwischen den beiden deutschen Staaten – im Transitabkommen erstmals praktiziert – allgemein erkannt und akzeptiert.

Über welches Vertrauenspotential, *welches Mehr an verändertem Bewußtsein* könnte die Sozialdemokratische Partei heute verfügen, wenn sie all diese im Prinzip vollkommen richtigen, wenn auch natürlich nicht mehr in allen Einzelheiten zu übernehmenden friedenspolitischen Grundsätze, all die vollkommen zutreffende CDU-Kritik nicht in jenem Prozeß politischer Überanpassung 1960–67 (teilweise aber schon seit Mitte der fünfziger Jahre) verleugnet, sondern unbeirrbar in das Bewußtsein der Wählermassen hineingetragen hätte! Statt dessen geriet sie mit ihren kurzatmigen Kontrapositionen und -aktionen (typisch: Kampf dem Atomtod; Deutschlandplan) in den Ruf eines Papiertigers, der Rezepte hervorbringt und sie schnell wieder verschwinden läßt, sobald der Chor der Reaktionäre allzulaut aufheult. Eine Partei mit Angst vor der eigenen Courage.

Woher dieses mangelnde Selbstvertrauen, dieses Fehlen des langen Atems, der langfristig angelegten Umbildungsstrategien des politischen Bewußtseins? Wesentliche Ursachen für das mangelnde Stehvermögen sozialdemokratischer Alternativkonzepte bzw. ihrer verantwortlichen Autoren scheinen – in enger Verknüpfung – zwei Faktoren: erstens die frustrierenden Ergebnisse der Wahlen, d. h. das erschreckend konservative Verhalten verkleinbürgerlichter Teile der abhängigen Massen; zweitens aber die gesellschaftstheoretische Ungebildetheit (Konzeptionslosigkeit) und die ebenfalls quasi kleinbürgerliche Ich-Schwäche der Mehrzahl der SPD-Funktionäre, sowohl der mittleren wie der an der Spitze. Der Druck der herrschenden, erfolgreich sich durchsetzenden Machteliten und ihrer Ideologie (sei sie ökonomisch, außenpolitisch oder wie immer) auf den Funktionsträger der Unterprivilegierten muß notwendigerweise bei nicht sehr ich-starken und nicht gesellschaftstheoretisch gut fundierten Persönlichkeiten einen fast unerträglichen Anpassungszwang ausüben. Kleinbürger, also verhinderte Bourgeois, halten im Gegensatz zu klassenbewußten Akteuren sehr schwer aus, auf längere Zeit geistig-politisch wie als Person nicht zu den Akzeptierten zu gehören, nicht dem herrschenden Geist zu entsprechen. Scheint das Votum der Mehrheit einen dann noch zusätzlich ins Unrecht zu setzen, so ist der Anpassungstrend fast unvermeidlich.

Unvermeidlich, so lange sich in den sozialistischen Parteien Westeuropas – um an Ort und Stelle zu bleiben – nicht eine Generation von Funktionären heranbildet, *die eine so fundierte Theorie und Praxis sozialistischer Gesellschaftspolitik einschließlich ihrer friedens- und ostpolitischen Konsequenzen sich erarbeitet hat, daß sie selbstbewußt, langfristig, damit Vertrauen und neues politisches Bewußtsein schaffend, ihre Alternativen zur Wirtschafts-, Rüstungs-, „Entwicklungs“- und Friedenspolitik des Spätkapitalismus vertreten und zunehmend durchsetzen kann.* Eine entscheidende Aufgabe der Jungsozialisten, denn die Neue Linke „links" von den Jusos hat theoretisch wenig zu bieten. Es werden sozialistische Alternativen gebraucht, die den Massen realisierbar und riskierbar erscheinen und sich nicht in marxistischem Wortradikalismus, leninistischen Klischees oder allgemeinem Antisozialdemokratismus erschöpfen.

Der Rückblick auf zwanzig Jahre sozialdemokratischer Deutschland-, Wehr- und Sicherheitspolitik kann eine starke *Ermutigung zur Erarbeitung und Verfechtung anspruchsvollerer, längerfristiger Strategien sein.* Denn er zeigt, wie unnötiger-, ja schädlicherweise politische Positionen von der SPD aufgegeben wurden, deren Aufrechterhaltung das friedenspolitische und NATO-kritische Bewußtsein in der BRD wesentlich vorangetrieben und gleichzeitig das Prestige der Sozialdemokratie als einer konsequent ihre Position vertretenden Partei wesentlich vergrößert hätte. Ob diese selbstkritische Bilanz dazu beiträgt, der Sozialdemokratie endlich den Mut zur eigenen Courage zu geben, wird sich in der zentralen friedenspolitischen Aufgabe der nächsten Jahre zeigen: *der Herauslösung der westeuropäischen und speziell der westdeutschen Wehrpolitik aus der – längst überflüssig gewordenen – Vormundschaft der USA und ihrer rüstungswirtschaftlichen Interessen.* Diese Aufgabe ist von zwei Seiten her anzufassen: durch beiderseitige Rüstungsverminderung in Europa, im Rahmen der Europäischen Sicherheitskonferenz – und durch eine souveräne Neubestimmung der Verteidigungsauftrages der Bundeswehr innerhalb der NATO. Hinter beidem steht die Zielvorstellung, daß die NATO selbst nur in einer gesamteuropäischen Friedensordnung akzeptiert werden kann, wenn ihre Strategie wie Organisation *westeuropäischen* und nicht primär amerikanischen Bedürfnissen gemäß umgeformt wird.

2.2.3. Aufgaben einer Europäischen Sicherheitskonferenz

In den indirekten „Botschaften", die die Konferenzen der NATO und des Warschauer Paktes seit 1968 aneinander richten, kristallisieren sich drei Konzepte heraus als Beiträge zu einer entspannten Sicherheitspolitik oder, in Willy Brandts Sprache, als politische Instrumente des Übergangs vom Gegeneinander zum gesicherten Neben- und Miteinander:

Ein System von Gewaltverzichtserklärungen zwischen den west- und osteuropäischen Staaten;

ein System funktionaler Verflechtungen durch Intensivierung der Beziehungen auf dem Gebiet des Handels, der Wirtschaft, des Umweltschutzes, der Wissenschaft, Technik und Kultur, „mit dem Ziel der Entwicklung der politischen Zusammenarbeit zwischen den europäischen Staaten" (Budapester Erklärung der Warschauer-Pakt-Staaten vom 22. Juni 1970);

ein System beiderseitiger und ausgewogener Truppenverminderungen in Europa (MBFR).

Sozialistische Friedenspolitik hat die Aufgabe, den durch Vagheit, interne Vorbehalte und Verzögerungstaktik schon vor ihrem Beginn in Frage gestellten Erfolg der Europäischen Sicherheitskonferenz (EKS) durch ein konkretes Gesamtkonzept zu sichern, das an die inzwischen „prinzipiell" akzeptierten drei Teilkonzepte anknüpft. Ohne Rücksicht auf die sehr begrenzten Entspannungsinteressen der Machteliten auf beiden Seiten müssen diejenigen Minimalforderungen präzisiert werden, ohne die reale Entspannungspolitik in Europa Illusion bleibt. In einem solchen Gesamtkonzept sind die folgenden „essentials" zu erarbeiten.

Erstens: die EKS hat als eine ihrer ersten Ziele die Vereinbarung durchzusetzen, sich selbst *als permanente gesamteuropäische Organisation* zu konstituieren. Diese organisatorische Basis ist notwendig, um den Prozeß der Rüstungsverminderungs- und Entspannungsverhandlungen von vornherein als ein mehrjähriges vielstufiges (also gradualistisches) politisches Programm im allgemeinen Bewußtsein und in der Verantwortung der politischen Akteure zu verankern. Als Sitz der EKS-Organisation sollte die besondere politische Einheit Westberlin vorgeschlagen werden, um deren Wandlung von der „Frontstadt" zu einem mitteleuropäischen Genf sinnfällig zu dokumentieren.

Zweitens: Zuzustimmen ist dem „funktionalistischen" Ansatz der Warschauer-Pakt-Staaten, in der ersten Runde relativ *einfache* Ziele wie Gewaltverzichtserklärungen und ökonomisch-technologische Zusammenarbeit anzustreben, weil es bei diesen „Fragen . . . möglich ist, breite Übereinstimmung herbeizuführen". Es ist wichtig, durch konsequent gradualistisches Vorgehen Erfolgserlebnisse zu ermöglichen, und psychologisch-politisch klug, mit einer Auflösung des Konfrontationsklimas in Europa zu beginnen. Allerdings muß in dieser ersten Runde *gleichzeitig* zumindest damit begonnen werden, über das Forträumen der „hardware": die Rüstungsverminderung, zu verhandeln. Andernfalls könnten die bloßen Absichtserklärungen (Gewaltverzicht) und funktionale Kooperationspläne abrüstungsunwilligen Machteliten als Ausweichmanöver dienen und dementsprechend abgewertet werden.

Drittens: Friedenspolitisch relevante Verhandlungen zwischen NATO und Warschauer-Pakt-Staaten über die Intensivierung des wirtschaftlichen Austausches müssen die Überwindung des ökonomisch-technischen zivilisatorischen Gefälles zwischen West und Ost in Europa zum Ziel haben. Der wirtschaftlich-technische Entwicklungsstand und Output (vgl. Tabelle S. 225) des Westens gegenüber dem des Ostens hält einen geschichtlichen Vorsprung, der de facto die Herstellung (a) intensiver und (b) gleichberechtigter Beziehungen mittelfristig unmöglich macht. Im Gegenteil übt die westliche Wirtschaftskraft, wie Galtung betont, einen Druck von „struktureller Gewaltsamkeit" aus. Tatsächlich wurde dieses Faktum ja als Mittel weltweiter ökonomischer Dominanz des Westens sogar bewußt in die antikommunistische Strategie einbezogen.

Eine westeuropäische Politik aber, die sich glaubhaft von der weltweiten Konfrontation zur gesamteuropäischen Kooperation hinentwickeln will, muß aus friedens- wie handelspolitischen Gründen *eine Politik maximaler Beschleunigung des osteuropäischen Industrialisierungsprozesses* betreiben. Da diese aus den begrenzten östlichen Exporterlösen und mit Hilfe normaler privatwirtschaftlicher, hochverzinslicher Kredite kaum erreichbar ist, müssen die EWG-Länder einen gemeinsamen staatlichen Kredit-Plafond von vielen Milliarden D-Mark bereitstellen. Sollen nicht wünschenswerte gesamteuropäische Großprojekte (wie das von der Sowjetunion gewünschte Lastwagenwerk) aus Mangel an günstigen Krediten scheitern, so ist eine solche umwälzende Kreditpolitik für Osteuropa unerläßlich. Sie würde natürlich gleichzeitig die immer noch engen Grenzen der Exportexpansion nach Osteuropa sprengen (vgl. oben S. 107ff.). Besonders beachtenswert ist dabei die von Zellentin vorgetragene Idee eines „gesamteuropäischen Kooperationsfonds": „Anhaltspunkte über das Volumen eines solchen Fonds sind vor den Verhandlungen kaum gegeben. An Hand der von den osteuropäischen Ländern geäußerten Kreditwünsche könnte man einen Gesamtbetrag von 50 Milliarden D-Mark ansetzen (er wäre dem Betrag des Marshall-Plans von 1948 vergleichbar). Der Anteil aller Beteiligten in Ost- und Westeuropa sollte sich nach ihrem Bruttosozialprodukt pro Kopf berechnen und von den Westeuropäern in konvertibler Währung, von den Osteuropäern auch in Waren und Dienstleistungen zu erbringen sein . . .

Die Kriterien für die Vergabe der Mittel wären einstimmig von allen am Fonds Beteiligten aufzustellen" (Zellentin, 1971, 12). Gleichzeitig wäre – als zentrale Forderung einer auf Kommutation (vgl. 2.1.4.) angelegten sozialistischen Friedenspolitik – auf der Einhaltung optimaler sozial- und mitbestimmungspolitischer Arbeitsbedingungen bei gesamteuropäischen Großprojekten zu bestehen: wenn immer gesamteuropäische Kooperation mehr sein soll als technokratischer Austausch, vielmehr Beitrag zum Abbau von Herrschaftspositionen, müssen die höchsten europäischen Standards von Arbeitssicherheit, Entlohnung, Mitbestimmung, Arbeitszeitregelung und gewerkschaftlicher Organisation in gesamteuropäischen Projekten zur Geltung gebracht werden. Auch darauf hat Gerda Zellentin präzis in dem zitierten Vortrag hingewiesen. (Zur friedenspolitischen Bedeutung der funktionalen Kooperation vgl. im übrigen 2.1.3.)

Viertens: Umfassende Rüstungsverminderungen in Mitteleuropa müssen als das zentrale Thema der EKS hervorgehoben werden. Die Verhandlungen müssen daher von folgenden Prinzipien ausgehen:

Rüstungsverminderungen müssen logischerweise sowohl Truppen wie konventionelle und atomare Waffen betreffen; Rüstungsverminderungen müssen ohne westliche Vorbedingung sowjetischer Vorleistungen (also sogenannter „asymmetrischer" Reduktionen, vgl. 2.2.1.!) begonnen werden.

Willy Brandt versucht verdienstvollerweise seit Jahren, die Entspannungspolitik wieder auf die Disengagement-Konzeption zurückzuführen, die sich seit 1945 – auch in wehrpolitischen Alternativvorstellungen der SPD – immer wieder als die einzig realistische Abrüstungskonzeption für Europa erweist. Bereits im September 1968 erklärte Brandt in Genf: „Wir bleiben bereit, für eine europäische Zone friedlicher Nachbarschaft zu wirken, die allmählich zu konstruktivem Miteinander führt und in der die gefährliche Konfrontation abgebaut werden kann. Wir befürworten daher weiterhin einen ausgewogenen gegenseitigen Abbau der Truppenkontingente, mit dem auch eine angemessene Regelung des Problems der in dieser Region stationierten Kernwaffen verbunden werden könnte. Dabei gibt es übrigens einige Berührungspunkte mit den bekannten polnischen Vorschlägen. Im Dezember 1967 habe ich vor dem Deutschen Bundestag darauf hingewiesen, daß wir bereit sind, an einem Abkommen mitzuwirken, das im Zuge einer ausgewogenen Verminderung aller Streitkräfte auch zur stufenweisen Verringerung der Atomwaffen in ganz Europa führt. Diese Bereitschaft gilt weiter . . .“

Da die von Brandt erwähnten polnischen Vorschläge schon einige Jahre zurückliegen, seien hier noch einmal die Grundgedanken des damaligen polnischen Außenministers Rapacki in Erinnerung gerufen:

1. Auf westlicher Seite die Bundesrepublik und auf östlicher Seite die DDR, Polen und die ČSSR verpflichten sich, in ihrem Gebiet Atomwaffen weder zu produzieren noch zu lagern.
2. Die führenden militärischen Großmächte USA und UdSSR verpflichten sich, in dieser Zone keine Atomwaffen oder Abschußrampen zu belassen, vielmehr ihre sämtlichen militärischen Einheiten nach und nach gleichzeitig aus diesem Gebiet zurückzuziehen.
3. Die schrittweise militärische Verdünnung der atomwaffenfreien Zone vollzieht sich unter der Kontrolle der Vereinten Nationen.

Von den früheren Bundesregierungen wurde ein militärisches Disengagement in Mitteleuropa kategorisch abgelehnt. Die grundsätzliche Abneigung, solche spannungsvermindernden Maßnahmen auch nur in Erwägung zu ziehen, wurde im wesentlichen mit der These begründet, im Falle einer militärischen Verdünnung des mitteleuropäischen Raumes müßten die Großmächte ihre Truppen aus diesem Raum zurückziehen, das hieße jedoch, daß die sowjetischen Truppen kurz hinter der polnischen Grenze verbleiben könnten, die amerikanischen Truppen jedoch durch den Atlantik von Europa getrennt wären. Die Sowjetunion wäre stärkste Macht auf dem Kontinent, deren Erpressungen die anderen europäischen Länder hilflos ausgeliefert seien.

Dieser Einwand wird in abgeschwächter Form („konventionelle Überlegenheit des Ostblocks“) auch heute wieder geltend gemacht – in Gestalt der Forderung nach asymmetrischer Rüstungsverminderung. Bei näherem Hinsehen zeigt sich, daß diese Argumentation aus mehreren Gründen falsch ist. Die offizielle NATO-Version von der geopolitischen und quantitativen „Unterlegenheit“ Westeuropas operiert – der eigenen nuklearen Strategien zuwider – mit den überholten Kategorien der voratomaren konventionellen Kriegführung, wie im Kapitel 1.3. nachgewiesen. So erweist sich diese Version als ideologische Konstruktion zur Rechtfertigung riesiger weiterwachsender Rüstungsbudgets.

Das Stockholmer Internationale Friedensforschungsinstitut (SIPRI), hat außerdem in einer minuziösen Darstellung (SIPRI 1969/70, 64–91) nachgewiesen, daß sogar diese – strategisch sinnlose – These von der konventionellen Übermacht Osteuropas unrichtig ist, wenn man von der defensiven Aufgabe der NATO ausgeht. Die immer wieder angeführte Gegenüberstellung von NATO- und WP-Divisionen in Europa ist irreführend, da die osteuropäischen Divisionen nur 50 bis 60% der Mannschaftsstärke der westlichen haben; demgemäß besteht ein wesentliches quantitatives konventionelles Übergewicht nur bei Panzern, wie der folgende Auszug aus einer von SIPRI erarbeiteten Tabelle zeigt:

	NATO	Warschauer Pakt
Verfügbare Divisionen ein Monat nach Mobilmachung	76	159
Soldaten (in Friedenszeiten)	1,2 Mill.	1,3 Mill.
Panzer (vier Tage nach Mobilmachung)	9000	24 800
Panzer (ein Monat nach Mobilmachung)	10 850	36 600
Flugzeuge	3025	4980

Das Stockholmer Institut zeigt an Hand einer großen Reihe von US-amerikanischen und europäischen Expertenaussagen, daß

auf Grund der wesentlich höheren technologischen und Feuerkraft vieler der NATO Waffensysteme;

auf Grund der Gesamtüberlegenheit der weltweiten NATO-Luftstreitkräfte gegenüber denen des Warschauer Pakts (11 500 gegen 9200);

vor allem aber auf Grund der strategischen Regel, daß für einen großangelegten Angriff eine Überlegenheit von 3:1 erforderlich ist,

die These von der westeuropäischen Unterlegenheit selbst unter „konventionellen“ Bedingungen unhaltbar ist.

Das Friedensforschungsinstitut kommt daher zu der ebenso logischen wie hintergründigen Schlußfolgerung (S. 86): „Zum Glück muß nicht notwendigerweise eine Übereinstimmung erzielt werden über das militärische ‚Gleichgewicht‘, um erfolgreich über Abrüstung zu verhandeln. Eine Vereinbarung muß lediglich darauf achten, die Verteidigungskapazität der betroffenen Parteien aufrechtzuerhalten. Sie braucht nicht die *Angriff*skapazität zu erhalten. Es ist allgemein anerkannt, daß für die Verteidigung wesentlich geringere Streitkräfte erforderlich sind als für den Angriff – wenn auch die genannten Verhältnisse variieren." Das äußerst vorsichtig, objektiv und distanziert argumentierende Forscherteam kommt zu dem Ergebnis, daß es zumindest möglich sein müßte, eine Vereinbarung über die Verminderung der Atomwaffen in Zentraleuropa zu erzielen: Die in Westeuropa gelagerte Zahl von nuklearen Sprengköpfen (7000) scheine extrem hoch, während andererseits ungewiß sei, ob die Sowjetunion überhaupt in der DDR, in Polen oder der ČSSR Atomwaffen stationiert habe. Wenn seitens der NATO in letzter Zeit von asymmetrischen Rüstungsverminderungen gesprochen würde, so wäre vielleicht an eine besondere Reduktion der Zahl der schweren Panzer seitens des Warschauer Paktes im Austausch gegen die Reduktion der atomaren Overkill-Kapazitäten in Westeuropa zu denken.

Abgesehen von einer solchen sehr speziellen und gegebenenfalls sinnvollen Deutung der verdächtigen Forderung nach „Asymmetrie" der Rüstungsverminderung, bleibt festzustellen: Es geht bei den jetzt geplanten MBFR-Verhandlungen nicht um ein totales, sondern um ein graduelles Disengagement. Die auf beiden Seiten vorhandenen konventionellen wie vor allem nuklearen Abschreckungskapazitäten aber sind in jedem Falle so gewaltig, daß geopolitische wie quantitative Rüstungsvorteile der einen oder anderen Seite demgegenüber belanglos bleiben. Erst in der Endphase eines langen Prozesses des Abbaus von Drohhaltungen, Truppen- und Waffenarsenalen kann die Herstellung symmetrischer militärischer Grenzsicherungskräfte zu einem relevanten Problem werden.

2.2.4. Der deutsche Beitrag: Nein zur „flexible response" und Umbau der Bundeswehr

Das NATO-Konzept der „flexible response" mit seinem schrittweisen – und darum um so gefährlicheren – Eskalieren in die atomare europäische Katastrophe ist tatsächlich kein Sicherheitskonzept, sondern eine tödliche Bedrohung der Existenz Europas. Dies hat unsere Analyse (1.3.) mit erschreckender Deutlichkeit gezeigt. Im folgenden wird ein Gegenkonzept entwickelt, das objektive oder eingebildete Sicherheitsbedürfnisse wie auch die machtpolitischen Bündnisbindungen soweit wie möglich berücksichtigt, gleichwohl aber eine radikale Abkehr von der durch die Interessen der USA geprägten NATO-Strategie bedeutet.

Offen diskutieren: Wem nützt die „flexible response"?

Man mag zunächst fragen, ob die darin vorgetragene Forderung, das Konzept einer militärischen Verteidigung Europas bzw. der BRD radikal zu ändern – also die Atomraketenbasen abzubauen, den Bundeswehrauftrag auf Grenzsicherung zu reduzieren, eine Soziale Verteidigung und einen Internationalen Friedensdienst aufzubauen, angesichts der herrschenden westlichen Machtverhältnisse, der Sicherheits- und Wehrideologien realisierbar ist. Es stellt sich wiederum, wie an manchen anderen Stellen dieses Buches, die Frage nach der Courage für eine neue, von den Sozialdemokraten vorzutragende Politik. Wir meinen, daß diese auch im wehrpolitischen Bereich in dem Maße die Chance hat, Gehör und Anerkennung zu finden, wie die Wahnsinnslogik der „flexible response" aufgedeckt und die Notwendigkeit eines neuen sicherheitspolitischen Konzepts der Öffentlichkeit klargemacht wird. Außerhalb wie innerhalb der SPD muß nur endlich darüber gesprochen werden, im Sinne der Osloer Rede Willy Brandts: „Neben vernünftiger Politik ist Lernen in unserer Welt die eigentlich glaubhafte Alternative zur Gewalt." Jungsozialisten und außerparlamentarischer Opposition kommt dabei eine große Bedeutung zu – denn ohne massiven Druck von innen und außen ist auch in der SPD der „Amerikanismus" nicht zu überwinden. Dabei trifft der Lernprozeß, um den es hier geht, auf eine große latente Bereitschaft. Denn man kann heute davon ausgehen, daß hinsichtlich der Angemessenheit der derzeitigen NATO-Konzeption für Europa bei vielen Menschen ein erhebliches Unbehagen besteht, daß die Zweifel – selbst in den Streitkräften! – viel weiter verbreitet sind, als man es im allgemeinen wahrhaben will. Selbst im Verteidigungsministerium ist es ein offenes Geheimnis, daß unter den intelligenteren Soldaten und Offizieren die Kardinalfrage nach dem „Auftrag" der Bundeswehr in den letzten Jahren immer kritischer gestellt worden ist (vgl. unten S. 215ff.).

Daß selbst hohe Offiziere, wenn sie nicht hohl tönende offizielle

Reden halten, sondern im internen Gesprächskreis laut denken, die Frage stellen, ob im sogenannten Ernstfall die NATO-Bündnistreue nicht der Pflicht zur nationalen Selbsterhaltung geopfert werden muß, hat der kritische Militärpublizist Helmut Wolfgang Kahn (in: „Stern" v. 18. 1. 70) bekanntgemacht; von einer wehrpolitischen Konferenz* berichtete er folgendes: „Auf einer Tagung, die der CDU-Bundestagsabgeordnete Professor Gustav Stein . . . einberief, fragten sich hohe Militärs und vorwiegend konservative Zivilisten – nach zwanzig Jahren NATO-Bündnis – besorgt, was ‚im Ernstfall' aus der Bundesrepublik und ihrer Bevölkerung werden solle. ‚Der Ernstfall', warnte der Brigadegeneral Dr. Hermann Wulf, Kommandeur der Heeresoffiziersschule II in Hamburg, ‚würde unser ganzes Land in Kampfgebiete verwandeln. Er würde die Frauen und Kinder der kämpfenden Männer ungeschützt der Wirkung feindlicher Waffen überlassen. Ist es denkbar, daß eine Armee überhaupt kämpfen kann mit dem Bewußtsein, daß diejenigen, die sie schützen will, der Vernichtung preisgegeben sind?' General Heinz Trettner, von 1964–66 Generalinspekteur der Bundeswehr, dozierte nachdenklich: ‚Die NATO soll *Land* und *Volk* jedes Bündnispartners schützen. Das ist ein doppeltes Ziel, nicht ein identisches. Die furchtbare Wirkung moderner Waffen kann daraus zwei sich widersprechende Ziele machen, wo es dann zu wählen gilt, welchem Teilziel der Vorrang gebührt.' Für diesen bitteren Entscheidungsfall sah der diplomatisch verklausuliert formulierende Trettner immerhin ein ‚Auseinanderklaffen der Interessen der Bündnispartner und Konfliktmöglichkeiten zwischen deutschen NATO-Militärs' und ‚den militärischen Bündnisautoritäten', den ‚internationalen Gremien' voraus. Aus seinem NATO-Erfahrungsschatz sprach der Generalleutnant a. D. und ehemalige Korpsbefehlshaber Wilhelm Meyer-Detring offener aus, was dann kommt: ‚Dann kommt ein Moment, wo der Soldat der Entscheidung nicht mehr ausweichen kann.'

Um den Tagungsteilnehmern die Alternative Bündnistreue oder Überleben so recht deutlich vor Augen zu führen, hatte der konservative Historiker Professor Walter Hubatsch ein bundesdeutsches Tabu gebrochen: Er schilderte ihnen ein Stück preußischer Geschichte, das in der DDR als beispielhaft gefeiert wird – die Konvention von Tauroggen vom Dezember 1812. Damals hatte der preußische General Graf Yorck von Wartenburg eigenmächtig mit dem russischen General Diebitsch vereinbart, daß Preußens Gloria aus dem ‚Zwangsbündnis' mit dem westlichen Imperator Napoleon ausscheiden würde und die Russen dafür Preußen nicht als Feindesland behandeln sollten – was sie auch nicht taten. Der Westberliner Strafrechtordinarius Helmut Quaritsch spitzte dann die Frage nach der NATO-Treue in der heutigen und künftigen ‚Lage' konkret zu: Angenommen, ein neuer Diebitsch stellt die deutschen Korps- und Divisionskommandeure vor die

*Inzwischen gedruckt: Protokoll des „3. Cappenberger Gesprächs" der „Freiherr-vom-Stein-Gesellschaft", „Die Verantwortung der militärischen Führung", Grote'sche Verlagsbuchhandlung, Köln und Berlin 1969.

Alternative: Entweder eure Truppen bleiben neutral und halten sich aus allen Kampfhandlungen heraus oder ihr kämpft, und Westdeutschland wird in wenigen Stunden atomar vernichtet sein. Gehorchen die deutschen Militärs dann der NATO – wobei sie den Vorwurf späterer Historiker in Kauf nehmen müßten, ‚solcher Gehorsam habe das eigene Volk untergehen lassen' – oder denken sie dann an das eigene Volk und meutern gegen die NATO? Ruhestandsgeneral Meyer-Detring: Für ihn sei ‚Yorck der maßgebende Mann', wenn der Moment komme, in dem es einem militärischen Führer nur noch um das Überleben der Bevölkerung gehe. ‚Dann wird er sich Yorcks erinnern müssen.'"

Was hier hohe Militärs auszusprechen wagen, weil sie nicht mehr im Dienst sind, bestätigt in vollem Umfang den Kern unserer kritischen Analyse der NATO-Strategie: daß sie nicht Sicherheit im sogenannten „Ernstfall" schafft, sondern unsere Existenz vernichtet. Wer die im folgenden vorgetragene wehrpolitische Alternative riskant und schwer durchsetzbar findet, sollte sich jederzeit daran erinnern, daß die herrschende wehrpolitische Ideologie unter allen Umständen die riskanteste ist – eine Strategie, die, wenn sie je angewendet werden sollte, aller militärischen Logik nach schrittweise und unaufhaltsam in die atomare Vernichtung führt. (Vgl. den detaillierten Nachweis S. 41ff!)

Grundsätze einer wehrpolitischen Alternative

Was kurz-, mittel- und langfristig als *neue Sicherheitspolitik* zur Abwehr einer gewaltsamen Bedrohung unserer gesellschaftlichen Existenz von außen *und* innen durchgesetzt werden muß, kann in *acht* Grundsätzen zusammengefaßt werden.

Der *erste* Grundsatz einer zu realer Entspannungspolitik überleitenden wehrpolitischen Konzeption lautet: *Die NATO-Konzeption der „flexible response" ist durch einen öffentlichen Prozeß der wehrpolitischen Desillusionierung als ein im Ernstfall die Existenz Europas vernichtendes, daher untaugliches Mittel der Verteidigung zu verwerfen.*

Erst wenn sich die nüchterne Erkenntnis durchgesetzt hat, daß wir sicherheits- und wehrpolitisch vor einem Scherbenhaufen und an einem Nullpunkt stehen, lassen sich – nicht zuletzt in der Auseinandersetzung mit der US-amerikanischen „Führungsmacht" – vernünftige wehrpolitische Alternativen mit dem notwendigen Nachdruck in die politische Debatte bringen. Atomare Waffen müssen im strategischen Konzept wieder als das erscheinen, was sie immer waren, was aber die „flexible-response"-Ideologie einer „Katastrophe auf Raten" verschleiert hat: die Drohung mit der totalen Katastrophe. Damit diese faktische Untergangsdrohung (solange Entspannung sie nicht überflüssig macht) „funktioniert", d. h. eine organisierte militärische Aggression eines Systems gegen das andere unmöglich macht, muß sie – durch Zurückweisung der verlogenen „Stufen"-Illusion! – als unmittelbare und massive Drohung („massive retaliation") zwischen den Führungsmächten USA und SU wiedererkennbar und alle anderen „Anwendungen" nuklearer Waffen abgelehnt werden. Denn ihre perverse Friedenssicherungsfunktion erfüllen die nuklearen Raketen ausschließlich, solange sie mit höchster Wahrscheinlichkeit *nicht* eingesetzt werden. Dies aber ist nur dann der Fall, wenn (a) die Großmächte selbst sich von ihrem Einsatz aufs äußerste bedroht fühlen, und wenn (b) außer den beiden Zentralmächten niemand oder möglichst wenige damit ernsthaft drohen können. (Diese Schlußfolgerung schließt ein, daß in Westeuropa ein energischer politischer Kampf um die atomare Abrüstung Frankreichs und Englands gekämpft werden muß! Nicht nur für die BRD, sondern auch für ganz West- und Osteuropa genügt die Stationierung von Nuklearraketen in USA und SU vollständig – solange überhaupt noch ein Abschreckungsbedürfnis besteht.) Bei der gegenwärtigen NATO-Strategie der „flexiblen Reaktion" ist das Gegenteil von Friedenssicherung (falls Rußland aggressiv wäre) gegeben. Die atomare Drohung würde im Konfliktfall nicht den Frieden sichern, die Abschreckung würde nicht funktionieren, gerade weil die Supermächte sie, in Gestalt der „kleinen" taktischen Kaliber, außerhalb ihrer Territorien durchaus wahrmachen können.

Rüstungsverminderung; BRD ohne Atom(träger)waffen

Als *zweiter* wehrpolitischer Grundsatz ergibt sich daher: *Die Bundesrepublik muß die Verteidigung mit taktischen Atomwaffen als existenzgefährdend ablehnen und ihre Bereitschaft erklären, unverzüglich im Rahmen der Europäischen Sicherheitskonferenz über die Räumung der Bundesrepublik, der DDR, Polens und der ČSSR von atomaren Arsenalen und Trägerwaffen zu verhandeln. Sollte eine solche multilaterale Denuklearisierung Mitteleuropas sich zunächst nicht als realisierbar erweisen, so muß die BRD einseitig mit der atomaren Abrüstung beginnen.* Es geht also im Prinzip um die Wiederaufnahme des einzigen konsequenten europäischen Abrüstungskonzepts der Nachkriegszeit, nämlich des atomaren Disengagement-Konzepts, das insbesondere mit dem Namen des polnischen Außenministers Rapacki verbunden ist. Es besteht zweifellos heute insofern eine besondere Chance zu erneuter intensiver Diskussion atomwaffenfreier Zonen in Mitteleuropa, als das Konzept der gleichgewichtigen beiderseitigen Rüstungsverminderung (MBFR = Mutual Balanced Force Reductions) einen quasi anerkannten, offiziellen Charakter erlangt hat.

Allerdings muß davor gewarnt werden, sich mit Forderungen innerhalb des MBFR-Konzepts zufriedenzugeben. Allzuleicht könnte auch dieses auf vertraglichem Übereinkommen basierende Abrüstungsprogramm sich als Sackgasse erweisen, weil keine Einigkeit erzielt werden kann über das, was unter den verschiedenen geopolitischen Bedingungen als „gleichgewichtig" anzuerkennen ist (vgl. 2.2.3.). Das seitens der NATO bereits zur Debatte gestellte „asymmetrische“ Modell, wonach angebliche geopolitische Aufmarschvorteile der Warschauer-Pakt-Staaten durch stärkere Rüstungsverminderungen kompensiert werden müßten, lassen unabsehbare ergebnislose Auseinandersetzungen befürchten. (Der Osten kann ja sehr leicht mit dem Hinweis auf die westliche Einkreisung – allein 250 amerikanische Stützpunkte rings um den Ostblock und China! – antworten!) Infolgedessen muß eine auf Entspannung gerichtete westdeutsche Wehrpolitik neben den intensivsten Bemühungen um beiderseitige Rüstungsverminderung innerhalb der ESK auch *einseitige* Schritte der Verminderung atomarer und offensiver Rüstungen vollziehen. Dabei sollten wir endlich offen aussprechen, daß niemand uns zwingen kann, amerikahöriger zu sein als seinerzeit de Gaulle. Wie zu zeigen ist, lassen sich solche unilateralen Initiativen seitens der Bundesrepublik durchaus verwirklichen. Sie sind vor allem auch deshalb so wichtig, weil eine von prestigebeladenen vertraglichen Vereinbarungen (wer ist wem wie weit entgegengekommen?) unabhängige Politik des Signal- und Beispielgebens sich beim Abbau von Drohpositionen in den vergangenen Jahren als durchaus erfolgreich erwiesen hat, insofern auch die Gegenseite ihre Haltung entspannte, wenn eine Seite Entspannungsakte vollzogen hat.

Die Ablehnung der NATO-Konzeption der abgestuften Reaktion mit ihrer „taktischen“ Atomstrategie und die daraus folgende Forderung des Abbaus der westdeutschen Atom-Trägerwaffenrüstung führt natürlich zu der Frage nach der Funktion der amerikanischen Truppen in der BRD und der 7200 Atomsprengköpfe (nach SIPRI, 1969/70, 28), die sie unter Verschluß halten. Die logische Antwort lautet: wenn die NATO-Atomstrategie statt Sicherheit eine Existenzbedrohung für uns darstellt, dann widerspricht auch die Lagerung der amerikanischen Atomsprengköpfe und die Anwesenheit von Abschußbasen den vitalen Lebensinteressen Deutschlands und Europas. Was die amerikanischen Truppen betrifft: da ihre Funktion zugegebenermaßen wesentlich die einer abschreckenden „Präsenz“ der Supermacht in Westeuropa ist und ihr reales militärisches Potential im „Ernstfall“ – bei Strafe der Vietnamisierung Europas – niemals zum Einsatz kommen darf, wäre zumindest eine wesentliche Reduzierung des gewaltigen amerikanischen Militärlagers in der BRD (150 000–200 000 Soldaten) zu fordern, schon wegen der unerträglichen und ungerechtfertigten Devisenausgleichszahlungen, die gegenwärtig auf über drei Milliarden DM jährlich angestiegen sind und uns bekanntlich zu funktionslosen Rüstungskäufen in den USA verpflichten.

Als *dritter* Grundsatz einer sicherheitspolitisch verantwortlichen Wehrkonzeption ist also zu fordern: *In Verhandlungen mit den USA ist auf Abtransport der amerikanischen Atomsprengköpfe und -trägerwaffen aus Deutschland und auf wesentliche Verminderung der amerikanischen Streitkräfte zu dringen.*

Ein solcher zweifellos radikal „gaullistischer“ wehrpolitischer Grundsatz ist freilich nur in die politische Diskussion zu bringen, wenn man mit einigen Tabus und Vorurteilen westdeutscher Wehrpolitik aufräumt. Das Hauptvorurteil ist zweifellos das der angeblichen amerikanischen Schutzfunktion durch ihre Anwesenheit in Europa, die man nicht in Frage stellen dürfe. Diese These ist militärisch überholt und politisch naiv. Militärisch überholt, weil inzwischen jedermann weiß, daß, wenn es einer Abschreckung militärischer Art bedürfte gegenüber der Sowjetunion, sie in den 1000 Interkontinentalraketen und den 700 Raketen-U-Booten der USA und nicht in ihrer „Präsenz" in Europa besteht. Im übrigen kann man sich über den naiven politischen Idealismus nur wundern, der seit zwanzig Jahren den Westdeutschen als reales politisches Argument verkauft wird, wenn von unseren „amerikanischen Freunden" die Rede ist und ihrer uneigennützigen Beschützerrolle gegenüber „den Russen"*. Ganz davon abgesehen, daß die ursprüngliche amerikanische Militärdoktrin nach 1945 keineswegs „Verteidigung", sondern Roll-back lautete: die USA haben in Westeuropa niemals eine andere als ausschließlich ihre eigene Position „verteidigt" – in der US-internen Wehrdebatte wird das auch mit aller Offenheit gesagt. Sowohl wirtschaftlich wie militärisch ist Westeuropa ein strategisches Vorfeld für die USA, das in ihrem ureigenen Kapital- und Existenzinteresse besetzt gehalten wird. Die entscheidende Einsicht, die außer Frankreich endlich auch die anderen Westeuropäer in politisches Handeln umsetzen müssen, ist: daß wir es ablehnen, militärisches Vorfeld der US-Strategie zu sein. Genau das nämlich ist, wie oben dargelegt, die Strategie der „flexiblen Reaktion": eine Strategie des Satelliten-Vorfeldes, innerhalb dessen die Atommacht sogar taktische Atomschläge einkalkulieren kann, da es sie (und die Gegensupermacht) nicht unmittelbar betrifft, aber vielleicht zusätzliche „Abschreckung" produziert, nämlich die Vernichtung großer Teile von Europa, und so die Kriegssturmflut vielleicht noch vor den Grenzen der zentralen Mächte im europäischen „Vorfeld" ausrollt.

An dieser Stelle tritt nun in der Argumentation gewöhnlich ein weiteres Vorurteil hervor. Wir seien politisch wie wirtschaftlich viel zu abhängig von den USA, so heißt es, um derartige Forderungen auch nur laut aussprechen zu können. Schließlich sei der Deutschlandvertrag in Kraft, der die Anwesenheit der alliierten Truppen legalisiere. Solche Argumentation scheint – soweit sie nicht sehr zweckvoll von denen vorgeschoben wird, die ihr Kapitalinteresse mit dem Big Brother verbindet – ein Nachhall westdeutschen Nachkriegs-Minderwertigkeitskomplexes zu sein. Keine amerikanische Regierung könnte es sich fünfundzwanzig Jahre nach dem Krieg noch leisten, bei energischen Revisionsforderungen in bezug auf die Truppenstationierungen

*So etwa in dem „offiziösen" Verteidigungshandbuch von Obermann (S. 483): „(Es) wäre ... nicht nur schierer Undank der europäischen Partner, sondern auch peinliche Verkennung des Tatsächlichen, wollten sie die starken *moralischen Antriebe* und die daraus resultierenden Akte von *Uneigennützigkeit* übersehen, die neben dem Führungsanspruch ... ebenfalls Kennzeichen dieser Hegemonialstellung (der USA) sind.

gegenüber einer demokratisch legitimierten Regierung der BRD auf die Dauer den Besatzungsstatus herauszukehren.

In Wirklichkeit haben wir ja umgekehrt die groteske Situation, daß es den Amerikanern selbst – von Kanadiern, Engländern und den bereits aus der NATO ausgeschiedenen Franzosen ganz zu schweigen! – gegenwärtig zu teuer erscheint, ein solches Heerlager immer weiter in der BRD aufrechtzuerhalten, unsere konservativen Militärpolitiker aber den Imperator Americanus flehentlich bitten, zu bleiben. Statt die gegenwärtige Situation, in der die USA, hier wie anderswo, ihre weltweiten, unbezahlbar gewordenen „Präsenzen" zu reduzieren gezwungen sind, zu nutzen, glaubt man daraus ein multilaterales Truppenverminderungs-Junktim machen zu müssen.

Im Gegensatz zu dem sterilen, entspannungspsychologisch lähmenden Bestehen auf minuziöser Gleichzeitigkeit und „Ausgewogenheit" der Rüstungsverminderung sollten wir endlich *den Vorteil erkennen, den wir mit ersten unilateralen Schritten der Rüstungsverminderung in die kommenden MBFR-Verhandlungen mit dem Warschauer Pakt einbringen.* Können wir diesen unsere „Vorleistungen" präsentieren, so schaffen wir genau dadurch die günstige Ausgangsposition für erfolgreiche multilaterale Verhandlungen. Leider haben die Machteliten in West und Ost wenig mitbekommen von dieser Kunst und selbstbewußten Kraft des riskierbaren Nachgebens, um die Starrheit des beiderseitigen Imponiergehabes aufzulösen und dann gemeinsam ein Stück des Drohsystems abzubauen. (Chruschtschow, in der Kuba-Krise, und die jüngste sozial-liberale Ostpolitik der BRD zeigten eine Ahnung dieser Staatskunst.)

Dabei sind – wie in 2.2.3. gezeigt wurde – die Rüstungspotentiale gerade in Europa mit seinen Nachschubbasen in USA und SU so riesenhaft und das atomare Patt so overkill-sicher, daß unilaterale Schritte der hier diskutierten Art ohne jede Existenzgefährdung riskiert werden können – selbst dann, wenn man noch in den Kategorien des militärischen Kräftegleichgewichts in Europa denkt.

Statt „totaler" militärischer Verteidigung: glaubhafte Grenzsicherung

Aus der Kritik der NATO-Strategie folgt die Frage, wie eine europäische, eine westdeutsche Militärstrategie konsequenter- und realistischerweise formuliert werden kann. Die Antwort hat von der im Ersten Teil analysierten wesentlich defensiven Tendenz der sowjetischen Politik sowie von den katastrophalen Folgen eines großen Krieges in Europa auszugehen. Daher lautet die strategische Antwort: Verzicht auf jede militärische Aufgabe, die – unter den tödlich gefährlichen Gleichgewichts- und Friedensbedingungen der totalen atomaren Abschreckung der Supermächte – mehr sein will als glaubhafte Grenzsicherung gegen handstreichartige Übergriffe.

Positiv ausgedrückt und als vierter Grundsatz einer verantwortlichen Wehrpolitik: *Die Bundesregierung muß – wenn möglich gemeinsam mit anderen europäischen Regierungen, notfalls aber auch im Alleingang – erklären.*

1. daß Deutschland (Europa) nach allen zur Verfügung stehenden Informationen und Analysen – vgl. 1.1. – nicht durch sowjetische Aggressionsabsichten bedroht ist und aus politischen wie militärischen Gründen auf eine militärische Rüstung gegen einen osteuropäischen Großangriff verzichtet;

2. daß eine mit äußerst wirksamen Panzer- und Flugzeugabwehrwaffen ausgerüstete, strikt denuklearisierte Bundeswehr – gegebenenfalls von anderen europäischen Streitkräften unterstützt – strategisch wie organisatorisch reduziert wird auf eine Grenzsicherungsstreitmacht, die allerdings in der Lage ist, eine starke Abwehrwirkung auszuüben gegenüber „Vakuum"-Effekten und daraus folgenden Verlockungen zu riskierbar erscheinenden militärischen Übergriffen.

Daß Europa weder durch sowjetische Aggressionsabsichten bedroht ist noch eine totale militärische Konfrontation jemals riskieren darf, ist zweifellos eine politische Einsicht, die die überangepaßten Klischees von der „sozialdemokratischen Bereitschaft zur militärischen Verteidigung der demokratischen Ordnung" (vgl. 2.2.2.!) weit hinter sich läßt und daher auch innerhalb der SPD den schwierigen Prozeß des Umdenkens erfordert – von den konservativen politischen Gruppen ganz zu schweigen. Aber billiger geht es nicht, soll endlich die Epoche wehrideologischen Selbstbetruges ein Ende haben. Europa ist im Zeitalter der modernen Massenvernichtungsmittel nicht zu verteidigen. Selbst dann, wenn nach Helmut Schmidts vorsichtig ins Gespräch gebrachtem Kalkül die atomare Schwelle sehr hoch gelegt und die Fähigkeit effektiver konventioneller Abwehr der ein bis zwei Millionen Soldaten, 5000 Flugzeuge und 37 000 Panzer (SIPRI 1969/70, 71ff.) des Warschauer Pakts verbessert wird, würde eine solche kontinentale Materialschlacht Europa an den Rand der Vernichtung führen (vgl. 1.3.!), um dann nach der Logik der Eskalation dennoch im atomaren Inferno zu enden.

Was bleibt, ist nicht das oft beschworene „Wehrlos-dem-Bolschewismus-ausgeliefert-Sein". Es bleibt die allem logischen Kalkül nach ausreichende atomare Abschreckung der Supermächte, zusätzlich gesichert durch die oben (1.1.) eingehend begründete Annahme, daß die Sowjetunion seit ihrem Bestehen risikoreiche militärische Expansionen peinlich vermeidet. Und es bleibt das militärisch Machbare: eine hochwirksame, mit modernsten Abwehrwaffen ausgestattete Grenzsicherung, die auch bei ausdrücklichem Verzicht auf eine militärische Verteidigung gegen einen östlichen Großangriff jedem militärischen Abenteurertum wirksam den Weg verlegen kann.

Man kann die Wahrscheinlichkeit, daß im streng am Status quo orientierten Warschauer-Pakt-System militärische Handstreichpolitik, etwa von DDR-Generalen, betrieben werden könnte, nahe Null setzen. Gleichwohl ist in der nahen Zukunft der Bestand einer sehr schlagkräftigen deutschen und/oder europäischen Grenzschutzstreitmacht ein nicht zuletzt sozialpsychologisch unverzichtbarer Sicherheitsfaktor. Übrigens ein Faktor, der auch das Aufkommen bloßer *Spekulationen* militanter Teile der sowjetischen Machtelite über mögliche Pressionen oder gar eine „Befreiung Westdeutschlands (Westeuropas) vom Joch des Monopolkapitalismus" im Keime erstickt. Man kann freilich zweifeln, ob dieser theoretisch strikt von Flächenkriegsstrategien abgesetzte Grenzsicherungsauftrag einer neuen Bundeswehr praktisch realisierbar ist, d. h. ob nicht bereits ein „Grenzkrieg" für die BRD verheerende räumliche Dimensionen annimmt. Der Zweifel läßt sich ausräumen durch kräftemäßig und räumlich genaue Begrenzung der militärischen Aufgabe. Eine Zielsetzung, die militärstrategisch zu konkretisieren genau die Arbeit einer westdeutschen (westeuropäischen) militärischen Planung wäre, die die paranoide Strategie der „flexiblen Reaktion" hinter sich gelassen hat. Entscheidend ist nur dieses: *daß die BRD unter keinen Umständen durch westdeutsche militärische und/oder politische Entscheidungen zum Kriegsschauplatz werden darf.*

Entscheidend: Umbau der Bundeswehr

Was im Rahmen der MBFR und/oder unilateral von uns aus wehrpolitisch geschehen muß, geht wesentlich über den Abbau der atomaren Komponente hinaus. Es geht zentral um die Neubestimmung, nämlich die realistische Reduktion des Verteidigungsauftrages der Bundeswehr überhaupt – und zwar durchaus nicht im Sinne von „Verzicht", sondern in unserem eigenen wohlverstandenen Sicherheitsinteresse. Die wehrpolitische Umstellung ist seit Jahren von kritischen Wehrexperten dargelegt und vor einiger Zeit von Helmut Wolfgang Kahn (1969, 110ff) zusammengefaßt worden: *Die Umrüstung und Reduzierung der Bundeswehr auf eine strikt nicht-atomare Grenzsicherungsstreitkraft.* Dies ist der *fünfte und wichtigste Grundsatz* einer neuen Wehrpolitik. Die Umstellung der Bundeswehr auf eine solche ausschließlich defensive, ausschließlich nichtatomare, ausschließlich grenzsichernde Funktion ist der entscheidende Beitrag der Bundesrepublik zu einer Wehrpolitik gesamteuropäischer Entspannung – ein Beitrag, der im Rahmen einer europäischen Sicherheitskonferenz mit um so größerem moralischen und politischen Erfolg eingebracht werden kann, je entschlossener eine westdeutsche Regierung zeigt, daß sie bereit ist, eine solche grundlegende Reduzierung und realistische Neuformulierung des „Verteidigungsauftrages" ihrer Streitkräfte zumindest ansatzweise auch unilateral bereits vorzunehmen und rüstungspolitisch in die Tat umzusetzen. Natürlich gehört beträchtlicher politischer Mut dazu, eine solche Umrüstung der Bundeswehr zur politischen Diskussion zu stellen. Es ist daher verdienstvoll, daß Kahn eine bedeutende Reihe von bekannten Militärexperten zu Wort kommen läßt, deren Vorstellungen über eine Umgestaltung und Reduzierung der Bundeswehr im Prinzip alle auf dieses Konzept einer nicht-atomaren, strikt defensiven Streitmacht hinauslaufen. Da das Votum dieser Experten in der künftigen, dringend notwendigen Diskussion um eine friedenspolitisch angemessene Umgestaltung der Bundeswehr von erheblicher Bedeutung sein dürfte, geben wir im folgenden Kahns Sammlung dieser Stellungnahmen wieder: „‚Noch heute', schrieb der französische Militärexperte Oberstleutnant a. D. Ferdinand Otto Miksche 1967, ‚handelt es sich darum, Einbrüche feindlicher Panzerkräfte zu verhindern oder wenigstens nachhaltig zu verzögern. Es wäre seinerzeit richtiger gewesen, mit der Aufstellung einfacher Panzersperrverbände anzufangen und aus diesen heraus im Laufe einer zweiten Rüstungsphase auch mechanisierte Truppen zu entwickeln . . . Planungen, die in dieser Richtung lagen – gemeint sind die 1954 unterbreiteten Vorschläge des Oberst von Bonin –, waren zweifellos richtig.' Waren Bonins Ideen auch richtig – sie verstießen, wie Theodor Blank ihm beim Hinauswurf bescheinigte, ‚gegen die von der Bundesregierung verfolgte Politik'. Miksche präzisiert einen Grund für ihre Ablehnung: ‚Andererseits zeigten aber auch die Industrien Amerikas und Englands wenig Interesse an einer Rüstungspolitik, die vornehmlich die Anschaffung von einfachen, billigen Waffen verlangte . . .'

Alle Reformvorschläge namhafter Fachleute im In- und Ausland, die von Karriere- und Pensionsrücksichten unabhängig sind, stimmen mit den der heutigen Lage angepaßten Bonin-Gedanken weitgehend überein: Bonin selbst fordert:

1. acht Grenzsicherungsdivisionen à 15 000 Mann (Berufssoldaten) mit dem Schwergewicht auf modernen panzerbrechenden Waffen in einer etwa 100 Kilometer breiten Zone entlang den Ostgrenzen der Bundesrepublik;
2. eine rasch mobilisierbare Heimschutzmiliz (Ausbildungsdauer: sechs Monate), von der 40 000 Mann stets präsent sind;
3. eine Luftwaffe von höchstens 60 000 Mann mit robusten Flugzeugen zur Erdkampfunterstützung;
4. eine Marine von höchstens 30 000 Mann zum Schutz der Ostseeküste;
5. keine Atomwaffen (‚Ihre Entfernung aus der Bundesrepublik muß oberstes Ziel werden'):
6. Friedensstärke: etwa 250 000 Mann (‚Man kann die Bundeswehr halbieren').

Bonin sagt: ‚Der heutigen Struktur der Bundeswehr wohnt ein nicht zu widerlegender offensiver Charakter inne . . . Daß diese Bundeswehr dennoch zum selbständigen Angriff unfähig ist, bleibt politisch wirkungslos . . . Wohl aber fürchtet Moskau eine von der Bundeswehr ausgelöste Initialzündung, die es in einen Konflikt mit der NATO und den Amerikanern führen könnte . . . So wie die Bundeswehr jetzt gegliedert ist, wird die Sowjetunion ihre in der DDR stationierten 20 Divisionen nicht abziehen können.'

Der Bundeswehr-Generalmajor a. D. Christian Müller, ehemaliger ... Befehlshaber im Wehrbereich II, nach seinem Ausscheiden aus dem aktiven Dienst bis Ende 1967 Berater und Gutachter der niedersächsischen Landesregierung in Fragen der Landesverteidigung, verlangt:

1. vier rückwärtige gepanzerte Eingreifdivisionen mit zwölf Brigaden (Berufssoldaten) unter NATO-Befehl;

2. etwa 15 Grenzsicherungsbrigaden (teils Berufssoldaten, teils grenznahe Heimatschutztruppe) in einer 150 Kilometer tiefen Zone entlang der Grenze (‚überwiegend Panzerknacker aller Sparten, auch die billige Pak sowie Pioniere und als Artillerie einen beweglichen Feldraketenwerfer'), dazu eine ortsnah aufgebaute Heimatschutztruppe (Ausbildungsdauer: neun Monate) unter nationalem Befehl.

3. Der Schwerpunkt bei der Luftwaffe müßte auf die Heeresunterstützung und eine funktionierende Luftverteidigung verlegt werden. (Eine deutsche Beteiligung an der nuklearen Vergeltung durch ‚Starfighter' lehne ich ab; die ‚Starfighter' würden im Ernstfall wohl nie in die Luft kommen.)

4. Die Marine könnte ebenfalls verkleinert werden ...

Liddell Hart, von dem deutsche Generale das offensive Siegen im Zweiten Weltkrieg lernten (Guderian: ‚Ich bin Ihr Schüler'), weiß für die Verteidigung der Bundesrepublik, die er freilich für weniger handstreichbedroht hält als Dänemark, folgenden Rat:

1. sechs bis acht mobile Divisionen von Berufssoldaten (je drei Panzer- und Panzergrenadierdivisionen, möglicherweise eine Gebirgs- und eine Landedivision), 150 Kilometer westlich der Grenze;

2. eine Heimatschutzmiliz ‚mit guten Panzerabwehrwaffen' (Ausbildungsdauer: nur drei Monate), die in kürzester Zeit nach Schweizer Muster 250 000 bis 500 000 Mann mobilisieren könnte;

3. eine Luftwaffe nur zur Erdkampfunterstützung (‚kein Atomschlag');

4. eine Marine von kleinen Einheiten zum Küstenschutz, Minenlegen und Minensuchen. (‚Für einen Admiral ist ein großes Schiff das gleiche wie die Kathedrale für einen Bischof.')

5. Keine Atomwaffen. (‚Ihre Anwendung wäre Selbstmord.')

6. Friedensstärke: etwa 275 000 Mann."

Diese Aussagen werden ergänzt durch die des Panzerabwehrspezialisten Oberst Gerd Ruge, des Kommandeurs der Kampftruppenschule III (nach einem „Stern"-Interview von Kahn am 8. November 1970, S. 58ff.). Oberst Ruge ist der Auffassung, daß für weniger Geld wesentlich mehr militärische Sicherheit zu erreichen ist. „Ruge erklärt auch wie: ‚Dann nämlich, wenn man statt sehr teurer, hochgezüchteter Waffensysteme, die man sowieso nur in begrenzter Zahl beschaffen kann, sehr viele, weit billigere, aber in der Abwehr ebenso wirksame Waffen beschafft und auch richtig einsetzt.' Ruge will, daß endlich an den ‚teuren, hochgezüchteten' Kampfpanzern gespart wird. Wenn Ruge warnte, der starke Kampfpanzeranteil des Heeres nähre den Verdacht, Bonn hege trotz aller Friedensbeteuerungen Angriffsabsichten, bekam er zu hören: ‚Was Sie nur immer mit der Politik haben, wir sind Soldaten.' Die langjährige ‚schwarze Eminenz' der Bundeswehr, der Personalchef Karl Gumbel, dekretierte: ‚Dieser Herr wird nie General.' Und weil der Sozialdemokrat Helmut Schmidt die in der CDU/CSU-Ära gewachsenen Macht- und Denkstrukturen noch nicht reformiert hat, mußte Ruge 1971 als Oberst in Pension gehen.

In der Theorie unterstützt Verteidigungsminister Schmidt die jahrelange Forderung der Verteidigungsfachleute von der Kampftruppenschule III – so im Frühjahr im Bundestag: ‚Das überzüchtete, beste und teuerste Gerät ist keineswegs immer das zweckmäßigste', und in seinem „Wehrweißbuch": ‚Die Umrüstung muß den Defensivcharakter der Streitkräfte so stark wie möglich verdeutlichen.' Die Praxis sieht immer noch anders aus: Das Heer besitzt 300 Kampfpanzer, die für den Angriff besser geeignet sind als für die Verteidigung – 1838 ‚Leoparden', die pro Stück 1,1 Millionen Mark kosteten, und 1462 amerikanische ‚Pattons', die ab 1975 durch den Typ ‚Leopard II' ersetzt werden sollen. Dieser Nachfolgetyp, der bei Krauss-Maffei in München bereits in Arbeit ist, soll 1,8 Millionen Mark kosten. Das Heer besitzt aber nur 1086 Jagdpanzer (770 mit einer Kanone, der Rest mit drahtgelenkten Raketen armiert), die den harten Kern jeder wirksamen Panzerabwehr darstellen und im Schnitt nur 600 000 bis 700 000 Mark pro Stück kosten. Unsere Sicherheit muß teuer produziert werden, sagt Helmut Schmidt. Wenn er nicht den Kampfpanzerfanatikern, sondern den Panzerabwehrspezialisten der Kampftruppenschule III folgen würde, wenn er statt 1500 neuer ‚Leoparden' à 1,8 Millionen Mark etwa 1000 vereinfachte Jagdpanzer für höchstens 600 000 pro Stück ordern würde, *könnte er allein auf diesem Teilgebiet der Rüstung an Beschaffungskosten gut zwei Milliarden Mark einsparen;* die Abwehrkraft der Bundeswehr gegenüber dem östlichen Übergewicht entscheidend stärken und durch defensivere Bewaffnung den Geist des Gewaltverzichts fördern."

Westdeutsche Rüstungsmilliarden für internationale Entwicklungsprojekte

Angesichts möglicher Milliardenersparnisse durch solche grundlegende Umstellung und Reduktion der Bundeswehr erhebt sich allerdings ein ernstzunehmendes bündnispolitisches Problem. Es ist immer wieder darauf hingewiesen worden, daß die Wiederaufrüstung Westdeutschlands seitens der westlichen Alliierten auch aus dem Motiv erfolgte, daß man die westdeutsche Volkswirtschaft nicht von den Milliardenbelastungen (1955–72 rund 270 Milliarden DM!) freihalten wollte, die die anderen westlichen Staatshaushalte zu tragen hatten, und daß man vor allen Dingen in westdeutschen Rüstungsausgaben, die sich zu einem großen Teil als Bestellungen in den USA, England und Frankreich realisieren würden, ein bedeutendes Auftagsvolumen für die eigene Rüstungsindustrie sah – nicht zuletzt auch als Kompensation für Besatzungskosten. Ohne Frage würde ein westdeutsches Konzept der unilateralen Rüstungsbegrenzung und Rüstungsverminderung mit vehementem Widerstand der anderen großen NATO-Staaten zu rechnen haben, wenn ein solches militärpolitisches Revirement primär als Entlastung für den westdeutschen Staatshaushalt in Erscheinung träte. Dies um so mehr, als die wachsende internationale Macht der westdeutschen Wirtschaft ohnehin von den westlichen (und östlichen) Nachbarn mit Recht als eine potentielle imperialistische Gefahr angesehen wird.

Angesichts dieser unter kapitalistischen Bedingungen vielleicht machtvollsten latenten Widerstände gegen eine wesentliche westdeutsche Rüstungsverminderung, aber auch angesichts der tatsächlichen Friedensgefährdung, die heute viel eher durch das Elend im Süden als durch das Gegensystem im Osten hervorgerufen wird, sollten westdeutsche Rüstungsersparnisse nicht in erster Linie als zusätzliche Mittel für die inneren Reformen in der Bundesrepublik betrachtet werden. Ganz im Gegenteil: wenn wir das westliche Abschreckungspotential für hinreichend, im Interesse der Verminderung von Spannungen in Mitteleuropa demzufolge eine Reduktion deutscher und alliierter Militärpotentiale und -budgets für notwendig erklären, sollten wir im Rahmen der gegebenen bündnispolitischen Konstellation *gleichzeitig unsere Bereitschaft erklären, etwa ersparte Budgetmittel weitgehend einem internationalen entwicklungspolitischen Fonds zur Verfügung zu stellen. Dieser muß ohne irgendwelche Einmischung speziell deutscher industrieller Absatz- oder Investitionsinteressen der sozialen Friedenssicherung – vor allem also der Bekämpfung des Hungers in der Dritten Welt – zugute kommen.*

Dies ist als *sechster* Grundsatz einer sicherheitspolitischen Alternative zur NATO-Strategie zu entwickeln. (Vgl. dazu Willi Birkelbachs frühe Einsicht, S. 172.) Auch wenn wir, wie Freimut Duve (1971), der begründeten Meinung sind (vgl. 1.5. und 2.3.2.), daß „der Rassenkrieg nicht stattfindet“, so ist doch sicher, daß die Dritte Welt, zumal sie jederzeit wie in Vietnam zum Explosionsherd einer Auseinandersetzung zwischen den Industriesystemen werden kann, auf längere Sicht eine Friedensgefahr ersten Ranges bleibt. Matthöfers Mahnung (vgl. S. 285), entwicklungspolitische Ausgaben endlich zugleich als sicherheitspolitische anzuerkennen – auf Kosten einer funktionslosen Hochrüstung in Europa –, findet an dieser Stelle ihre budgetpolitische Realisierungschance.

Wenn sozialistische Friedenspolitik gebietet, in Europa vom Gedanken einer militärischen „Verteidigung der Freiheit“ gegen eine angenommene sowjetische Aggression endgültig Abschied zu nehmen, so gewinnt im selben geschichtlichen Moment allerdings *die Strategie der Sozialen Verteidigung* zentrale alternative Bedeutung.

Der siebte Grundsatz einer neuen Sicherheitspolitik lautet demgemäß: *Die Unmöglichkeit einer militärischen Konfrontation in der BRD (Europa) zu verkünden und einen glaubhaften Grenzschutz zu organisieren genügt nicht. Soll eine Gesellschaft kollektive Gefühle der Wehrlosigkeit, die wieder in blinde „Wehrbereitschaft“ umschlagen, abbauen und zugleich wirksame Strategien zur Verteidigung oder Erringung der Freiheit sich aneignen, so muß sie lernen, nicht-militärische Kampfformen gegen Zwangsherrschaft einzuüben.*

Die allzu doktrinären, an Ghandi und dessen Anhänger gebunden gebliebenen Theorien der Gewaltfreiheit haben leider die dringend notwendige systematische Durchdenkung, Planung und Organisation von Methoden des zivilen Widerstandes, der Sozialen Verteidigung auch in der BRD stark blockiert. Auch das überaus verdienstvolle, materialreiche Werk von Theodor Ebert (1968) bleibt im Banne des Ghandiismus und muß daher teilweise eher hemmend wirken auf die Bemühungen, eine realistische Theorie ziviler Aktion, gewaltfreien Aufstands zu entwickeln. Welcher politisch engagierte Mensch würde nicht mit Recht abgeschreckt, wenn ihm auf den ersten Seiten des theoretischen Abrisses als Begründung der Gewaltfreiheit eines jener sektenhaft anmutenden Satyagraha-Philosopheme Ghandis als leitende Handlungsmaxime vorgesetzt wird: „Wahrheit schließt die Anwendung von Gewalt aus, weil der Mensch nicht fähig ist, die absolute Wahrheit zu erkennen“ (34). Ähnlich politikfern definiert Wolfgang Sternstein (1971, 45), einer der Hauptvertreter der gewaltfreien Theorie: Gewaltfrei ist „eine Haltung, die Haß durch Liebe, Lüge durch Wahrheit und Gewalt durch freiwilliges und überlegtes Erleiden der Gewalt zu überwinden sucht.“

Solch hochidealistischer, daher elitär bzw. sektenhaft bleibender Ansatz wird hier nicht willkürlich zitiert. Er ist vielmehr die zentrale Schwäche der bisherigen Konzeptionen der gewaltfreien Aktion. Sie zeigt sich unmittelbar auch als Schwäche – nämlich Unrealisierbarkeit – der im wesentlichen elitären Praxis. Diese wird – von quasi unheroischen, allgemein anerkannten Vorformen wie Protestmärschen und Streiks abgesehen – weitgehend reduziert – falls sie nicht wirkungslos bleiben soll – auf eine höchste menschliche Anforderungen stellende Disziplin der Leidensfähigkeit: legale, vor allem aber illegale Nichtzusammenarbeit, Gehorsamsverweigerung gegenüber den Herrschenden (36): Fastenaktionen, Boykott, ziviler Ungehorsam, Dienstverweigerung, Steuerverweigerung, Meuterei, gewaltfreie Okkupation (bei der man sich gegebenenfalls ohne Gegenwehr wie Schlachtvieh zusammenschlagen lassen muß, vgl. Ebert, 260ff.). Zweifellos sind alle Formen des zivilen Ungehorsams, besonders die illegalen, besonders die massenhaften, besonders die wirtschaftlichen, höchst wichtige Akte des zivilen Widerstandes gegen Willkürherrschaft von außen oder innen, und Theodor Ebert hat zu all diesen Kampfformen Material und detaillierte Organisationsmodelle zusammengetragen. Aber es fehlen der Konzeption zwei entscheidende strategische Elemente, durch die allein sie die Gestalt einer glaubwürdigen politischen Strategie gewinnen würde:

1. die *Ausweitung des politischen Aktionsradius* bis an die Grenze der gewollten (militärischen oder terroristischen) Tötung;

2. die *Offensive* gegen die Basis der Gewaltherrschaft, ihre ökonomischen und administrativen Einrichtungen.

Das heißt, gewaltfrei kann niemals nur die sich dem herrschenden System entziehende oder nur passiv oder symbolisch – bei Okkupation, sit-in etc. – ihm entgegentretende Aktion heißen. (Bezeichnend, daß die vielen Streikformen in den gewaltfreien Theorien meist unterentwickelt und unterschätzt bleiben!) Gewaltfrei muß vielmehr *ganz weit* interpretiert werden, als Non-violence, die aber alle denkbaren *zivilen* Pressionen und Gegenmachtbildungen einschließt. Als Bestimmung jeder politischen Aktion, die prinzipiell, auch als Ultima ratio, auf Waffengewalt, Tötungsgewalt verzichtet. Das bedeutet aber positiv, *daß „Gewalt" gegen Sachen, das heißt die Wegnahme, Zerstörung und Sabotage von versklavenden Kapital- oder Staatseinrichtungen im Zeitalter hochtechnisierter und materialisierter Herrschaftsausübung unverzichtbar bleibt.* Die Strategie der Sozialen Verteidigung, des zivilen Widerstandes muß also auf die realen Beine der aktiven Auseinandersetzung mit den Produktionsstätten, Kommunikationssystemen, Staatseinrichtungen als den materiellen Grundlagen der Herrschaft gestellt werden, so wie die Tupamaros ansatzweise es betreiben. Dies freilich durchaus mit der von Ebert mit Recht immer wieder hervorgehobenen Ultima ratio: daß die Zwangsherrscher und ihre Büttel zwar um ihre Machtpositionen, niemals aber um ihr Leben bangen müssen. Hier ist die absolute Eskalationsschranke, nirgends sonst.

Eine solche offensive, zupackende, von „normalen" Menschen zu realisierende Form des Klassen- oder Befreiungskampfes zu entwickeln und durch strikte Einhaltung dem Gegner glaubwürdig zu machen, erscheint möglich; sie beweist darüber hinaus höchsten sozialpsychologischen Realitätssinn. Denn die Brutalität aller Freiheitskämpfe ist wesentlich bedingt durch die *Todesangst der herrschenden Cliquen, im Falle ihrer Niederlage liquidiert zu werden.* Sobald diese aber von den Befreiungsgruppen als bloße Rollenträger behandelt werden, die man nicht *persönlich* verfolgt (in der Tat sind ja die meisten hochbezahlte, umfunktionierbare „Spitzenbürokraten"), ändert sich die Atmosphäre der Auseinandersetzung entscheidend. Natürlich darf man sich keine Illusionen über die Neigung der Herrschenden machen, ihre Polizei-, Militär- und Terrorapparate gleichwohl einzusetzen. Aber massenhafte wie auch subversive nicht-militärische Aktionen bieten ihnen faktisch wie psychologisch weit weniger Einsatz- und Eskalationsmöglichkeiten. Außerdem kann die hier vorgeschlagene radikale, umfassendere Strategie der Sozialen Verteidigung den Terror der Herrschenden, mit wesentlich härteren Vergeltungsmaßnahmen bedrohen. Von unendlicher Wichtigkeit für die Emanzipation der menschlichen Gesellschaft ist dabei dieses: daß die Emanzipationskader ihrerseits nicht terroristische Züge annehmen, die, wie die sowjetische Geschichte, aber auch der Algerien- oder Vietnamkrieg gezeigt haben, sich schwer wieder ablegen lassen.

Mit Bedacht sind hier extreme Situationen in die Diskussion gebracht worden: Strategie und Taktik gewaltfreier Aktion, zivilen Widerstands, Sozialer Verteidigung müssen endlich, bei striktem Ausschluß jeder geplanten Tötung, als eine sehr breit gefächerte, außerordentlich wirksame, weil in das Nervensystem, die materielle Basis der Gewaltherrscher vorstoßende Strategie verstanden werden, so daß sie nicht länger als pazifistisches Den-Kopf-Hinhalten abgetan werden können. Das bedeutet nicht, daß offen diskutierte und eingeübte Formen einfachen zivilen Ungehorsams gegenüber Willkürregime nicht in vielen Fällen bereits sehr wirksam sein können. Selbst die spontanen Aktionen in der ČSSR haben, wie Theodor Ebert mit Recht gezeigt hat, für viele Monate Erfolg gehabt und den Plan der sowjetischen Okkupanten, als Befreier der ČSSR von einer Konterrevolution aufzutreten, vor den Augen der Weltöffentlichkeit zum Scheitern gebracht. Um wieviel wirksamer könnten Strategien der zivilen Verteidigung sein, wenn sie gegen faschistoide Putschversuche im Innern oder gegen Freiheitsbedrohungen von außen systematisch eingeübt würden.

Wir geben für eine zusammenfassende Darstellung der Sozialen Verteidigung Theodor Ebert das Wort (nach „Zivil" 6/71) – wobei jederzeit die vorgetragene notwendige Erweiterung der Konzeption gegenwärtig zu halten ist: daß Formen der Nicht-Zusammenarbeit oder eine „Weiterarbeit ohne Kollaboration" wirksame, aber nicht ausreichende Kampfformen der Sozialen Verteidigung sind, Formen des offensiven störenden und zerstörenden Eingriffs in die institutionellen, kommunikativen und Produktionsbasen einer Zwangsherrschaft prinzipiell ins Konzept der Sozialen Verteidigung integriert werden müssen. Gleichwohl wird in der Zusammenfassung Eberts der politische Charakter der Sozialen Verteidigung als Alternative zur militärischen so plastisch herausgearbeitet, daß es lohnt, ihn ausführlich zu zitieren:

„Die Vorstellung, daß die Bevölkerung auch ohne Waffen die Selbstbestimmung in den sozialen Institutionen verteidigen könne, wurde durch eine Reihe historischer Erfahrungen mit spontanem Widerstand gegen Staatsstreiche und Besatzungsregime angeregt: dem Widerstand gegen den Kapp-Putsch 1920, dem sogenannten „passiven Widerstand" im Ruhrkampf 1923, dem Widerstand gegen die deutsche Besatzungsmacht, im Zweiten Weltkrieg insbesondere in Dänemark, Norwegen und den Niederlanden und schließlich dem überraschenden gewaltlosen Widerstand der Tschechoslowaken gegen die Intervention im August 1968.

Die Friedensforscher haben nun versucht, aus der Not des improvisierten Widerstandes die Tugend der vorbereiteten gewaltfreien, zivilen und sozialen Verteidigung zu machen. Sie nannten ihr Konzept kurz „Soziale Verteidigung", um deutlich zu machen, daß es hier in erster Linie um die Verteidigung sozialer Institutionen und nur indirekt um die Verteidigung des Staatsgebietes geht.

In Analogie zur Wirkung sorgfältiger Organisation in innenpolitischen Konflikten (z. B. von Streiks; d. Verf.) stellen sie die These auf: Die organisatorische und sozialpolitische Vorbereitung des gewaltfreien Widerstandes kann zu einer solch bedeutenden Steigerung der Kampfkraft führen, daß diese ausreicht, um einen potentiellen Aggressor von seinem Unternehmen abzuhalten; *der vorbereitete gewaltfreie Widerstand erhält damit eine Warnungswirkung, welche der abschreckenden Wirkung militärischer Waffensysteme vergleichbar ist.*

Dieses Verteidigungskonzept hat in einigen skandinavischen Staaten schon dazu geführt, daß selbst Regierungsstellen sich dieser Möglichkeit der Verteidigung zugewandt haben. Der große Vorteil einer Umstellung von militärischer auf gewaltfreie Verteidigung wäre, daß solche Verteidigungsvorbereitungen vom politischen Gegner als eindeutig defensiv interpretiert werden müßten.

Die Umstellung auf Soziale Verteidigung wäre eine Einladung an die bisherigen militärischen Gegner, das eigene Abschreckungspotential zu reduzieren und aufzulösen ...

Ein Generalstreik kann nur befristet zu demonstrativen Zwecken eingesetzt werden (?). Materiellen Druck vermag er auf einen Aggressor kaum auszuüben ... Im Verlauf der Sozialen Verteidigung gilt es darum, die Bürokratie und die Wirtschaft durch eine ‚dynamische Weiterarbeit ohne Kollaboration' funktionsfähig zu halten. Beamte, Angestellte und Arbeiter bleiben an ihren Arbeitsplätzen, verweigern den Usurpatoren den Gehorsam, erfüllen im Rahmen der bislang geltenden Gesetze und in demokratischer Verantwortung gegenüber ihren Mitbürgern ihre Pflichten und entfalten, wo immer es die Umstände erfordern, auch eigene Initiativen ... Die Besatzungsmacht soll durch diesen konstruktiven Ungehorsam vor das Problem gestellt werden, als Ersatz für die unbotmäßigen Bürger qualifizierte Kollaborateure oder eigene Fachkräfte bereitzustellen. Durch die dynamische Weiterarbeit ohne Kollaboration soll potentiellen Aggressoren klargemacht werden, daß ein Besatzungsregime nicht nur eine große Zahl von Soldaten, sondern auch ziviles Personal im Umfang einer regelrechten Umsiedlungsaktion binden würde.

Im Zweiten Weltkrieg hat die Anpassungspolitik der einheimischen Verwaltung es ermöglicht, daß wenige deutsche Zivilbeamte die Besatzungspolitik leiteten. Das Minimum wurde in Dänemark mit nur 200 deutschen Beamten erreicht. Der deutsche Reichsbevollmächtigte in Dänemark, Dr. Best, verwies jedoch zur Rechtfertigung seiner zurückhaltenden Besatzungspolitik auf Norwegen als warnendes Gegen beispiel. Dort würde für dieselbe Aufgabe, aber bei passivem Widerstand der Norweger die fünfzehnfache Zahl deutscher Beamter benötigt.

Wenn aber eine potentielle Besatzungsmacht damit rechnen muß, daß sich die Nichtzusammenarbeit auf die wichtigsten gesellschaftlichen Bereiche erstrecken wird, wird sie sich wahrscheinlich bei einem Gegner, dessen Bevölkerungszahl nicht mehrfach kleiner als die eigene ist, vor unüberwindliche personalpolitische Probleme gestellt sehen.

Die Konfrontationstaktik erfordert, daß die Verteidiger nicht furchtsam abwarten, ob sie auf der schwarzen Liste der Aggressoren und ihrer Kollaborateure stehen, sondern daß sie mit demonstrativen öffentlichen Widerstandsaktionen das Gesetz des Handelns an sich ziehen."

Die aktuelle politische Relevanz einer solchen – noch wesentlich zu radikalisierenden – Sozialen Verteidigung ergibt sich aus der einleitend (1.1.) vorgetragenen Argumentation im konkreten Fall der Sowjetunion: deren dargelegtes Unvermögen, angesichts der oppositionellen Tendenzen im eigenen Herrschafts- und Satellitenbereich eine westeuropäische Völkergruppe von 260 Millionen Menschen zu disziplinieren und integrieren, *würde zu einem unanfechtbaren europäischen Sicherheitsfaktor* in dem Maße, wie die Organisation des nichtmilitärischen Widerstandes in den westeuropäischen Demokratien sich entwickelte.

Kritik des „linken" Militarismus

Allerdings ist auch eine radikale theoretische Flurbereinigung innerhalb des wissenschaftlichen Sozialismus zu vollziehen, damit gerade in der Linken erkannt wird, daß eine erfolgreiche sozialistische Strategie im letzten Drittel des 20. Jahrhunderts weniger von wortradikalen Gewalttheorien, wonach die Revolution in den Gewehrläufen wohne, als von einer mit aller Härte und Konkretheit vorangetriebenen Theorie und Praxis der gewaltfreien Aktion zu erwarten hat.

Als in der studentischen Protestbewegung die brutalen Knüppelaktionen der Polizei den Schrei nach Gegengewalt provozierten, als der Maoismus zur Heilslehre für die Dritte Welt aufzusteigen schien, als der Vietkong die größte Militärmacht der Welt ins Patt zwang, als Che Guevara den interkontinentalen Guerillakrieg verkündete und in Gang zu setzen versuchte, als die El Fatah mit ihren Terrorakten den Flugverkehr der Welt in Frage stellte, als der Aufstand der Studenten und Arbeiter Paris beherrschte – da schien die Strategie der revolutionären Gegengewalt vielen Linken als ernstzunehmende sozialistische Strategie in einer anscheinend parlamentarisch (oder durch Militärdiktaturen) festgefahrenen Brave New World des organisierten Kapitalismus. Da aber der Maoismus in der Dritten Welt sich als Papiertiger erweist, da der Vietnamkrieg nicht nur die Niederlage der USA, sondern auch ein unabsehbares Blutbad der indochinesischen Völker hervorruft, da Che Guevara elend an seiner irrealen Guerilla-Vision zugrunde ging, da die revolutionären Symbolakte der Studenten sich als unzureichend für die weitere Politisierung in Hochschule und Gesellschaft erwiesen haben (soweit sie nicht direkt konterrevolutionär wirkten), da sich in den großen Streikbewegungen in England, Frankreich, im Ruhrgebiet und besonders in Italien zeigt, daß es den Streikenden um konkrete Verbesserungen und Rechte im Betrieb, nicht aber um die Einleitung der Totalrevolution geht – muß nun die Frage neu, konkreter und weniger romantisch diskutiert werden in der Linken: ob die Strategie einer – auf die kapitalistische Weltkrise spekulierenden oder sie provozierenden – revolutionären Gewalt oder aber eine Strategie gewaltfreier evolutionärer Strukturreformen (mit revolutionierender Wirkung) die unserer Weltsituation angemessen ist. Mit Recht hat Ossip K. Flechtheim darauf aufmerksam gemacht, daß maoistisch-militaristische Revolutionsvorstellungen durchaus nicht notwendigerweise marxistisch sind: „Marx und Engels waren in ihrer Staats- und Revolutionstheorie stark von dem Vorbild der großen bürgerlichen Revolutionen, vor allem der Französischen Revolution beeindruckt. Sprachen sie von Diktatur, so hatten sie die kurzlebigen Diktaturen eines Cromwell oder der Jakobiner vor Augen. Sie dachten dabei an außergewöhnliche, vorübergehende Gewaltanwendung im Verlauf einer gesellschaftlichen Revolution. Marx und Engels haben gerade später die Alternative unblutig-parlamentarischer Entwicklung in einer ganzen Reihe von Ländern zugestanden. In seiner bekannten Schrift ‚Staat und Revolution' kostete es Lenin viel Mühe, Stellen von Marx und Engels, in denen sie die Möglichkeit einer friedlich-verfassungsmäßigen Alternative offenließen, wegzuinterpretieren. In Wahrheit spricht Marx sogar schon von der Alternative einer friedlichen Entwicklung in England vor den großen Wahlrechtsreformen von 1884 und 1918, also zu einer Zeit, da England noch alles andere als demokratisch war, und da nur eine Minderheit politische Rechte genoß. Stellt man die verschiedenen Äußerungen von Marx und Engels zusammen, so ergibt sich, daß beide Autoren nicht nur in England und den Vereinigten Staaten, sondern auch in Holland und Frankreich den Übergang zum Sozialismus auf friedlichem oder parlamentarischem Wege für möglich halten. Die Regel der gewaltsamen Revolution kennt also bei Marx und Engels eine ganze Reihe von sehr wichtigen Ausnahmen" (in: „links", Januar 1971, 16ff).

Flechtheim verweist mit Recht darauf, daß angesichts der ungeheuren Schwierigkeit des Übergangs von der negativen Konvergenz (vgl. 2.1.2.) „eines bürokratisierten Plankapitalismus hüben und eines technokratischen Plankollektivismus drüben zur Synthese von sozialistischer Gemeinwirtschaft, demokratischem Pluralismus und liberalem Funktionalismus" – aber auch angesichts der relativen Integration der Massen zumindest in den industriegesellschaftlichen Systemen eine gewaltsame Katastrophenpolitik irrational ist: „Gerade derjenige, der die Entwicklung ‚zur Realisierung der äußersten Möglichkeiten treiben' will, kann in einer solchen Situation nicht daran gehen, die Verhältnisse dort, wo sie noch nicht total schlecht sind, zur Katastrophe zu treiben, um den Umschlag, die Revolution , herbeizuführen. Die Chance für den Umschlag würde durch eine aktive Katastrophenpolitik nur noch weiter verringert. Verständlicherweise würden sich auch vor allem diejenigen, die durch die Vermehrung ihrer Leiden radikalisiert und revolutioniert werden sollen, gegen solche Freunde wenden.

In Industriestaaten ist und bleibt eine klassische Revolution daher höchst unwahrscheinlich, solange die Massen relativ viel zu verlieren haben. Die Einzelnen fürchten nicht zu Unrecht, daß eine gewaltsame Revolution leicht in einem katastrophalen Bürgerkrieg wie in Spanien oder Algerien, in einer Niederlage oder Gegenrevolution wie in Deutschland oder bestenfalls gar in einer Revolution mit schleichender Gegenrevolution wie im stalinistischen Rußland enden könnte (oder ‚muß'). Es bleiben daher für die Industriegesellschaft wohl nur die Alternativen: Katastrophe oder permanente Reform, Konterrevolution oder gewaltfreie Revolution, Stagnation oder systemüberwindende Strukturpolitik. Die Chancen für eine erfolgreiche sozialistische Revolution sind aber zudem in Westdeutschland noch geringer als in Frankreich oder Italien. Im klassischen Lande der Gegenrevolution würde jeder Versuch der Linken, Gewalt in größerem Umfange zu praktizieren, über Nacht die blutigste Reaktion auf den Plan rufen."

Um so bedeutsamer ist für eine neue Strategie der Linken – ebenso aber für die Theoretiker der Gewaltfreiheit! – zu erkennen, daß zur Politik gewaltfreier Strukturreformen große außerparlamentarische Aktionen, Massenstreiks, Besetzung von Fabriken und Institutionen wesentlich hinzugehören. Gerade in der Einbeziehung dieser proletarischen Kampfformen liegt das entscheidende Element kritischer Weiterentwicklung der bürgerlichen Gewaltfreiheitslehre. Stojanowić, Prager Philosophieprofessor und Mitherausgeber der kritisch-marxistischen Zeitschrift „Praxis", verweist in diesem Zusammenhang darauf, daß in Frankreich im Mai 1968 die Alternative Bürgerkrieg oder parlamentarischer Kampf falsch gewesen sei : „Die Okkupation der Fabriken durch die Arbeiter mit dem Ziel der Einführung der Selbstverwaltung oder wenigstens der Beteiligung an der Verwaltung ist nicht der Versuch, die Diktatur des Proletariats einzuführen und auch keine demokratische Aktion im klassischen Sinne des Wortes, besitzt jedoch bestimmte Charakteristika des einen wie des anderen. Es ist der Versuch, auf friedlichem Wege die Anerkennung des Rechts auf Beteiligung oder sogar Selbstverwaltung zu erzwingen."

Stojanović's Schlußfolgerung lautet, „daß die Revolution früher an Gewalt gebunden war, in der neueren Zeit aber weder gewaltsame Revolution einen Pleonasmus darstellt, noch friedliche Revolution eine contradictio in adiecto ist." Mit Recht zieht Flechtheim das Fazit: „Bis in die Formulierung hinein trifft sich hier Stojanović's Gedankengang mit dem der Anhänger der gewaltfreien Aktion."

In engem Zusammenhang mit der Möglichkeit und Notwendigkeit, an Stelle der militärischen die zivile, demokratische Widerstandskraft einer Gesellschaft zu organisieren, steht die notwendige radikale Neubewertung der Kriegsdienstverweigerung. Demgemäß muß der *achte* Grundsatz einer neuen Sicherheitspolitik lauten: *An Stelle der Diffamierung der Kriegsdienstverweigerung oder ihrer Degradierung zu einem bloßen Ausnahmerecht tritt die vollwertige staatspolitische Anerkennung der Wehrdienstverweigerer. Sie sind zu organisieren in einem System in- und ausländischer Friedensdienste, die mehr und mehr gleichwertig neben und an die Stelle des militärischen Systems zur Verteidigung der Freiheit treten müssen.*

Es war wiederum eine jener typischen, völlig überflüssigen Akte sozialdemokratischer Überanpassung an konservative politische Vorurteile, daß Helmut Schmidt, aber sogar Willy Brandt die Wehrdienstverweigerung – angesichts ihrer stark anschwellenden Zahl (vgl. Tabelle S. 217) verdächtigten und die Lehrer zu besserer Wehrerziehung ermahnen zu müssen glaubten. Man kann nur hoffen, daß es dem Träger des Friedensnobelpreises 1971 im nachhinein peinlich ist, von seinem Verteidigungsminister genüßlich zitiert zu werden („Weißbuch" 1971/72, 88f), Brandt sagte danach im Bundestag am 26. März 1971: „Wir müssen mit Sorge die innere Abwendung eines Teils der heranwachsenden Generation von den Pflichten sehen, die ihr von Staat und Gesellschaft abverlangt werden. Ich glaube, daß dies eine vorübergehende Erscheinung ist. Aber das Ansteigen der Zahl der Wehrdienstverweigerer kann die Regierung nicht unbeteiligt lassen. Wir müssen deshalb . . . denjenigen entgegentreten, die das unbestrittene Recht der Kriegsdienstverweigerung aus Gewissensgründen zu ganz anderen Zwecken ausnützen." Und Helmut Schmidt schreckte nicht davor zurück, in derselben Regierungserklärung den Schulen mangelnde Wehrerziehung vorzuwerfen und Gymnasiasten zu diffamieren: „Die jungen Wehrpflichtigen werden auch an den Schulen nicht sonderlich auf die Notwendigkeit des Wehrdienstes vorbereitet . . . An manchen Gymnasien scheint es zum guten Ton zu gehören, auf die eine oder die andere Weise den Wehrdienst zu vermeiden oder zu umgehen." Mit Recht protestierte der GEW-Vorsitzende Erich Frister gegen diese Diffamierung und schrieb ironisch an Schmidt, er wolle doch nicht etwa die „Forderung nach Wehrpropaganda" an die Lehrer richten.

Vor lauter Eifer, gegenüber der konservativen Fraktion und den Militärs stramme sozialdemokratische Wehrgesinnung zu bezeugen, versäumt es Willy Brandt (von Schmidt gar nicht zu reden), die seiner eigenen friedenspolitischen Grundintention zugute kommende Tendenz in der jungen Generation politisch richtig zu würdigen und die einzig konstruktive Schlußfolgerung zu ziehen: daß die gewaltig zunehmende Skepsis der Heranwachsenden gegenüber dem Militär als Mittel der Politik umfunktioniert werden muß in die *Organisation ei-*

nes Friedensdienstes in den sozialen Notstandsbereichen Europas wie der Dritten Welt, – in einen internationalen Friedensdienst, wie ihn Eugen Rosenstock-Huessy seit vielen Jahren als praktisches Modell weltweiter Solidarität und als Alternative zum *schlechten* Abenteuer Krieg gefordert hat.

Wenn man aber, um nur ja die Alternative zum Wehrdienst nicht attraktiv zu gestalten, seit Jahren nicht das geringste tut, um angesichts der anschwellenden Verweigererzahlen eine wirklich sinnvolle und politisch signalgebende Friedensdienstorganisation aufzubauen, dann sollte man sich im nachhinein nicht darüber beklagen, daß junge Leute unter anderem auch deshalb den Wehrdienst verweigern, weil sie mangels vorhandener Ersatzdienst-Plätze (vgl. „Weißbuch" 1971/72, S. 71f.) hoffen, auf diese Weise überhaupt jeder Dienstpflicht entgehen zu können!

Im übrigen aber weiß die sozialdemokratische Führung sehr genau, daß das Operieren mit dem Klischee der Drückebergerei bestenfalls billige politische Effekthascherei ist, in unserer sehr realen Krise des militärischen „Sicherheitsdenkens" aber keinen Schritt weiterführt. Helmut Schmidt hat das in einer interessanten Rede indirekt einbekannt, als er vor Kommandeuren sich mit der Denkschrift der dreißig Hauptleute von Unna auseinandersetzte*. Dort entschuldigt er vor den Kommandeuren die mangelnde Disziplin und Wehrwilligkeit in der Truppe, indem er sie bittet, „einen Blick über den Zaun zu werfen". Nach einer Analyse des ebenfalls krisenhaften inneren Gefüges verbündeter und neutraler westlicher Armeen, die in dem veröffentlichten Redetext aus diplomatischen Gründen weggelassen worden sind, zieht Schmidt folgendes Fazit: „Ich bitte Sie, diese Blicke über den Zaun zu tun, um sich darüber klarzuwerden, daß das deutsche Heer in keiner Weise sich in einer einzigartigen Situation befindet, sondern daß wir es damit zu tun haben, daß in der ganzen westlichen Welt zweierlei Dinge auf den Willen zur Verteidigung bei den Massen der jungen Menschen negativ einwirken. Nämlich erstens: die tiefgreifenden seelischen Konsequenzen der Einsicht, daß der *Krieg in Vietnam* im Grunde ebenso grausam wie nutzlos ist. Dies wirkt ganz tief auch in die deutsche oder die schwedische oder die österreichische Jugend hinein, in die dänische, holländische ganz genauso wie in die amerikanische. Und zweitens: die europäische Jugend hat das durchaus gerechtfertigte (!) Bewußtsein, daß wir *im Augenblick nicht in einer besonders gefährdeten Lage leben,* was unsere äußere Sicherheit angeht; für sie ist infolgedessen gegenwärtig noch schwerer zu verstehen als normalerweise für 20jährige, daß sie anderthalb Jahre ihres Lebens für die äußere Sicherheit opfern und dienen müssen. Beides wirkt gleichzeitig in der ganzen europäischen Jugend, und es wirkt auch bei uns. Und wenn Sie innerhalb des eigenen Landes einen Blick über den

*Verteilt vom Informations- und Pressestab des BMVtg. am 2. April 1971 (Hervorhebung v. d. Verf.)

Zaun werfen, *gucken Sie sich die Zustände an den deutschen Gymnasien an, zumal in den Großstädten, gucken Sie sich an, was auf den Universitäten los ist!* Nicht etwa, um zu sagen, wie herrlich weit haben wir es doch trotz allem gebracht in der Armee, sondern um sich darüber klarzuwerden, daß unsere Bundeswehr ja dieselben jungen Menschen als Wehrpflichtige bei sich hat und sich nicht einbilden kann, daß durch Erzwingung formaler Disziplin diese jungen Menschen anders werden, als sie gestern vom Gymnasium gekommen sind und als sie morgen wieder sein werden, wenn sie als Studenten an die Universität gehen."

Helmut Schmidt ist nicht die SPD. Zu ihrem Glück. Denn eine Sozialdemokratische Partei, die derart resignierend den Politisierungsprozeß in der Jugend zur Kenntnis nähme, die an die Lehrer appelliert, gleichsam gegen den Strom schwimmend, etwas von der verlorengehenden Wehrwilligkeit doch noch zu retten – eine solche SPD würde allerdings nicht die Partei der kommenden Generationen werden können, obwohl die Statistiken zeigen, daß gerade der intelligentere Teil der Heranwachsenden mehrheitlich *–noch* – mit der SPD sympathisiert. Wieder geht es um den Mut zur eigenen Courage. Es geht darum, eine sicherheits- und friedenspolitische Wende zu vollziehen, die politische „Anerkennung" der Kriegsdienstverweigerungs-Entwicklung als neue, konstruktive friedenspolitische Kraft. Wenn in der Tat der Vietnamkrieg einerseits und das Bewußtsein, daß die Russen nicht kommen, andererseits seit 1965/66 dazu geführt hat, daß sich die Verweigererzahlen alle zwei Jahre in etwa verdoppeln (1972 werden wir über 30 000 haben!); dann entsteht hier ein Friedenspotential, das von progressiver Politik nicht länger mit Verlegenheit oder sogar als Bedrohung betrachtet und dementsprechend diskriminiert werden sollte („Pißpott-Tragen" in Heilanstalten . . .). Es muß in eine funktionsfähige Organisation im Kampf gegen Elend, Umweltzerstörung und Hunger in der Welt umgestaltet werden, so daß gerade der politisch denkende Teil der heranwachsenden Generation unter Gemeinschaftsdienst sich wieder etwas anderes vorstellen kann als eine hohle Phrase.

Erstes Erfordernis einer verfassungsgemäßen, menschenwürdigen und friedenspolitisch sinnvollen Anerkennung der Kriegsdienstverweigerer wäre die Abschaffung der Prüfungsverfahren, in denen Kriegsdienstverweigerer die „Gewissenhaftigkeit" ihrer Verweigerung nachzuweisen haben – und in denen de facto eine jeder verantwortlichen Rechtsfindung hohnsprechende Willkür hinsichtlich der Anerkennung oder Nicht-Anerkennung eines „subjektiv glaubwürdigen" Gewissensentscheids waltet.

Freilich, auch Sozialdemokraten haben Angst, diese faktisch zur Abschreckung dienende Institution der Prüfungsausschüsse und -verhandlungen für Kriegsdienstverweigerer abzuschaffen, da man an einem immer mehr sinnlos werdenden Phantom von „Wehrbereitschaft" festhält. Statt dessen sollten sie endlich erkennen, daß in einer

Gesellschaft, die im nationalen wie im internationalen Rahmen geradezu lebensgefährlich der sozialen Dienste ermangelt, ein großangelegtes System von Friedensdiensten, mit allen dazugehörigen Ausbildungsmöglichkeiten, einen wesentlich größeren Beitrag zur gesellschaftlichen Sicherheit und zur internationalen Befriedung leisten würde, als unsere funktionslose Bundeswehr. So lange man allerdings den Haushalt des „Zivildienstes" mit ganzen 72 Millionen DM, das heißt mit 0,24% des für das Militär zur Verfügung stehenden Betrages ausstattet, so lange ist keine Hoffnung für ein neues engagiert-kritisches gesellschaftliches Engagement der jungen Generation in einem Friedensdienst.

Man kann nur hoffen – und Sozialisten in diesem Land sollten aktiv daran mitarbeiten –, daß die Aufgeklärten in der jungen Genera-

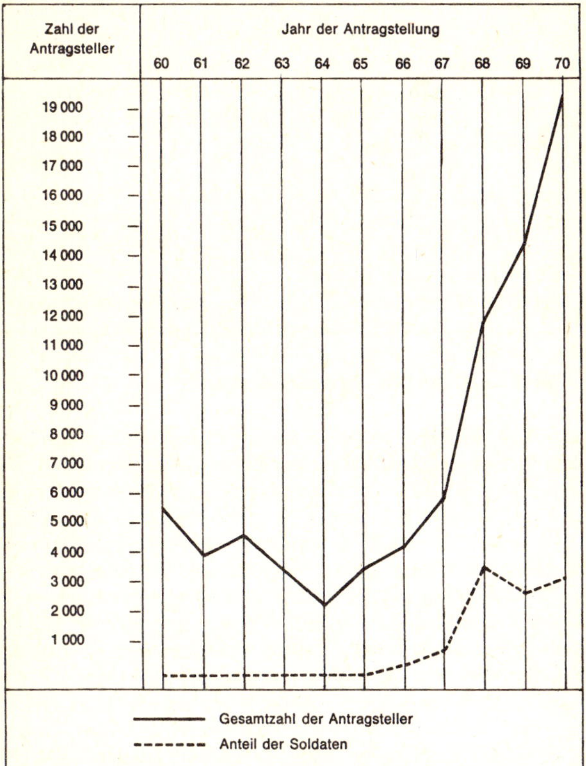

(von 1956 bis 1970 sind annähernd 80 000 Anträge auf Anerkennung als Kriegsdienstverweigerer gestellt worden) tion mehr und mehr durch massenhafte Kriegsdienstverweigerung jenen Druck von unten erzeugen, der bei den Politikern eine Wende erzwingt. Schon hat die Mehrheit der Denkenden in der jungen Generation erkannt, daß die Bundeswehr kein notwendiges, kein sinnvolles Instrument der gesellschaftlichen Selbsterhaltung mehr ist: eine 1971 durchgeführte Umfrage des Infratest-Instituts beweist es (zitiert nach Antimilitarismus-Information 1/72): 1552 Jugendliche zwischen 15 und 24 Jahren wurden befragt, ob sie die Bundeswehr für eine unbedingt notwendige, für eine nützliche, für eine überflüssige oder für eine schädliche Einrichtung hielten.

Die Bundeswehr finden	unbedingt notwendig oder nützlich . . . vH	überflüssig oder schädlich . . . vH
Jugendliche zw. 15 und 24	71	29
Volksschule	78	21
Oberschule ohne Mittlere Reife	65	34
Oberschule mit Mittlerer Reife	59	40
Abiturienten	58	42
Studenten	46	54

2.3. Westeuropa als Friedensmacht

Friedenspolitik ist kaum mehr als nationale Politik zu realisieren – am wenigsten in Europa. Das haben bereits die Analysen des Festungssystems gezeigt wie auch die friedenspolitischen Trendanalysen und Konzepte der Kapitel 2.1. und 2.2. Nicht zufällig war jeweils nur von einem deutschen „Beitrag“ in einem größeren, speziell europäischen Zusammenhang die Rede (2.1.5. und 2.2.4.). Die Konzepte einer produktiven Systemkonkurrenz, einer zur festen Institution werdenden europäischen Sicherheitskonferenz, einer atomwaffenfreien Zone und einer nichtatomaren Alternative zur NATO-Strategie sind zu verstehen als Grundelemente einer europäischen Friedenspolitik.

Wieso also noch ein Kapitel „Westeuropa als Friedensmacht“? Weil zu zeigen ist, daß die Kristallisierung Westeuropas zu einer ökonomisch-politischen Einheit die Chance eröffnet, eine stabilere Friedensordnung zu schaffen als der Welt-Antagonismus USA-UdSSR sie je bieten kann. Eine außerordentliche Chance – unter einer Bedingung: daß in diesem sich konsolidierenden Westeuropa gleichzeitig in den wichtigsten Ländern eine linke, zumindest aber eine Mitte-Links-

Mehrheit sich konsolidiert und als europäische Linke sich formiert.

Nur ein demokratisch-sozialistisches Westeuropa, in dem das Selbsterhaltungsinteresse des Kapitals nicht mehr primär die Staatsideologie und -politik bestimmt, ist in sich selbst frei genug, um Osteuropa als produktive Herausforderung zu schätzen;

nur ein demokratisch-sozialistisches Westeuropa, auf der Basis einer Wohlfahrtsplanung, kann, ohne innenpolitische, ideologische oder rüstungswirtschaftliche Risiken zu fürchten, eine konsequente Politik der Rüstungsverminderung in Gang setzen;

nur ein demokratisch-sozialistisches Westeuropa hat die gesellschaftspolitische Basis und Freiheit, sich von der Vormundschaft der amerikanischen Politik und Kapitalinteressen zu emanzipieren.

Zwar ist richtig, daß osteuropäische Machteliten und ihre Ideologien, eingeschworen auf antikapitalistische Konfrontation, vom Sozialdemokratismus im Westen vorerst sich irritiert fühlen; Ulbricht bekannte Karsten Voigt im Gespräch ganz offen, bei dem Adenauer habe man wenigstens gewußt, woran man war. Aber schon beginnen die revolutionären Genossen zu lernen, daß sich schließlich mit den evolutionären Genossen doch leichter leben läßt als mit waschechten Kapital-Vertretern; schon Brecht stellte angesichts der zornverkrampften Gesichtszüge der chinesischen Maske eines bösen Geistes fest: Wie anstrengend ist es doch, böse zu sein. Selbst Eduard v. Schnitzler beginnt das zu spüren.

Die Frage ist, ob realistisch angenommen werden kann, daß die einander zugewandten Gesichtszüge West- und Osteuropas sich dauerhaft entspannen. Eine Trendanalyse, die die Lockerung des dualen Blocksystems aufzeigt und die Chancen eines weniger antikommunistisch fixierten Westeuropas, liefert Grundlagen für diese Annahme (2.3.1.). Eine rücksichtslose Selbstkritik und einige unabdingbare Formierungsgrundsätze einer europäischen Linken bestimmen die unerläßliche organisatorische Basis (2.3.2.) für jeden weiteren Schritt. (Denn sonst gäbe es bestenfalls ein plankapitalistisches Westeuropa der Konzerne, das sich um des Osthandels willen [2.1.3.!] gerade so eben, weiterhin hochgerüstet, auf Nicht-Krieg mit dem Osten einigte.) – Das neu zu schaffende Verhältnis eines „linken" Westeuropa zu Osteuropa wie zu den Vereinigten Staaten wird präzisiert (2.3.3.), vor allem aber das friedenspolitische Kernstück dargestellt: eine wirtschaftsdemokratische Strategie Westeuropas, die der strukturellen kapitalistischen Gewalt (dem Ausbeutungs- und Klassenverhältnis), dem antisozialistischen Feinddenken, aber auch den speziellen rüstungsindustriellen Interessen die Existenzgrundlage entzieht (2.3.4.) – und nicht zuletzt auch eine nicht-imperialistische Politik gegenüber der Dritten Welt ermöglicht (2.3.5.).

2.3.1. Relativierung der Blocksysteme; sozialistische Trends

Das atomare Patt erhält den Status quo, aber es kann langfristig Veränderungen innerhalb der Systembereiche nicht verhindern. Zwar bewirkt die Koexistenz (2.1.1.) die wechselseitige Anerkennung der Grenzen und Herrschaftssysteme der beiden Blöcke: unvermittelte Ausbruchsversuche aus dem Kollektiv werden von der Sowjetunion rigoros verhindert, aber auch den USA stehen massive Disziplinierungsmittel zur Verfügung – gegenüber der BRD sogar die gesetzlichen des Deutschlandvertrags. Daher werden mittelfristig keine prinzipiellen Veränderungen der Zugehörigkeit einzelner Staaten zu den heutigen Systemen zu erwarten sein.

Dennoch sind wesentliche Tendenzen zur Verselbständigung in beiden „Blöcken" zu beobachten, die zwar nicht zur Auflösung der Blocksysteme führen werden, aber das „Duopol" USA – UdSSR durch das „Quadropol" USA – Westeuropa – UdSSR – China* relativieren und den Handlungsspielraum der Satellitenstaaten in Europa gegenüber den Supermächten vergrößern können.

Am bedeutungsvollsten ist – abgesehen von dem bereits vor zehn Jahren vollzogenen Ausbruch Chinas aus der russischen Vorherrschaft – die Tendenz zu einer relativen Verselbständigung einer politisch sich konsolidierenden EWG gegenüber den USA. Zwar ist innerhalb Westeuropas bei keinem Staat ein Zweifel an seiner Westbindung möglich – und die internationale ökonomische Interessenverflechtung innerhalb der westlichen Welt ist evident. Auch der durch de Gaulle herbeigeführte Austritt Frankreichs aus der NATO, dem ein gewisser Emanzipationscharakter gegenüber den USA zukommt, hat Frankreich nicht realiter aus der westlichen Blockbindung herausgeführt. Er bedeutete von Anfang an nicht ein Ausscheren Frankreichs aus der Allianz, sondern lediglich eine – allerdings u. E. für künftige europäische Politik beispielhafte – Vergrößerung des militärpolitischen Entscheidungsspielraums. An bilateralen Verpflichtungen hat er nichts geändert, die machtpolitischen – insbesondere wirtschaftspolitischen! – Interessen der Vereinigten Staaten wurden nicht nennenswert tangiert. Aber dieser Schritt wurde so etwas wie ein Signal zu einer selbständigeren, selbstbewußteren europäischen Politik.

Die Integrationsprozesse, die in der Europäischen Wirtschaftsgemeinschaft in Gang gesetzt wurden, haben, insbesondere nach dem Eintritt Englands, Dänemarks und Norwegens, einen Effekt, der zwangsläufig die Partnerstaaten zu einer selbständigeren europäischen Politik bringen wird. Das rasch schwindende Vertrauen in die weltpolitische Führungsrolle der USA (Vietnamkrise; Gärung in Ibero-Amerika) wie auch in deren wirtschaftspolitische „Leitfunktion" (Dollarkri-

*Die Hervorhebung dieser vier sozioökonomischen Bereiche, entstanden aus Verselbständigungsprozessen der beiden großen Komplexe Westeuropa und China, schließt keineswegs die Entstehung weiterer geopolitischer „Kraftfelder" – etwa in und um Japan – aus.

se) hat seit 1966 die USA als Führungsmacht zunehmend fragwürdig werden lassen. Auch scheint in Europa – nicht zuletzt durch die erfolgreichen Bemühungen um den Beitritt Englands – wieder verstärkt ein „europäisches Bewußtsein“ aufzukommen, das eine auch politisch wirksame Tendenz zur Verselbständigung bewirkt.

Das seit 15 Jahren ständig zunehmende Bewußtsein der Konsolidierung der friedlichen Koexistenz zwischen West- und Osteuropa und des atomaren Patts auch ohne enorme militärische Präsenz der USA in Europa ist ein weiteres progressives Element in diesem europäischen Emanzipationsprozeß gegenüber den USA, so schwierig dieser ökonomisch auch nach wie vor sein wird. Allerdings sollte man auch die Widerstandskräfte des westeuropäischen Kapitals gegenüber der US-amerikanischen Tendenz, mit Hilfe des irrealen Dollarkurses in Europa aufgekauft und amerikanisiert zu werden, nicht unterschätzen. Die Verträge von Moskau und Warschau, durch die die sozial-liberale Bundesregierung die fatale Rolle der BRD als des „letzten Kalten Kriegers“ in Europa liquidiert und die bestehenden Grenzen und die staatlichen Ordnungen anerkannt hat, haben, trotz aller NATO- und USA-Treue, das ostpolitische Fundament vollendet, auf dem schrittweise auch ohne die USA eine selbständige west-osteuropäische Friedenspolitik entwickelt werden kann.

Natürlich gibt es vorläufig noch Grenzen dieser Tendenzen zur Verselbständigung. Die Europäische Friedenskonferenz zum Beispiel, deren Vorbereitung die Warschauer-Pakt-Staaten seit 1968 betreiben und die seit 1970 auch im westeuropäischen Lager durch konkrete Vorschläge ernst genommen wird, kann ohne die Einbeziehung nichteuropäischer Staaten nicht sinnvoll einberufen werden. Eine solche Konferenz wäre ohne die Vereinigten Staaten zur Zeit sinnlos, denn die kollektive Sicherheit in Europa muß von den beiden Supermächten garantiert werden. Daher ist es nicht überraschend, daß das östliche Lager mit großer Selbstverständlichkeit die Teilnahme dieser außereuropäischen Staaten wünscht. Es zeigt damit eine realistische Einschätzung der tatsächlichen politischen Verhältnisse in Europa im Zeichen der Koexistenz. Im übrigen ist es in Europa gerade die BRD, in der eine seit 1947 systematisch verbreitete Ideologie von der Freundes- und Beschützerrolle der USA – eine Idealisierung kapitalistischer Interessenlagen – bis heute jede kritische, unabhängige Regung zusätzlich erschwert. Differenzen mit dem Großen Bruder können von der CDU-Opposition der sozial-liberalen Regierung immer noch als Gefährdung unserer politischen und ökonomischen Sicherheit angekreidet werden – mit Hoffnung auf Erfolg bei vielen Wählern. Wie es in Wahrheit mit dem NATO-„Sicherheitskonzept“ für die BRD bestellt ist, wurde oben dargelegt (1.3.).

Eine Relativierung des von der nordamerikanischen ökonomisch-politischen Machtelite beherrschten Blocksystems vollzieht sich auch in Ibero-Amerika. Kuba darf als Signal für diese Entwicklung zwar nicht überschätzt werden; das Ende Che Guevaras nämlich zeigt deutlich, daß in Flächenstaaten nicht ebenso wiederholbar ist, was auf einer Insel (zunächst noch unter nationalistischen, nicht kommunistischen Vorzeichen) unter den Augen der USA gelang. Aber andere Formen der Emanzipation südamerikanischer Staaten, die vor Jahren noch wie in Guatemala und Santo Domingo durch den CIA brutal liquidiert worden waren, scheinen angesichts der allgemeinen antiamerikanischen Stimmung und der revolutionären Gärung zunehmend realisierbar, wie die Beispiele Peru, Chile und auch partiell Kolumbien zeigen.

Die innenpolitischen Schwierigkeiten der USA sind offensichtlich derart angewachsen und das blutige Fiasko in Indochina hat die Rolle des Weltgendarmen in den USA selbst so fragwürdig werden lassen, daß Autonomieprozesse im iberoamerikanischen Satellitenbereich zumindest keine direkten militärischen Interventionen mehr provozieren.

Lockerungen der Blockdisziplin sind offensichtlich im sowjetischen Machtbereich wesentlich schwieriger, und da im Vergleich zu Westeuropa osteuropäische Staaten durchaus zu einer stärkeren Übernahme politischer und ökonomischer Strukturen des anderen Systems neigen, sind sie friedenspolitisch auch problematisch. Sie könnten die Basis der Koexistenz, die militärpolitische Anerkennung des Status quo, gefährden. Begrenzte, bisher erfolgreiche Akte relativer Verselbständigung hat seit geraumer Zeit Rumänien vollzogen, allerdings seit der Intervention der Warschauer-Pakt-Staaten in die Tschechoslowakei unter erschwerten Bedingungen. Eine durch die Ereignisse in der ČSSR und durch die Reaktion der Weltöffentlichkeit auf die Intervention in die Tschechoslowakei neurotisierte Sowjetunion war allem Anschein nach auch zur Intervention in Rumänien bereit (dem einzigen Warschauer-Pakt-Staat, der sich der Strafexpedition in die ČSSR nicht angeschlossen hatte). Rumäniens Staatsführung hat im wirtschaftlichen Bereich eine teilweise erstaunliche Lösung vom wirtschaftlichen Verbundsystem des Ostblocks, der Comecon, vollzogen, ohne daß die Trennung in Teilbereichen die Zerschneidung der wesentlichen Verbindungen zur östlichen Wirtschaftsunion bedeutet hätte. Die Ausnutzung des Entscheidungsspielraums, der trotz Blockbindung für Rumänien gegeben ist, läßt sich an der Ablehnung, gemeinsam mit anderen Warschauer-Pakt-Staaten in der ČSSR zu intervenieren, ablesen. Die Zurückweisung der Breschnew-Doktrin, auch angesichts der sowjetischen Manöver an der Grenze Rumäniens, und des sowjetischen Wunsches, Manövern der Warschauer-Pakt-Staaten in Rumänien zuzustimmen, zeigt die – freilich gefährdete – mögliche Selbständigkeit innerhalb des Systems. Eine solche Politik konnte offensichtlich seitens der Sowjetunion nicht verhindert werden. Allerdings muß offen bleiben, ob der gewährte oder erstrittene politische Spielraum Rumäniens – realisiert unter ganz bestimmten geopolitischen und allgemeinpolitischen Bedingungen – nach dem ČSSR-Desaster auf absehbare Zeit noch anderen osteuropäischen Staaten gelingen könnte.

Die Verselbständigungstendenzen innerhalb der Blöcke – westeuropäische Bestrebungen, Rumänien, die Sonderposition von Ländern wie Schweden und Jugoslawien – sind Momente der Entwicklung zwischen den Systemen selbst. Eine besondere Rolle spielt China, das als vorläufig vierter Faktor einen neuen Akzent in das Gefüge der kapitalistisch-kommunistischen Systemkonkurrenz bringt. Die mögliche Potenz Chinas wird schon jetzt ins Kalkül der beiden Großmächte einbezogen. Ohne schwere Sanktionen konnte die Kommunistische Partei Albaniens sich ins Fahrwasser Chinas begeben. Damit scheinen sich vorerst die Einflußmöglichkeiten Chinas in Osteuropa zu erschöpfen – wenn man einmal von der Frage absieht, ob den chinesischen Beistandserklärungen für das vor allem von sowjetischer Intervention bedrohte Rumänien irgendein übers Verbale hinausgehendes Gewicht beizumessen ist. Eher mag dies unter die chinesische Praxis eines Wortradikalismus fallen, der sich hütet, beim Wort genommen zu werden.

Auf der Erde sind also neben den etablierten Großmächten Sowjetunion und Vereinigte Staaten weitere Mächte in Entwicklung begriffen, die über kurz oder lang das „Duopol" der Großmächte ernsthaft in Frage stellen.

Weitere Zentren neben den Industriesystemen werden in den Regionen der Dritten Welt entstehen. Dies setzt jedoch eine angemessene, systematische und vernünftige Freisetzung der in diesen Ländern brachliegenden wirtschaftlichen und politischen Kräfte voraus. Das wird ohne die Hilfe der Länder mit industriellem Vorsprung, vor allem aber ohne radikale politisch-soziale Umwälzungen in den Entwicklungsländern, nicht gelingen. Eine eigene block- oder machtpolitische Bedeutung wird die Dritte Welt noch auf absehbare Zeit nicht erlangen. Bislang erscheint es mehr als Wunschdenken verbaler Revolutionäre, den Begriff der „Dritten Welt" zu benutzen, als gäbe es in dieser Vielfalt weit voneinander entfernter und untereinander noch nicht einmal in einem Kontinent einiger Länder irgendeine machtpolitisch integrierende Tendenz. Der Ausdruck „Dritte Welt" hat faktisch lediglich einen negativen Sinn als Sammelbezeichnung für die vorindustriellen Länder der Erde. Sie sind viel eher noch Objekt des Neoimperialismus im Zeichen west-östlicher Systemkonkurrenz (vgl. 1.5.). Gegenwärtig ist die Gefahr viel größer, daß als Resultat west-östlicher Einflußsphärenpolitik Länder der Dritten Welt indirekt zu Blocksatelliten werden (wie Kuba, Israel, Ägypten; von den vielen kapitalistischen Halbkolonien ganz zu schweigen) statt Potenzen einer blockfreien Gruppe und Politik. Das Scheitern jener Blockfreiheitspolitik (als Politik eines autonomen Blockes!), die Tito, Nehru und Nasser einst zu inaugurieren versuchten, dürfte für die mittelfristige Zukunft als endgültig anzusehen sein. Vielmehr bestimmen neu entstehende Machteliten, die infolge der allgemeinen Armut und des Fehlens jeder öffentlichen Kontrolle höchst korruptionsanfällig sind und eine krampfhafte Imitation des europäischen Nationalismus als Integrationsideologie produzieren, weithin die Szenerie in der Dritten Welt.

Insgesamt läßt sich hinsichtlich der politischen Blockbildungen feststellen:

1. Nicht nur die Sowjetunion, sondern (wesentlich später) auch die USA scheinen trotz ihrer neoimperialistischen Tendenzen in der Dritten Welt *den Höhepunkt ihrer imperialen Macht überschritten zu haben. Ihre Satelliten-Blöcke sind kleiner und poröser geworden,* im Osten durch den Abfall Chinas (plus Albaniens) sowie durch die Verselbständigung Rumäniens und den – blockpolitisch keineswegs restlos „bereinigten" – Emanzipationsversuch der ČSSR – im Westen durch den von Frankreich vorweggenommenen allmählichen Verselbständigungsprozeß Westeuropas und die zunehmende Emanzipationsbewegung in der südamerikanischen „Hemisphäre". Friedenspolitisch ist diese Entwicklung von größter Bedeutung, da die Supermächte im derart in Frage gestellten Duopol politisch wesentlich vorsichtiger und zurückhaltender agieren müssen.

2. Im Rahmen des bestehenbleibenden gesellschaftspolitischen Duopols entwickelt sich das „Quadropol" USA-Westeuropa-Osteuropa-China, dessen sozioökonomische und militärische Potentiale sich quantifizieren lassen* (vgl. Tabelle).

Selbst bei vorsichtiger Gewichtung der Faktoren kann man feststellen, daß die beiden Supermächte zwar noch einen absoluten militärischen Vorrang haben, sozioökonomisch aber Westeuropa ein gewaltiges Eigengewicht erlangen kann, falls die Integration politisch fortschreitet. China wird, auch wenn man gegenüber der allzu linearen Prognostik von Fucks skeptisch bleibt, am Ende des Jahrhunderts vielleicht gleichgewichtig sein. (Seine Bevölkerungsmassen erweisen sich in vieler Hinsicht eher als Belastung denn als Potential.) Mittelfristig dürfte zwar das militärisch-politische Zusammengehörigkeitsgefühl zwischen USA und Westeuropa größer bleiben als das russisch-chinesische, so daß die Sowjetunion sich machtpolitisch weit radikaler in Frage gestellt sieht. Längerfristig freilich zeichnet sich die Chance eines realen gesellschaftspolitischen Quadropols ab: unter der Bedingung nämlich, daß linksliberale, sozialdemokratische und sozialistische

*Nach Auffassung des prominenten kritischen Militärexperten der BRD, Oberst von Bonin, ist die Sowjetunion nicht zuletzt wegen der Konfrontation an ihrer Ostgrenze an Truppenreduzierungen in Mitteleuropa interessiert. Dasselbe gilt nach Meinung des Moskauer Korrespondenten der „Frankfurter Rundschau" Igor Witsinos („FR" v. 8. 6. 1971) von den SALT-Gesprächen: „Die Sowjets meinen zu wissen, daß Peking eine wilde Aufrüstung betriebe; sie behaupten, daß diese Aufrüstung gegen sie gerichtet sei, wenn sie auch gleichzeitig nicht ganz scherzhaft hinzufügen: ‚Gegenwärtig gegen uns – gegen wen endgültig, wird erst die Geschichte zeigen.' Es liegt klar auf der Hand, nicht nur für den Kreml, sondern auch für die USA, daß das bisherige Denken in Hemisphären mit dem Fortschreiten Chinas zur atomaren Supermacht seinem Ende entgegengeht."

Kräfterelationen des „Quadropols" (1968)[1]

	USA	demokrat.[2] West-Europa	UdSSR u. Ost-Europa	China[3]	Quadropol insges.	Welt	Quadropol in % der Welt
Bevölkerung (Mill)	201,2	323,0	340,0	806,0	1670,2	3509,1	47,6
Sozialprodukt (Mrd $)	866,0	563,0	553,0	90,0	2001,072	2685,0	77,2
Rüstungsausg. (Mrd $)	80,6	22,9	61,1	7,5	172,1	190,7	90,2
Streitkräfte (Mill. Soldaten)	3,5	2,3	4,8	3,1	13,7	23,8	57,6
nukleares Vernichtungspotential	absolut	relativ	absolut	relativ			
Bildungsausg. (Mrd $)	46,4	20,4	38,6	4,0	109,4	130,2	84,0

Quelle: [1]World Military Expenditures 1970 (United States Arms Control And Disarmament Agency, Washington 1970, S. 10 ff.
[2]BRD, England, Frankreich, Benelux, Italien, Österreich, Skandinavien, Schweiz.
[3]Schätzungen der ACDA

Mehrheiten in Westeuropa die Basis für eine demokratisch-sozialistische Alternative zum US-amerikanischen Sozialsystem realisieren und China eine weniger bürokratisch-hierarchisch erstarrte Form von Kommunismus hervorbringt. Die Dynamik eines harten rationalen Wettstreits der Gesellschaftsysteme an Stelle militarisierter Zwei-Reiche-Ideologien und entsprechender Rüstungspolitik würde damit zu einem weiteren positiven Faktor internationaler Friedenspolitik.

3. Die Dritte Welt zeigt keine Tendenz, zu einem fünften oder weiteren Machtzentrum sich zu integrieren. Dagegen kann sie durch ihre eigenen Militarisierungstendenzen und die neoimperialistischen Bestrebungen von West und Ost, Einflußsphärenpolitik vor allem auch durch „Waffenhilfe" zu betreiben, zum Schauplatz unabsehbarer Rüstungs- und Kriegseskalationen werden, falls die Industriesysteme sich nicht aus friedenspolitischen Gründen entschließen, auch dort auf eine Politik friedlicher Koexistenz sich zu einigen (vgl. 1.5. und 2.3.5.). Sehr unzureichende Ansätze solcher deeskalierender Bemühungen seitens der Supermächte sind schon in Indochina und im Nahen Osten zu beobachten.

Die sicherheitspolitische Verantwortung der großen Blocksysteme für die Verhinderung von weltweit wirkenden Krisen ist unverkennbar. Daraus ergibt sich aber auch die nüchterne Erkenntnis, daß eine wildwuchernde Vielfalt von rivalisierenden Machtgruppen im Zeitalter der Massenvernichtungsmittel die furchtbarste Friedensgefährdung darstellen kann. Eine Kooperation des Duopols wie des sich entwickelnden Quadropols in Richtung auf eine Politik weltweiter regionaler Sicherheitssysteme scheint der einzige rationale Ausweg zu sein. Es kommt darauf an, Sicherheitssysteme (also atomwaffenfreie Regionen, Rüstungsverminderung, Verzicht auf Waffenlieferung, Verzicht auf Einmischung, Schutzgarantien vor Aggressionen anderer Blocksysteme etc.) zu etablieren, die die politisch-militärische Entwicklung überall in der Welt in Bahnen hält, die einen Automatismus totaler Vernichtung unmöglich machen.

Sozialistische Trends, besonders in Westeuropa

Natürlich ist mit der bloßen Feststellung einer Aufgliederung des dualen Blocksystems und einer nur quantitativen Gewichtung der vier in Zukunft stärksten Gruppierungen politisch noch wenig gesagt. Allerdings können bekanntlich Quantitäten in eine neue Qualität umschlagen. So können die in der Tat erstaunlichen sozioökonomischen und militärischen westeuropäischen Quantitäten, die unsere vergleichende Statistik absichtsvoll neben die der USA und Osteuropas setzt, immerhin zu einer Bewußtseinsbildung beitragen, indem sie uns in nationalem Provinzialismus und amerikanischer Vormundschaft verharrenden Westeuropäer zumindest die reale Möglichkeit vor Augen führen, zu der neuen politischen Qualität zu werden, die wir potentiell sind.

Aber mindestens ebenso wichtig für das Werden einer eigenen – friedenspolitisch höchst bedeutungsvollen – kollektiven Persönlichkeit Westeuropa sind spezielle qualitative politische Eigenschaften und Trends, die Sozialistische Friedenspolitik mit Aufmerksamkeit und Energie aufgreifen müßte. Es seien vier künftig besonders gewichtige Faktoren genannt:

1. Westeuropa ist die größte Welthandelsmacht, die bei sich verengenden Austauschchancen in den USA den maximalen Ausbau des Handels mit dem gewaltigen eurasischen Raum als eine Lebensbedingung ansehen muß; die Herstellung der Währungsunion in den nächsten Jahren macht es zudem USA-unabhängiger (unter der Bedingung, daß eine weitere Kolonisierung durch amerikanisches Privatkapital verhindert wird).

2. Westeuropa ist der unmittelbare Nachbar der östlichen Supermacht, ihrer Staatengruppe und ihres tödlichen Rüstungspotentials. Es muß, in dem illusionslosen Bewußtsein, daß eine militärische Auseinandersetzung zur tödlichen Katastrophe eskalieren würde, alles daransetzen, eine stabile kooperative Friedensordnung in Gesamteuropa zu errichten.

3. Westeuropa ist durch tausend soziokulturelle Gemeinsamkeiten mit der Lebens- und Geisteskultur Osteuropas verbunden – allen voran die beiden deutschen Staaten – und kann diese durch den Antikommunismus zeitweilig verschütteten Bindungen und verbindenden Traditionen reaktivieren.

4. Vor allem aber ist Westeuropa nicht nur die Ursprungsregion des Kapitalismus, sondern auch der modernen Arbeiterbewegung, die es im Gegensatz zu den (gesellschaftspolitisch zurückgebliebenen) USA mit systemverändernden politischen Kräften und Konzepten ausstattet. Es gibt im demokratischen Westeuropa nicht nur die Restauration des späten Kapitalismus, made in USA, sondern auch einen sich stabilisierenden linken politischen Trend: es mehren sich die sozialen Inhalte, die sozialkritischen Einsichten und Impulse seiner gesellschaftlichen Ordnung und verbessern die Möglichkeiten der sachlichen Auseinandersetzung, der produktiven Systemkonkurrenz und Kooperation mit Osteuropa sowie einer friedenssichernden nicht-imperialistischen Entwicklungspolitik.

Von der negativen friedenspolitischen Bedeutung der konservativen ökonomischen und politisch-militärischen Machteliten Westeuropas ist in vorigen Kapiteln bereits ausreichend die Rede gewesen. Hier sei der linke Trend in Westeuropa und seine Bedeutung noch etwas näher beleuchtet. Dieser sozialdemokratische Trend soll gewiß nicht überschätzt, die noch bestehende Vormachtstellung des politisch-ökonomisch kooperierenden europäisch-amerikanischen Kapitals in der westeuropäischen Politik nicht als schon abbruchreif verharmlost werden. Andererseits aber scheint es politikwissenschaftlich und praktisch-politisch höchste Zeit, die vielfach herrschende vulgärmarxistische Überschätzung der Kapitalmacht und die Unterschätzung der in einem Jahrhundert sozialistischer und gewerkschaftlicher Politik errungenen Gegenpositionen zu revidieren. Vulgärmarxistisch ist diese weitverbreitete, geradezu masochistische Selbsterniedrigung der Linken, weil sie aus der ideologischen Nachwirkung des wissenschaftlich unhaltbaren „Unterbau-Überbau"-Schematismus zu erklären ist. Bekanntlich soll nach einer fälschlich verabsolutierten Marxschen Formel der politische, ideologische, soziale „Überbau" eben nichts anderes als „Ausdruck" und Agentur der zugrunde liegenden kapitalistischen Herrschafts- und Produktionsverhältnisse sein. (Wenn dem so wäre, müßte man die Genossen fragen, warum sie sich überhaupt politisch betätigen!)

Die gesellschaftspolitische Realität Westeuropas ist eine andere. Die Durchsetzung des allgemeinen Wahlrechts und – im Gegensatz zu Amerika – das Vorhandensein sozialdemokratischer Alternativen* haben antikapitalistische Kräfte in die Staats-(Landes-, Kommunal-) Führungen eindringen lassen, die bereits im Rahmen noch bestehender kapitalistischer Produktionsverhältnisse die gesellschaftliche Position der Nicht-Besitzenden in einer Weise verbessert haben, die aus der Perspektive der Arbeiter von 1870 als wesentlicher sozialer Fortschritt erscheinen muß – von der Zielvorstellung einer klassenlosen Gesellschaft her freilich nur als partieller Einbruch in die Alleinherrschaft des Kapitals erscheint. Beide geschichtlichen Dimensionen müssen im Auge behalten werden, will man den linken Trend in Westeuropa endlich richtig bewerten. Versuchen wir, dessen eingedenk, eine knappe Bestandsaufnahme:

1. Eine Reihe zum Teil wichtiger Staaten Europas wird seit einigen Jahren (Skandinavien bereits seit Jahrzehnten) von Sozialdemokraten (mit)regiert: Italien, Österreich, mehrfach Großbritannien, Schweden, Norwegen, Dänemark, die BRD. Die politische Linke muß in der Regierung zwar noch weitgehende Rücksichten auf die ökonomisch herrschenden, demokratisch nicht kontrollierten Profitinteressen nehmen, sie konnte aber gleichwohl den Anteil des Staates am Sozialprodukt auch zugunsten von Wohlfahrtspolitik enorm steigern (in der BRD auf 40%) und eine Reihe von Sozial-, Mitbestimmungs-, Arbeits- und Bildungsrechten durchsetzen, welche die soziale Position der Abhängigen wesentlich verbessert hat.

Eine Reihe gesellschaftspolitischer Hemmnisse bewirkt allerdings, daß die Position und Politik der linken Parteien in Westeuropa noch labil und von der Verfolgung einer konsequent systemüberwindenden sozialistischen Programmatik weit entfernt ist: die politische Apathie (= Konservativismus) der Massen, Krieg, Faschismus, USA-Einfluß;

*Auch die Kommunistischen Parteien Belgiens, Frankreichs und Italiens sind, wie ihre praktische Politik und Programmatik beweist, trotz ihres gelegentlichen revolutionären Sprachgebrauchs evolutionär-sozialdemokratisch. Allerdings ist ihr Sozialdemokratismus nicht so verwässert wie der der offiziellen sozialdemokratischen Parteien Westeuropas; dafür wird er leider durch ihre dogmatische Sowjet-Bindung (von der der KPI abgesehen) in Frage gestellt.

das abschreckende Beispiel der Sowjetunion und die spalterische Wirkung der KPs; die konservative Bewußtseinsmanipulation und die materiellen Erfolge des Spätkapitalismus, die teilweise korrumpierend auch auf das Bewußtsein linker Funktionäre (Vermögensbildungs-Ideologie etc!) einwirken. Gleichwohl ist ein gemeinsamer sich verstärkender Trend zur industriellen und Wirtschaftsdemokratie, Bildungsdemokratie und Sozialreform feststellbar – nicht zuletzt auf Grund der spontanen westeuropäischen Massenbewegungen von Studenten und Arbeitern seit 1967, die jederzeit wieder in Gang kommen können.

2. Der durch das Wahlrecht erzeugte Druck der Massen auf die Politik bewirkt, daß selbst konservative Parteien sozialpolitische Forderungen der Linken aufgreifen müssen, wenn sie auch ständig versuchen, diese abzufälschen und zu minimisieren. Von Sozialdemokraten eingeführte soziale Leistungen und Einrichtungen sind von den Konservativen, wenn sie an die Macht kommen, nur noch bedingt wieder aufhebbar.

3. Die westeuropäische Gewerkschaftsbewegung ist zweifellos die relativ stärkste, politisch einflußreichste und profilierteste der Welt. Konfrontiert mit der supranationalen Kapitalverflechtung und Konzernbildung, wird sie ihre Schritte zur Überwindung des nationalen und ideologischen Provinzialismus beschleunigen müssen und damit zu einer Tarif- und Streikmacht, zu einer gesellschaftspolitischen pressure group werden, die über die traditionellen, systemkonformen Lohnforderungen hinaus qualitative Forderungen nach Mitbestimmung, Wirtschaftskontrolle, Stabilitäts- und Wohlfahrtsplanung sowie nach einem ausgebauten System der sozialen Sicherheit durchzusetzen in der Lage ist. Die im Anfangsstadium befindliche Auseinandersetzung zwischen den europäischen Gewerkschaftsverbänden und Arbeiterparteien über die Modelle und Strategien der industriellen und Wirtschaftsdemokratie werden dazu führen, dogmatische Festlegungen zu überprüfen und eine integrierte Strategie systemüberwindender Praxis im demokratischen Westeuropa zu verwirklichen. Basisdemokratische Aktionen, die die ideologisch, organisatorisch und personell verkrusteten Gewerkschaftsbürokratien dynamisieren, werden dabei allerdings eine entscheidende Rolle spielen.*

4. Das internationale politische Klima tendiert nach links. Und es produziert zunehmend, neben gefährlichen faschistischen Reaktionen, einen Bewußtseinswandel bei einer starken Minderheit bis knappen Mehrheit der wacheren, kritischeren Bürger im demokratischen Westeuropa: die Bejahung eines demokratischen Sozialismus, einer sozialstaatlichen, auf Gesellschaftsreform gerichteten Demokratie. „Auf die Frage, ob ihnen ‚Sozialismus eher sympathisch oder eher unsym-

*Vgl. dazu die wichtige Bestandsaufnahme: Detlev Albers, Dieter Goldschmidt, Klaus Oehlke, „Klassenkämpfe in Westeuropa“, rororo aktuell 1502, Reinbek bei Hamburg, 1971.

pathisch sei, erklärten 56% (der Bundesbürger), er sei ihnen sympathisch, nur 36% er sei ihnen unsympathisch" („Spiegel" 46/70, 77ff.).

5. Osteuropa verliert zunehmend seine Funktion als antisozialistisches Schreckbild. Zwar können seine spätstalinistischen Züge immer noch mit beträchtlicher Wirkung im Kampf der Konservativen gegen den Sozialismus als „das wahre Gesicht des Sozialismus" in Erinnerung gebracht werden. Andererseits aber hat der Ostblock außerordentliche Bedeutung für die Zurückdrängung kapitalistischer Weltherrschaft und die Diskreditierung kapitalistischer Herrschaftsmethoden. Insofern hat er eine große indirekte prosozialistische Wirkung. So wäre die Verselbständigung der Dritten Welt und die sozialistischen Bewegungen in ihr ohne die Sowjetunion und China undenkbar, wenn auch die teilweise neoimperialistische Politik der kommunistischen Staaten (vgl. S. 73ff.) die Befreiungsbewegung in der Dritten Welt stellenweise blockiert. Speziell in der BRD setzt der erfolgreiche ökonomische Aufbau, die moderne Agrarkollektivwirtschaft, die Bildungsreform der DDR die westdeutsche Machtelite erheblich unter Druck. Da beispielsweise eine kapitalistische Krise und Massenarbeitslosigkeit in der Bundesrepublik bei gleichzeitigem Arbeitskräftebedarf und beachtlicher Steigerung des Lebensstandards in der DDR zu einer Umkehrung der „Abwanderungs"-Tendenz führen würde (wie sie sich in Korea bereits vollzieht!), die einer vernichtenden gesellschaftspolitischen Niederlage Westdeutschlands gleichkäme, stehen die ökonomischen Machthaber unter einem starken Zwang, einer dauerhaften staatlichen Wirtschaftsstabilisierung sich anzubequemen, auch wenn deren Instrumente den Handlungsspielraum des Kapitals allmählich vermindert und das Sicherheits- und Selbstbewußtsein der Arbeiter verstärkt.

6. Schließlich ist mit dem rapiden Niedergang der USA als vorbildlicher Gesellschaft („Freedom and Democracy") und kapitalistischer Führungsmacht, mit dem gleichzeitig zunehmenden Bewußtsein notwendiger antikapitalistischer, sozialrevolutionärer Politik zur Befreiung und Entwicklung der gesamten Dritten Welt tatsächlich ein weltpolitisches Gesamtklima im Entstehen begriffen, das schon nicht mehr durch die Alternative: Kapitalismus oder Kommunismus zu charakterisieren ist, sondern nur noch durch die Frage: Sozialreform oder Revolution zur Überwindung des Kapitalismus (und des Stalinismus)?

2.3.2. Rückstand und Formierung der westeuropäischen Linken

Allerdings macht das linke Potential in Westeuropa noch keine sozialistische Politik. Für dieses Potential gilt ganz besonders, was die „FAZ" von der nun auf zehn Staaten mit 257 Millionen Einwohnern anschwellenden EWG sagte: „Ein Dinosaurier, groß, aber dumm."

Die Gewerkschafter, Sozialliberalen, Sozialdemokraten und Sozialisten Westeuropas verharren in einem nationalen Provinzialismus, einer ideologischen und praktisch-ideologischen Rückständigkeit angesichts der europäischen Formierung des Kapitals, die die kleinbürgerliche Borniertheit, die Theorielosigkeit (bzw. den sterilen Dogmatismus) ihrer Bürokratien offenbart – auch und gerade die der ganz linken, die zum Teil ihr hinterwäldlerisches (oder insulanerhaftes) Sträuben gegen die EWG sogar für gute proletarische Politik ausgeben. Als wenn der Stein im Fluge beschließen könnte, den Gravitationsgesetzen zum Trotz in der Luft zu bleiben. Die EWG nämlich ist ein gesellschaftspolitisches Gravitationsfeld, außerhalb dessen kein westeuropäischer Industriestaat langfristig mehr seine materielle wie geistige Vitalität und seine politische Mitbestimmung sichern kann.

Offenbar hat die Linke den schweren Kollaps des Internationalismus im Ersten Weltkrieg bisher nie überwunden. In der Tat war der Internationalismus, solange es keine materiell politische Basis für ihn gab, auch eine nicht realisierbare, idealistische Utopie, die nicht zuletzt der Anti-Idealist Marx mitverschuldet hat, der in seiner intellektuellen, „vogelfreien" Existenz die nationalen Bindungen der Arbeiterschaft total falsch eingeschätzt hatte. Inzwischen aber hat sich, von kleinen Gruppen abgesehen, die Arbeiterbewegung den Internationalismus allzu gründlich abgewöhnt. Inzwischen nämlich braucht sie ihn – als „Europäismus" vorerst – dringend zum organisierten Überleben. Inzwischen hat die supranationale „Idee" (aus wenig ideellen Gründen, trotz Straßburg) ihre materielle Basis gefunden. Und der Klassengegner hat sich auf dieser neuen sozioökonomischen Bühne mit großem Vorsprung etabliert: „Während die ökonomisch Herrschenden sich überall in Europa in der Sprache des Geldes ausgezeichnet verständigen und ihre Macht international entfalten können", so schreibt Eberhard Will in einem Thesenpapier für dieses Kapitel, „endet die Diskussionsfähigkeit und die gemeinsame Politik der sozialdemokratischen und sozialistischen Parteien an den Landesgrenzen." Sofern sie nicht bereits in ihren Ländern selbst an den aus dem 19. Jahrhundert mitgeschleppten ideologischen und konfessionellen Grenzen scheitert!

Heinz Kuby, seit Jahren in der linken politischen Wüste einsamer sozialistischer Rufer nach einer europäischen Formierung der Arbeiterbewegung, hat die Aktions- und Machtvorteile beschrieben (1971, 412ff.), die die in der „Wirtschafts- und Währungsunion" (WWU) sich konsolidierende EWG dem großen Kapital bieten: „Die WWU . . . wird sich zunächst und unmittelbar nicht nur ökonomisch, sondern auch politisch zugunsten von Großindustrie und Kapital auswirken und zuungunsten der Lohnabhängigen und ihrer Organisationen . . . Die Herstellung gleicher Wettbewerbsbedingungen und einer abgestimmten Wirtschafts- und Währungspolitik

- erlaubt (dem Großkapital) . . . höhere Profite und üppigeres Wachstum durch kostengünstige Großproduktion und kostengünstigen Großabsatz;
- ermöglicht einen hinreichend großen Kapitalmarkt zur Finanzierung der technologischen Spitzenindustrien;

● bevorzugt diese Spitzenindustrien durch staatliche Käufe und sichert ihnen Schutz gegen auswärtige Konkurrenz (USA, Japan);
● und vor allem ermöglicht die WWU die Steuerung einer Konjunktur, die längst über die nationalen Grenzen hinausgreift . . ." (412f.).

Nun ist es allerdings Kubys These, daß das Nachhinken der politischen Integration hinter der wirtschaftlichen die staatliche Konjunktursteuerung zunächst nicht erfolgreich zustande kommen läßt, daß daher die kapitalismus-immanenten Konfliktpotentiale zwischen Kapital und Arbeit in Westeuropa sowie die krisenhaften Tendenzen privatwirtschaftlicher Produktion wieder offener zum Ausbruch kommen: „Dieselben Umstände, die der ‚Wirtschaft' einen zusätzlichen Vorteil gegenüber den politischen Kräften und dem sozialen Kontrahenten in der WWU bringen – nämlich deren zunehmende Ohnmacht –, stellen zugleich die Kräfte und Verfahren in Frage, ja werden sie zunehmend außer Kraft setzen, die bisher den sozialen Grundkonflikt zwischen Arbeit und Kapital in der kapitalistischen Gesellschaft domestiziert haben. Die herkömmlichen Instrumente zur Konjunkturlenkung greifen nicht mehr, die Lohnabhängigen können auf den traditionellen Wegen Anspruch und Forderung nicht mehr durchsetzen . . . *Der Grundkonflikt dieser Gesellschaft wird freigesetzt.* Unruhe wird die Folge sein, und die Grenze zwischen Unruhe und Unruhen ist fließend. Französischer Mai und italienischer Herbst sind dann europäisch nicht mehr auszuschließen" (421).

Statt Abstinenz offensive sozialistische Strategie

Heinz Kuby zieht aus dieser – u. E. ziemlich realistischen – Voraussage zunehmender sozioökonomischer Konflikte* im westeuropäischen Integrationsprozeß präzise Konsequenzen für die Formierung und Strategie der europäischen Linken: „Eine WWU wäre auch notwendig, wenn die westeuropäischen Staaten eine sozialistische Gesellschaftsverfassung hätten. Die Konzentration der Produktivkräfte wäre unter den gegebenen Bedingungen der Technologie auch sinnvoll, wenn die Kapitalverwertung im gesamtgesellschaftlichen Interesse erfolgte. Für diese von demokratisch-sozialistischen Kräften verfolgten Ziele verbessern sich die Voraussetzungen aber nicht, wenn die sozialistischen Parteien, die Gewerkschaften und andere Kräfte, die die Interessen der Lohnabhängigen vertreten, sich abstinent verhalten gegenüber dem Integrationsprozeß, weil er ihre gesellschaftspolitische Position zunächst nicht stärkt, sondern bedroht. Die bedenklichste Reaktion wäre in solcher Lage eine Defensivstrategie mit dem Ziel, die sozialen Besitzstän-

*Diese Konflikte werden durch die europäisch-amerikanischen Währungs-, Handels- und Konjunkturkonflikte noch verschärft. Vgl. dazu die (trotz der ermüdend doktrinären Sprache) materialreiche Studie von Neusüß, Blank und Altvater, „Kapitalistischer Weltmarkt und Weltwährungskrise", in: „Probleme des Klassenkampfs", Nr. 1, November 1971, 5–115, besonders 93 ff.

de im eigenen Staat zu halten. Sie würde überrollt. Für eine offensive Politik zur Veränderung der staatlichen Verfassung der Gemeinschaft und damit der gesellschaftspolitischen bietet hingegen gerade diese schwierige Übergangsphase Chancen" (4.2.1.).

Die Chance liegt in dem gegenwärtigen politisch-staatlichen Schwächezustand, dem „Interregnum", wie Heinz Kuby es nennt, das durch die demokratisch kaum legitimierten, technokratisch fortwurstelnden Brüsseler Bürokratien und den Ministerrat nicht ausgefüllt werden kann. „Dem Übergang von der schleichenden Entdemokratisierung zur galoppierenden Demokratie-Schwindsucht wird mit konventionellen Mitteln von Manipulation und Krisenmanagement nicht entgegenzuwirken sein! Gewachsen sein wird der Herausforderung nur eine Politik von Gewerkschaften und sozialistischen Parteien, die sich in ungleich höherem Maße als derzeit auf das Risiko von innerer Demokratisierung und transnationaler Aktion einläßt. *Keine Ausgangssituation war dafür seit sehr langem günstiger als diese:* Die fundamentalen Widersprüche – zwischen gesellschaftlicher Produktion, privater Aneignung und organisierter Vergeudung, zwischen gesellschaftlicher Produktivität und fortdauernder Unmündigkeit –, sie werden artikuliert werden können, ja müssen; nicht aus . . . ideologischem Antrieb, sondern weil die Krise der Staaten die gesamte politisch-ökonomische Struktur in Mitleidenschaft zieht. Freilich nicht dort, wo die systemstabilisierenden Staaten am stärksten sind: innerhalb der nationalen Staaten mit ihren . . . Organisationen und Massenmedien. Sondern dort, wo sie am anfälligsten sind: in ihrer transnationalen Flanke.

Das verlangt eine offensive Strategie; erfordert als erste Schritte die Intensivierung der Zusammenarbeit der Gewerkschaftsbünde über nationale und ideologische Grenzen hinweg, voran der Branchengewerkschaften (wie sie jetzt von den Metallgewerkschaften eingeleitet wird) und der Arbeiterdelegierten in multinationalen Unternehmen; erfordert eine weit verbesserte Kommunikation der auf gemeinsame oder ähnliche Ziele gerichteten politischen Kräfte in der Gemeinschaft, innerhalb wie außerhalb der Parteien" (422).

Notwendige linke Selbstkritik

Hier muß man allerdings etwas schmerzhafter nachbohren: warum gibt es diese „europäische Abstinenz", warum die Formierungs- und Kommunikationsschwierigkeiten in der westeuropäischen politischen wie gewerkschaftlichen Arbeiterbewegung? Nicht nur, weil die linken Bürokratien auf fast hoffnungslose Weise unterbesetzt sind mit sprachkundigen Experten, die auf dem supranationalen Feld gegenüber der EWG-Bürokratie wie der der großen Konzerne selbstsicher die Position der Abhängigen vertreten und mit ihren europäischen Kollegen gemeinsam Gegenmacht organisieren könnten; nicht nur, weil mangelnde Finanzbasis oder Investitionsbereitschaft für ausreichende Stäbe zur Folge hat, daß die wenigen überbeschäftigten Hauptamtlichen völlig in der Routine der nationalen Funktionen aufgehen und des perspektivischen, strategischen Denkens und Handelns weitestgehend unfähig sind*. Sondern vor allem, weil die Funktionäre der westeuropäischen Arbeiterbewegung sich den ganz und gar unsozialistischen, unsolidarischen Luxus leisten, die vor einem halben Jahrhundert vollzogene, heute weitgehend substanzlose Spaltung mit religiösem Eifer aufrechtzuerhalten und mit den Feindbildern des „Sozialdemokratismus" und „Kommunismus" sich gegeneinander abzugrenzen, für unvereinbar, für Arbeiterverräter zu erklären, statt gemeinsame Front gegen die durchaus einmütige Macht des Kapitals zu machen. Nicht, als ob die Kontroverse zwischen Sozialdemokraten und Kommunisten ein bloßes Hirngespinst wäre. Dieser und andere Konflikte über die richtige sozialistische Strategie und Zielsetzung sind sachnotwendig und müssen ausgefochten werden. Aber es ist ein bedrohliches Zeichen für die geschichtliche Unreife der sozialistischen Bewegung, wenn die internen Kontroversen die Bündnisfähigkeit der linken Organisationen gegenüber den gesellschaftspolitischen Gegnern zerstören. Unreife, das heißt konkret: mangelnde politische Selbstkritik, Einsicht und Verantwortlichkeit gegenüber dem von den Abhängigen verliehenen Mandat, das verspielt wird, wenn die interne Kontroverse über Weg und Ziel unfähig macht zum „Minimalkonsens", zur bedingten Koalition, um handlungsfähig zu bleiben gegenüber der gesellschaftlichen Macht des Kapitals.

Dabei gebietet die Fairness, festzustellen, daß meist nicht die Kommunisten, sondern die Sozialdemokraten sich durch „Totalabgrenzung" bündnisunfähig gemacht haben, mit dem Hinweis, die KPs seien als Verfassungsfeinde und Ableger Moskaus in Wahrheit keine demokratischen Sozialisten. *Europäische Friedenspolitik, so zeigt sich hier, muß in der europäischen Arbeiterbewegung selbst beginnen!* Denn die Konfrontation der Sozialdemokraten gegenüber den Kommunisten operiert zum Teil offensichtlich mit Klischees des kapitalistischen Feindbildes, so daß der Kommunist nicht mehr anders denkender Sozialist ist, sondern zum Volks- und Landesfeind wird.

Nun kann man mit Kommunisten zweifellos sehr hart darüber debattieren, ob die kritiklose Bejahung der sowjetsozialistischen Theorie und Politik eine theoretisch sinnvolle und praktisch glaubwürde sozialistische Position sei; nach unserer Auffassung erweist man angesichts der totalitären Züge der osteuropäischen Theorie und Praxis dem Sozialismus damit einen Bärendienst. Etwas ganz anderes aber ist es, die kommunistischen Genossen wegen dieser ihrer (von der KPI abgese-

*Intime Kenner der Szene versichern, daß selbst in den Vorstandssitzungen der reichen und mächtigen IG Metall breit über zweitrangige Verwaltungsfragen diskutiert, aber so gut wie nie eine präzise strategisch-politische Debatte, Planung und Zielbestimmung durchgeführt wird. Die kaum mehr zu unterbietende Oberflächlich- und Unverbindlichkeit der Grundsatzreferate Otto Brenners auf den letzten Gewerkschaftstagen spiegeln diesen Zustand wider.

hen) kritiklosen Option für das sowjetsozialistische Modell als potentielle oder tatsächliche Landes- und Verfassungsverräter, als Feinde zu brandmarken und daher für schlechterdings bündnisunfähig zu erklären. Hier sind die meisten Sozialdemokraten dem Verteufelungsmechanismus des Festungssystems zum Opfer gefallen (vgl. 1.2.). Und sie müssen sich darüber im klaren sein: eine Formierung der westeuropäischen Linken – gewerkschaftlich oder politisch – im Sinne einer sozialen Friedensmacht, gegenüber Osteuropa verständigungsbereit und zugleich in der Lage, die am Rüstungs- und Feindkomplex interessierten Machtgruppen im Inneren zurückzudrängen – eine solche Formierung ist ohne begrenzte Bündnisse von Sozialdemokraten und Kommunisten nicht realisierbar.

Zugleich allerdings müssen sich auch die kommunistischen Gewerkschaften und Parteien Westeuropas darüber im klaren sein, daß ein durch sozialistische Kräfte wesentlich mitbestimmtes Westeuropa als eine Friedensmacht nur dann sich formieren kann, wenn sie selbst sich im Sinne der KPI wandeln und damit bündnisfähig für die sozialdemokratischen Organisationen werden. Kommunisten, die Sozialdemokraten als Steigbügelhalter des Kapitalismus diffamieren, die in blinder Gefolgschaft Moskaus verharren, infolgedessen auch die Realität der westeuropäischen Integration einfach nicht zur Kenntnis nehmen oder bloß dagegen polemisieren und dogmatisch jede evolutionäre Politik wirtschaftsdemokratischer Eingriffe ablehnen, schließen sich selbst aus der westeuropäischen Politik aus, schwächen die linke Potenz und stärken de facto die antikommunistisch-reaktionären, friedensfeindlichen Kräfte in Westeuropa.

Dasselbe gilt von allen linken Organisationen, die sich damit begnügen, wie zuletzt die britische Gewerkschaftsbewegung, ohnmächtige Anklagen gegen die Vorherrschaft und Konzentration der Kapitalinteressen in der EWG zu richten, ohne zu begreifen, daß nur das Einsteigen in diesen Zug dazu verhelfen kann, seine Richtung zu verändern und England aus seiner nachimperialistischen Stagnationsphase und USA-Hörigkeit zu befreien.

Mit einem Wort: ohne radikale Kritik und Selbstkritik der Linken, die in Selbstgerechtigkeit, Provinzialismus und überholten Doktrinen wie Organisationsformen erstarrt sind, sind in der Tat die erheblichen sozialistischen Kräfte der westeuropäischen Nationen nicht zu einer demokratisch-sozialistischen Friedensmacht Westeuropa zusammenzufassen. Es wird keine sozialistische Friedenspolitik – also überhaupt keine energische Friedenspolitik – in Europa geben, wenn die linken Parteien und Organisationen sich nicht, unbeschadet ihrer fortbestehenden Kontroversen, auf eine gemeinsame politische Plattform in gemeinsamen europäischen Organisationen einigen.

Es ist zum Gemeinplatz geworden, daß Westeuropa lernen muß, mit einer Stimme zu reden. Die Rechten verstehen dies weit besser, wie gesagt: in der Sprache des Geldes und Profits, in der Sprache der Herrschaftssicherung*. Was die westeuropäische Linke letztlich brauchte, ist ganz einfach und logisch

1. eine arbeitsfähige parteipolitische Dachorganisation (Europäischer Bund Sozialistischer Parteien) mit einer politischen Plattform, das heißt einem gemeinsam akzeptierten politischen Programm;

2. eine arbeitsfähige gewerkschaftliche Dachorganisation (Europäischer Gewerkschaftsbund), ebenfalls mit einem gemeinsamen gewerkschafts- und gesellschaftspolitischen Programm**.

Gleichzeitig müssen sich natürlich auch die linken Avantgarden (Studenten-, Jugend- und Intellektuellenorganisationen) aus ihrer noch stärker ins Ohnmächtig-Sektenhafte tendierenden Existenz in europäischen Unionen zu profilieren und potenzieren suchen.

Die sozialdemokratische „Sozialistische Internationale" ist als integrative Organisation für Westeuropa unzureichend. Selbst Willy Brandt, der allzuoft übervorsichtig, überstaatsmännisch formulierende, gestand 1969 in einer Rede vor der Sozialistischen Internationale deren Schwäche ein; es ist in seiner neuen großen friedenspolitischen Redensammlung „Der Wille zum Frieden" (1972, 144f.) nachzulesen: „Wenn uns die Arbeit der Internationale vielfach nicht befriedigt, so hat das nicht nur mit organisatorischen und technischen Fragen zu tun. Es geht um die sehr unterschiedliche Stellung und Stärke der einzelnen Parteien und um ihr Verhältnis zueinander. Es geht um das Verhältnis zu verwandten Parteien und Strömungen in anderen Teilen der Welt. Es geht um Struktur und Praxis der internationalen Zusammenarbeit. Darüber müßte einmal grundsätzlich und praktisch, jedenfalls ausführlich (!) beraten werden. In einer Zeit, in der fast alles im Wandel ist, stehen weder unsere Parteien noch die Internationale unter Denkmalschutz. Von den Strömungen im kommunistischen Lager habe ich schon gesprochen, sie erfordern unsere verstärkte Aufmerksamkeit. Dies gilt gerade auch für die europäischen Länder, in denen die Kommunisten über eine breite Massenbasis verfügen"; wozu er schon vorher bemerkt hatte: „Tatsache ist . . ., daß einige kommunistische Oppositionsparteien erhebliche Abweichungen von ihrem früheren Kurs aufweisen." Gerade die in diesen Bemerkungen zum

*Allerdings sollten wir uns hüten, hier einen beliebten linken Buhmann immer wieder aufzubauen: als gäbe es bereits so etwas wie eine vereinigte Supermacht des internationalen Kapitals. Die staatliche Stützung und (Export-)Förderung der nationalen Wirtschaftsgruppen auf Kosten aller ausländischen ist durch Zollsenkungen allein durchaus nicht abzubauen; auch die nationalen Fraktionen des Kapitals und der Landwirtschaft befinden sich in der EWG in teilweise erbittertem Interessenstreit.

**Über die Schwierigkeiten der linken Formierung vgl. H. Kuby/E. Kitzmüller: „Linke Strategien in Europa", in: „Neues Forum", 1970.

Ausdruck kommende Kritik an der sterilen Abgrenzung der sozialdemokratischen Internationale gegenüber den kommunistischen Parteien ist, neben dem Hinweis auf ihre organisatorische Nichtigkeit, hier von konkreter Bedeutung.

Was zur Konsolidierung der Linken in Westeuropa gebraucht wird, ist eine mit großen organisatorischen – also auch finanziellen – Mitteln ausgestattete ständige europäische sozialistische Konferenz, ein Europäischer Bund Sozialistischer Parteien. Dessen Aufgaben und Funktionen sind:

- Der Sozialistische Bund muß *allen* sozialistischen Parteien offenstehen und in jedem Falle Sozialdemokraten und Kommunisten an einen Organisationstisch bringen.
- Der Sozialistische Bund dient als Medium sozialistischer Integration, das durch einen intensiven Prozeß sozialistischer Diskussion, Kritik, Verständigung und Kooperation versucht, die weitgehend geschichtlich überholte, aber institutionell verkrustete Spaltung in der politischen Arbeiterbewegung Westeuropas zu vermindern und zu überwinden.
- Der Sozialistische Bund dient als offenes Forum für eine zunehmende Intensivierung, Versachlichung und Konkretisierung des Dialogs zwischen den sozialistischen Parteien West- und *Osteuropas.*
- Der Sozialistische Bund hat die Aufgabe, einen präzisen Katalog konkreter wirtschafts-, sozial-, bildungs- und friedenspolitischer Forderungen zu erarbeiten, die sämtliche linken Parteien gemeinsam in den Organen der EWG zur Geltung bringen wie auch – über die nationalen Regierungen – im Ministerrat der Gemeinschaft.
- Der Sozialistische Bund hat die Funktion, mögliche Koalitionen mit Mitte-Links-Parteien vorzubereiten.
- Der Sozialistische Bund hat alles in seiner Macht Stehende zu tun, um auf eine undogmatische, an den Bedürfnissen der Massen orientierte Weise die *gemeinsame Linie* einer von allen linken Parteien vertretenen sozialistischen Europapolitik ins Bewußtsein der Massen, vor allem der Abhängigen und der Jugend zu bringen. Er muß das Ziel verfolgen, endlich eine zur Führung Europas befähigende Geschlossenheit der sozialistischen Konzeption und der sie tragenden Parteien herzustellen und die entmutigende Situation der handlungslähmenden Zerstrittenheit der Linken zu überwinden. Wir müssen die sozialistischen Kontroversen als das Notwendige, aber Zweitrangige, die sozialistische Einheit als das Bestimmende und Vorrangige der europäischen Linken durchsetzen.

Sollte mittelfristig die Organisierung eines solchen Europäischen Bundes Sozialistischer Parteien nicht realisierbar sein, so wäre die Alternative: die Konstituierung von zwei europäischen Bünden der Linken zu forcieren, in denen sich die übereinstimmenden nationalen Parteien organisieren, mit dem ausdrücklichen Ziel weitestgehender Koalition und Zusammenarbeit.

Die fundamentale friedenspolitische Bedeutung einer europäischen

Union der Linken liegt in der wesentlich größeren Autorität und Durchsetzungsfähigkeit, die deren Forderungen – als Ausdruck einer gemeinsamen europäischen Willensbildung – im Vergleich zu isolierten nationalen Initiativen haben würden. Das Programm einer Sozialistischen Friedenspolitik für Europa ist nicht nur kaum realisierbar ohne konzertierte friedenspolitische Aktion aller progressiven europäischen Kräfte. Es ist auch so radikal, den Dingen an die Wurzel gehend so im Gegensatz zu konformistischen Feindbildern, NATO-Sicherheitsideologien und nationalen rüstungsindustriellen Interessen, daß eine einzelne sozialistische Partei kaum die Kraft aufbringen kann, solche Forderungen zur öffentlichen Diskussion zu stellen, geschweige denn durchzusetzen. Es gilt daher, einen europäischen sozialistischen Konsens und ein darauf aufbauendes friedenspolitisches Aktions- und Grundsatzprogramm zu erarbeiten. Was deren Schwerpunkte sind, haben wir in diesem Buch aufzuzeigen versucht und soll in den nächsten Abschnitten zu Ende gedacht werden:

- die kritische Analyse des militärischen und feindideologischen Komplexes: die Aufdeckung der in ihm verborgenen Herrschaftsinteressen; und von daher
- die Ablösung des antikommunistischen Feindbildes durch eine nüchterne Analyse des osteuropäischen Gesellschaftssystems, seiner Differenzierungen, seine Ideologie und Status-quo-orientierten Interessen sowie seine Neubestimmung als produktive gesellschaftspolitische Herausforderung für Westeuropa;
- die Analyse der kapitalistischen rüstungswirtschaftlichen Interessen und die Ingangsetzung einer Umstellung der Rüstungsindustrie auf zivile Produktion im Rahmen einer demokratischen Wohlfahrtsplanung in Westeuropa;
- die Verstärkung der friedlichen Verflechtung mit Osteuropa durch Intensivierung der funktionalen Kooperation auf allen Gebieten der gesellschaftlichen Produktivität;
- die Ersetzung der NATO-Strategie der schrittweisen Eskalation in die atomare Katastrophe durch eine Strategie räumlich und militärisch genau limitierter Grenzsicherung im Rahmen des weltstrategischen atomaren Patts und einer Politik konsequenter Rüstungsverminderung in Mitteleuropa;
- die Ingangsetzung einer Politik der Betriebs- und Wirtschaftsdemokratie, durch die nicht nur Rüstungswirtschaft zur ökonomischen Stabilisierung überflüssig wird, sondern auch die ökonomisch-politischen Machtpositionen derjenigen schrittweise beseitigt werden, die aus Selbsterhaltungsinteresse alles daransetzen, innen- wie außenpolitisch die antisozialistisch-antikommunistische Konfrontation aufrechtzuerhalten;
- die Entlarvung des neoimperialistischen Charakters der westlichen wie östlichen Entwicklungspolitik und die Formulierung einer Strategie nicht-imperialistischer Kooperation mit der Dritten Welt;
- die Ingangsetzung politisch-kritischer friedenspädagogischer Prozes-

CONFEDERATION EUROPEENNE DES SYNDICATS LIBRES
NOUS CONSTRUISONS
L'EUROPE
SYNDICALE
AVEC...
fgtb
uil
cgtl
NVV
CISL
FO
DGB
FORCE OUVRIÈRE
CONFÉDÉRATION FORCE OUVRIÈRE, 198, Avenue du Maine, PARIS-XIV°

se (einschließlich lehrreicher antimilitaristischer und basisdemokratischer Aktionen), die bereits die Heranwachsenden gegen Feinddenken und politische Aggressivität immun machen.

Es versteht sich von selbst, daß nur ein von den Sozialisten Europas gemeinsam erarbeitetes und vertretenes friedenspolitisches Konzept, wenn es in der Tat derart konsequent und nonkonformistisch sein muß, Aussicht auf Verwirklichung hat – selbst wenn es für sich geltend machen kann, daß reale politische Trends in seine Richtung gehen. Was von der Notwendigkeit einer Europäischen Union der Sozialistischen Parteien ausgeführt wurde, gilt gleichermaßen für die Gewerkschaften. Wir wollen uns hier die Pedanterie ersparen, im einzelnen darzulegen, welche gewerkschaftstheoretischen und -praktischen Besonderheiten für die erstrebenswerte Struktur und die gesellschaftspolitische Programmatik eines europäischen Gewerkschaftsbundes gelten. Hingewiesen sei lediglich auf die Tatsache, daß es in der Gewerkschaftsbewegung sogar eine Dreispaltung (sozialistische, kommunistische, christliche Gewerkschaften) zu überwinden gilt. Und hingewiesen sei insbesondere darauf, daß einer Zusammenfassung und qualitativen Verbesserung der gewerkschaftlichen Kräfte und Politik in Westeuropa friedenspolitisch deshalb eine so außerordentliche Bedeutung zukommt, weil die langfristig wichtigste Aufgabe einer sozialistischen Friedenspolitik: die Herstellung von Wirtschaftsdemokratie, ganz wesentlich von der gesellschaftspolitischen Richtung und Durchsetzungsfähigkeit der europäischen Gewerkschaften abhängt.

Erfreulicherweise sind die Gewerkschaften einen Schritt weiter als die Parteien. Seit 1969 (spät genug!) gibt es in Brüssel den „Europäischen Bund der freien Gewerkschaften in der Gemeinschaft (EBFG)*. Auch dem EBFG allerdings haftet der Grundmakel der westeuropäischen Arbeiterbewegung an: in ihm sind die kommunistischen Gewerkschaften nicht vertreten. Allerdings ist die erfreuliche Tatsache zu konstatieren, daß die interne Politik sowohl des EBFG wie insbesondere des Europäischen Metallgewerkschaftsbundes (EMB) die weitgehende Einbeziehung der kommunistischen Gewerkschaften in den Entscheidungsprozeß anstrebt.** Die Überlebtheit der traditionellen ideologischen, und damit auch organisatorischen Spaltungen erweist sich in der Gewerkschaftsbewegung am deutlichsten: in ihrer praktischen Politik in Belgien, Frankreich und Italien erweist sich das Etikett „christlich", „sozialdemokratisch"oder „kommunistisch" weithin als belanglos; ja, in einigen Fällen haben ehemals christliche Gewerkschaftsorganisationen radikaler, weil basisdemokratischer gehandelt als die bürokratisch-zentralistisch organisierte kommunistische Gewerkschaft CGT.

*Jedem Interessierten seien die Hefte 7, 8 und 12/1971 der „Gewerkschaftlichen Monatshefte" empfohlen, die sich durch eine Zusammenstellung sehr informativer Beiträge zur westeuropäischen Gewerkschaftspolitik und Kapitalkonzentration auszeichnen.

**Dokumente der Politik der Europäischen Gewerkschaften sind anzufordern beim Sekretariat des EMB, Rue Montague aux Herbes Potagères 37, Brüssel.

Volker Jung, der über die Jahresversammlung des EBFG im Oktober 1971 berichtet (1971, 752ff.), notiert die Erkenntnis eines erheblichen organisatorisch-programmatischen Nachholbedarfs: „Die technokratische Methode der Integration wurde von der Jahresversammlung deutlich herausgearbeitet. Das führte zu der richtigen Erkenntnis, daß den Gefahren, die die Errichtung der Wirtschafts- und Währungsunion für die Gewerkschaften birgt, *nur durch eine Gegenbewegung gesteuert werden kann,* die die Gewerkschaften selbst in Gang setzen müssen" (754). Jung stellt aber zugleich fest, daß die Bestandteile einer solchen Gegenbewegung „von der Jahresversammlung erst in Ansätzen formuliert worden sind" – zweifellos eine sehr höfliche Umschreibung des praktisch-theoretischen Embryonalzustandes, in dem sich die europäische Gewerkschaftsorganisation immer noch befindet. Jung stößt zweifellos in die richtige Richtung vor, wenn er gegenüber den Vorschlägen des EBFG-Vorsitzenden, Heinz Oskar Vetter, die sozialpolitischen Möglichkeiten der Brüsseler Kommission des Europäischen Parlaments und des Wirtschafts- und Sozialausschusses sollten besser ausgenutzt werden, geltend macht (758): „Die Vorschläge Vetters und die Diskussion auf der Jahresversammlung über die Institutionen werfen jedoch *die Frage auf, ob sich die Gewerkschaften nicht in erster Linie an den eigenen Zielen orientieren sollten.* Es verspricht wahrscheinlich mehr Aussicht auf Erfolg, wenn die organisatorische Macht der westeuropäischen Gewerkschaften nicht für allgemeine, sondern für spezifische Interessen der Arbeitnehmer eingesetzt wird. Die Voraussetzungen für eine spezifische Interessenvertretung der Arbeitnehmer müssen gesehen werden

neben der Stärkung der europäischen Gewerkschaftsausschüsse gegenüber den multinationalen Konzernen und Verbänden, vor allem in einer grundlegenden Reform des Wirtschafts- und Sozialausschusses,

in einer Konzertierung zwischen den Gewerkschaften und den Institutionen der Europäischen Gemeinschaft und in einer verstärkten Koordinierung der Politik der nationalen Gewerkschaftsbünde.

Die Reform des Wirtschafts- und Sozialausschusses könnte durchaus in ein System der gesamtwirtschaftlichen Mitbestimmung eingebaut werden, das nach den jüngst veröffentlichten Vorschlägen des DGB auf allen Ebenen, auf denen wirtschaftliche und politische Entscheidungen getroffen werden, wirksam wird. Neben der Mitbestimmung am Arbeitsplatz, im Betrieb und den Unternehmen müßten regionale und nationale Wirtschafts- und Sozialräte gebildet werden, die sich paritätisch aus Arbeitnehmern und Arbeitgebern zusammensetzen und mit umfassenden Informations-, Beratungs- und Konsultationsrechten einschließlich einem Initiativrecht ausgestattet sind. Ein Glied in dieser Kette könne der Wirtschafts- und Sozialausschuß der Europäischen Gemeinschaft sein, dessen Struktur diesen Aufgaben entsprechend umgestaltet werden müßte ...

Es versteht sich von selbst, daß diese Vorstellungen nur verwirklicht werden können, wenn die im EBFG zusammengeschlossenen Gewerkschaftsbünde *einen koordinierten Druck sowohl auf die Institutionen der Europäischen Gemeinschaft als auch auf die Regierungen der Mitgliedstaaten ausüben*". (Hervorhebungen von d. Verf.) Über die ersten Ansätze, aber auch die Schwierigkeiten der einvernehmlichen Konzipierung wirtschaftsdemokratischer Strukturen, Strategien und Modelle, beispielsweise bei der Frage der Mitbestimmung in den gesellschaftsrechtlich neu gestalteten europäischen Aktiengesellschaften, wird unten (2.3.4.) noch genauer einzugehen sein.

Über die formalen Forderungen hinaus, die sozialpolitischen Belange in den Organen der EWG stärker zu berücksichtigen und in ihnen die Gewerkschaften, scheinen europäische Gewerkschaftsorganisationen zu inhaltlichen, gesellschaftspolitischen Zielsetzungen im Sinne eines anspruchsvollen Aktions- und Grundsatzprogrammes nicht vorgedrungen zu sein. Von einem mehr als bescheidenen älteren Aktionsprogramm abgesehen* liegen, soweit wir sehen, bisher nur zwei konzeptionelle Initiativen vor: der Versuch der EBFG, die Mitbestimmung der Arbeitnehmer bei der gesellschaftsrechtlichen Gestaltung der „Europäischen Aktiengesellschaft" mitzuverankern – und erste Ansätze – insbesondere des europäischen Metallarbeiterbundes – eine Gegenmachtstrategie gegenüber antigewerkschaftlichen Taktiken der multinationalen Konzerne zu entwickeln. Wie bei den linken Parteien, so fehlt auch bei den Gewerkschaften offensichtlich das wache politische Bewußtsein, hier und jetzt, in der Geburtsstunde dieser gewaltigen, staatlich-politisch noch labilen, noch gestaltbaren gesellschaftlichen Einheit mit einem Aktions- und Grundsatzprogramm der totalen wirtschaftlichen und gesellschaftlichen Demokratisierung die Initiative und damit zugleich ein qualitativ neues, europäisches Selbstbewußtsein zu erlangen. Nach dem Beitritt Englands und der anderen nordeuropäischen Staaten werden die Gewerkschaften in Westeuropa zwar die gewaltige Masse von 25 Millionen organisierten Abhängigen repräsentieren – ihr Selbstbewußtsein, ihr gesellschaftspolitisches Führungsbewußtsein aber steht im krassen Mißverhältnis dazu. Zögernd, nur reagierend stellt man sich auf die neuen sozioökonomischen Gegebenheiten ein. Stirnrunzelnd, aber eher beobachtend, so als wenn einen dieser werdende gesellschaftlich-politische Großraum eigentlich gar nichts anginge, verweist man (und gerade die wie immer *analytisch* hochbegabten Marxisten) auf die „neue große Konzentrationsbewegung des Kapitals". Aber keine der linken Spitzenbürokratien scheint sich aufgerufen zu fühlen, dieser Kapitalkonzentration eine Konzentrationsbewegung gewerkschaftlicher und sozialistischer Gegenmacht in Westeuropa gegenüberzustellen. Man kann mit Heinz

*Nach Angaben des Generalsekretärs des EBFG, Theo Rasschaert (Gewerkschaftliche Monatshefte 7/71, 387 ff.): 40-Stunden-Woche, vier Wochen Urlaub, Urlaubsgeld, Invalidenrente. Auch die von R. formulierten Zielsetzungen für die Zukunft bleiben sehr vage: „Als europäischer Bund sehen wir unsere Aufgaben auch auf Gebieten wie Kontrolle der Wirtschaftsmacht, Strukturpolitik, Demokratisierung der Wirtschaft, soziale Sicherheit, Umweltschutz usw." (390).

Kuby nur hoffen, daß die zu erwartenden Integrations- und Überproduktionskrisen die Genossen bald wachrütteln. Inzwischen muß sozialistische Theorie, hier als Theorie der Friedenspolitik, wenigstens versuchen, Pfadfinderdienste, Wecker- und Beleuchterdienste zu leisten für die Selbstfindung der Arbeiterbewegung in einem werdenden politischen Großraum zwischen den USA und Osteuropa. Zusammenfassend läßt sich feststellen, daß bei noch andauernder gesellschaftlicher Vorherrschaft der Kapitalbesitzer und ihrer politischen wie ideologischen Interessenvertreter dieser Herrschaft in Westeuropa qualitativ stärkere Gegenkräfte entgegentreten – innerhalb wie außerhalb des Regierungssystems – als irgendwo anders in der kapitalistischen Welt. Demgemäß existiert eine objektive geschichtliche Chance, sozialistische Friedenspolitik in Westeuropa zu verwirklichen, das heißt eine Politik des Abbaus jener militaristischen, antikommunistischen und imperialistischen Komplexe, deren Bestand wesentlich im Selbstbehauptungswillen großer Teile der Machtelite begründet ist und nur mit deren schrittweiser Entmachtung vermindert werden kann.

2.3.3. Europa gegenüber USA und UdSSR: selbständig, kritisch, kooperativ

Niemand anders als eine selbstbewußt-europäisch gewordene politische und gewerkschaftliche Arbeiterbewegung kann Westeuropa zu einem vernünftigen Platz zwischen Osteuropa und USA verhelfen, zu einer den Frieden stabilisierenden geopolitischen Position und Selbstbestimmung. Nur ein in Westeuropa zur Macht kommender demokratischer und liberaler Sozialismus kann klassenlose, soziale Demokratie herstellen, die Westeuropa zu einer Friedensmacht werden läßt: nämlich zu einem in sich selbst ausgeglichenen, auf Konfrontation und Expansion nicht länger angewiesenen Sozialsystem. Es würde das westöstliche Festungssystem in Europa auflösen. Ebenso gilt aber umgekehrt: nur ein konsequent friedenspolitisch, nach Osteuropa zu kooperativ orientiertes Westeuropa kann eben durch diese Orientierung auch eine innere europäische Ordnung des sozialen und humanen Fortschritts verwirklichen. Denn nur frei von Angst vor „den Russen“, daher auch frei von Rüstungsausgaben, die 30% des Staatshaushaltes aufzehren, nur ohne Verketzerung des Sozialismus als „Weg nach Osten“ können wir hier die Macht der traditionellen ökonomischen, politischen und militärischen Machteliten überwinden. Nur in einem Klima lang andauernden Friedens und gesicherter Entspannung sind die Wählermassen bereit, die notwendigen gesellschaftspolitischen „Experimente“ zu bejahen, inneren Konflikten sich zuzuwenden und sie durch radikale Gesellschaftsreform zu lösen. Kurz: Friede und Sozialismus bedingen einander, sie sind überall, aber hier besonders, die zwei Seiten derselben Medaille.

Die Ausbildung eines solchen friedenspolitischen Selbstbewußtseins erfordert eine entschiedene Neubestimmung des Verhältnisses Westeuropas zu Osteuropa, vor allem aber zu den USA. Wir beschreiben es mit den drei Begriffen Selbständigkeit, Kritik und Kooperationsbereitschaft. Selbständig, kritisch und kooperationsbereit statt feindlich distanziert müssen wir dem Osten gegenübertreten. Dieses neue Verhältnis, gekennzeichnet durch Vorurteilsabbau, funktionale Kooperation, produktive Systemkonkurrenz und Systemkritik sowie Lernprozesse, die zur Kommutation im Zeichen eines humanen Sozialismus überleiten können, ist oben im Kapitel 2.1. hinreichend beschrieben worden. Hier wird noch einmal die Notwendigkeit linker Führungsmacht in Westeuropa einsichtig. Denn die konservativen kapitalistischen (katholischen, agrarischen) Machteliten werden eben nicht in der Lage und willens sein, dieses neue, für den Frieden notwendige politische Verhältnis zu den osteuropäischen Kommunisten herzustellen. (Obwohl es eine liberale Fraktion des Kapitalmanagements gibt, die hier auch ihre Lebenschancen erkannt hat, vgl. E. W. Mommsen, S. 111ff.; sie ist ein sehr zu beachtender Faktor!)

Diese alten Machteliten werden ebenso nicht in der Lage und willens sein, das friedensnotwendige neue Verhalten Westeuropas zu den USA herzustellen. Hier nämlich muß Selbständigkeit, Kritik und Kooperationsbereitschaft an die Stelle jener politischen und ökonomischen Hörigkeit treten, in die zumal die westdeutschen Kapitalvertreter und -parteien sich nach 1945 nur zu gern selbst begeben haben. Es ist richtig, daß es inzwischen den Gaullismus, nicht nur in Frankreich, gibt: die Wiederauferstehung eines europäischen nationalkapitalistischen Selbst(verteidigungs)bewußtseins, geschockt durch die rapiden Amerikanisierungsprozesse in der westeuropäischen Industrie, aber auch durch den rein amerikanischen Zuschnitt der militärischen (NATO-)Organisation und Strategie. Die Unzuverlässigkeit der USA als Garant der westlichen Leitwährung hat das Aufbegehren selbst der Konservativen gegen die westeuropäische USA-Hörigkeit verstärkt. Der größere nationale Selbstbehauptungs- und Abgrenzungswille Frankreichs stand dabei auch hinter der währungspolitischen Kontroverse zwischen Giscard d'Estaing und Schiller, dessen Ablehnung der Devisenbewirtschaftung ein europa- und volkswirtschaftlich kaum mehr verantwortbarer Liberalismus zugunsten der westdeutschen Exportindustrie darstellt.

Auch demokratische Sozialisten haben – aus sehr viel grundsätzlicheren Erwägungen – eine Politik der Befreiung Westeuropas aus der militärisch-ökonomisch-politischen USA-Hörigkeit zu entwickeln und öffentlich zu proklamieren. Sie können dabei *begrenzte* Interessenkoalitionen mit den westeuropäischen Konservativen durchaus eingehen, insofern auch eine europäische Gewerkschaftspolitik und demokratische Wirtschaftslenkung durch den Dollar-Imperialismus in Westeuropa nur erschwert und die amerikanisch präformierte NATO-Strategie des „begrenzten Krieges" die Sicherheit *aller* Menschen in Westeuropa gefährdet. (Nicht die NATO als westliches Verteidigungsbündnis ist das Problem, sondern, wie oben, 1.3., dargelegt, eine NATO, die Westeuropa zum strategischen Vorfeld der USA degradiert.) Unbeschadet solcher durchaus legitimer, weil am allgemeinen Selbsterhaltungswillen orientierter national-europäischer Koalition gegenüber US-amerikanischer Vormundschaft ist natürlich das Verhältnis zu den USA von westeuropäischen Sozialisten und Sozialliberalen sehr viel prinzipieller neu zu bestimmen.

Wohlwollende Kritiker des Buchmanuskripts haben einigen Texten einen antiamerikanischen Affekt bescheinigt. Durchaus mit Recht, wenn wir hinzufügen dürfen: dieser Affekt, diese leidenschaftliche Kritik amerikanischer Verhinderung einer demokratisch-sozialistischen Neuordnung Westdeutschlands nach 1945, amerikanischer Remilitarisierung der BRD, amerikanischer rüstungsindustrieller Interessen in Europa, des amerikanischen Neoimperialismus, amerikanischer Degradierung Westeuropas zum strategischen Vorfeld, amerikanischer Unterwanderung der westeuropäischen Wirtschaft, amerikanischer Verunsicherung der weltwirtschaftlichen Ordnung – *alle diese Anklagen erheben den Anspruch strenger Rationalität.* Sie sind frei von jeder unkontrollierten Stimmung oder Antipathie. Im Gegenteil: eine u. E. notwendige westeuropäische Politik der kritischen Distanzierung, der Zurückverweisung amerikanischer Macht und Politik auf das ihnen zukommende geopolitische Gebiet Nordamerikas befindet sich in Übereinstimmung mit einer inneramerikanischen Kritik, die wir sehr hoch achten und einschätzen sollten. Wir bekunden damit unseren Respekt gegenüber der tiefgreifenden gesellschaftspolitischen Auseinandersetzung und Wandlung, die sich vermöge der beachtlichen (wenn auch noch unorganisierten) oppositionellen Bewegung in den USA selbst vollzieht. Sie haben der bedrohlichen, inhumanen Selbstgerechtigkeit des „American way of life“ und der amerikanischen Formaldemokratie ein Ende bereitet und in den Vereinigten Staaten einen Prozeß der Selbstkritik der „Arroganz der Macht“ (J. William Fulbright) in Gang gesetzt, demgegenüber die in diesem Buch geübte Kritik sich sehr zurückhaltend ausnimmt.

Überraschenderweise sind es nämlich seit Ende der fünfziger Jahre amerikanische Sozialkritiker wie C. Wright Mills, Paul Sweezy, Paul Baran, Carl Deutsch, Vance Packard, Anatol Rapoport, Seymour Melman und der gewandelte Galbraith, die einige der intelligentesten (marxistischen und nichtmarxistischen) Analysen des Spätkapitalismus vorgelegt haben. Die Anti-Vietnam-Bewegung in den USA hat alle direkten demokratischen Aktionen Westeuropas in den Schatten gestellt. Bürgerrechtsbewegungen, aber auch die Black-Power-Bewegung haben die Lüge von der demokratischen amerikanischen Wohlstandsgesellschaft offenbart. An den Universitäten hat sich bei einer relevanten Minderheit eine noch vor zehn Jahren für undenkbar gehaltene kritische Politisierung vollzogen. Die zunehmende Katastrophe der Umweltzerstörung hat erstmalig radikale Zweifel am System des Vergeudungskapitalismus mit seinem unmenschlichen Fetischismus eines unqualifizierten Wirtschaftswachstums hervorgebracht. Der sensationelle Johnson-Report über die Armut in den USA (ein Fünftel der amerikanischen Bürger lebt unterhalb des Existenzminimums) im „reichsten Land der Welt" hat, zusammen mit allen anderen selbstkritischen Initiativen und der Verschärfung der inneren Widersprüche des Landes und seiner Wirtschaft *eine Wende der amerikanischen Politik hervorgerufen*: den allmählichen Rückzug der USA vom weltpolitischen Überengagement und die Hinwendung auf die Bewältigung der katastrophalen inneren strukturellen Notstände. Freilich ist heute noch völlig offen, inwieweit diese Wendung, die den expansiven, antikommunistischen, neoimperialistischen und Rüstungsinteressen bedeutender Teile des amerikanischen Kapitals widerspricht, erfolgreich durchgesetzt werden kann.

Sozialistische Friedenspolitik für Europa hat genau an diesem sozialkritischen und gesellschaftspolitischen Prozeß in den USA selbst ihre USA-Politik zu orientieren, im europäischen wie im Interesse progressiver Politik in den USA. In den Vereinigten Staaten selbst nämlich werden die Überflüssigkeit und die Kosten großer amerikanischer Militärpräsenz (zur Zeit etwa 400 000 Soldaten) in Westeuropa zunehmend erkannt, die Präsenz wird bereits vermindert. Sozialistische Friedenspolitik wird, wie dargelegt (2.2.3. und 2.2.4.), diese Tendenz nicht beklagen, sondern mit allem Nachdruck unterstützen und in der Europäischen Sicherheitskonferenz in einem Konzept der bilateralen Rüstungsverminderung und Denuklearisierung Mitteleuropas bekräftigen. Im übrigen ist die künftige *westeuropäische Rüstungsbeschaffung vollständig autark zu gestalten* und so von jeder ökonomisch-politischen Einflußmöglichkeit der amerikanischen Rüstungskonzerne freizuhalten. Deren Einfluß in den USA selbst (vgl. Galbraith, 1971) darf nicht länger auch in der westeuropäischen Sicherheitspolitik sich auswirken.

In den USA selbst wird der volkswirtschaftliche Schaden amerikanischen Kapitalexports bei großer Massenarbeitslosigkeit und öffentlicher Armut zunehmend erkannt, erste restriktive Maßnahmen wurden von Nixon veranlaßt, der Dollar-imperialistische Aufkauf europäischer Firmen ist (vorübergehend?) geringer geworden. Sozialistische Friedenspolitik wird *ein Konzept grundsätzlicher radikaler Limitierung bzw. Kontrolle transkontinentalen Kapitalexports* – sei es von den USA nach Europa, sei es von Europa in die Dritte Welt – *wegen dessen unausweichlichen neokolonialistischen Folgen zu realisieren haben* (vgl. dazu weiter: 2.3.4.!).

Insgesamt muß sozialistische Friedenspolitik gegenüber den USA von dem Grundsatz ausgehen, daß Westeuropa mündig geworden ist und jede Abhängigkeit von amerikanischer Strategie, Politik und Kapitalmacht, sei sie latent oder offen, aktuell oder strukturell, entschlossen abbauen muß, einschließlich jeder Kameraderie mit den neoimperialistischen Unternehmungen der Vereinigten Staaten in der Dritten Welt. (Der neu sich formierende *westeuropäische* Imperialismus in Gestalt von „Entwicklungspolitik“ macht uns genug zu schaffen.) Dabei spielt der schrittweise Abbau der Abhängigkeit der eigenen westeuropäischen und speziell der westdeutschen Wirtschaftszweige vom USA-Export und die Errichtung eines Dollarunabhängigen Währungssystems eine hervorragende Rolle.

Die viel beschworene atlantische Partnerschaft – die nie existiert hat, sondern eine atlantische Vormundschaft war – kann überhaupt erst geschaffen werden in dem Maße, wie die hier skizzierte Verselbständigung Westeuropas voranschreitet. Denn diese beinhaltet ja mitnichten das Ende der Kooperation, des Handels, des Austauschs und der freundschaftlichen Beziehungen. Im Gegenteil, diese werden aus einem asymmetrischen, aus einem Herrschaftsverhältnis tatsächlich in ein mögliches Partnerschaftsverhältnis überführt. Johan Galtungs Regeln für internationale Kooperation (2.1.3.) gelten hier in vollem Umfang, ebenso wie seine Differenzierung des zu erstrebenden assoziativen Friedens: daß dieser, also die optimale Verbindung aller Staaten und Systeme, geschichtlich oft erst nach einer Phase der Dissoziation, also der Distanzierung zu erreichen ist: der Abgrenzung, ja der Befreiung von übermächtigen „Partnern“, die die eigene Entfaltung und demokratische, friedliche Konsolidierung behindern.*

Die Entwicklung symmetrischer Kooperation aber trotz und gerade auch wegen des großen technologischen Vorsprungs der USA sollte vorbehaltlos unterstützt werden. Es wäre irrational, an den hochentwickelten wissenschaftlichen und technologischen Ergebnissen der amerikanischen Gesellschaft nicht so weit wie möglich zu partizipieren. Übrigens gilt für die USA dasselbe, was die sozialpolitischen, wirtschaftsordnungspolitischen, betriebsverfassungsrechtlichen und ähnlichen sozialstaatlichen Konzepte Westeuropas betrifft. Denn gesellschaftspolitisch sind die USA gegenüber Westeuropa ein vergleichsweise rückständiges Land. Natürlich haben diese gesellschaftspolitischen Strukturen keinen handelspolitischen Tauschwert. Aber es wird überhaupt zu fragen sein (2.3.4.), ob maximaler, heute weitgehend volkswirtschaftlich irrationaler Handel (wozu brauchen die USA über 8000 Kilometer hin transportierte Kleinwagen aus Wolfsburg?) die primäre Kooperationsform ist in einer – bei Strafe des Umwelttodes – wachstumskritischen industriegesellschaftlichen Zukunft. Man kann prophezeien, daß es auch zwischen Westeuropa und den USA, auf der Basis humanisierter, tatsächlich partnerschaftlicher Beziehungen, erhebliche Prozesse der Kommutation, des gemeinsamen Strukturwandels geben wird.

*Inwieweit Friedensforschung und -politik daher nicht nur Konfliktbeilegung, sondern auch bewußte Konfliktstrategie bedeuten kann, ist in der Auseinandersetzung zwischen Herman Schmidt („Friedensforschung und Politik“) und Johan Galtung („Gewalt, Frieden und Friedensforschung“) zur Sprache gekommen; beide Texte zu edition suhrkamp-Band „Kritische Friedensforschung“ (Hrsg. D. Senghaas).

2.3.4. Statt Plankapitalismus Wirtschaftsdemokratie ohne military-industrial complex

Die größte Bedrohung des Friedens war und ist in diesem Jahrhundert die offene und strukturelle Gewaltsamkeit, die das Wesen des Weltkapitalismus ausmacht. Der zügellose imperialistische Expansionsdrang der nationalstaatlich organisierten und „gepanzerten" Kapitale war die Triebfeder der brutalen Kolonialisierung der nicht-kapitalistischen Welt und schließlich des Ersten wie des Zweiten Weltkriegs. Die Angst dieser weltweit polypenartig an den Kontinenten sich festsaugenden Kapitalverwertungsmächte vor Verlust ihrer Positionen produzierte die Einkreisungs- und Eindämmungspolitik rund um das neuentstandene antikapitalistische Gesellschaftssystem des „Ostblocks". (Heute entrüstet man sich über Anwesenheit sowjetischer Flotten in den benachbarten Meeren; diese Flotten stellen den ganz natürlichen Versuch dar, sich nicht länger einkreisen zu lassen!) Die ungelösten inneren Krisen des Kapitalismus veranlaßten dessen politische Parteigänger, mit Hilfe verzweifelter Kleinbürger- und Bauernmassen, faschistische Terrorregimes an die Stelle von bürgerlichen Demokratien zu setzen, wo diese den Bestand der krisenerschütterten Kapital- und Großagrarier-Herrschaft nicht mehr zu garantieren schien; nur wenige demokratische Staatsordnungen erwiesen sich in den zwanziger und dreißiger Jahren als stärker denn die Diktaturinteressen der ökonomischen Machteliten – und noch ist nicht erwiesen, ob sie in künftigen Krisen, mit Notstandsgesetzen oder ohne sie, besser bestehen werden. Der Verselbständigungs- und Industrialisierungsprozeß der ehemaligen Kolonien wird durch alte und neoimperialistische Ausbeutungspolitik des Kapitals – oft mit blutigsten Mitteln und mit Hilfe krimineller Regimes – verhindert. Elend und Bevölkerungsexplosion, vom Imperialismus verschuldet, machen die Dritte Welt zu einem riesigen latenten oder offenen Kriegsherd. Die makabren Vorteile schließlich, die ausgerechnet große Rüstungsbestellungen des Staates (wie keine anderen) für eine profitable Stabilisierung der privatwirtschaftlichen Prosperität bieten, machen die Aufrechterhaltung immer weiter wachsender Militärapparate mit unsinnigen overkill-Kapazitäten (und der dafür erforderlichen Feindideologien) zu einem vitalen Interesse einflußreicher Kapitalgruppen.

Selbst die furchtbarsten Auswüchse des Stalinismus oder chinesischen Säbelrasselns, selbst die gewalttätigsten Praktiken irgendeines Potentaten außerhalb kapitalistischer Kausalzusammenhänge haben nicht annähernd so viel Völkermord, Terror, Massenelend, Angst und Militarisierung in der heutigen Welt erzeugt wie die unmenschlichen politischen Mechanismen weltweiter kapitalistischer Expansion und Herrschaftssicherung.

Sozialistische Friedenspolitik für Europa kann deshalb langfristig kein lebenswichtigeres Ziel haben als die Überführung der kapitalistischen in eine demokratisch kontrollierte und geplante Wirtschaftsordnung. Da sowohl die Chancen wie die Erfolgsaussichten einer revolutionären Umgestaltung der Produktionsverhältnisse mehr als problematisch sind, besteht in der europäischen Linken heute weitgehende Einigkeit, daß nur durch eine Politik des „encroachment", des konsequenten Abbaus der kapitalistischen Alleinherrschaft in Betrieb, Unternehmen und Gesamtwirtschaft diese Demokratisierung oder Liquidation der ihrer Natur nach expansiven, aggressiven profitwirtschaftlichen Antriebs- und Herrschaftsmechanismen erreicht werden kann.

Wir stehen in Westeuropa in diesem Kampf nicht mehr am Nullpunkt. Es gibt bedeutende Ansätze zur planvollen Reglementierung und Stabilisierung innerhalb des Spätkapitalismus selbst, und es sind die Instrumente und Strategien bekannt, die an Stelle eines bloßen Plankapitalismus eine demokratische Wohlfahrtsplanung und Industrieverfassung herstellen können. In Skandinavien, England, Frankreich und Holland sind nach 1945 Systeme der „indikativen", das heißt orientierenden, nicht „imperativen", befehlenden Wirtschaftsplanung entwickelt worden; der niederländische Planungstheoretiker Jan Tinbergen wurde wegen seiner Pionierleistungen auf dem Gebiete der Ökonometrie mit dem Nobelpreis ausgezeichnet. Auch in Italien wurden nationale Entwicklungsplanungen in Gang gesetzt. Seit Anfang der sechziger Jahre hat auch die EWG-Kommission begonnen, mittelfristige Prognosen und Planungsentwürfe zu entwickeln. Sie stieß dabei zunächst auf die Planungsfeindlichkeit der Erhardschen Wirtschaftspolitik, so daß einer der Brüsseler Planungsexperten, Pierre Uri (1963, S. 51), klagte: „Mit der Integration in einen gemeinsamen Markt stellt sich unausweichlich das Problem einer europäischen Planung ... Dazu ist es aber notwendig, daß dieses einverständliche Planen nicht bei bestimmten Teilnehmern auf grundsätzliche Ablehnung stößt ... Frankreich hat ... ein Generalkommissariat errichtet, das für jeweils vier oder fünf Jahre Pläne ... aufstellt. In Belgien ist vor kurzem ein Programmierungsamt eingerichtet worden. Italien hat die Errichtung eines staatlichen Planrates beschlossen. Die Niederlande kennen schon seit langem langfristige Entwicklungsmodelle. Der deutsche Bundeswirtschaftsminister (Erhard) dagegen hat einen solchen Abscheu vor allem, was überhaupt entfernt nach Planung aussieht, daß er schwere Bedenken sogar gegen die Vorausschätzungsmethoden hegt, die lediglich den Blick in die Zukunft aufhellen wollen."

Die planungsfeindliche „Soziale Marktwirtschaft" der BRD mußte erst in die wirtschaftliche Rezession 1966/68 hineinschlittern, um eine plankapitalistische Reform zu ermöglichen. Nach dem politisch folgerichtigen Sturz Erhards wurden durch das Schillersche „Stabilitätsgesetz" im Sommer 1967 erstmalig dem Staat wirtschaftliche Planungsvollmachten erteilt. In diesem Gesetz wird nämlich die Bundesregierung ermächtigt, zur Aufrechterhaltung von Vollbeschäftigung und Wirtschaftswachstum einen „Jahreswirtschaftsbericht" vorzulegen, der „eine Darlegung der .., angestrebten wirtschafts- und finanzpolitischen Ziele", eine sogenannte „Jahresprojektion" enthält. Diese

Jahresprojektion liefert zwar der sogenannten freien Wirtschaft nur Orientierungsdaten, sie verpflichtet aber zumindest die staatliche Wirtschaftspolitik. Diese orientiert und bindet sich sogar langfristig. Es heißt in dem Gesetz: „Der Haushaltswirtschaft des Bundes ist eine fünfjährige Finanzplanung zugrunde zu legen. In ihr sind Umfang und Zusammensetzung der voraussichtlichen Ausgaben und die Deckungsmöglichkeiten ... darzustellen."

Systemtransformation durch „Stabilität" statt durch „Krise"

Undialektische Kapitalismusanalyse versucht, in den neuerdings sich entwickelnden Planungsmethoden „nichts als" Stabilisatoren der Kapitalverwertung zu sehen. Darauf läuft u. a. auch Huffschmids (die Liquidation des Wirtschaftsliberalismus ausgezeichnet darstellende) detaillierte Analyse des westdeutschen Konzern- und Plankapitalismus (1969, bes. 121ff) hinaus: „Die Globalsteuerung, so läßt sich zusammenfassend sagen, ist ein theoretisches Konzept, das nur ... zugunsten der Monopole, Oligopole und organisierten Gruppen realisiert werden kann." Zuvor aber hatte Huffschmid (117f) festgestellt, daß die Investitionslenkung, Herzstück der Globalsteuerung, durchaus je nach gesellschaftspolitischen Machtverhältnissen variierbar ist: „Es ist nicht zu bestreiten, daß die Investitionen Motor und tragendes Element der wirtschaftlichen Entwicklung sind. Aber das Problem besteht darin, festzusetzen, welche Investitionen vorgenommen werden sollen, und wer sie vornehmen soll. Dies ist eine Frage der ... Wirtschafts- und Gesellschaftsordnung." Mit anderen Worten: bei veränderten politischen Machtverhältnissen brauchten Globalsteuerung und die anderen konjunkturpolitischen Instrumente durchaus nicht allein den Profitinteressen zu dienen.

Die Schaffung und Erprobung volkswirtschaftlicher Planungsinstrumente dienen bereits heute keineswegs allein und einseitig nur dem organisierten Kapital. Vielmehr wird damit in doppelter Hinsicht eine wichtige Voraussetzung für sozialistische Transformation geschaffen: einmal, weil nur das Vorhandensein hochentwickelter computerisierter Planungsmechanismen im Falle eines sozialistischen politischen Machtwechsels den Linken ermöglicht, das Programm einer volkswirtschaftlichen Steuerung der Wirtschaft im Interesse des Gemeinwohls zu verwirklichen. Zum anderen aber, weil durch eine stabilere Wirtschaft und Beschäftigung die Existenzsicherung und Selbstsicherheit der Massen, deren Bildung, gesellschaftliche Ansprüche, Reformforderungen, Tendenz zur Wahl progressiver Parteien steigen, und zwar besonders deshalb, weil zugleich immer empörender die Inhumanität kapitalistischer Produktionsverhältnisse hervortritt. Das bestehende System erweist sich nicht nur zu einer Korrektur der (wenig augenscheinlichen) skandalösen Vermögensverteilung unfähig; es erweist sich – sehr augenscheinlich – auch unfähig, die infrastrukturellen Aufgaben zu meistern: Wohnungs- und Städtebau, Verkehrsordnung, Bildung und die Wiederherstellung einer lebenswerten Umwelt. Ferner erweist sich ganz konkret im Betrieb und in der Politik der multinationalen Konzerne mehr und mehr die Unerträglichkeit privatwirtschaftlich-autoritärer Willkürakte.

Mit anderen Worten: das geschichtlich überholte marxistische Transformationskonzept: Zunahme der Krisen, Zunahme der Verelendung und Empörung, Zunahme der Massenorganisation, Machtergreifung der Massen – wird nicht ersetzt durch ein naives Reformkonzept des friedlichen evolutionären „Hineinwachsens" des Sozialismus in den Spätkapitalismus, sondern *durch eine konfliktorientierte parlamentarische und außerparlamentarische Strategie der strukturellen Machtveränderung auf der Basis relativ stabiler und „reicher" ökonomischer Verhältnisse.* Deren Chancen sind an der Tatsache abzulesen, daß relativ hohe linke Wählerzahlen und große Massenstreiks nicht in armen, verelendeten, sondern in reichen, hochbeschäftigten europäischen Regionen realisiert wurden.

Demokratische Wohlfahrtsplanung erfordert radikale Wachstumsbegrenzung

Bewirkt kapitalistische, bestenfalls „sozial-liberale" Planung derart eine keineswegs nur für die Konzerne, sondern auch für die Allgemeinheit und für die Formierung der Linken begrüßenswerte relative Stabilität, so ist diese natürlich keineswegs mit demokratischer Wirtschaftspolitik gleichzusetzen. Denn sie bewegt sich nach wie vor im Rahmen primärer Stabilisierung von Profitraten (das heißt von profitablen Investitions- und Absatzchancen) auf Kosten von möglichen Lohnraten, völlig unabhängig von volkswirtschaftlich wünschenswerter Entwicklung, Verteilung und Verwendung des Sozialprodukts. Im Rahmen einer wirtschaftsdemokratischen Neuordnung werden die im Plankapitalismus ausgebildeten Lenkungsinstrumente genutzt, aber sie werden qualitativ anders eingesetzt: nämlich im Sinne einer *demokratischen Wohlfahrtsplanung.* Deren Ziel ist:

auf Kosten irrationaler, maximaler Profitsteigerung und Arbeitskraft wie Umwelt zerstörender Massenproduktion die öffentliche, infrastrukturelle Entwicklung voranzutreiben;

die Realeinkommen der Massen auf einem hohen Niveau – ohne funktional überflüssige Differenzierungen – zu stabilisieren;

das ökonomische Wachstum bei entsprechender Verminderung der allgemeinen Arbeitszeit insgesamt so zu verlangsamen bzw. zu vermindern (oder seine Komponenten so zu verändern), daß eine menschenwürdige Umwelt wiederhergestellt werden kann.

Die instrumentalen und strukturalen Prinzipien der Wirtschaftsdemokratie – hier: einer Wohlfahrtsplanung – bleiben im Banne eines inhumanen und damit auch undemokratischen wirtschaftlichen

Grundsatzes: der maximalen Steigerung quantitativ-materiellen Reichtums – falls Theorie der Wirtschaftsdemokratie nicht mit aller Radikalität die Erfahrung einer zunehmenden globalen Umweltzerstörung durch eben dies blind-wuchernde Wachstum der Menschheit und ihrer Wirtschaft ernst nimmt und *vorstößt zu dem obersten Prinzip jeder menschenwürdigen zukünftigen Gesellschafts- und Wirtschaftsordnung: der Reduzierung des gesellschaftlich-wirtschaftlichen Wachstums.*

Sozialistische Theorie hat seit je mit Recht darauf bestanden, daß bei Überwindung der *kapitalistischen Aneignung* des industriellen Reichtums dieser allen ein gutes, angstfreies, gebildetes und daher selbstbestimmtes Leben ermöglicht. Diese grundlegende Annahme für die Möglichkeit einer klassenlosen Gesellschaft gilt noch immer – allerdings nur, wenn zusätzliche Bedingungssätze aufgestellt werden (die zu erläutern sind):

1. Die Menschheit als „Masse" hat bei weitem ihr quantitatives Optimum überschritten. *Die Quantität der Menschen hat begonnen, die Qualität des Menschen zu zerstören* und ein Unfriedensfaktor ersten Ranges zu werden. Sozialistische Gesellschaftspolitik muß die organische Verminderung der Bevölkerungen zu einem Ziel höchster Priorität erheben und ein konkretes gesellschaftliches Programm zur Verwirklichung dieses Zieles entwickeln.

2. *Das quantitative Wachstum* weitgehend irrationaler, auf (tatsächlichen oder modischen) Verschleiß hin entworfener *industrieller Produktionen hat begonnen, die Lebensbedingungen der Menschheit zu zerstören.* Es wird zugleich – durch die ihm innewohnende Tendenz zur imperialistischen Sicherung von Rohstoff- und Nahrungsbasen – zu einem Element struktureller und akuter Gewaltsamkeit, das eine weltweite Friedensordnung unmöglich macht. Nur eine Wirtschaftspolitik der entschlossenen Umverteilung des vorhandenen Reichtums, der Unterbindung jeder organisierten Verschwendung und der allmählichen Herstellung einer nicht weiter wachsenden, Ressourcen durch „recycling"* bewahrenden und umweltschonende Verfahren anwendenden Ökonomie kann eine lebenswerte, friedliche Gesellschaftsordnung ermöglichen.

Die in diesen beiden Grundsätzen zusammengefaßte Gesellschaftspolitik der *Wachstumsbegrenzung*** muß erläutert werden. Sie widerspricht nicht nur der naiven (auf völlig verantwortungslose Weise von den Religionen unterstützten) Idealisierung der biologischen Vermehrung, den naiv-optimistischen agrarpolitischen Prognosen über die Ernährbarkeit von sieben, zehn, zwölf Milliarden Menschen (als wenn es mit dem Sattwerden getan wäre) – sie widerspricht nicht nur den nai-

*Wiederverwertung verbrauchter Materialien.

**Nach Niederschrift dieses Kapitels erschien in New York dessen *durch breite Computerrechnungen ermöglichte empirische Untermauerung,* D. H. Meadows u. a.: „The Limits of Growth" (Universe Book) – eine äußerst radikale Wachstumskritik.

ven „magischen“ Drei- oder Vierecken bürgerlicher Ökonomie, wonach Wirtschaftswachstum (neben Geldwertstabilität, Vollbeschäftigung und ausgeglichener Zahlungsbilanz) eine der unabdingbaren Voraussetzungen funktionierender Volkswirtschaft sein soll – sie widerspricht auch einem sozialistischen common sense, wonach allein schon wegen des notwendigen Massenreichtums die Wirtschaft wachsen und wachsen muß, im übrigen aber jeder gute Linke schon aus Prinzip für die Massen und gegen jede Vermassungsthese ist.

Nun geht es um nichts weniger als das konservative Vermassungstheorem. Die produktive Kraft großer Menschengruppen für die Verwirklichung einer reichen arbeitsteiligen industriellen Gesellschaft bleibt unbestritten, das fragwürdige Ideal eines Klein-Gemeinschafts-Individualismus bleibt Vergangenheit (soweit es nicht – inmitten der Massengesellschaft – in neuen Kommune- und Teamformen wieder realisierbar wird). Aber die Massengesellschaft wird offensichtlich dann zu einer inhumanen Gesellschaft, wenn der Mensch, nicht nur unter kapitalistischen Bedingungen, zum Feind des Menschen wird. Als überflüssiges Kind in einer auf Kleinfamilien angelegten Lebens- und Sozialisationsstruktur; als überflüssige, die Arbeitenden durch Konkurrenz bedrohende Arbeitskraft in einer sich automatisierenden Produktion; als überflüssiger kommunikationsunfähig werdender Bürger in quallig, amorph anschwellenden Ballungszentren. Auch jenseits kapitalistischer Unfähigkeit zu vernünftiger Arbeitsmarkt-, Bildungs- und Kommunalpolitik, auch unter den Bedingungen sozialistischer, gesellschaftlich-rationaler Planung und Verwendung der Ressourcen werden die absoluten Grenzen humaner Existenz bei weiter wachsenden Menschenmassen berechenbar. Die bedrückende Langsamkeit, mit der sich zivilisatorische Strukturen auch im sozialistischen China herausbilden, sind ein lebendiger geschichtlicher Beweis für die Richtigkeit der hier vorgeschlagenen Antiwachstumspolitik. Wo Milliarden blauer, weißer oder roter Ameisen in Menschengestalt (oder in Autogestalt!) die Substanz des individuellen Menschseins mehr und mehr zunichte machen, werden zynische politische Vorstellungen wie: „Selbst nach einem Atomkrieg wird es Milliarden arbeitsfähiger Menschen geben“ zum antihumanen logischen Prinzip.

Durchaus hoffnungsvoll erscheint, daß in den industrialisierten Gesellschaften das Bevölkerungswachstum in den letzten Jahrzehnten abgenommen hat und ein relativ stationärer Zustand erreichbar wird. Diese Entwicklung muß als eine außerordentlich wichtige, ja für den humanen Fortbestand entwickelter Industriegesellschaften fundamentale Tatsache begrüßt werden. Es ist sogar eine Verminderung der Bevölkerungen auf jenes Optimum zu planen, das auch 1990 noch eine vernünftige Beschäftigung, vor allem aber eine humane Existenz ohne Zusammenbruch der Luft-, Wasser- und kommunalen Versorgung ermöglicht. (Daß eine großangelegte Strategie der Verminderung des Bevölkerungswachstums in der Dritten Welt zu den wichtigsten Grundlagen einer humanen Entwicklungspolitik gehört, wird unten, 2.3.5., noch weiter erörtert.)

Über wachstumsbegrenzende Bevölkerungspolitik mußte an dieser Stelle geredet werden, weil sie die Voraussetzung darstellt für eine demokratische, humane Wirtschaftspolitik. Denn nur stationäre oder sich vermindernde Bevölkerungen machen eine demokratische Wohlfahrtsplanung möglich, die sich menschenwürdige Lebens- und Umweltbedingungen zum obersten Ziel setzt.

Die schrittweise Verminderung des Wirtschaftswachstums, die Verlagerung von Massenkonsumgüter- auf infrastrukturelle Produktion und die Stabilisierung eines insgesamt nicht weiter expandierenden Wirtschaftssystems, das in der Lage ist, die weitere Zerstörung von Ressourcen und Umwelt zu verhindern und statt dessen deren Sanierung in Gang zu setzen, muß als grundlegende Voraussetzung jeder demokratischen und humanen Wirtschaftspolitik in Zukunft anerkannt werden. Das heißt, eine Revolutionierung der Wirtschaftstheorie und Wirtschaftspolitik ist notwendig.* Denn beide haben sich bis heute, nicht zuletzt infolge der Mechanismen kapitalistischer Kapitalakkumulation, dem Fetischismus des Wirtschaftswachstums wie einem unabänderlichen Gesetz verschrieben.

Daß solche Kritik des ökonomischen Wachstums für Gesellschaftssysteme, die sich selbst noch in der Phase der Industrialisierung befinden, nicht im selben Maße Gültigkeit hat wie für Westeuropa und die USA, ist richtig. Gleichwohl ist, wie Freimut Duve (1971, 125ff; 159) mit Nachdruck darlegt, die schematische Übertragung kapitalistischer Wachstums„ideale“ auf die Entwicklung der Dritten Welt für diese absolut disfunktional. Und die starke Tendenz zur industriellen Umweltzerstörung in Osteuropa, die sich von „westlichen“ Trends wenig unterscheidet, muß zur kritischen Einsicht führen, daß auch in der sozialistischen Wirtschaftstheorie die Erkenntnis von der Inhumanität hemmungsloser ökonomischer Expansion bisher noch keineswegs angemessen verarbeitet worden ist.

Eine volkswirtschaftliche Wohlfahrtsplanung, von der im folgenden zu reden ist, wird also in Zukunft nicht mehr als „Wachstumsplanung“ sich auszuzeichnen haben, sondern als *Planung einer vollbeschäftigten Wirtschaft ohne Expansion, bei ständig sich vermindernder Arbeitszeit, Angleichung der unterdurchschnittlichen Einkommen, Verlagerung der Wachstumsprozesse vom industriellen zum infrastrukturellen und öffentlichen Dienstleistungssektor und entschiedener Begrenzung der Kapitalakkumulation im Interesse dieser Zielsetzungen.*

Daß im internationalen Konkurrenzkampf nicht mehr einzelne Nationen, sondern nur mehr große – quasi autarke – Wirtschaftsunionen wie die Westeuropas unabhängig genug sind, um eine solche Umschaltung der ökonomischen Dynamik von Quantität auf Qualität konsequent und erfolgreich zu realisieren, ist richtig. Die Demokratisierung der Wirtschaft kann in der Tat keine nationale Industriegesellschaft

*Vgl. dazu die Kritik der bürgerlichen Wirtschaftswissenschaft, die sich bis heute blind macht gegenüber den sozialen Kosten des umweltzerstörenden Vergeudungskapitalismus: W. Kapp, Fritz Vilmar (Hrsg.), „Sozialisierung der Verluste“, München 1972.

Europas mehr allein verwirklichen, wohl aber eine – demokratisierte – Europäische Wirtschaftsgemeinschaft.

Gleichzeitig mit diesem übergeordneten, langfristigen wirtschaftsdemokratischen Ziel einer allgemeinen Wachstumsbegrenzung zugunsten einer Humanisierung der globalen gesellschaftlichen Lebensbedingungen müssen zwei weitere Ziele erreicht werden:

1. Stabilität und Vollbeschäftigung: die planmäßige Entwicklung einer gesamtgesellschaftlichen Nachfrage im Gleichschritt mit der Entwicklung der Produktivkräfte und des Arbeitskräfteangebots derart, daß Vollbeschäftigung auch ohne die Methoden der manipulierten Nachfrageerzeugung oder Produktvernichtung erreicht wird;

2. die Selbstbestimmung und Mitbestimmung der Arbeitenden am Arbeitsplatz, im Betrieb, in der Unternehmensleitung, in den Organen der Wirtschaft, in der nationalen und in der europäischen Wirtschaftspolitik, derart, daß an Stelle einer autoritär im Interesse der Profitmaximierung den industriellen und Wirtschaftsablauf lenkenden Machtelite die zunehmende demokratische Selbstverwaltung erreicht und die inhumanen Arbeits- und Kontrollmethoden in der Wirtschaft abgeschafft werden.

Methoden und Strategien der Wirtschaftsdemokratie

Um diese Ziele einer Wirtschaftsdemokratie, die grundlegend für eine stabile Friedensordnung ist, zu erreichen, sind folgende Methoden und Strategien zu verwirklichen, die zu einem beträchtlichen Teil heute in den Programmen der westeuropäischen Arbeiterbewegung vorkommen, allerdings bis zum heutigen Tage nicht in einem konkreten, integrierten Programm der europäischen Linken zur Wirtschaftsdemokratie zusammengefaßt worden sind:

1. Aufstellung nationaler und eines europäischen Nationalbudgets, das heißt von wohlfahrtswirtschaftlichen Zielprojektionen, die als Gegenentwurf zu denen bloßer Profitstabilisierung im Plankapitalismus die oben genannten Ziel in einer vollbeschäftigten europäischen Wirtschaft anstreben;

2. Entwicklung und Einsatz eines konjunkturpolitischen Instrumentariums, das – ohne bürokratische Kommandowirtschaft herzustellen – ausreicht, um die Sektoren der Wirtschaft zu einem planungsgemäßen Verhalten zu veranlassen;

3. Kontrolle wirtschaftlicher Macht, insbesondere Sozialisierung der Großkonzerne, die, solange sie in privater Hand sind, jede volkswirtschaftliche Planung durch ihre eigene Finanzkraft verhindern können;

4. Organisation und Mitbestimmung der Arbeitnehmer und ihrer Vertreter auf allen Ebenen des wirtschaftlichen Prozesses, um die Interessen der Abhängigen gegenüber denen des Kapitals bei der Durchsetzung der wirtschaftsdemokratischen Ziele überall zur Geltung bringen zu können, und Organisation einer gewerkschaftlichen Gegen-

macht, die in der Lage ist, durch betriebliche und überbetriebliche Streiks die antidemokratische Politik der Konzerne – insbesondere der großen multinationalen Gesellschaften – zu durchkreuzen und auch ohne gesetzliche Handhabe demokratische Betriebs- und Industriepolitik durchzusetzen.

Zu 1.: Wirtschaftsplanung

Was die Rahmenplanung (Zielprojektion) anbelangt, so ist oben schon darauf hingewiesen worden, daß die Bemühungen der Wirtschaftsexperten der Brüsseler „Kommission" zu begrüßen sind, europäische Planungsprozesse (seit 1964) in Gang zu setzen, daß aber sozialistische, d. h. demokratische Wohlfahrtsplanung qualitativ andere Formen der Verteilung und Verwendung des Sozialprodukts durch eine *alternative Zielprojektion* in die Planung einzubringen hat. Zwar erklärte bereits die vierte Generalversammlung der sozialdemokratischen Gewerkschaften im März 1964 in einer Resolution (nach einer Information der „Force ouvrière"): „Die Generalversammlung bestätigt die Notwendigkeit einer langfristigen Wirtschaftsplanung, deren Ausarbeitung einem europäischen Planungskommissariat zu übertragen ist. Die Empfehlung der Kommission im Blick auf eine mittelfristige Wirtschaftspolitik bildet einen ersten Schritt auf diesem Weg. Die Generalversammlung betont, daß diese Politik zum Scheitern verurteilt sein würde, wenn die Beteiligung der Gewerkschaften nicht auf allen Stufen der Planungsarbeit garantiert wird." Eine solche Beteiligung allein genügt allerdings nicht. *Vielmehr haben die europäischen Gewerkschaften eine eigene wohlfahrtsstaatlich orientierte Rahmenplanung bis in alle Details zu entwickeln.*

In Erkenntnis dieser Notwendigkeit hat der achte Bundeskongreß des DGB im Mai 1969 einen Antrag (Nr. 297) angenommen, in dem der DGB-Bundesvorstand verpflichtet wird, eine eigene Zielprojektion zu erstellen: „Der DGB hat jährlich bis zum 15. Oktober den Gewerkschaften des DGB eine eigene Nationalbudgetrechnung für das folgende Jahr mit einem Ausblick auf die Entwicklungsmöglichkeiten in den nachfolgenden vier Jahren vorzulegen." Denn, so erläutert die Wirtschaftsabteilung des DGB-Vorstandes (laut „Gewerkschaftsspiegel" 2/72, Dok. S. 12): „Das gesetzliche Gebot, Preisstabilität, Vollbeschäftigung und ausgeglichene außenwirtschaftliche Beziehungen bei einem angemessenen Wirtschaftswachstum anzustreben, läßt unterschiedliche Verteilungskonzeptionen und eine unterschiedliche Belastung der verschiedenen sozialen Gruppen zu. Die Gewerkschaften müssen jedoch darauf achten, daß die volkswirtschaftliche Planung in Verbindung mit den genannten Zielen die bestmögliche Verbesserung der Lebenshaltung der Arbeitnehmer einschließt ... Aus diesem Grunde hat der DGB ... eigene Vorstellungen über gerechtere Verteilungsmöglichkeiten zur Diskussion zu stellen ... Die Zielprojektion des DGB ist also auftragsgemäß eine Darstellung der von Bundestag und Bundesregierung zu ergreifenden ... wirtschaftspolitischen Maßnahmen, die nach Auffassung der Gewerkschaften notwendig sind, um bestimmte gesellschaftspolitische und soziale Ziele in den nächsten Jahren zu erreichen, wobei die gesamtwirtschaftlichen Konsequenzen dieser Zielsetzung unmittelbar sichtbar gemacht werden."

Es kommt darauf an, daß genau im Sinne dieser Erkenntnisse ein „*Sozialistisches Planungsbüro*" für den gesamten EWG-Bereich alternative kurz-, mittel- und langfristige Planungskonzepte erarbeitet. Allerdings müssen deren Alternativen wie auch die vorgeschlagenen Methoden des Eingriffs in profitwirtschaftliche Vorrechte wesentlich anspruchsvoller und radikaler formuliert werden, als die Wirtschaftsabteilung des DGB mit ihren relativ begrenzten Vorstellungen einer (zweifellos notwendigen!) günstigeren Lohnentwicklung auf Kosten der Profite sie darstellt. Die überragend wichtigen gesamtgesellschaftlichen Ziele, wie sie im letzten Abschnitt dargestellt wurden: wesentlich verbesserte Versorgung der Öffentlichen Hand, veränderte bzw. begrenzte Wachstumsprozesse, Arbeitszeitverkürzung, Umweltschutz – diese gesellschaftlichen Zielsetzungen müssen einbezogen werden, soll sich eine sozialistische Wohlfahrtsplanung als ernstzunehmende Alternative zu bloßem Plankapitalismus erweisen und nicht bloß als kleine verteilungspolitische Korrektur.

Gegenüber qualitativ anderer, nicht primär profitorientierter Verteilung und Entwicklung der volkswirtschaftlichen Ressourcen durch eine demokratische Wohlfahrtsplanung wird immer wieder zweierlei eingewendet: einmal, daß alle Umverteilungen eng begrenzt sind durch den Zwang, die Investitionsneigung der Privatunternehmer aufrechtzuerhalten – was nur bei Garantie einer bestimmten Profitrate möglich sei; zum anderen, daß die internationale Wirtschaftskonkurrenz einen ständigen Prozeß des Wachstums, der technologischen und Produktivitätsverbesserung unumgänglich mache. – Beiden Argumenten gegenüber ist zu antworten: daß der ihnen innewohnende (erpresserische) „Sachzwang" zwar für Nationalwirtschaften weithin gilt, nicht mehr aber für große kontinentale Wirtschaftsräume – zumal dann nicht, wenn außerhalb ihrer dem privaten Kapital kaum Ausweichmöglichkeiten mehr offenstehen. Eine große westeuropäische Wirtschaftsgemeinschaft bietet in diesem Sinne nicht zuletzt darum eine vorzügliche Grundlage für sozialistische Transformation, weil die kapitalistische Drohung mit dem Nachlassen der Investitionsbereitschaft oder gar eine Kapitalflucht in andere Länder kaum mehr realisiert werden kann. Wohin sollte, mit ähnlich entwickelten, gesicherten und stabilen Produktions- und Absatzmöglichkeiten, privates Kapital auswandern? Und was könnte ihm ein „Investitionsstreik" nützen, wenn im Rahmen langfristiger Planungs- und Steuerpolitik die Profitraten keine Aussicht haben, in einer künftigen Periode wieder auf ein früheres Niveau anzuwachsen? Was aber die oft beschworene internationale Konkurrenz betrifft, so weist ein gewaltiger Wirtschaftsraum wie die EWG in sich selbst einen solchen Grad von Autarkie, von Produktivitäts- und Innovationsfortschritten auch ohne irrationale Wachstumspolitik auf, daß die auf Kosten der Humanität entwickelten eventuellen Rationalisierungsfortschritte auf anderen Weltmärkten hier – bei entsprechender Außenhandelspolitik – überhaupt nicht gefährlich werden können. Allerdings wird eine wirtschaftsdemokratische, wohlfahrtsstaatliche Ordnung Westeuropas die Liberalisierung des Welthandels nicht länger als eine an sich selbst positive wirtschaftspolitische Ordnungsvorstellung gelten lassen. Vielmehr gilt: so viel Liberalisierung wie möglich, aber so viel Devisen-, Währungs- und Handelskontrolle wie eben für die Aufrechterhaltung einer stabilen Wohlfahrtsökonomie notwendig.

Zu 2.: Konjunkturpolitische Instrumente

Ein weiterer programmatischer Komplex ergibt sich aus der Frage, wie man bei noch bestehender, wenn auch gesetzlich eingeschränkter allgemeiner privater Verfügung über die Produktionsmittel die volkswirtschaftlichen Planungsziele durchsetzen will. In der plankapitalistischen Übergangsphase erlangen hierbei, wie bekannt, die Ausgaben- und Investitionspolitik der Öffentlichen Hand (durch deren Kassen 30 bis über 40% des Sozialprodukts fließen) eine entscheidende Bedeutung – ebenso freilich die gemeinwirtschaftlichen Bereiche der Wirtschaft, die Staatsunternehmen und die staatliche Steuer- und Kreditpolitik. Insgesamt ist heute eine öffentliche Beeinflussung der Wirtschaft möglich

- durch die in Öffentlicher Hand befindlichen Unternehmen: zum Beispiel durch große Programme gemeinnütziger Baugesellschaften oder durch große Investitionen der Bundespost und Bundesbahn zur „Ankurbelung der Wirtschaft"; durch wettbewerbsfördernde Preisgestaltung (zum Beispiel der staatlich kontrollierten Volkswagen- oder Renaultwerke);
- durch Veränderung der laufenden Ausgaben der öffentlichen Haushalte und der Sozialversicherung, zum Beispiel Erhöhung der Beamtengehälter, Renten, Pensionen, Krankengelder (dadurch Steigerung der Massenkaufkraft);
- durch die konjunkturpolitisch sinnvolle Planung und Koordinierung der Investitionen von Bund, Ländern und Gemeinden, zum Beispiel in Mehrjahresplänen des Straßenbaus oder der Bildungsinvestitionen (immerhin beträgt der Anteil der öffentlichen Investitionen am Gesamtinvestitionsvolumen bereits etwa 20%);
- durch die (im Stabilitätsgesetz vorgesehene) Schaffung einer Konjunkturrücklage, das heißt eines Fonds aus öffentlichen Mitteln, die in Zeiten der Hochkonjunktur gespart werden, um in Zeiten konjunktureller Abschwächung ausgegeben werden zu können (die Rücklagen in der BRD betrugen Anfang 1972 rund 14 Mrd. DM!);
- durch indirekte Beeinflussung der privaten Investition z. B. Veröffentlichung laufend vorzunehmender Bedarfs- und Nachfragevorausschätzungen für die einzelnen Wirtschafts- und Industriezweige;
- durch eine von diesen Vorausschätzungen ausgehende gezielte Investitionssteuerung, zum Beispiel mit Hilfe steuerlicher und kreditpolitischer Maßnahmen gegenüber bestimmten Wirtschaftszweigen und -re-

gionen. Der Staat soll also die Entscheidungen der privaten Unternehmer und damit die Entwicklung der einzelnen Wirtschaftsbereiche dadurch beeinflussen können, daß er, wo es ihm wünschenswert erscheint, Investitionen durch billige bzw. teuere Kredite oder Steuererleichterung bzw. -erhöhungen fördert oder erschwert.

Bekanntlich wird gegen die Konjunktursteuerung durch Zurückhaltung bzw. massierten Einsatz öffentlicher Investitionen eingewandt, hier würden die staatlichen Infrastrukturausgaben zu abhängigen Variablen der privatwirtschaftlichen Konjunktur. Das ist zwar richtig, und es ist daher ein Grundsatz sozialistischer Wirtschaftspolitik, den ökonomischen Gesamtablauf dauerhaft zu stabilisieren. Andererseits aber müssen sich die abstrakten Kritiker der Planung in der spätkapitalistischen Übergangsphase fragen lassen, ob ihnen ein Staat, der privatwirtschaftlichen Krisen ohnmächtig oder mit Rüstungsbestellungen begegnet, lieber ist als einer, der in Depressionsphasen verstärkt Schulen, Krankenhäuser oder neue Stadtviertel baut.

Zu 3.: Wirtschaftskontrolle und Vergesellschaftung

Ernster zu nehmen ist aber die Frage: werden die privaten Großbanken und Konzerne sich durch solche indirekten staatlichen Beeinflussungen lenken lassen? Sie verfügen oft über so hohe Rücklagen und internationale „Kreditlinien", daß viele steuer- und kreditpolitische Maßnahmen des Staates wirkungslos bleiben. Soll die Planung gerade für die Großwirtschaft mehr sein als eine unverbindliche Orientierungshilfe, soll sie mehr sein als eine Planung im Interesse privater Profitsicherung, so muß ein wesentliches wirtschaftliches Instrument hinzukommen: die Kontrolle wirtschaftlicher Macht einschließlich der Vergesellschaftung der marktbeherrschenden Konzerne. Im wirtschaftspolitischen Teil des DGB-Grundsatzprogramms werden zunächst solche Formen indirekter Kontrolle, d. h. der Überwachung und Einschränkung wirtschaftlicher Großmacht gefordert:

„Fortlaufende Erhebung über den Umfang der Konzentrationsbewegung und ihre Veröffentlichung;

die Beseitigung konzentrationsfördernder Rechtsvorschriften (zum Beispiel auch der entsprechenden Steuervorschriften);

die Mitbestimmung der Arbeitnehmer und ihrer Gewerkschaften;

die Demokratisierung und Neuordnung der Unternehmensverfassung;

die Erweiterung der Publizität;

die wirkungsvolle Ausgestaltung der Monopol- und Kartellkontrolle;

die Mobilisierung des Wettbewerbs unter anderem durch öffentliche und gemeinwirtschaftliche Unternehmen;

den Ausbau des Systems öffentlich (das heißt durch staatliche Sondervorschriften und -kontrollen) gebundener Unternehmen."*

Ohne Zweifel kann dieses Instrumentarium, von einer linken Regie-

*Kurt Nemitz hat in dem Sammelwerk „Gewerkschaft, Wirtschaft, Gesellschaft", Köln 1963, diese Forderung präzisiert und erläutert.

rungsmehrheit konsequent entwickelt und eingesetzt, den wettbewerbs- und planungsfeindlichen, inflationären Tendenzen der Großindustrie erheblich entgegenwirken.

Um die Machtgruppen unserer Konzernwirtschaft volkswirtschaftlichen Zielen und demokratischen Lebensformen unterzuordnen, bedarf es, wie von vielen europäischen Gewerkschaften und linken Parteien gefordert wird, über diese indirekten Kontrollmöglichkeiten hinaus der unmittelbaren Kontrolle wesentlicher „Kommandohöhen" der Wirtschaft. So wird im DGB-Grundsatzprogramm – im Gegensatz zum Godesberger Programm der SPD – klipp und klar gefordert: „Das Gemeineigentum in seinen verschiedenen Formen hat in der modernen Industriegesellschaft entscheidende Bedeutung, besonders auch als Lenkungs- und Steuerungsmittel der Wirtschaft. Die Gewerkschaften fordern die Erhaltung und Ausweitung des öffentlichen Besitzes an wirtschaftlichen Unternehmen und seine Weiterentwicklung zu einem sinnvollen System öffentlicher und öffentlich gebundener Unternehmen." *Daher ist die Überführung von „Schlüsselindustrien" und von „markt- und wirtschaftsbeherrschenden Unternehmen" anderer Industrien in Gemeineigentum notwendig.*

Nach Otto Kunze (1963, 142f) sind marktbeherrschende Mammutunternehmen Unternehmen, für die zwei der drei folgenden Voraussetzungen zutreffen: mindestens 20 000 Arbeitnehmer, eine Milliarde DM Umsatz; eine Bilanzsumme von 500 Mio DM – etwa 50 in der Bundesrepublik.

Damit wird also eine realistische Konzeption eines ausgebauten gemeinwirtschaftlichen Sektors vorgelegt, durch die eine demokratische Volkswirtschaftspolitik entscheidende Einflußmöglichkeiten in den wesentlichen Wirtschaftsbereichen gewänne:

- um diese planmäßig zu gestalten;
- um unnötige Preissteigerungen zu verhindern;
- um profitwirtschaftlich „unrentable", volkswirtschaftlich aber notwendige Investitionen zu realisieren (zum Beispiel für Forschung und Entwicklung);
- um unterentwickelte Landesteile (zum Beispiel Grenzgebiete) zu industrialisieren;
- um überdurchschnittliche Gewinne von Großunternehmen für Gemeinschaftsaufgaben (zum Beispiel in Gestalt von Stiftungen) abzuschöpfen.

Es ist gerade im Blick auf eine wirtschaftsdemokratische Neuordnung Westeuropas notwendig, den DGB mit seinem eigenen Grundsatzprogramm zu konfrontieren. Seine Wirtschaftsexperten „vergessen" fast immer, gerade wenn sie von alternativer „Zielprojektion" – also Planung – des DGB sprechen (siehe oben), daß die Sozialisierung der Großkonzerne laut Grundsatzprogramm ein wichtiges Steuerungsmittel der Wirtschaft ist.

Besondere Bedeutung hat in unserem Zusammenhang die Entwicklung eines friedenswirtschaftlichen Konzepts sozialisierter staatlicher

Forschungspolitik. In den letzten Jahrzehnten hat sich immer mehr die Tendenz durchgesetzt, menschliche und materielle Ressourcen durch staatliche Rüstungs-Forschungsausgaben zu vergeuden, mit der Begründung, bei der Entwicklung von Wehrtechnik ergäben sich als Nebenprodukt oft wichtige technische Erfindungen für den zivilen Bedarf. Ganz abgesehen davon, daß es einer Bankrotterklärung des gesamten wirtschaftlichen Systems gleichkommt, wenn technischer Fortschritt vornehmlich nur noch als Abfallprodukt von militarisierter Wirtschaft erscheint, bedeutet ein solcher technologischer Umweg eine hohe politische Gefahr. Man muß daher mit allem Nachdruck fordern, daß andere Wege für eine wirkungsvolle Entwicklung der Technologie zu finden sind. Die einzig demokratisch und volkswirtschaftlich verantwortbare Art der modernen technischen Fortschrittsplanung – soweit die Privatindustrie dazu nicht mehr in der Lage ist – besteht darin, *gemeinwirtschaftliche Forschungs- und Entwicklungsunternehmen aufzubauen.* Untersuchungen haben gezeigt, daß man mit solchen Formen direkter systematischer Großforschung zivile Ergebnisse mit einem Viertel derjenigen Kosten erzielen kann, die man bei dem verschwenderischen Umweg über Rüstungsforschung aufwenden muß. (Vgl. weiter dazu S. 271f.)

Günter Köpke hat in einem sehr instruktiven Bericht (1962, 591ff) gezeigt, welch bedeutende wirtschaftspolitische Rolle undogmatische Ökonomen dem gemeinwirtschaftlichen Sektor heute zuerkennen und wie groß dieser Sektor in anderen Volkswirtschaften Westeuropas ist. Bedeutende Industriekomplexe in EWG-Ländern sind verstaatlicht oder sozialisiert und arbeiten erfolgreich. Zum Beispiel der englische Kohlebergbau, die französischen Großbanken, die Renaultwerke, die österreichische Stahlindustrie, der italienische Petrol-Chemie-Konzern Eni, das Volkswagenwerk – um nur einige wenige zu nennen.

Köpke weist nach, daß man durch eine Vielfalt möglicher Vergesellschaftungsformen sowie durch eine sehr weitgehende institutionelle Unabhängigkeit der Unternehmensleitungen die Gefahr bürokratischer, zentralistischer Verstaatlichung zu bannen versteht. Man kann sozialisieren, indem man

- von dem in Artikel 15 unseres Grundgesetzes verankerten Recht Gebrauch macht, die privaten Kapitalbesitzer gegen angemessene Entschädigung zu enteignen;
- durch Gesetz bestimmt, daß die Mehrheit in den Aufsichtsräten der großen Gesellschaften von Vertretern der Arbeitnehmer, der Kommune, des Landes und/oder des Bundes gebildet wird;
- oder indem man beherrschende Kapitalbeteiligung der Öffentlichen Hand in einem Großunternehmen durchsetzt (über 50% des Aktienbesitzes in Bundes- oder Landeseigentum).
- Man kann auch Großunternehmen in eine freigemeinwirtschaftliche (nicht Profitmaximierung anstrebende) Gesellschaftsform umgestalten (Beispiel: die Neue-Heimat-Wohnungsbaugesellschaft).

Schließlich kann man gemeinnützig-genossenschaftliche Unternehmensformen schaffen.

Grundprinzip bei allen diesen in westlichen Industrieländern praktizierten Sozialisierungsformen ist, daß nicht verstaatlicht wird. Das heißt: An die Stelle eines verantwortlichen Managements tritt nicht eine bürokratische Staatsverwaltung (wie zum Beispiel bei der Bundespost); vielmehr bleibt die unternehmerische Freiheit der Unternehmensleitungen voll erhalten – mit dem entscheidenden Unterschied, daß das Management als oberste Leitlinie nicht mehr das private Kapitalinteresse, sondern das volkswirtschaftliche Gesamtinteresse und das Interesse der Arbeitnehmer anzuerkennen hat, nicht zuletzt das der im Werk beschäftigten Arbeitnehmer.

Angesichts des hochentwickelten Standes der westeuropäischen Gemeinwirtschaftstheorie und -praxis wirken die in der Bundesrepublik immer wieder gehörten Einwände gegen Sozialisierung unsachlich. Da heißt es, Vergesellschaftung sei mit unserer rechtsstaatlichen, christlich-demokratischen Ordnung nicht vereinbar. Demgegenüber mag daran erinnert werden, daß im Grundgesetz, in den päpstlichen Sozialenzykliken, im Ahlener Programm der CDU von 1947 und im Godesberger Programm der SPD die Sozialisierung im Interesse des Gemeinwohls grundsätzlich anerkannt oder gar empfohlen wird.

Ebenso unhaltbar ist das Argument, die Sozialisierungsforderung sei „überholt", weil heute – gerade in der Großindustrie – nicht mehr die Eigentümer, sondern die angestellten Manager die Verfügungsgewalt innehätten; das Problem der Macht dieser führenden Wirtschaftsbürokraten bleibe auch in „Staatsbetrieben" unverändert bestehen. Auf diese Weise wird versucht, eine Grundforderung der Wirtschaftsdemokratie ideologisch abzuwerten und abzuwehren. Wer so argumentiert, unterschlägt dabei, daß es wirtschafts- und gesellschaftspolitisch einen gewaltigen Unterschied macht, ob das Management im Dienste enger profitwirtschaftlicher Interessen Macht ausübt oder im Auftrag der Arbeitnehmer im Betrieb und im Interesse der gesamten Volkswirtschaft.

Vor allem aber, wenn man die machiavellistische Arroganz analysiert, mit der die multinationalen Konzerne ihre Macht gegenüber den Gewerkschaften und einer staatlichen Wirtschaftspolitik ausspielen, kommt man zu dem zwingenden Schluß, daß deren Sozialisierung in Westeuropa notwendig ist. Hans Matthöfer (1971, 469 ff.) hat die Mechanismen dieser Weltkonzerne beschrieben, die jede sozialstaatliche Wirtschaftspolitik torpedieren können – von Wirtschaftsdemokratie ganz zu schweigen:

„Ein klassisches Beispiel für diesen Mechanismus ist heute zweifellos England. Wegen zu häufiger Streiks und aus anderen Gründen praktizieren britische Weltunternehmen seit einiger Zeit Investitionsstreiks (was bedeutet, daß sie 100 000 Arbeitslose als normal ansehen, während 100 000 Streikende ihren heiligen Zorn erregen). Shell und BP haben ganz offen in England geplante Investitionen abgeblasen, um sich im Ausland zu engagieren; ICI beginnt mehr im Aus- als im

Inland zu investieren. Spektakulärer war die Ankündigung des drittgrößten Weltunternehmens, Ford, lieber in Asien als in Großbritannien mit seinen unerträglichen Arbeitsproblemen (zu) investieren. Der fest geplante Bau eines Motorenwerkes für Ford-Europa im Wert von 300 Mill. DM wird nicht mehr ausgeführt, sondern auf den Kontinent verlegt."

Zu 4: Gegenmachtbildung

Zugleich zeigt das Matthöfersche Beispiel aber auch – und soll zeigen! –, daß selbst ohne formelle Sozialisierung die asozialen Strategien der multinationalen Konzerne teilweise abgewehrt werden können, wenn eine organisierte Gegenmacht der Gewerkschaften Westeuropas existiert. Diese Gegenmachtbildung als Übergangsstrategie zu einer künftigen Arbeiterselbstverwaltung (im Rahmen demokratischer Gesamtplanung) vollzieht sich in der westeuropäischen Arbeiterbewegung in drei Formen:

durch betriebliche und überbetriebliche Gewerkschaftsorganisation (Arbeiterkontrolle);

durch inner- und überbetriebliche Streiks;

durch Mitbestimmung im Betrieb, im Unternehmen und in der Gesamtwirtschaft.

Günter Köpke, der Sekretär des Europäischen Metallarbeiterbundes, hat über die ersten erfolgreichen Ansätze gewerkschaftlicher Organisation, insbesondere *in der Auseinandersetzung mit den multinationalen Konzernen*, berichtet (1971, 391ff.): „Schrittweise entwickeln die europäischen und internationalen Gewerkschaften verschiedene Ebenen der Aktivität, um im Rahmen einer Gesamtstrategie der Herausforderung durch die multinationalen Unternehmen zu begegnen. Dabei schälen sich vier Ebenen heraus:

Verbesserter Informations- und Erfahrungsaustausch;

Festlegung gemeinsamer Aktionsprogramme und Koordinierung der Forderungen;

Verhinderung der Verlagerung von Produktionen im Falle von Streiks von einem Land in ein anderes durch Verweigerung von Mehrarbeit;

Verhandlungen mit den zentralen Geschäftsleitungen der multinationalen Unternehmen."

Und er berichtet von einer Reihe erfolgreicher Aktionen und Verhandlungen.

Was hier gegenüber den großen Konzernen beispielhaft gezeigt wird, gilt als allgemeines, drittes Grundprinzip der Wirtschaftsdemokratie: die Notwendigkeit wirksamer Einschaltung der Arbeiterschaft und ihrer Vertreter in den kapitalistischen Entscheidungsprozeß. Dabei ist von größter Bedeutung, daß die Uneinigkeit innerhalb der europäischen Arbeiterbewegung über die richtige Strategie demokratisch-sozialistischer Betriebspolitik überwunden werden muß – daß erkannt werden muß: es gibt nicht eine, sondern mehrere mögliche und notwendige Strategien. Heute finden wir gerade in der betriebspolitischen

Diskussion gewerkschaftliche wie politische Eigenbrötelei und Dogmatismus: „Participation"; „Mitbestimmung"; „Workers' Control"; Forderung nach „Arbeiterräten" oder „Delegati di quaterno"; „Contrôle Ouvrier"; „Partnership"; „Arbeiterkontrolle" – all das steht neben- und gegeneinander. Typisch war die Reaktion in einer informellen, aber ziemlich repräsentativen Konferenz sozialistischer Gruppen Westeuropas in Rom (30. Okt.–1. Nov. 1970). Dort war in einer Arbeitsgruppe immerhin Einigkeit über eine Erklärung „Zur Anerkennung gemeinsamer Prinzipien der betrieblichen Demokratisierung" erzielt worden, die für die künftige europäische Diskussion so bedeutsam erscheint, daß sie hier vollständig zitiert werden soll:

„Die linken Organisationen in Europa sollten sich auf einige gemeinsame Prinzipien sozialistischer Betriebspolitik einigen, nicht zuletzt, um auch bei dem Kampf um das künftige europäische Wirtschafts- und Sozialrecht gemeinsam auftreten zu können; wir schlagen die Anerkennung folgender Prinzipien vor:

1. Es darf keinen gesetzlichen, gewerkschaftlichen oder betrieblichen Maßnahmen zugestimmt werden, die lediglich eine formale Partizipation der Abhängigen institutionalisieren und diese in das bestehende kapitalistische System integrieren.

2. Grundprinzip einer sozialistischen Politik der betrieblichen Demokratisierung ist vielmehr der fortschreitende Abbau profitorientierter kapitalistischer Herrschaft und des hierarchischen Direktionsrechts in Betrieb und Unternehmen. Die gemeinsame Verwirklichung dieses Grundprinzips auf europäischer Ebene, heute von verschiedenen nationalen Strategien ausgehend, darf nicht an dogmatischen Auseinandersetzungen über Begriffe wie ‚Mitbestimmung' oder ‚Arbeiterkontrolle' scheitern.

3. Zum Abbau autoritärer Herrschaft des Kapitals in Betrieb und Unternehmen sind sowohl Gesetze wie auch Tarifverträge, vor allem aber kollektive direkte Aktionen und betriebliche Gewerkschaftsorganisationen (Vertrauensleuteorganisationen) notwendig. Denn kapitalistische Herrschaft zurückdrängende Gesetze entstehen niemals ohne massiven Druck von organisierten Massenaktionen.

4. Notwendig ist der Aufbau von Gegenmacht der Abhängigen auf *allen* Ebenen des industriellen Prozesses: am Arbeitsplatz; im Betrieb; im Unternehmen und in den Organen der Wirtschaftspolitik. Von grundlegender Bedeutung ist dabei die unmittelbare Beteiligung der Arbeitsgruppen (Werkstatt- bzw. Abteilungsgruppen) d. h. Kontrolle, Mitbestimmung und schließlich Selbstbestimmung der Arbeitsorganisation an der Basis. Zu diesem Zweck sind wesentlich intensivere gewerkschaftliche und arbeitsorganisatorische Lernprozesse im Betrieb von den Gewerkschaften zu organisieren.

5. Gegenwärtige Zielsetzungen der Arbeiterkontrolle und Mitbestimmung sind nicht als endgültig anzusehen, sondern als Etappen auf dem Weg zur Arbeiterselbstverwaltung.

6. Industrielle Demokratie ist in *vollem* Umfang nur realisierbar auf

der Basis einer Demokratisierung der gesamten Wirtschaft; dazu aber gehören außer Mitbestimmung, Arbeiterkontrolle bzw. Arbeiterselbstverwaltung auch die Vergesellschaftung der Großindustrie und eine demokratische Wohlfahrtsplanung."

Nach der Verlesung dieser Vorlage im Plenum aber erhoben sich sofort Einwände: die westdeutsche „Mitbestimmung" könne man doch hier nicht mit einbringen, sie bedeute doch nichts anderes als die Eingliederung der Arbeiter ins kapitalistische System.

In der Tat sollten sich alle aktiven Gewerkschafter in der BRD sehr intensiv mit der Tatsache auseinandersetzen, daß die Mitbestimmung bei den Kollegen der anderen westeuropäischen Länder keinen besonders guten Ruf genießt (z. T. freilich deshalb, weil draußen nicht deutlich ist, daß die miese gesetzliche Pseudo-Mitbestimmung der letzten zwanzig Jahre nicht mit der gewerkschaftlichen Mitbestimmungs*konzeption* gleichzusetzen ist). Zu diesem Zweck ist es unerläßlich und für uns höchst fruchtbar, sich eingehender mit den betriebspolitischen Strategien in anderen Ländern zu beschäftigen.*

Allerdings hat das inzwischen nicht nur in der Bundesrepublik anerkannte Prinzip gleichberechtigter Mitbestimmung der Arbeitenden in Betrieb, Unternehmen und Gesamtwirtschaft eine wichtige Funktion im Rahmen einer wirtschaftsdemokratischen Gegenmachtpolitik – solange nur klar ist, daß diese nicht legalistisch auf die Ausübung von Mitbestimmungsrechten reduziert wird. Im Kampf um die „Europäisierung" der Mitbestimmung hat der EBFG sich Verdienste erworben, indem er deren Verankerung in dem neu zu schaffenden europäischen Gesellschaftsrecht forderte. In seinem Ausschuß „Demokratisierung der Wirtschaft" wurden mit Mehrheit folgende Forderungen für die „Europäische Aktiengesellschaft" (Société Européen, SE, gebilligt (nach W. Braun, 1971, 481):

„Bildung eines Europäischen Betriebsrates bei der SE mit Informations- und Konsultationsrechten;

Besetzung des Aufsichtsrats der SE zu je drei gleichen Teilen aus Vertretern der Aktionäre, der Arbeitnehmer und des allgemeinen Interesses;

Bestellung eines Vorstandsmitgliedes der SE, das sich mit Fragen der Personal- und Sozialpolitik zu beschäftigen hat."

Zusammenfassung

Die schrittweise Durchsetzung einer Wirtschaftsdemokratie ist das Kernstück einer sozialistischen Friedenspolitik für Europa. Wenn man die Macht antisozialistischer (und damit auch antikommunistischer) wirtschafts-politischer Machteliten abbauen will;

*Vgl. dazu die zusammenfassende Darstellung von Fritz Vilmar, „Betriebsdemokratische Strategie in Europa", in: „Gewerkschaftliche Monatshefte" 1/71.

wenn überdimensionale staatliche Rüstungskäufe nicht länger ein friedensgefährdendes Mittel kapitalistischer „Konjunktur- und Forschungspolitik" bleiben sollen;

wenn Umwelt zerstörende, imperialistische Wachstumspolitik nicht weiterhin der aggressive Lebensstil unserer Gesellschaft sein soll;

wenn die Fremdbestimmung und Ohnmacht der Abhängigen in der Arbeitswelt sich nicht auch künftig in ihrer politischen Desinformiertheit und latenten Aggressionsbereitschaft auswirken soll;

wenn die Macht des großen Kapitals und die Ausbeutungsinteressen des gesamten privatwirtschaftlichen Systems nicht länger aus der Dritten Welt einen Elends- und Unfriedensherd machen sollen:

dann muß die demokratische Kontrolle unserer Ökonomie durchgesetzt werden durch eine wirksame volkswirtschaftliche Wohlfahrtsplanung, durch Kontrolle bzw. Vergesellschaftung der marktbeherrschenden Konzerne und durch die rechtliche wie organisatorische Sicherung einer industriellen und wirtschaftlichen Mitentscheidung der Abhängigen auf allen Ebenen des Produktionsprozesses.

Eins allerdings sei abschließend hinzugefügt: die Durchsetzung dieser Demokratisierungsstrategie ist heute nicht mehr durch gesellschaftspolitische Fixierung auf den ökonomischen Bereich allein zu bewerkstelligen. Wirtschaftsdemokratie muß vielmehr als der wichtigste – aber doch als *Teil einer gesamtgesellschaftlichen Demokratisierungsstrategie* *verstanden werden. Ohne Demokratisierung des Erziehungs- und Bildungsbereichs wird es auch in der industriellen Arbeitswelt keine zum demokratischen Engagement bereiten Menschen geben. Ohne Demokratisierung der Parteien und Verbände werden diese zu selbstgenügsamen Gegenbürokratien erstarren. Ohne Demokratisierung der Presse und der anderen Massenmedien wird kritische, das heißt freie politische Meinungsbildung nicht stattfinden, sondern Pressefreiheit „die Freiheit von zweihundert reichen Leuten sein, ihre Meinung drucken zu lassen" (Paul Sethe). Mit einem Wort: *jede* demokratische Aktion in *jedem* der gesellschaftlichen Subsysteme bricht einen Stein aus dem Herrschaftssystem heraus, dessen Zentralfestung zweifellos die private Verfügungsmacht über die Produktionsmittel ist – aus jenem Herrschaftssystem, das zu seiner Selbsterhaltung die innere und äußere Militarisierung der Gesellschaften hervorgebracht hat.

Umstellung von Rüstungs- auf Friedenswirtschaft

Die friedenspolitisch bedeutungsvollste direkte Auswirkung einer Demokratisierung der Wirtschaft ist die damit geschaffene wirtschaftspolitische Macht, eine Wohlfahrtsplanung und Konzernkontrolle durchzuführen, die Rüstungswirtschaft (als Teil der organisierten Verschwendung) zur Sicherung von Konjunktur, Konzernprofiten und

*Vgl. dazu Fritz Vilmar: „Strategien der Demokratisierung. Theorie – Modelle – Kritik." Neuwied 1972, mit einer breiten Dokumentation vorliegender praktischer Modelle.

Vollbeschäftigung überflüssig macht.

Welche fatalen Tendenzen zu „Militarisierung" der Industrie, d. h. zu überhöhten staatlichen Rüstungsbestellungen im kapitalistischen System bestehen, wurde im I. Teil (1.4.) dargestellt. Es wurden (S. 63f.) auch zusammenfassend die Widerstände formuliert, die die ökonomische Machtelite einer Umstellung auf zivile Produktionen entgegensetzt.

Die Bedingungen einer Umstellungsplanung sollen hier eingehender dargestellt werden. Obwohl es auch Aufgabe nationaler Wirtschaftspolitik bleibt, eine solche Umstellung in Gang zu setzen, stellt sich gerade dieses Problem in Westeuropa mehr und mehr als transnationales. Denn erstens ist die Verflechtung der Rüstungsindustrie zu europäischen Konzern- und Kooperationsformen in vollem Gang. Zweitens aber muß ein Abbau von Rüstungsproduktionen von einer europäischen Linken gemeinsam in Angriff genommen werden, weil sonst eine nationale Initiative sofort sabotiert würde durch um so größere rüstungsindustrielle Investitionen beim europäischen Nachbarn. Unsere Chance ist, daß Westeuropa noch nicht – wie die USA – in gefährlichem Maße auf Rüstung seine Konjunktur stützt. Gleichwohl wäre nichts politisch verhängnisvoller als die naive Annahme, allein die Aufzählung alternativer Staatsausgaben gewährleiste schon die Umstellung von Rüstungs- auf zivile Produktionen. So meinte schon 1962 eine UNO-Studie über „Die ökonomischen Folgen der Abrüstung" fahrlässig optimistisch: „Die Möglichkeiten einer nutzbringenden Verwendung der durch die Abrüstung frei werdenden Mittel sind so zahlreich, daß das wirkliche Problem darin besteht, die Prioritäten dafür festzulegen" (UN 1962, 40).

So zutreffend es ist, daß die friedenswirtschaftlichen Alternativen mengenmäßig ausreichen können zur Herstellung eines Gleichgewichts von volkswirtschaftlichem Gesamtangebot und Gesamtnachfrage, so kann doch eine bloße Prioritätenliste nicht das Problem lösen, daß auch innerhalb der von Rüstungskürzungen betroffenen Produktionszweige das Gleichgewicht von Angebot und Nachfrage neu gefunden werden muß.

Mit Recht wird daher in Untersuchungen des ökonomischen Abrüstungsproblems immer wieder auf das Hilfsmittel der Einsatz-Ausstoß-Tabellen hingewiesen. Mit Hilfe eines solchen Kontensystems, das in etwa das Prinzip der doppelten Buchführung von der betriebswirtschaftlichen auf die volkswirtschaftliche Ebene überträgt, läßt sich feststellen, welche weitere Nachfrage an Rohstoffen, Energie, Gütern, Arbeitskraft, Kapital usw. entsteht oder wegfällt, wenn nach einer bestimmten Produktion oder Dienstleistung gefragt oder nicht gefragt wird. Das ist von größter Bedeutung, wenn man erforschen will, welche Folgen der Wegfall der Rüstungsnachfrage in den einzelnen Industrien hat und welche Arten neuer Nachfrage im Abrüstungsfall dazu führen, daß die frei werdenden Kapazitäten und Arbeitskräfte neue Beschäftigung finden.

Solche Einsatz-Ausstoß-Tabellen weisen darauf hin, daß die Art der anteilmäßigen Förderung verschiedener Friedensaufgaben (Beseitigung der Armut, Förderung von Wissenschaft und Bildung, Ausbau des Gesundheitsdienstes, des Straßennetzes, des Wohnungsbestandes und andere) *keinesfalls einfach nach dem Prinzip des an sich Wünschenswerten vorgenommen oder gar der „Privatinitiative" der Unternehmer überlassen werden darf.* Sorgfältig ausgearbeitete staatliche Planungen müssen dafür Sorge tragen, wirtschaftliche Schäden zu vermeiden. Um es mit einem extremen Beispiel zu sagen: Es nützt einer stark entwickelten Luftfahrtindustrie und den in ihr Beschäftigten zunächst sehr wenig, wenn der Staat ihr keine Aufträge mehr gibt, gleichzeitig aber für die eingesparte Summe Schulbauten in Auftrag gibt. Daher zeigen angelsächsische Untersuchungen, daß zum Teil bis ins einzelne gehende Modelle vorliegen müssen, um mit Hilfe zielbewußter staatlicher, regionaler und privater Planungen eine Rüstungswirtschaft auf Friedenswirtschaft umzustellen. Der amerikanische Ökonom Leontief (1963, 90) schildert wie folgt die Schwierigkeit des Umstellungsproblems:

„Die militärische Einkaufsliste ist völlig anders zusammengesetzt als die Gütergruppen der verschiedenen zivilen Nachfragekategorien, welche wiederum untereinander sehr unterschiedlich sind. Daher muß selbst im Falle der Aufrechterhaltung der Gesamtnachfrage damit gerechnet werden, daß bei der Umstellung vom militärischen auf einen zivilen Staatshaushalt die Nachfrage zwar in einigen Produktionszweigen steigt, in anderen aber fällt. In welcher Weise in verschiedenen Industrien Absatz und Beschäftigung von der Umstellung betroffen werden, hängt davon ab, in welcher anteilmäßigen Proportion jede zivile Nachfragekategorie mit ihrer jeweiligen Güterstruktur an der Steigerung der zivilen Gesamtnachfrage beteiligt ist.

Eine ungünstige Proportion könnte möglicherweise die Ausdehnung der zivilen Gesamtausgaben hindern und damit nach vollzogener Kürzung des Militärbudgets die ökonomische Aktivität des Landes auf einen niedrigeren Stand drücken. Wenn etwa der größte Teil des eingesparten Geldes im Straßenbau investiert würde, entstünde sehr bald ein Engpaß im Angebot von Zement; inzwischen bliebe jedoch die elektronische Industrie unterbeschäftigt, denn sie trägt zwar erheblich zur Rüstungsproduktion bei, nicht jedoch zum Straßenbau. Wenn jedoch die Ausgabenfonds in eine besser ausbalancierte Nachfragestruktur geleitet werden, dann werden sie auch eher eine annähernde Vollbeschäftigung der verfügbaren menschlichen und materiellen Resourcen garantieren."

Was Leontief hier für die USA sagt, gilt im Grundsätzlichen auch für die Bundesrepublik und Westeuropa, wenn auch bei uns die Verflechtung militärischer und industrieller Interessen noch nicht so weit vorangeschritten ist wie in den Vereinigten Staaten.

Der bereits zitierte Leontief hat den Versuch unternommen, die wirtschaftlichen Auswirkungen eines sich über zwölf Jahre erstreckenden mehrstufigen Abrüstungsprozesses durchzurechnen und daraus einen Plan zu erstellen für die Ermittlung der optimalen Alternative. Er geht von der Annahme aus, daß am Ende der zwölfjährigen Periode das staatliche Rüstungsbudget um 32 Mrd. Dollar niedriger liegt als am Anfang, und er fragt nach den Auswirkungen auf das Bruttosozialprodukt, die Beschäftigtenzahl und auf den Saldo des Staatshaushaltes bei jeweils unterschiedlichen Verhaltensweisen des Staates.

Erste (rein theoretische) Möglichkeit: Der Staat ergreift überhaupt keine Maßnahmen, um für das um 32 Milliarden gekürzte Rüstungsbudget einen Ausgleich zu schaffen. Als Ergebnis entstünden 5,3 Millionen zusätzliche Arbeitslose und ein um 48 Milliarden Dollar gemindertes Sozialprodukt, ferner ein Überschuß des Staatshaushaltes von (nur!) 19,8 Milliarden Dollar. Die Abnahme des Sozialproduktes wäre also eineinhalbmal so groß wie die Rüstungskürzung, da die von der Kürzung betroffenen Firmen ihrerseits weniger Einkäufe bei ihren Zulieferern tätigen würden, die Massenkaufkraft nachließe etc. Und auch der erzielte Überschuß im Staatshaushalt wäre, bedingt durch den zu erwartenden Ausfall an Lohn- und Gewinnsteuern, erheblich geringer als der am Rüstungsbudget eingesparte Betrag.

Zweite Möglichkeit: Der Staat verwendet die eingesparten 32 Milliarden Dollar insgesamt zu Steuersenkungen. Dieser Weg würde der liberalen „Privatisierungs"-Ideologie entsprechen und erscheint auf den ersten Blick einleuchtend, da auf diese Weise die Gesamtnachfrage erhalten bleibt. Leontief kommt aber zu dem Schluß, daß dennoch eine Arbeitslosigkeit von 2,9 Millionen bisher beschäftigter Arbeitnehmer und ein um 12,3 Milliarden Dollar gemindertes Sozialprodukt zu erwarten seien. Erst wenn – dritte Möglichkeit – eine Steuersenkung in Höhe von 43 Milliarden Dollar erfolgt, also in einem gegenüber der Rüstungskürzung erheblich erhöhten Betrag (und entsprechender Staatsverschuldung), wird das Bruttosozialprodukt gleich hoch sein wie beim Weiterbestehen des Rüstungsbudgets, aber immer noch verbunden mit etwa zwei Millionen zusätzlichen Arbeitslosen. Denn die Steuerersparnisse versickern zu einem beträchtlichen Teil in Millionen von privaten Haushalten, werden teilweise gespart, erzeugen jedenfalls keine den Rüstungsausgaben entsprechende Nachfrage und Beschäftigung.

Vierte Möglichkeit: Eine Steuersenkung um 69,3 Milliarden Dollar (mehr als das Doppelte des eingesparten Rüstungsbetrages!). Erst bei einer Steuersenkung von solch astronomischem Ausmaß rechnet Leontief mit einer gleichbleibenden Beschäftigtenziffer ohne zusätzliche Arbeitslosigkeit sowie mit einem Anstieg des Bruttosozialproduktes.

Die drei letztgenannten Annahmen zeigen eindeutig, daß unter den bestehenden kapitalistischen Bedingungen eine Erhöhung der Massenkaufkraft keineswegs die gleiche konjunkturelle Wirkung hat wie Rüstungsausgaben gleichen Ausmaßes. Daher kommt Leontief auf der Suche nach der optimalen Umstellungsplanung zu dem Ergebnis, daß beim Wegfall von Rüstungsaufträgen ein größerer Nachfragestoß von zivilen staatlichen Aufträgen kommen müsse. Er errechnet folgende weitere Alternative:

Fünfte Möglichkeit: An Stelle des um 32 Milliarden gekürzten Rüstungshaushalts werden 18,5 Milliarden zu Steuersenkungen verwendet und weitere 18,5 Milliarden zu staatlichen Sozialinvestitionen. In diesem Falle einer Staatsverschuldung um 5 Milliarden würde eine Zunahme des Sozialprodukts um 0,4 Milliarden erzielt werden, allerdings gäbe es immer noch 800 000 Arbeitslose.

Die von Leontief untersuchten alternativen Umstellungsmöglichkeiten wurden von Heinz Theo Risse (1964, 142ff) erläutert: „Dabei zeigt sich, daß die ausgeglichenste Wirkung auf Bruttosozialprodukt, Beschäftigung und Staatshaushalt von einer Kombination staatlicher Maßnahmen ausgeht, die zu gleichen Teilen Steuersenkungen und neue staatliche Programme für öffentliche Ausgaben umfaßt. Steuersenkungen allein, wie sie der liberal-kapitalistischen Ideologie der Privatisierung des Rüstungskomplexes entsprächen, könnten weder Rezession noch Arbeitslosigkeit verhindern, es sei denn, sie nähmen ein solches Ausmaß an, daß sie zu einem hohen Haushaltsdefizit führten."

Bis hierher ist nun allerdings das Umstellungsproblem nur in volkswirtschaftlichen Gesamtwerten betrachtet. Die größeren Schwierigkeiten entstehen erst beim Herangehen an branchenmäßige und regionale Details des Problems.

Die Abrüstungsbehörde der USA (1962, 12f) hat in einer Studie über die ökonomischen Konsequenzen von Rüstungskürzungen gefordert, daß bereits vor dem tatsächlichen Eintreten eines Abrüstungsfalles wesentliche Planungen festgelegt sein sollten, deren Inkrafttreten am Tage X nur noch proklamiert werden müßte:

„Es hängt viel ab von der Bereitschaft des Kongresses, die Exekutive mit hinreichend praktikablen Ermächtigungen auszustatten, damit sie bestimmte Objekte durchführen kann (zum Beispiel öffentliche Arbeiten oder Gesetze über Steuersenkungen), die nur beim Vorliegen bestimmter Bedingungen durchgeführt werden, die der Kongreß im voraus bestimmt . . . Ebenso wie Steuersenkungen sollten in diesem Zusammenhang die wirtschaftlichen Möglichkeiten für erweiterte und verbesserte Programme für Forschung und Lehre, Verkehr, Stadtsanierung und Gesundheitswesen sorgfältig untersucht werden."

Solche Maßnahmen auch nur im vorhinein zu erwägen, begegnet sicherlich bei den Konzernen die Abneigung gegen staatliche Interventionen in die Privatwirtschaft. Der Abrüstungsökonom Seymour Melman versucht diese Tatsache der Planungsfeindschaft des Kapitals in Rechnung zu stellen mit dem Gedanken, alle Umstellungsmaßnahmen sollten (1964, 140) soweit wie möglich dezentral durchgeführt werden.

Weiter regt Melman an, Rüstungsfirmen zu ermuntern, ihre eigenen Umstellungsmöglichkeiten zu untersuchen. Staatliche Rüstungsaufträge sollten mit Vorverträgen über das Einsetzen ziviler Aufträge nach

Erledigung der militärischen gekoppelt werden. Schließlich fordert er für alle staatlichen Ebenen die Aufstellung langfristiger Investitionshaushalte, die den Firmen für ihre eigenen Umstellungspläne die nötigen Orientierungsdaten über den künftigen Abnahmeanteil des Staates geben. Solche Hilfen des Staates müßten mit der bindenden Auflage versehen werden, daß in allen rüstungsabhängigen Städten und Regionen zivile Alternativprogramme als Vorsorge für die eigene Zukunft ausgearbeitet werden. Solche Vorausplanungen müßten u. a. Finanzmittel bereitstellen für Umschulungen und Umsiedlungen von Arbeitskräften und zu deren sozialer Besitzstandswahrung.

Ein anderer amerikanischer Abrüstungsforscher, Murray Weidenbaum, schildert die Schwierigkeiten, die sich aus dem hohen Spezialisierungsgrad der Rüstungswirtschaft ergeben (1964, 132):

„Vier Fünftel oder noch mehr aller Armeeausrüstungen bestanden zu Beginn des Ersten Weltkrieges aus Standardgütern der friedlichen Produktion, die auf die übliche Weise hergestellt worden waren. 1941 bestand fast die Hälfte des gesamten Kriegsmaterials aus speziell gefertigten Produkten, allerdings bestand der größte Teil davon in Material, das durch Umstellung nichtmilitärischer Produktionsanlagen erzeugt werden konnte. Heutzutage bestehen 90% der Rüstungsgüter aus spezifischen Produkten, die in eigens dafür erstellten Fabriken hergestellt werden."

Ein besonders schwieriges Problem besteht schließlich darin, daß im Zuge des Rüstungswettlaufs ein gewaltiger Komplex „wehrtechnischer" Forschung und Entwicklung (FE) entstanden ist, der erhebliche materielle und personelle Kapazitäten an sich bindet und der eine einzigartige kapitalistische Profitquelle darstellt.

Seit Jahrzehnten ist das Verhältnis von FE und Industrie durch einen eklatanten Widerspruch gekennzeichnet. Denn einerseits sind FE-Investitionen zur Selbstbehauptung vieler Industrien und auch der kapitalistischen Gesamtsysteme grundlegend geworden. Andererseits hat sich gezeigt, daß selbst große Konzerne kaum noch in der Lage sind, die immer gewaltiger anwachsenden Kosten des technischen Fortschritts im Rahmen kapitalistisch kalkulierbaren Risikos zu finanzieren. Die im vorhinein zu leistenden langfristigen Aufwendungen bei gleichzeitiger Ungewißheit ihrer Rentabilität haben sich so gesteigert, daß Privatfirmen sich außerstande sehen, diese Kosten mit dem Prinzip der kürzerfristigen Profitmaximierung in Einklang zu bringen.

Ungeniert wurde dieser Sachverhalt u. a. in der Bundesrepublik von dem Geschäftsführer des Verbandes der chemischen Industrie ausgesprochen: „Läßt sich nicht klar erkennen, ob ein bestimmtes Forschungsvorhaben bei angemessenem finanziellem Aufwand innerhalb eines nicht zu langen Zeitraumes durch seine gewinnbringende Anwendung in der Bilanz eines Unternehmens einen positiven Niederschlag finden wird, dann ist eine solche Forschung der Privatwirtschaft nicht zuzumuten" (nach der „Welt" v. 2. April 1964).

Diese der Privatwirtschaft nicht zumutbare Forschung wurde daher mehr und mehr staatlich subventioniert – ein Tatbestand, der nicht unbedingt verurteilt zu werden brauchte, wenn nicht eben die Ergebnisse dieser von der Allgemeinheit getragenen Auswertung wieder allein dem Kapitalprofit zugute kämen. Staatlich getragene Auftragsforschung ist mehr und mehr zu einem Teil der Bemühung geworden, die kapitalistische Ökonomie durch allerlei Beihilfen gegen Krisen abzusichern. Seit dem Zweiten Weltkrieg hat die Rüstungstechnologie in diesem Zusammenhang wachsende Bedeutung erlangt.*

Dabei gilt es vor allem den Mythos zu zerstören, als diene staatliche Rüstungsforschung dem zivilen technischen Fortschritt. Die US-Regierung ist neuerdings in dieser Hinsicht zu einem vernichtenden Fazit gekommen: „Die direkte zivile Anwendung von Ergebnissen der Verteidigungs- oder Raumforschung ist sehr klein im Vergleich zu den Investitionen . . . Trotz bewußter Anstrengungen . . . wird das zivile Nebenprodukt . . . künftig wahrscheinlich immer kleiner" (vgl. Vilmar 1970[b] 248)

Sofortprogramm für die Rüstungsindustrie

Auf der Basis einer demokratischen Wohlfahrtsplanung kann und muß eine weitestmögliche Umstellung der Rüstungsindustrie auf zivile Produktionen, Forschungs- und Entwicklungsprojekte organisiert werden. Mit Entschiedenheit ist dem weiteren Ausbau der westdeutschen und westeuropäischen Rüstungskonzerne entgegenzutreten.

In der BRD und in Westeuropa zeichnen sich in Gestalt multinationaler Konzerne und Kooperationen ein gefährliches Aufblühen einer neuen Rüstungsindustrie ab. Schon jetzt sind Millionen Arbeitnehmer in der Rüstungsindustrie und im Militär beschäftigt. Für die dort Beschäftigten würden aus einer aktiven Abrüstungspolitik Schwierigkeiten entstehen. So kann die Aufrechterhaltung der Rüstung auch aus beschäftigungspolitischen Gründen zu einer schweren Friedensgefährdung führen.

Daher ist unbedingt auf die Ausarbeitung von Produktionsplänen zu dringen, die es ermöglichen, die westdeutsche und westeuropäische Rüstungsproduktion auf zivile Erzeugnisse umzustellen.

Insbesondere gehört dazu:

- die Mitbestimmung im Bereich der Betriebsorganisation und Produktion durchzusetzen,
- genaue Statistiken über die Zahl der in der westeuropäischen Rüstungsindustrie Beschäftigten zu veröffentlichen,
- die Vergabe von Rüstungsaufträgen mit der Auflage zu verbinden, auf Grund von Marktanalysen alternative Produktionspläne für den Fall zu erstellen, daß Rüstungsproduktionskapazitäten nicht mehr ge-

*Eine Zusammenstellung der wichtigsten Statistiken zur staatlichen Finanzierung von Rüstungsforschung findet sich bei Fritz Vilmar: „Rüstung und Abrüstung im Spätkapitalismus". 5. Aufl. Frankfurt/Main 1970, S. 83 ff.

braucht werden,
- detaillierte Konzepte alternativer Staatsaufträge infrastruktureller und entwicklungspolitischer Art zu erarbeiten, die von Unternehmen ausgeführt werden können, die heute Rüstungsgüter produzieren,
- Pläne zur Integration freigesetzter Arbeitnehmer aus dem Militärbereich in die Gesamtwirtschaft zu entwickeln.

Unabhängig davon müssen die zuständigen Gewerkschaften die betrieblichen Funktionäre und die Arbeitnehmervertreter in den Aufsichtsräten in Rüstungsunternehmen sich verpflichten, in Verhandlungen mit den Unternehmensleitungen auf die Erstellung von Plänen zur Umstellung von Rüstungs- auf Zivilproduktion zu dringen. Mit den Belegschaften muß, auch auf den Belegschaftsversammlungen, offen über die Notwendigkeit solcher Umstellungspläne diskutiert werden.

Gesellschaftliche Notstände erzwingen Rüstungsverminderung

Die kapitalistischen *Widerstände* gegen die Umstellung der Rüstungsindustrie auf zivile Produktionen im Rahmen einer umfassenden sozialstaatlichen Wohlfahrtsplanung sind im analytischen Teil (1.4. S. 63f.) dargestellt worden. Die Frage drängt sich auf, ob die hier aufgestellten Forderungen zur Umstellung von Rüstungs- auf Wohlfahrtsausgaben des Staates angesichts jener Widerstände nicht idealistische Wünsche bleiben. Allerdings gilt von diesen politischen Forderungen wie von allen politischen Programmen die so unmaterialistische Marxsche Erkenntnis: eine Idee wird zur materiellen Gewalt, wenn sie die Massen ergreift. In diesem Sinne kann die Gesamtanalyse dieses Buches: die Darlegung der weitgehenden Überflüssigkeit unserer Rüstungs-Überkapazitäten, der Nicht-Existenz einer militärischen Aggressionsgefahr, wie sie uns jahrzehntelang vorgemalt worden ist, das aufgezeigte Interesse des Ostblocks am Status quo und am Ausbau einer optimalen wirtschaftlich-funktionalen Kooperation, die Darstellung der Herrschafts- und Wirtschaftsinteressen am gegenwärtigen Wettrüsten – es kann nur die Umsetzung all dieser kritischen Aspekte in eine immer allgemeiner werdende Skepsis, einen sich verstärkenden Widerstand gegenüber den sinnlosen riesenhaften Rüstungsbudgets jene materielle politische Gewalt erzeugen, die Rüstungsverminderung erzwingt.

Allerdings entsteht noch eine andere Art von Zwang. Schon gegenwärtig, aber in immer zunehmendem Maße in den nächsten Jahrzehnten, werden die innenpolitischen Notstände in den westlichen Industriegesellschaften derart katastrophal, daß die Machteliten selbst unter den „Sachzwang" geraten, Steuermilliarden, die sie bisher so profitabel und „stabilisierend" im Rüstungssektor investierten, zu einem erheblichen Teil tatsächlich wohlfahrtsstaatlich investieren zu müssen. Tun sie es nicht, dann entwickeln sich die inneren gesellschaftspolitischen Krisenherde lawinenartig zu einer sehr viel größeren Existenzgefährdung, als es die kommunistische Herausforderung (oder andererseits ein Abbau des Feindbildes!) ist. Daß sich in dieser Hinsicht auch bei den Konservativen ein Wandel vollzieht, ist wiederum am deutlichsten an den Vereinigten Staaten festzustellen. Wurde dort noch 30 Jahre zuvor die Rooseveltsche Wohlfahrtspolitik – eine sozusagen links-keynesianische Alternative zu Hitlers Rüstungs-Schuldenwirtschaft – als „schleichender Sozialismus" von der ökonomisch-politischen Machtelite erbittert – und erfolgreich – bekämpft, so sind mittlerweile in den USA die innergesellschaftlichen Konflikte so explosiv geworden, daß Ausgaben für eine erweiterte Sozialversicherung, Städteerneuerung, Bildung nicht länger als sozialistische Abirrung vom American Way of Life diffamiert werden können. Bereits die Johnson-Administration hatte mit großen infrastrukturellen Analysen und Investitionsprognosen begonnen und war zu dem Ergebnis gekommen, daß zur Beseitigung der wichtigsten innenpolitischen Notstände auf Jahrzehnte hinaus jener Betrag erforderlich sei (etwa 65 Milliarden Dollar jährlich; vgl. Vilmar, 1970, S. 222ff), den man zur gleichen Zeit für Rüstung ausgab. Wir wissen, daß Johnsons gesellschaftspolitisches Konzept der „Great Society" durch das Anschwellen der Ausgaben des Vietnamkrieges zunichte gemacht worden ist. Wir können aber zugleich erkennen, daß die gesellschaftspolitischen Notstände einen derartigen „Sachzwang" ausüben, daß die traditionell wohlfahrtsfeindlichen Republikaner unter Richard Nixon sich gezwungen sahen (und tatsächlich damit begonnen haben), das Rüstungsbudget zu reduzieren und eine Reihe derjenigen sozialpolitischen Ziele, die Johnson aufgestellt hat, in die Tat umzusetzen. Dieter Senghaas (1972, 187f.) schreibt mit Bezug auf Fulbright, über das unerträglich werdende Mißverhältnis von „äußeren" zu „inneren" Sicherheitsausgaben: „Die Schwierigkeit, in der die amerikanische Politik sich heute befindet, kann man auch mit folgenden Daten illustrieren. Die Militärausgaben pro Kopf betrugen im Jahre 1969 über 400 Dollar; diesem Betrag standen knapp 36 Dollar pro Kopf im Erziehungssektor und etwas mehr als 11 Dollar pro Kopf im Bereich der Community Development-Programme gegenüber. Die offizielle Statistik gibt für das Jahr 1968 25,4 Mill. Amerikaner an, die unterhalb der Armutsgrenze leben; das entspricht . . . 15,1% sämtlicher Haushalte. Fulbright kommentierte diesen Zustand: ‚Am Ende des kommenden Budgetjahres (1971) werden wir ungefähr 1250 Milliarden Dollar für das Militär seit dem Ende des Zweiten Weltkrieges ausgegeben haben. Es wurde gesagt, daß die Vereinigten Staaten und die Sowjetunion zusammen Äquivalente von ungefähr 15 Tonnen Explosionsstoffe für jedes menschliche Wesen auf der Erde besitzen. Doch im Ausland und zu Hause besitzen wir immer weniger Sicherheit. Die größte Gefahr für den Frieden und für die Ruhe hierzulande liegt nicht in Hanoi, Moskau oder Peking, sondern in unseren Universitäten und in den Ghettos unserer Städte quer über das ganze Land. Der wirkliche Zustand unserer Sicherheit wird durch die Tatsache evident, daß es heute kein außergewöhnliches Ereignis für die Nationalgarde oder die Armee ist, zur

Kontrolle unserer eigenen Bevölkerung eingesetzt zu werden. Die Armee brüstet sich damit, daß 680 000 Personen in den Streitkräften für Aufgaben bei der Niederwerfung von Aufständen hierzulande ausgebildet worden sind. (...) Ich glaube, daß die Unruhen an unseren Universitäten, die Unruhe in den Städten und die Zeichen einer Revolte der Steuerzahler direkt mit unseren verdrehten nationalen Werten zu tun haben, in deren Namen wir Weltfrieden und Ruhe durch Waffengewalt zu erreichen versuchen.'"

Es spricht, wie gesagt, einiges dafür, daß diese klassisch-militaristische Art, innere Konflikte zu „bewältigen" – das Zitat bestätigt insofern genau unsere Analyse 1.2.! – mit den sich anhäufenden Notständen nicht fertig wird. Dies um so mehr, wenn man drei weitere ungelöste Budgetprobleme hinzunimmt:

die Milliarden kostenden Maßnahmen zur Rettung unserer von Zerstörung bedrohten Umwelt;

die Notwendigkeit, auf Kosten der Rüstungsausgaben Entwicklungshilfe – als reale Sicherheitspolitik – wesentlich zu steigern (vgl. 2.3.5.);

die bereits kalkulierbare,* Unfähigkeit der Militärverwaltungen, die schnell steigenden Betriebs- und Ausrüstungskosten der aufgeblähten Militärapparate längerfristig noch zu finanzieren.

Die politisch Machthabenden werden sich im Verlaufe der nächsten 1–2 Jahrzehnte entscheiden müssen, ob sie außenpolitisch funktionslose und selbst innenpolitisch immer unwirksamer werdende Superrüstungen aufrechterhalten wollen – oder aber beträchtliche Teile der Rüstungsmilliarden einer Wohlfahrtsplanung zuwenden wollen, um die immer größer werdenden Aggressionspotentiale abzubauen, die *die Verelendung der öffentlichen Einrichtungen , der Dritten Welt und der Umwelt notwendigerweise produziert.* Notwendigerweise? Verelendung ist, wie wir wissen, ein relativer Begriff. Massen erfahren Verelendung und empören sich dagegen nur in dem Maße, wie die Existenz, die reale Möglichkeit und tatsächliche Vergeudung des Reichtums, des „Wohlstands für alle" ihnen bewußt wird. Hier allerdings besteht nicht nur die entscheidende Verpflichtung und Aufgabe kritischer politischer Bildung, sondern zugleich realistische Hoffnung, daß die Verhältnisse, anders als bei den rein ökonomischen Verelendungserwartungen, politisierend, aggressionsfördernd wirken: daß schließlich Mehrheiten den Wahnsinn einer Gesellschaftsordnung erkennen, die Hunderte von Milliarden vergeudet in fehlgeleiteten privaten Wohlstand, in manipulierten Verschwendungskonsum, in funktionslose Überrüstungen, in vermeidbarer Umweltverschmutzung, disfunktionaler Entwicklungshilfe – während zugleich unsere großen Kommunen

*Vgl. S. 60. Berechnungen des BMVertg sollen zu dem Ergebnis geführt haben, daß angesichts dieser rasch zunehmenden Unterhalts- und Personalkosten der Bundeswehr diese in der bestehenden Größenordnung in den achtziger Jahren nicht mehr zu finanzieren ist, falls man den Anteil der Rüstungsausgaben am Gesamtbudget nicht erhöht.

finanziell und sozialpolitisch zusammenbrechen, privates Bodenrecht soziale Wohnungspolitik unmöglich macht, die Bildungsreform auf der Strecke bleibt etc. – also innen- wie weltpolitisch nur die Abwendung vom Prinzip der Profitmaximierung menschenwürdiger Ordnungen schaffen kann.

2.3.5. Grundsätze nicht-imperialistischer Entwicklungspolitik

Die Durchsetzung einer Wirtschaftsdemokratie, vor allem einer Wohlfahrtsplanung und der Kontrolle bzw. Vergesellschaftung der marktbeherrschenden und multinationalen Konzerne ist friedenspolitisch von grundlegender Bedeutung nicht nur zur Umstellung der Rüstungsindustrie (ihrer Ausschaltung als weltpolitischer Faktor), sondern ebenso zum Aufbau einer Entwicklungspolitik, die mehr ist als eine neue (staatlich subventionierte) Form privatwirtschaftlicher Ausbeutung, Fehlentwicklung und Korrumpierung der Dritten Welt. Mit vollem Recht hat demgemäß Bischof Helder Camara (Brasilien) auf der Entwicklungspolitischen Konferenz des Ökumenischen Rats der Kirchen Anfang 1970 (laut „Neues Forum", März 1970, 270) festgestellt: „Machen wir uns keine Illusionen: ein Strukturwandel in den Entwicklungsländern ist nicht ohne einen Strukturwandel in den entwickelten Ländern möglich." Mit anderen Worten: nur Sozialistische Friedenspolitik, genauer: Entwicklungspolitik eines von linken Mehrheiten bestimmten Westeuropa kann die Verhältnisse in der Dritten Welt positiv verändern helfen. Das gilt in einem noch radikaleren Sinn, wie Helder Camara meint (der vor allem auf den Strukturwandel in der Welthandelspolitik hinzielt). *Notwendig ist eine Entwicklungspolitik, die bewußt der sozialen und sozialistischen Transformation der Dritten Welt dient.* Westliche, teilweise sogar östliche Politik bewirkt, wie in der Analyse gezeigt wurde (1.5.), weithin das Gegenteil. Wir haben gesehen: Die Armut der Massen in der Dritten Welt hat ihre Ursache nicht primär in schicksalhaften klimatischen oder gar „rassisch-kulturellen" Gegebenheiten, sondern in der Art, wie die gesellschaftliche Arbeit organisiert bzw. ausgebeutet wird – in ihren Ländern und international. Der berühmte schwedische Friedensforscher Gunnar Mydral hat in einer großen Studie (1968) die Transformation der politisch-ökonomischen Organisation der Entwicklungsländer als Voraussetzung jeder wirksamen Entwicklungspolitik dargestellt. Hartmut von Lehn (1970, 20) hat seine politischen Schlußfolgerungen zusammengefaßt: „Myrdal (legt) eindringlich klar, wie sehr sich die orthodoxen Entwicklungsplaner und -propheten, zumindest im Westen, in der Beurteilung der Bedingungen und Möglichkeiten (der Entwicklungspolitik; d. Verf.) geirrt haben. Was immer die industrialisierten Hilfsgeber . . . tun können, bleibt marginal, weil die entscheidenden Dinge von den betroffenen Völkern selbst getan werden müssen. Es ist nicht der Mangel an Kapital, der die Entwicklungsnationen am Aufstieg hindert, sondern das Unvermögen, die vorhandenen Kapitalien zu mobilisieren und darüber hinaus jene struktur-inhärenten Hemmungen und Widerstände wegzuräumen, die einem Aufbruch aus eigener Kraft im Weg stehen. Solange diese fortexistieren, verpuffen auch die großzügigsten Hilfsaktionen. Die großen Hoffnungen der jungen Nationalstaaten nach erlangter Unabhängigkeit verblichen in den meisten Fällen, weil der Übergang in die nationale Freiheit nicht begleitet oder gefolgt war von einer politico-sozioökonomischen Revolution, die die alten Tabus wegräumte und die Massen entwicklungsbewußt machte ... Dünne Oberschichten benutzen den Sozialapparat zur Verteidigung und Förderung ihrer Interessen und verurteilen damit weiteste latente Produktivkräfte zur Untätigkeit. Effektive Landreform erweist sich immer mehr als unverzichtbare Voraussetzung eines echten Entwicklungsaufbruchs. Durch sie und ohne riesige Kapitalinvestitionen, lediglich durch sachgerechtere Organisation und Erziehung der Bauernmassen zu intensiverem, produktiverem Mitarbeiten lassen sich ganz erhebliche Produktionssteigerungen erzielen, vor allem, wenn sie gekoppelt sind mit wirksamen Schritten zur Geburtenkontrolle. Auf lange Strecken liest sich eine Darstellung wie die Myrdals wie ein unausgesprochenes Plädoyer für Chinas Weg."

Gunnar Myrdal kommt also zu demselben Ergebnis, das auch die Konsequenz unserer Analyse (1.5.) und die Grundlage der folgenden Leitsätze darstellt: die industrielle, zivilisatorische Entwicklung der Dritten Welt ist in erster Linie eine Frage der Umgestaltung der herrschenden Machtstrukturen.

Entwicklungshilfe ohne Revolutionierung der Dritten Welt sinnlos; das chinesische Beispiel

Den Ländern aktiv helfen, zu einer tiefgreifenden Reform oder Revolution ihrer Herrschafts- und Produktionsverhältnisse zu gelangen, das muß also das Grundprinzip einer wirklichen Entwicklungspolitik sein, von Solidarität mit den Völkern und nicht von der Absicht der Herrschaftssicherung des „freien Unternehmertums" getragen, (wie es noch von Ludwig Erhard und im Pearson-Bericht [1969, 125ff] verkündet wurde).

Schon durch relativ begrenzte *gesellschaftspolitische* Hilfen in den Entwicklungsländern könnte man das Vielfache von dem erreichen, was durch alle möglichen Lieferungen und Kredite von hier aus geschehen kann. Denn, wie der Pearson-Bericht (1969, 71) höchst ernüchternd feststellt, selbst am bescheidenen Gesamteinkommen der Entwicklungsländer gemessen, machte die „Entwicklungshilfe" in den vergangenen Jahrzehnten nur 2% aus. Daß die Beseitigung des Elends durch innere gesellschaftspolitische Umwälzungen am wahrscheinlichsten ist, zeigen die Beispiele Rußland und China. Auch Rußland war vor 50 Jahren noch ein absolut unterentwickeltes, nichtindustrialisiertes Agrarland; heute ist es die zweitgrößte Industriemacht der Welt. China ist auf dem besten Wege dahin. Diese beiden Weltbereiche Rußland und China beweisen, daß *in erster Linie von innen heraus* die Kluft zwischen dem Lebensstandard der entwickelten, hochindustrialisierten Gesellschaften und den klimatisch-geopolitisch benachteiligten,durch Kolonialpolitik verelendeten vorindustriellen Gesellschaften überwunden werden kann.

Insbesondere der Vergleich der beiden auf Grund ihrer Größe, Ausgangssituation und Zivilisationsstufe durchaus vergleichbaren typischen Entwicklungsländer China und Indien zeigt, welche erstaunlichen Fortschritte auf dem Wege zur Ernährung und Beschäftigung aller, zum unabhängigen Industriestaat, durch sozialistische Umgestaltung der Produktionsverhältnisse auch ohne große Entwicklungshilfe in China erzielt wurden – und welche minimalen Fortschritte trotz gewaltiger Entwicklungshilfe und -kredite in Indien, weil dort die alten feudalen und agrarkapitalistischen Herrschaftsstrukturen aufrechterhalten werden. Prodosh Aich (1970) und Hartmut von Lehn (1970) haben diese Feststellung mit detaillierten Fakten belegt. Lehn weist darauf hin, daß in den fünfziger Jahren in der westlichen Literatur der „Sieg“ Indiens im entwicklungspolitischen Wettlauf mit China prophezeit wurde, tatsächlich aber heute seine vollkommene Niederlage – und damit die Niederlage der privatwirtschaftlichen westliche Entwicklungspolitik – eingestanden werden muß. Auf Grund neutraler Stellen (P. C. Verma, 1967, 31 ff) und UN-Dokumentation,* legt er den statistischen Beweis vor:

Wachstum des Nationaleinkommens in Indien und China bei konstanten Preisen

	Indien		China	
	1952	1960	1952	1960
Nationaleinkommen total in Mrd. Rupien	83,6	99,5	161,8	354,6
Agrarsektor allein	46,0	52,5	86,1	101,6
Industriesektor allein	15,8	18,4	30,6	67,6
Prokopfeinkommen total in Rupien je Jahr	224,2	237,0	278,0	528,6
Agrarsektor allein	125,6	133,2	151,4	173,6
Industriesektor allein	43,1	46,7	53,7	108,8

*„UN Yearbook of National Accounts Statistics“, New York 1963; „ECAFE, Economic Survey of Asia and the Far East“, Bangkok 1964; „UN Statistical Yearbook“, New York 1964.

Wirtschaftlicher Wachstum in China und Indien

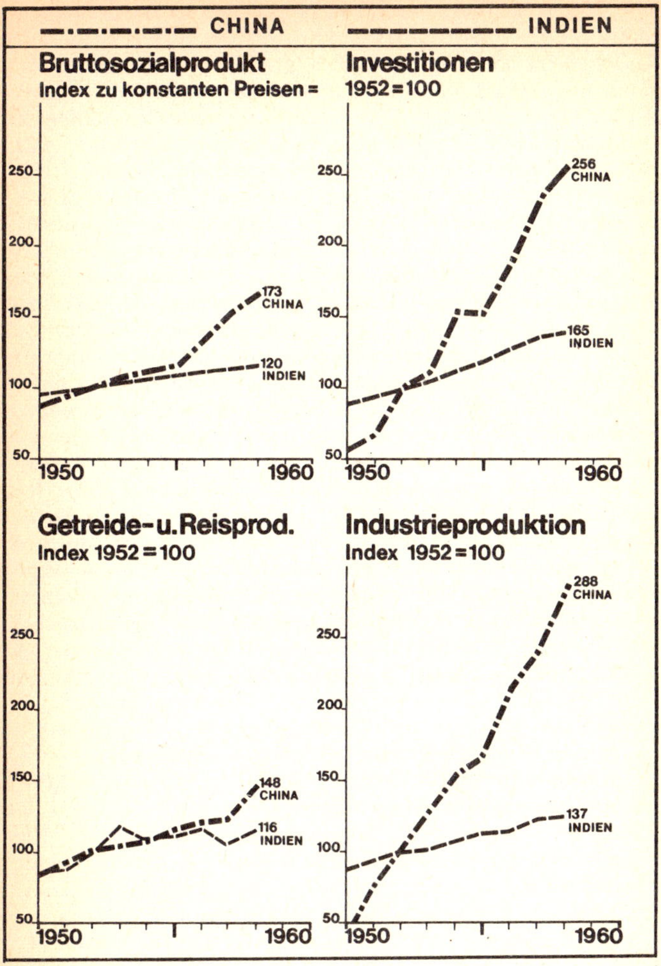

Aus Strahm (1972, 32); Quelle: W. Malenbaum, India and China; Contrasts in Development Performance (Center for International Studies, Massachusetts Institute of Technology) American Economoc Review, 49, 3/1959, p. 284, Tabelle I–III.

Lehn (1970, 2) weist darauf hin, daß der Vorsprung Chinas (Prokopfeinkommen 1960 um 123% höher als in Indien) erreicht wurde, obwohl „China erst 1949 einen langen und erschöpfenden Bürgerkrieg beendete, der seine Wirtschaftsstruktur in Ruinen zurückgelassen hatte" – vor allem aber obwohl Indien „von den Mitgliedsländern der Weltbank insgesamt 1,3 Mrd. Dollar an Krediten und Geschenken" erhielt, China in der gleichen Zeit aber nur wenig mehr als 500 Millionen Dollar, die voll zu verzinsen und zurückzuzahlen waren. (China hat inzwischen seine sämtlichen Auslandsschulden getilgt.)

Lehn (6 ff.) zeigt auf, daß die außerordentlichen Erfolge Chinas zurückzuführen sind auf eine einzigartige Mobilisierung ungenutzter Arbeitskräfte in den Provinzen, auf die Ermöglichung von Investitionsraten, die bis zu 40% des Bruttosozialprodukts* ausmachten (vgl. dazu S. 68ff!), und durch eine dezentrale Entwicklung der Leicht- und Konsumgüterindustrie – all das durch die organisatorische Zusammenfassung der Menschen in sogenannten „Volkskommunen", also mehrere Dörfer umfassenden Kollektiven. Anfang der sechziger Jahre kam es auf Grund von Fehlplanungen (Überbetonung der Schwerindustrie, Überanstrenung der Bevölkerung, Disproportionalitäten in der Industrieentwicklung usw.), vor allem aber auf Grund von katastrophalen witterungsbedingten Mißernten zu einem Rückschlag, der jedoch seit 1963 aufgeholt und nach einer Reihe von Planungs- und Organisationskorrekturen in einen neuen „Großen Sprung nach vorn" umgewandelt wurde. Indien gelang es indessen keineswegs, infolge der chinesischen Planungsfehler und Naturkatastrophen einen Vorsprung zu erzielen, vielmehr zeigte sich auch in den sechziger Jahren (für die keine Gesamtstatistik vorliegt) das weitere Auseinanderklaffen in der Entwicklung. Lehn (19) faßt zusammen: „China warf sich mit geballter Kraft auf ökologische Infrastrukturarbeiten, um die Natur nach und nach in den Griff zu bekommen. In Indien fehlt es an vergleichbaren Großvorhaben. China mobilisierte alle verfügbaren Arbeitskräfte. In Indien bleibt die rurale Unterbeschäftigung weiter eines der Hauptprobleme. China vollbrachte seine innere Sanierung nicht nur ohne jede Auslandshilfe, sondern zahlte daneben noch Kreditschulden ab und leistete, wenn auch in reduziertem Umfang, selbst die an kleine Klienten versprochene Hilfe . . . Indien nimmt Auslandshilfe in der Höhe von 85% seiner Gesamtexporte und mußte daneben noch über ein allgemeines Schuldenmoratorium verhandeln, kurz, es befindet sich im Stadium der ‚dynamisch ausgebauten Stagnation'. Die Liste dieser sehr wesentlichen ‚Unterschiede' läßt sich noch beliebig verlängern."

Das chinesische Beispiel läßt den allgemeinen Schluß zu: Die Angleichung des armen Südens an den zivilisatorischen Standard des industrialisierten Nordens der Menschheit – oder vielmehr: die Realisie-

*Laut Pearson-Bericht (1969, 52) betrugen die durchschnittlichen Bruttoinvestitionen 1960–67 in den Entwicklungsländern 17,8% des BSP, in Ostasien 15,6%, in den Industrieländern 21,2%!

rung einer viel rationaleren und humaneren Zivilisation! – *wird also im wesentlichen nicht durch vervielfachte Entwicklungshilfe erfolgreich durchgeführt werden können, sondern durch die gesellschaftliche Revolutionierung des Südens selbst.*

Revolution in den Gewehrläufen?

Daß dabei Massenaufstände, Militärputsche, Bürgerkriege und Guerillas eine oft blutige Rolle spielen werden, kann angesichts der Brutalität der heute fast überall in der Dritten Welt herrschenden Macht- und Besitzergruppen kaum bezweifelt werden. Es ist aber von größter friedenspolitischer Bedeutung, daß in den wichtigsten Ländern Asiens, Afrikas und Lateinamerikas diese Revolutionierung *im wesentlichen als politischer und nicht militärischer Umwälzungsprozeß gelingt*, nicht auf terroristische Kader gegründet, sondern auf Massenbasis oder gewaltfreie Aktion (wobei Gewalt gegen Sachen auch in jeder nichtmilitärischen Befreiungsstrategie unverzichtbar ist (vgl. S. 207ff.) Systematische Tötungsstrategien erweisen sich zunehmend als ungeeignet für sozialistische Ziele. Denn abgesehen davon, daß alle rein militärisch erzwungenen Revolutionen die inhumane Tendenz haben, in einem autoritären Militärsozialismus steckenzubleiben, beschwört jeder größere Bürgerkrieg heute die Gefahr herauf, daß sich daraus durch direktes oder indirektes Eingreifen der konkurrierenden Weltmächte ein endloser Zermürbungskrieg entwickelt – wie Vietnam zeigt –, dessen Opfer jene sind, die man befreien wollte, und der – wie jahrelang in Vietnam – in eine atomare Massenvernichtung umzuschlagen droht, wenn eine der Großmächte sich mit anderen Mitteln nicht mehr zu behaupten weiß. (Die amerikanischen Militärs haben mehrfach vorgeschlagen, Nordvietnam mit Atomwaffen zu bombardieren.)

Wir greifen hier die 2.2.4. notierten kritischen Bemerkungen gegenüber bestimmten „linken“ Emanzipationsstrategien auf; in die Richtung solcher unabsehbarer Militarisierungs- und Kriegsprozesse tendiert in der Tat der revolutionäre Aktivismus, deren Leitfigur und „Theorie“ Che Guevara schuf. Mit ganz ungeschichtlicher, dogmatischer Bezugnahme auf die vergleichsweise idyllischen Bürgerkriegsvorstellungen der Klassiker aus dem 19. Jahrhundert empfehlen sie – wie Guevara sagt (1966, 22) – die „zum kontinentalen Kampf eskalierenden Kleinkriege“, also die Guerillas. Ohne die im Gegensatz zur Lage in Kuba im Endstadium tödlich sichere (weil allein die konventionelle Unterlegenheit kompensierende) US-amerikanische Intervention mit Atombomben einzukalkulieren, entwarfen Guevara und seine politischen Freunde jene Entwicklungspolitik, die in der Tat das Ende jeder zivilisatorischen Basis in Südamerika und wahrscheinlich der Weg in den Dritten Weltkrieg wäre. Den gelungenen Aufstand auf einer Insel wagen Guerilla-Strategen auf einen Kontinent zu übertragen. So hat

Castro z. B. gesagt, „die Anden-Cordillere ist berufen, die Sierra Maestra (jenes kubanische Gebirge, von wo aus der Angriff gegen das Batista-Regime begann) Südamerikas zu sein, und all die riesigen Territorien, die dieser Kontinent umschließt, sind berufen, Schauplatz des Kampfes auf Leben und Tod gegen die Macht des Imperialismus zu sein“ (29).

Das bedeutet: lieber tot als nicht rot! Im Interesse der Entwicklungsländer, aber zugleich im Interesse des Weltfriedens kann man nur fordern, daß diese guevaristische Strategie, die dem Militarismus der Herrschenden nichts anderes als einen Gegenmilitarismus entgegenzusetzen hat, nicht zum Leitbild der gesellschaftlichen Umgestaltung der vorindustriellen Welt wird (auf daß der militärische West-Ost-Konflikt sich zum totalen Weltkonflikt und Weltkrieg ausweite).

Das Zentralproblem aller Entwicklungspolitik ist daher, in welcher Weise zivile Kräfte in jenen Ländern zu mobilisieren und unterstützen sind, die – mit Hilfe von sozialistischen Basisgruppen, direkten Aktionen des zivilen Widerstands, systematischer Störung des Unterdrückungs- und Ausbeutungsapparates sowie durch gewerkschaftliche und politische Massenorganisation – jene Revolutionierung der Gesellschafts- und Wirtschaftsstruktur durchzusetzen imstande sind, die das A und O aller Emanzipation sein wird. Es wäre allerdings wiederum reformistischer oder gar pazifistischer Dogmatismus, wollte man ausschließen, daß militärische Gewalt oder gar Gewalt schlechthin ihre umwälzende Rolle spielt bei der Befreiung der Dritten Welt.

Es geht, wie oben gezeigt, überhaupt nicht um die Alternative: gewaltsam – gewaltfrei; auch Streik ist eine Gewaltform. *Es geht um die Alternative: zivile (demokratische, antiautoritäre, punktuelle) Gewalt oder militärische systematische Tötungsgewalt.* Und unsere Erfahrung ist eben (im Gegensatz zu dem leichtfertigen Glauben, daß „die Revolution in den Gewehrläufen“ sitze), daß die Unterdrückten im Zeitalter der ABC-Waffen ihre Ziele eher mit ziviler Gegenmachtbildung erreichen als mit Tötungsgewalt. Diese handhaben die Herrschenden viel perfekter. „Gewaltfrei“ im pazifistischen Sinne sind diese Kämpfe der Massen gegen die Oligarchien darum noch lange nicht. Außerdem ist – gerade in der Dritten Welt – auch die militärische Gewalt – etwa ein Putsch progressiver Truppen und Arbeiter – als begrenzte Aktion, Geburtshelfer-Aktion, weder auszuschließen noch theoretisch-strategisch ausschließbar. Entscheidend ist nur dieses: daß alles getan wird, damit der begrenzte militärische Eingriff sich nicht zum systematischen langfristigen Kampf und Kriegsprozeß ausweitet, der zu nationaler Agonie, Militarisierung und Selbstzerstörung ausartet wie in Vietnam.

Die entschlossene selektive Unterstützung jener Staaten der Dritten Welt, in denen eine radikale zivile Strukturreformpolitik realisierbar erscheint, wird damit zum wichtigsten entwicklungspolitischen Prinzip in der Dritten Welt.

Der erste Leitsatz
einer nicht-imperialistischen Entwicklungspolitik lautet also: *Unsere Entwicklungspolitik muß konzentriert werden auf die Unterstützung derjenigen politischen, wirtschaftlichen und gewerkschaftlichen Kräfte in den Entwicklungsländern, die fähig sind, radikale soziale Reformen durchzuführen.* Es ist also *eine selektive Entwicklungspolitik* zu betreiben – an Stelle jener falschen Selektion, die wir in den letzten Jahren betrieben haben, indem wir diejenigen Regierungen in der Dritten Welt unterstützt haben – so unfähig sie sonst gewesen sein mögen –, die nicht-sozialistisch waren und uns garantierten, die DDR nicht anzuerkennen. Gegenwärtig wären also etwa Chile, Peru und Kuba, Algerien, Tansania und Sambia, Nordvietnam und Nordkorea schwerpunktmäßig zu unterstützen.

Neben einer solchen *regionalen* Selektion ist – politisch sogar leichter – eine *sektorale* anzustreben, die in der Konzentration von Entwicklungshilfe auf emanzipatorische Strukturen besteht: also im Bau von Schulen, Berufsschulen, Hochschulen, Gewerkschaftsschulen in der Dritten Welt.

Es geht um eine positive entwicklungspolitische Selektion im Sinne der primären Unterstützung derjenigen Kräfte, die tatsächlich die fällige gesellschaftspolitische Umgestaltung in diesen Ländern vorantreiben oder vorbereiten – vor allem aber derjenigen Länder, deren Regierung bereits auf dem Wege einer solchen friedlichen Revolutionierung sich befindet und *Modellcharakter* für andere erlangen können. Sie würden eine starke Ausstrahlung auf sozialreformerische Kräfte in anderen Ländern ausüben. Völlig konsequent ist in diesem Zusammenhang der Appell, den Matthöfer („Frankfurter Rundschau" v. 11. Juni 1969) an die demokratischen Sozialisten richtet: „Es gibt in Lateinamerika keine demokratisch-sozialistischen Reformparteien, die Aussicht hätten, ohne Hilfe von außen die erforderlichen Strukturreformen auf friedlichem Wege durchzusetzen und die Widerstände der Oberschicht gegen die Aufbringung der zur Finanzierung der erforderlichen Infrastruktur benötigten Mittel zu überwinden. Es ist deshalb Aufgabe sozialdemokratischer Parteien in Europa, den Aufbau und die laufende Unterstützung demokratisch-sozialistischer Parteien und leistungsfähiger Gewerkschaften zu organisieren, damit von diesen ein Programm radikaler Strukturveränderungen und Reformen durchgesetzt werden kann, z. B. Agrar-, Steuer-, Verwaltungs- und Bildungsreformen, Sicherung und Ausweitung des Rechtsstaates und der demokratischen Beteiligungsrechte der Bevölkerung, Reorganisation des

Systems der Sozialversicherung, Verbesserung der gesellschaftlichen Mobilität, Reform des Kreditwesens und der Unternehmensverfassung, Aufbau einer leistungsfähigen Wirtschaftsplanung, Aufbau der Infrastruktur, Förderung der Aktivität öffentlicher Unternehmen und der Genossenschaften, Nationalisierung der Bodenschätze, Schaffung größerer Märkte."

Das sind Ziele (und es sind die entscheidenden Vorbedingungen einer wirklichen Industrialisierung und Entwicklung in diesen Ländern), die man nur durch die Unterstützung progressiver innerer Kräfte realisieren kann. Das geht nicht, indem man hier eine Fabrik, dort einen Staudamm baut. Als Minimalforderung muß gelten: materielle Entwicklungshilfe ist in jedem Falle mit der Förderung demokratischer und vor allem sozial- und bildungspolitischer Einrichtungen in den Entwicklungsländern einschließlich der Garantie ungehinderter Betätigung der Gewerkschaften zu verknüpfen. Rassistische und terroristische Regimes sind konsequent zu boykottieren.

Der zweite Leitsatz

einer nicht-imperialistischen Friedenspolitik ist: *Es sind systematisch vorbereitete und groß angelegte Aufklärungs- und medizinische Programme gemeinsam mit reformwilligen politischen Kräften der Dritten Welt zu entwickeln, um dem inhumanen Wachstum der Bevölkerungen ein Ende zu bereiten.*

Wie wir wissen, sind viele der in Gang gesetzten Kampagnen zur Empfängnisverhütung und Familienplanung fehlgeschlagen. Teilweise waren die empfohlenen Praktiken für Analphabeten zu schwierig zu handhaben, teilweise waren die Mittel zu kostspielig, teilweise – wie eine Zeitlang selbst in China – erwiesen sich die überholten religiösen und Familienvorstellungen über den „Kindersegen" als übermächtig. Hier gilt es, wie oben (S. 251ff.) ausgeführt, einen breitangelegten ideologischen, psychologischen und medizinisch-pharmakologischen Feldzug zu organisieren, der die Umwertung dieser konventionellen Werte: *daß Kinderreichtum ein Fluch und kein Segen ist,* bewirkt und praktisch vollziehbar macht. (Daß es Regionen gibt, wo die Übervölkerung kein Problem darstellt, nimmt dem Weltproblem der Übervölkerung nichts von seiner Bedrohlichkeit.)

Die „weiße" Zivilisation, die durch ihre Zerstörung des ehemaligen naturwüchsigen Gleichgewichts von Geburten, Sterblichkeitsrate und Existenzbasen die „Bevölkerungsexplosion" verursacht hat, hat die weltpolitische Verpflichtung, die entmenschende Übervölkerung zu stoppen, deren Opfer am Rande des Hungertodes vegetieren und zu Hunderten Millionen sterben. Wir haben humane Strategien zu entwickeln, die den blinden biologischen Mechanismen wie auch den heiligen ideologischen Kühen der Religionen und Stammestraditionen zum Trotz die Menschenmenge vermindern, damit die Menschenwürde vermehrt wird.

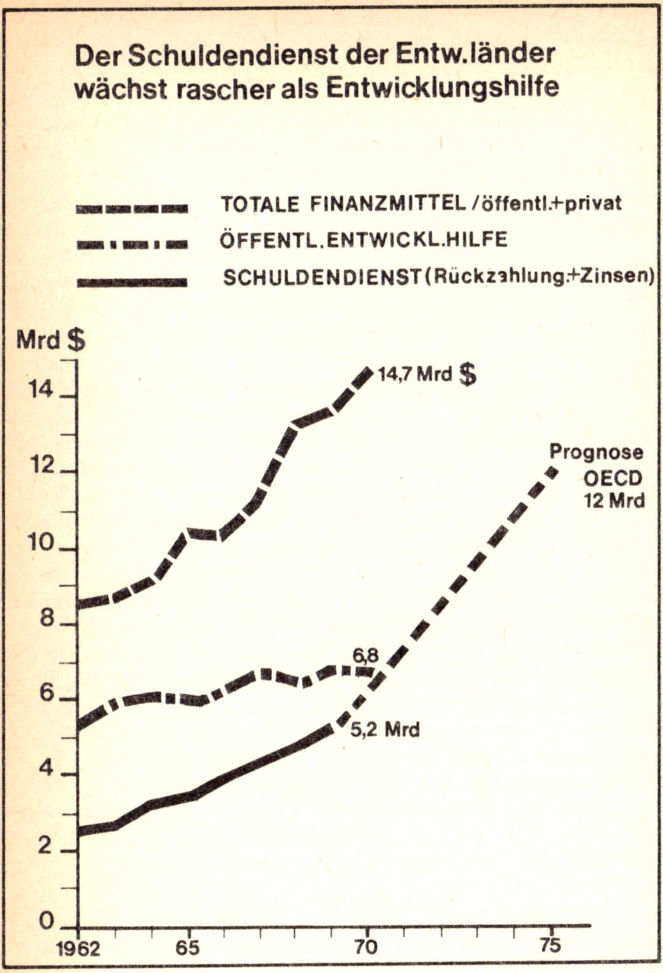

·us Strahm (1972, 98); Quellen:Banque Mondiale, Rapport annuel 1970, Tab. ·0, p. 88. OCDE, Communiqué de presse, CAD A (71) 22 Paris 28. 6. 1971, ·ab. 5 + 6, p. 20–21. Development assistance, 1968 Review, OECD Paris 1968, ·. 134.

Der dritte Leitsatz
einer nicht-imperialistischen Entwicklungspolitik ist: *Es muß mit allen Mitteln dahin gewirkt werden, den ideologisch und rüstungspolitisch orientierten West-Ost-Konflikt in eine gewaltfreie, rationale Form der Systemkonkurrenz zu transformieren.*

Es ist für jede Friedenspolitik – besonders aber für die Entwicklungspolitik – von grundlegender Bedeutung, daß bei zweifellos bestehenbleibender (tatsächlich sogar sehr fruchtbarer) Systemkonkurrenz deren Form in einem Prozeß der Versachlichung der Beziehungen, der Abrüstung und schließlich durch begrenzte Kooperation in der Weltpolitik modifiziert wird (vgl. 2.1.3.–4.!). Es läßt sich zeigen, daß nur auf der Basis einer solchen militärischen Entspannung und Kooperation auf längere Sicht eine wirksame Entwicklungspolitik der industrialisierten Staatengruppen sich entfalten kann, weil der West-Ost-Konflikt neben der kapitalistischen Ausbeutung und den klimatisch-sozialgeschichtlichen Hindernissen der südlichen Hemisphäre der Hauptgrund für das Weiterbestehen des gegenwärtigen Elends in der Welt ist. Entscheidendes wäre schon gewonnen, wenn es zwischen den beiden großen Blöcken zu Abkommen über die Nichtlieferung von Waffen (vgl. 1.5.) und über die Nichteinmischung in die inneren Konflikte der Dritten Welt käme, wenn beide Großmächte sich zu einer Unterstützung aller UN-Befriedigungsaktionen bereit fänden, statt – wie etwa im Fall Biafra – um des machtpolitischen Einflusses bei einer Regierung willen deren Ausrottungspolitik tatenlos mitanzusehen.

Für den Westen ergibt sich daraus, daß sämtliche Entwicklungsprogramme einschließlich aller Zahlungen unter absolutem Verzicht auf den Mißbrauch der Entwicklungshilfe als Instrument zur Schaffung privatkapitalistischer, machtpolitischer und militärischer Einflußsphären in den Entwicklungsgebieten realisiert werden müssen; für die Bundesrepublik kommt hinzu: der radikale Verzicht auf die Verknüpfung von Entwicklungshilfe und Diskriminierung der DDR.

West-östliche bzw. internationale Abkommen müssen zur Garantie des blockfreien Status der Länder der Dritten Welt führen. Es sind verschiedene regionale, von den Großmächten garantierte, Systeme kollektiver Sicherheit auf allen Kontinenten anzustreben.

Der vierte Leitsatz
einer nicht-imperialistischen Entwicklungspolitik lautet dann logischerweise: *Ohne rigorose Abrüstungspolitik gibt es keine reale Entwicklungspolitik.* Nur wenn sich die Staaten dieser Welt schrittweise von der Last ihrer riesigen Rüstungsaufgaben befreien, eröffnet sich eine Möglichkeit, durch wirklich große ökonomische Hilfsprogramme die unerläßlichen innergesellschaftlichen Anstrengungen und Veränderungen in den vorindustriellen Ländern wirksam zu unterstützen. Auf Kosten der Rüstungsbudgets, die heute vier bis fünf, in den USA 10% des Sozialprodukts ausmachen, ist die Entwicklungshilfe dieser Länder von heute 0,6% auf mindestens 1,5% des Sozialprodukts zu steigern.

1970 beliefen sich die Weltrüstungsausgaben auf fast 700 Milliarden DM. Das sind $^2/_3$ des Sozialprodukts sämtlicher Entwicklungsländer zusammen.* Zwei Drittel davon entfielen auf die kapitalistischen Länder und ihre Verbündeten, ein Drittel auf die kommunistischen Länder. Matthöfer hat mit Recht die Verfehltheit unserer militärisch orientierten Sicherheitspolitik und die Notwendigkeit, diese Mittel umzufunktionieren, betont („Frankfurter Rundschau", aaO.). „Es wäre zu überlegen, ob die Finanzierung massiver Hilfsprogramme nicht zum Teil durch Einsparungen im Verteidigungshaushalt erfolgen sollte. Es ist Aufgabe der Bundeswehr, durch Beteiligung an einer arbeitsteilig organisierten Abschreckungsmacht den Frieden zu erhalten. Wird der Frieden mit großer Wahrscheinlichkeit aber *nicht* vorwiegend durch militärische Angriffe aus dem Osten bedroht, die unser Verteidigungssystem abwehren soll, sondern eher durch bewaffnete Aufstände mit Schwerpunkt in Lateinamerika, so ergibt sich daraus die logische Schlußfolgerung, daß in dieser Phase der Entwicklung eine Verschiebung der im Bundeshaushalt für die Friedenssicherung vorgesehenen Mittel ernsthaft in Betracht gezogen werden sollte. Das Ungleichgewicht in der Ausgabenpolitik der USA, die heute (1969; d. Verf.) in *einem* Jahr dreimal so viel für den Krieg in Südvietnam ausgeben, als 1961 für *zehn* Jahre Entwicklungshilfe im Rahmen der Allianz für den Fortschritt in Latein-Amerika vorgesehen war, sollte ein warnendes Beispiel sein."

Als fünfter Leitsatz
einer nicht-imperialistischen Entwicklungspolitik wäre – in striktem Widerspruch zu den Pearson-„Empfehlungen"* – zu formulieren: *Sämtliche materiellen Leistungen, Kapitalhilfen und industriellen Aufbauhilfen, wie auch die gesamte Handelspolitik haben nach gemeinwirtschaftlichen und nicht nach profitwirtschaftlichen Prinzipien zu erfolgen.*

*Auf Grund der Statistik der amerikanischen Abrüstungsbehörde (ADA 1970, 10 f) hatte das Sozialprodukt aller Entwicklungsländer 1968 einen Wert von 282,6 Milliarden Dollar (sämtliche Staaten Lateinamerikas, Asiens, des Nahen Ostens und Afrikas *ohne*: China, Formosa, Japan, Israel, Südafrika, deren Sozialprodukt allein 254,1 Milliarden Dollar beträgt). Da gleichzeitig 1968 die Weltrüstungsausgaben 190,7 Milliarden Dollar betrugen, ist also festzustellen, daß diese allein zwei Drittel (67,5%) des Sozialprodukts sämtlicher Entwicklungsländer ausmachten.

*Diese enthalten detaillierte Vorschläge für die Entwicklungsländer, wie sie das „allgemeine Klima" für Privatinvestitionen verbessern (132) könnten, u. a., zudem sie die administrativen Prozeduren abbauen, „denen sie die Unternehmer unterwerfen, die bei ihnen ... Investitionen planen" (133). Gleichzeitig wird den „großen Industriemächten" der ebenso wohltönende wie naive Rat gegeben, sich bei „Interventionen ... für ihre Investoren" zurückzuhalten, die in der Dritten Welt „zur feindlichen Einstellung gegenüber Privatinvestitionen" beitragen (134). Überempfindlich, diese Unterentwickelten.

Die „Aktion Dritte Welt“ (Asta Freiburg) hat einige Konkretisierungen dieses Grundsatzes zusammengestellt:

Stabilisierung der Rohstoffpreise auf dem Weltmarkt bei gezielter Hilfe zur Umstrukturierung der Monokulturen;

Abbau von Handelsbeschränkungen, soweit sie eine Schutzfunktion für die Märkte der Industrienationen gegenüber den Produkten aus Entwicklungsländern zu erfüllen haben, dagegen Schutz der Industrien der Entwicklungsländer gegen die Konkurrenz der traditionellen Industrieländer durch Einfuhrzölle;

Aufbau von Industrien in den Entwicklungsländern, die der Veredelung ihrer für den Export bestimmten Rohprodukte dienen, Schaffung regionaler gemeinsamer Märkte zur Koordination der Investitionen und der Entwicklung des Binnenhandels der Kontinente. (Häufig liefern heute die Länder zu schlechten Preisen Roh- oder Halbprodukte in die Industrieländer, die sie dann zu teuren Preisen als Fertigprodukte wieder aus den Industrieländern kaufen müssen.)

Entschädigungsloser Rückzug europäischer und nordamerikanischer Konzerne aus den extraktiven (nur Bodenschätze ausbeutenden) Industrien der Entwicklungsländer, sobald die Voraussetzungen für eine Übernahme der Erzeugung durch einheimische Führungskräfte geschaffen worden sind und sich die Investitionen amortisiert haben;

bei der Erschließung neuer Rohstoffquellen in Entwicklungsländern sollten an Stelle privater Firmen nur noch staatlich finanzierte Beraterteams aus den Industrieländern zur Verfügung gestellt werden;

Annullierung aller Kreditschuldverpflichtungen der Entwicklungsländer gegenüber den öffentlichen Haushalten der Industrienationen, Reorganisierung der gesamten Kapitalhilfe auf der Basis zinsloser Kredite*;

Durchsetzung strenger Bedingungen für die Genehmigung privater Entwicklungsinvestitionen (soweit man hier durch das staatliche Rückversicherungssystem einen Einfluß nehmen kann), Bindung solcher privater Entwicklungsinvestitionen an folgende Bedingungen:

– Durchsetzung von Mindestlöhnen in den Entwicklungsländern;

– Durchsetzung von arbeits- und betriebsverfassungsrechtlichen Mindestnormen in den Entwicklungsländern;

– Bindung an eine strenge Begrenzung des Gewinntransfers, im Gegensatz zu den heutigen ausbeuterischen Kapitalexportverträgen.

*In dieser Richtung ist in der Bundesrepublik ein kleiner Fortschritt erzielt worden. In den vergangenen Jahren gehörte sie zu den Ländern mit den härtesten Kreditbedingungen: doch die SPD-Minister haben hier seit 1969 eine Veränderung herbeigeführt, indem der Zinssatz – vorher bis zu 7% – auf 2,5% gesenkt wurde und Laufzeiten bis zu 30 Jahren bei 8 tilgungsfreien Jahren eingeführt werden. Insgesamt aber beleuchtet nichts greller die Sackgasse der bisherigen Entwicklungspolitik als die Tatsache, daß die Entwicklungsländer 1967 die Gesamt-Schuldentilgungssumme von 4,7 Mrd. Dollar zahlten, während die staatliche „Entwicklungshilfe“ aller westlicher Industrieländer 1968 selbst nur 6,5 Mrd. Dollar betrug (Pearson, 1969, 98; 71).

– Verpflichtung zu einer hochgradigen Reinvestition der erzielten Gewinne im Entwicklungsland;
– Bindung dieser privaten Investitionen an eine im Interesse der Entwicklungsländer volkswirtschaftlich sinnvolle Produktionsplanung (d. h. beispielsweise: Verbot der Produktion von Halbfabrikaten oder von Luxusprodukten).

Eine schrittweise Umschaltung materieller Entwicklungspolitik von profitwirtschaftlicher Motivation auf eine langfristig orientierte, gemeinwirtschaftliche erfordert in der BRD als erstes, daß im interministeriellen Ausschuß für Entwicklungspolitik, in dem das Außen-, das Wirtschafts-, das Finanz- und schließlich auch das Ministerium für Wirtschaftliche Zusammenarbeit sitzen, eine drastische Umverteilung der Kompetenzen realisiert wird, dergestalt, daß nicht mehr das entscheidende Ministerium, nämlich das für Wirtschaftliche Zusammenarbeit, die Entscheidung der anderen drei Ministerien nur zu flankieren und auszuführen hat. Vielmehr sollten diese anderen Ministerien die Entscheidungen des Ministeriums für Wirtschaftliche Zusammenarbeit abzustützen und zu ergänzen haben.

„Nord-Süd"-Konflikt: Teil des Ost-West-Konflikts

Durchdenkt man die Realisierungschancen der genannten fünf entwicklungspolitischen Forderungen, so ergibt sich, daß das eigentliche Problem des Elends in der Dritten Welt nicht der oft schon an die Stelle des Ost-West-Konflikts gesetzte Nord-Süd-Gegensatz ist. Neben der direkten oder indirekten Beherrschung weiter Gebiete der Welt durch den Weltkapitalismus ist in immer stärkerem Maße der Ost-West-Konflikt selbst, genauer: die neoimperialistische, militarisierte Konkurrenz von Kapitalismus und Kommunismus in der Dritten Welt die eigentliche Ursache von deren Elend (vgl. 1.5.). Es ist klar, daß die formulierten Forderungen nur verwirklicht werden können, wenn weder die kommunistischen noch die kapitalistischen Staaten länger versuchen, die riesigen Entwicklungsgebiete der Menschheit als gesellschaftspolitisches und militärisches Aufmarschgelände zu betrachten, auf dem man weltweit Gegenpositionen aufzubauen versucht. Abrüstung, schrittweise Annäherung und Kooperation der großen Industriemächte sind Voraussetzung für die Befreiung der Mehrheit der Menschheit von den Fesseln des Hungers, des Terrors, der Unwissenheit und des Hasses im Zeichen feindlicher Ideologie.

Nur in dem Maß, wie wir im Westen demokratischen Sozialismus erkämpfen und im Osten sozialistische Demokratie verwirklicht wird, kann es für die gesamte Menschheit eine menschenwürdige friedliche Zukunft geben.

Nachwort

Vor ungefähr vier Jahren bildete sich auf Initiative Walter Möllers, des Vorsitzenden der Frankfurter SPD, ein Arbeitskreis, der wissenschaftlich-publizistische Initiativen zu organisieren versuchte, um die avantgardistische Rolle der südhessischen Sozialdemokratie gründlicher, wirkungsvoller zu fundieren. Eine Schriftenreihe mit dem Titel „Frankfurter Beiträge zur sozialdemokratischen Politik" wurde geplant – eine Reihe, deren erklärtes Ziel es war, unabhängig von der ständigen ängstlichen Rücksichtnahme auf kleinbürgerliche Wählermassen notwendige, durchaus realisierbare Strukturreformen mit politischer Energie und Courage für die siebziger Jahre zu formulieren.

Trotz der außerordentlichen Schwierigkeiten, die sich durch die berufliche Überbeanspruchung der zur Verfügung stehenden Autoren ergaben, sind wichtige Teile dieses Plans verwirklicht worden. Ein Beitrag zu einer sozialdemokratischen Vermögenspolitik, ein anderer zu einer Steuerreformpolitik, die ihren Namen verdient, wurde erarbeitet. (Beide Texte fristen zu Unrecht, infolge einer unsinnigen Publikationspolitik, ein Schattendasein als SPD-interne Broschüren, unter Ausschluß der Öffentlichkeit.) Der dritte Beitrag wird hiermit vorgelegt. Walter Möller entschloß sich, gemeinsam mit mir eine entschiedene Analyse und Programmatik sozialdemokratischer Friedenspolitik zu erarbeiten. Eine Arbeitsteilung wurde verabredet, und beide Autoren brachten 1968/69 eine Reihe von Textentwürfen zu Teilgebieten hervor.

Dann aber bewirkten zwei Faktoren beinahe das Scheitern des Projektes: die – im Rückblick wahrhaft erstaunlichen! – Veränderungen und Fortschritte in der Ostpolitik seit dem Regierungsantritt Willy Brandts zwangen zu einer totalen Überarbeitung beträchtlicher Textteile; gleichzeitig wurde es für Walter Möller durch die zunehmende Belastung, ja die wahrhaft tödliche Überlastung mit kommunalpolitischen Aufgaben immer schwerer, an dem Anfang 1970 neukonzipierten friedenspolitischen Text mitzuschreiben. Aber wenn ich dieses Buch schließlich auch weitgehend allein niederzuschreiben hatte, so war es doch Walter Möller, der trotz seiner zunehmenden Arbeitsüberlastung durch die ständige Bereitschaft, den Aufbau, den Gedankengang, die Dokumentation und die politischen Zielsetzungen mit mir zu diskutieren, vorhandene Texte mit kritischen Anmerkungen und konstruktiven Vorschlägen zu versehen, wesentlich zur Realisierung des Ganzen beitrug. Und es war eine glückliche Fügung, daß er drei Tage vor seinem Tode noch ein langes Gespräch mit Dieter Senghaas und mir führte, in dem er sein Einverständnis mit dem Manuskript und seiner Veröffentlichung bei Rowohlt erklärte. (Lediglich das Kapitel 2.3. ist weitgehend nach seinem Tode fertiggestellt worden.)

Walter Möller trug nicht zuletzt dadurch wesentlich zum Gelingen dieses Entwurfs einer Sozialistischen Friedenspolitik bei, daß er materielle Unterstützung vermittelte für wertvolle Mitarbeit an verschiedenen Partien des Buches. So sei hier vor allem Rainer Ledeganck, aber auch Peter Kalb und Eberhard Will für ihre Mitwirkung gedankt. Nicht zuletzt gilt auch der Dank denen, die den Text oder Teile davon kritisch durcharbeiteten oder sonstwie bei der Herstellung des Manuskripts halfen: Dieter Senghaas, Helmut W. Kahn, Horst Schnur, Sieglinde und Jürgen Fechtner, Hartmut Taube und Gisela Günther; vor allem aber auch Günter Pankalla, der buchstäblich bis zur letzten Minute durch sehr persönliches Engagement als Korrektor an der möglichst optimalen Herstellung der Texte, Tabellen etc. – unter extremem Zeitdruck – wesentlich mitwirkte. Schließlich ist darauf hinzuweisen, daß der erste, analytische Teil wesentliche Fakten und Gedankengänge meinem Buch über „Rüstung und Abrüstung im Spätkapitalismus" (Europäische Verlagsanstalt, Frankfurt) verdankt.

Eins sei noch besonders betont: dieser Text ist als – möglichst fundierter – *Entwurf* zu verstehen. Er soll Diskussionen, Seminararbeit, Kritik, Umsetzung in politische Initiativen herausfordern. Und ich notiere hier meine volle Adresse, weil ich außerordentlich interessiert bin, solche Ergebnisse, aber auch jede Art konstruktiv-kritischer Hinweise, für künftige Auflagen zu verarbeiten.

Frankfurt, im Februar 1972 — Fritz Vilmar

Günthersburgallee 87

Bibliographie

Abendroth, Wolfgang: Bilanz der sozialistischen Idee in der BRD, in: Antagonistische Gesellschaft und politische Demokratie, Neuwied/Berlin 1967, 429–462

ADA (United States Arms Control and Disarmament Agency) Economic Impacts of Disarmament; herausgegeben von der Abrüstungsbehörde der USA, Washington 1962

–, World Military Expenditures 1970

Aich, Prodosh: Entwicklung in China und Indien – ein Vergleich, in: Gewerkschaftliche Monatshefte 8/70

Albrecht, Ulrich / Sommer, Birgit A.: Deutsche Waffen für die Dritte Welt, Militärhilfe und Entwicklungspolitik, rororo aktuell 1535, Reinbek 1972

Amerongen, Otto Wolff v.: Wirtschaftsbeziehungen mit dem Osten, Stuttgart, Berlin, Köln, Mainz 1971

antimilitarismus information (Frankfurt, Siesmayerstr. 7, Redaktion Chr. Wellmann), eine der besten kritischen Informationssammlungen, ersch. monatlich

Aron, R.: Die industrielle Gesellschaft, 18 Vorlesungen, Frankfurt 1964

Barnet, Richard: Der amerikanische Rüstungswahn oder Die Ökonomie des Todes, rororo aktuell 1450, Reinbek 1971

Berger, Henry: Eine konservative Kritik an der Politik der Eindämmung, in: Strategien der Konterrevolution (Hg. D. Horowitz), Darmstadt 1969, 157ff.

Bericht der Bundesregierung und Materialien zur Lage der Nation 1971 (hg.) vom Bundesministerium f. innerdeutsche Beziehungen), Bonn 1971

Brandt, Gerd: Rüstung und Wirtschaft in der BRD, Wittenberg-Berlin 1966

Brandt, Willy: Koexistenz – Zwang zum Wagnis, Stuttgart 1963

–, Friedenspolitik in Europa, Frankfurt/M. 1968

–, Der Wille zum Frieden. Perspektiven der Politik, Hamburg 1971

–, (hg. vom Presse- und Informationsamt der Bundesregierung) Bundeskanzler Brandt, Reden und Interviews, Bonn 1971 (b)

Bundesregierung, Bericht d. B.reg. und Materialien zur Lage der Nation, hg. vom Bundesministerium f. innerdeutsche Beziehungen, Bonn 1971

Coffin, Tristram: Die Schildträger der freien Welt, Wien, Bern, Stuttgart 1964

Deutscher, Isaac: Die Mythen des Kalten Krieges, in: Strategien der Konterrevolution (Hg. D. Horowitz), Darmstadt 1969

D'hein, Werner P.: Helm ab zum Geldverdienen. Wie Generale der Bundeswehr als Lobbyisten der Rüstungsindustrie ihre Pension aufbessern, in: Stern, Nr. 36/1971

Dulles, John Foster: Krieg oder Frieden, 1950

Duve, Freimut: Der Rassenkrieg findet nicht statt. Entwicklungspolitik zwischen Angst und Armut, Düsseldorf 1971

Ebert, Theodor: Der gewaltfreie Aufstand. Alternative zum Bürgerkrieg, Freiburg 1968

Ehrlich, Paul: Die Bevölkerungsbombe, München 1971

Etzioni, Amitai: Weltsicherheit ohne Abrüstung? – in: atomzeitalter, Nr. 9/1964

Flechtheim, Ossip K.: Eine Welt oder keine. Beiträge zur Politik, Politologie und Philosophie, Frankfurt 1964

Freud, Sigmund: Ges. Werke, Bd XVI, S. 13–27: Brief an Alb. Einstein (Sept. 1932)

Galbraith, Kenneth: Wie man Generale bändigt, Hamburg 1971

Galtung, Johan (with assistance of Sverre Lodgaard): Co-operation in Europe, New York 1970
–, A Structural Theory of Imperialism, Publikation 27-1 des Internationalen Friedensforschungsinstituts, Oslo (PRIO 1971
Gantzel, K. Jürgen, „Konsens oder Manipulation? Die außen- und deutschlandpolitischen Einstellungen in der BRD 1949–69" (erscheint demnächst) ermittelte unter anderem:
Meinungsumfragen der letzten zehn Jahre haben wachsende Mehrheiten für eine (bedingte) Anerkennung der Oder–Neiße-Grenze und der DDR sowie gegen die Annahme einer drohenden Aggression aus dem Osten ergeben. Immerhin fühlten sich 1966 nur noch 38% der Westdeutschen durch die Sowjetunion bedroht (1952: 66%). Und 29% waren 1969 – gegenüber 9% 1955! – zur Anerkennung der DDR bereit; 57% wollten sie 1970 anerkennen, „wenn sie uns dafür auch entgegenkommt". (Nach einer demnächst erscheinenden Untersuchung.)
Gromyko, A. A. (Hg.): Die friedliche Koexistenz – der Leninsche Kurs der Außenpolitik der Sowjetunion, (Ost-)Berlin o. J. S. 121f
Guevara, Ernesto Che: Partisanenkrieg – eine Methode, Köln, München 1966
Haftendorn, Helga: Militärhilfe und Rüstungsexporte der BRD, Düsseldorf 1971. Zusammenfassung in der Beilage 28/71 v. 10. Juli 1971 des „Parlament"
Hallgarten, G. W. F.: Zur Geschichte der Abrüstung im 20. Jahrhundert, in: Zeitschrift für Politik, 2/1960
Hegel, Georg Friedrich Wilhelm: Kritische Ausg. Sämtliche Werke (Lassou/Hoffmeister), Band XXVII, Hamburg 1952
Heinemann, Gustav: Verfehlte Deutschlandpolitik, Frankfurt 1966
Hoffmann, Rainer: Modifizierte Ausplünderung, in: Atomzeitalter 9/67, S. 510ff.
Hoffmann, Werner: Rede zu I. Lesung der Notstandsgesetze, in: Blätter für deutsche und intern. Politik 8/67
Horowitz, David: Kalter Krieg. Hintergründe der US-Außenpolitik von Jalta bis Vietnam, Bern 1969, Bd. 1
Huffschmid, Jörg: Die Politik des Kapitals. Konzentration und Wirtschaftspolitik in der Bundesrepublik, Frankfurt 1969
Jung, Volker: Der Europäische Bund der Freien Gewerkschaften und die Wirtschafts- und Währungsunion, in: Gewerkschaftliche Monatshefte 12/1971, S. 752ff.
Kahn, Helmut Wolfgang: Die Russen kommen nicht. Fehlleistungen unserer Sicherheitspolitik, München, Bern, Wien 1969
Kehr, Eckart: Der Primat der Innenpolitik, Berlin 1965
Kennedy, J. F.: Der Weg zum Frieden, Düsseldorf 1961
Klingemann, H. D.: Volkswirtschaftliche Konsequenzen der Rüstung in der BRD in: Kölner Zeitschrift für Soziologie und Sozialpsychologie, Sonderheft 12/68
Köpke, Günter: Multinationale Unternehmen und Gewerkschaften in: Gewerkschaftliche Monatshefte 7/1971, S. 391ff.
–, Gemeinwirtschaft im Spiegel neuerer Literatur, in: Gewerkschaftliche Monatshefte 10/62
Kuby, Heinz: Machtverschiebung in Europa. Rückwirkungen der Wirtschaftsunion auf die Strukturen politischer und gesellschaftlicher Macht in Westeuropa, in: Gewerkschaftliche Monatshefte 7/71, S. 412–422
Kunze, Otto: Von der wirtschaftlichen Mitbestimmung zur demokratischen Unternehmensverfassung, in: Gewerkschaft, Wirtschaft, Gesellschaft (Hg. K. Nemitz), Köln 1963
Krokow, Christian Graf von: Das Friedensproblem im Ost-West-Konflikt, in:

Der Friede im nuklearen Zeitalter – Eine Kontroverse zwischen Realisten und Utopisten, München 1970
Lefringhausen, Klaus, u. Merz, Friedhelm: Das zweite Entwicklungsjahrzehnt 1970–1980, Wuppertal 1970
Lehn, Hartmut von: Indien und China – Zwei Entwicklungswege, in: Materialien Nr. 11, hg. vom Bundesministerium für wirtschaftliche Zusammenarbeit (Nachdruck aus der Zeitschrift Vereinte Nationen 2/3/70)
Leontief, W. / Hoffenberg, M.: Input-output-Analysis of Disarmament, in: Benoit/Boulding (Hg.): Disarmament and the Economy, New York 1963
Lewin, Leonard: Verdammter Friede (Report from the Iron Mountains), Bern, München, Wien 1968
Luxemburg, Rosa: Die Akkumulation des Kapitals. Ein Beitrag zur ökonomischen Erklärung des Imperialismus, Berlin 1913
Magdov, H.: Economic Aspects of U. S. Imperialism, in: Monthly Review 1966, Nr. 6, S. 36ff.
Manstein, Bodo: Atomare Gefahr und Bevölkerungsschutz, Stuttgart 1963
Marcuse, Herbert: Die Gesellschaftslehre des sowjetischen Marxismus, Neuwied/Berlin 1964
–, Der eindimensionale Mensch, Studien zur Ideologie der fortgeschrittenen Industriegesellschaft, Neuwied/Berlin 1967
Matthöfer, Hans: Internationale Kapitalkonzentration und Gewerkschaftsbewegung, in: Gewerkschaftliche Monatshefte 8/1971, S. 469–476
Mechtersheimer, Alfred: Der militärisch-industrielle Komplex in den USA und in der BRD, in: Aus Politik und Zeitgeschichte, Beilage zur Wochenzeitung Das Parlament vom 10. Juli 1971
Melman, Seymour: Ökonomische Alternativen zur Abrüstungspolitik, in: Blätter für deutsche und internationale Politik 2/1964
Merz, Friedhelm: s. Lefringhausen
Myrdal, Gunnar: An Asian Drama, New York 1968
Obermann, Emil (Hg.): Gesellschaft und Verteidigung. Idee, Weltstrategie, Bundeswehr. Völlige Neubearbeitung (!) Stuttgart 1971
Pearson-Bericht (von einem Autorenkollektiv im Auftrag der Weltbank) dt. München 1969
Piao, Lin: Bericht auf dem IX. Parteitag der Kommunistischen Partei Chinas, Peking 1969
Prager, Theodor: Konvergenz – Konkurrenz – Divergenz, in: futurum 1/71, S. 3ff.
Rathiens, G. W.: Die Zukunft des strategischen Rüstungswettlaufs in: Zur Pathologie d. Rüstungswettlaufs (Hg. D. Senghaas), Freiburg 1970
Risse, Heinz Theo: Kapitalismus und Abrüstung, in: atomzeitalter 5/64
Röling, Bert, Einführung in die Wissenschaft von Krieg und Frieden, Neukirchen-Vluyn 1970
Rose, Günter: Einige prinzipielle Bemerkungen zur Konvergenztheorie, in: Blätter für deutsche und internationale Politik, 9/69, S. 939ff.
Rostow, W. W.: Stadien wirtschaftlichen Wachstums. Eine Alternative zur marxistischen Entwicklungstheorie, Göttingen 1961
Sacharow, Andrej D., Wie ich mir die Zukunft vorstelle. Gedanken über Fortschritt, friedliche Koexistenz und geistige Freiheit, Frankfurt/Zürich 1968
–, Dokument in „Der Spiegel“ 16/70, S. 164ff
Schmidt, Eberhard: Die verhinderte Neuordnung 1945–52, Frankfurt 1970
Schmidt, Helmut: Strategie des Gleichgewichts, Deutsche Friedenspolitik und die Weltmächte, Stuttgart 1969
Schulz, K.-P.: Sorge um die deutsche Linke, Köln, Berlin, 1954. Zitiert nach

Emil Bandholz: Zwischen Godesberg und Großindustrie oder Wo steht die SPD? rororo aktuell 1459, Reinbek 1971
Seifert, Jürgen: Gefahr im Verzuge. Zur Problematik der Notstandsgesetzgebung. 4. Aufl. 1965
Senghaas, Dieter: Abschreckung und Frieden, Frankfurt 1969
–, Rüstung und Militarismus, Frankfurt 1972
Senghaas-Knobloch, Eva: Frieden durch Integration und Assoziation, Stuttgart 1969
Sering, Paul: Jenseits des Kapitalismus, Nürnberg 1948, 3. Aufl.
SIPRI (Stockholm International Peace Research Institute), Yearbook of World Armaments and Disarmaments, Stockholm, London, New York, New Delhi 1969
–, The Arms Trade with the Third World, Stockholm, New York 1971
Spohn, Willfried: Konvergenz- und Divergenztheorie – ideologischer Ausdruck der Koexistenz von Kapitalismus und Sozialismus, in Futurum 1/71
Stalin, Joseph: Werke, Bd. 1, Berlin 1953
Steinhaus, K.: Vietnam. Zum Problem der kolonialen Revolution und Konterrevolution, Berlin 1966
Sternstein, Wolfgang: Strategien gewaltfreier Aktion, in: Kontexte, Bd. 7 (hg. v. H. J. Schultz) Stuttgart 1971, S. 45–56
Stockholm International Peace Research Institute, siehe: SIPRI
Strahm, Rudolf A., Industrieländer – Entwicklungsländer. Graphische Tabellen und Kommentare zur wirtschaftlichen Abhängigkeit der Armen Welt; Freiburg Nürnberg (Laetare V.) 1972
Tibi, Bassam: Theorien der Konvergenz kapitalistischer und sozialistischer Industriegesellschaften, in: Das Argument Nr. 50/1968, 125ff.
Tirpitz, Alfred v.: Erinnerungen, Leipzig 1919
UN-Publikation: Economic and Social Consequences of Disarmament (UN Publications E/3593/Rev. 1), New York 1962
Uri, Pierre: Die Organisation (Planung) der Länder untereinander zur Errichtung Europas, in: Annalen der Gemeinwirtschaft, Heft 1/63
Verma, P. C.: Economic Growth in India and China, in: Mainstream vol. V, No. 29, S. 31ff., New Delhi 1967
Vilmar, Fritz: Tödlicher Wahn – Atomluftschutz, in: Gewerksch. Monatshefte 2/62. Dort eine Fülle von Dokumenten zum Thema
–, Neuordnung der Wirtschaft. Das Konzept des Deutschen Gewerkschaftsbundes, in: Modelle für eine neue Welt (Hg. R. Jungk u. H. J. Mundt) München 1964, 326–351
–, Rüstung und Abrüstung im Spätkapitalismus, Frankfurt 1965; 5. neubearbeitete und erweiterte Aufl. 1970
–, Technischer Fortschritt als Abfallprodukt der Rüstungsforschung? in: Frankfurter Hefte 4/1970 (b)
–, Entwurf einer Systematik zur kritischen Friedensforschung, in: Kritische Friedensforschung, hg. v. Dieter Senghaas, Frankfurt 1971, S. 362–395
Wehner, Herbert: Wandel und Bewährung, Hannover 1968
Weidenbaum, Murray: Friedliche Nutzung der Rüstungsindustrie, in: atomzeitalter 5/64
Weizsäcker, Karl Friedr. v. (Hg.): Kriegsfolgen und Kriegsverhütung, München 1971
Wettig, Gerhard: Die gegenwärtige sowjetische Politik der europäischen Sicherheit, in: Beilage z. Wochenzeitung „Das Parlament" v. 6. März 1971
Wolfe, Th.: Sowjetische Militärstrategie, Köln-Opladen 1967
Wollny, Hans: Die Zukunft ist anders, Boppard 1962

Zellentin, Gerda: Intersystemare Beziehungen in Europa, Leiden 1970
–, Europäische Friedensordnung: Zielvorstellungen, Strategien und Handlungspotentiale (Referat auf dem 2. wissenschaftlichen Colloquium der Arbeitsgemeinschaft für Friedens- und Konfliktforschung vom 14. bis 17. 10. 1971, unveröffentlichtes Manuskript)

Fachausdrücke

ABM	Anti-Ballistic Missile = Raketenabwehrrakete
Denuklearisierung	Abbau der Atomwaffen aus einem Rüstungssystem
Disengagement	Auseinanderrücken bzw. Rüstungsverminderung von Militärblöcken in den besonders bedrohten angrenzenden Bereichen
EKS	Europäische Sicherheitskonferenz
Flexible Response	Flexible Reaktion; militärische Strategie der NATO, die eine „angemessene“ Antwort auf jede Art einer Aggression vorsieht, einschließlich atomarer „Schläge“ verschiedener Größenordnung
FOBS	Fractional Orbital Bombardment System = satellitenartiges Bombensystem, das nach einer Teilumlaufbahn um die Erde ins Ziel gelenkt wird
MBFR	Mutual Balanced Force Reductions = Beiderseitige, ausgewogene Truppenverminderungen; im nordatlantischen Bündnis entwickeltes Konzept für Verhandlungen mit der Sowjetunion und anderen Mitgliedern des Warschauer Pakts
MIRV	Multiple Independently Targeted Reentry Vehicle = Rakete mit mehreren Sprengköpfen, die unabhängig voneinander in verschiedene Ziele gesteuert werden können
SALT	Strategic Arms Limitation Talks = Amerikanisch–sowjetische Regierungsgespräche über eine Begrenzung der nuklearstrategischen Waffen
second-strike-capability	Fähigkeit, nach einem strategischen Atomschlag des Gegners einen vernichtenden Gegenschlag zu führen

(Viele andere Fachausdrücke werden an Ort und Stelle, wenn sie zum ersten Male erscheinen, erklärt.)

rororo aktuell

Herausgegeben von Freimut Duve

DETLEV ALBERS / WERNER GOLDSCHMIDT / PAUL OEHLKE Klassenkämpfe in Westeuropa. England, Frankreich, Italien [1502]

HEINRICH ALBERTZ / DIETRICH GOLDSCHMIDT [Hg.] Konsequenzen oder Thesen, Analysen und Dokumente zur Deutschlandpolitik [1280]

ULRICH ALBRECHT / BIRGIT A. SOMMER Deutsche Waffen für die Dritte Welt. Militärhilfe und Entwicklungspolitik. Vorwort von Helmut Glubrecht [1535]

ALVES / DETREZ / MARIGHELA Zerschlagt die Wohlstandsinseln der Dritten Welt. Mit dem Handbuch der Guerilleros von Sao Paulo [1453]

GUNTER AMENDT [Hg.] Kinderkreuzzug oder Beginnt die Revolution in den Schulen? Mit Beiträgen von Stefan Rabe, Ilan Reisin, Ezra Gerhardt, Günter Degler u. Peter Brandt [1153]

ATHÈNES-PRESSE LIBRE Schwarzbuch der Diktatur in Griechenland. Eine Dokumentation zusammengestellt von Aris Fakinos, Clément Lépidis und Richard Soméritis. Vorwort: Vagelis Tsakiridis [1338]

JAMES BALDWIN Hundert Jahre Freiheit ohne Gleichberechtigung oder The Fire Next Time / Eine Warnung an die Weißen [634]

EMIL BANDHOLZ Zwischen Godesberg und Großindustrie oder Wo steht die SPD? [1459]

RICHARD J. BARNET Der amerikanische Rüstungswahn oder Die Ökonomie des Todes. Mit einem Beitrag von Claus Grossner [1450]

UWE BERGMANN / RUDI DUTSCHKE / WOLFGANG LEFÈVRE / BERND RABEHL [Hg.] Rebellion der Studenten oder Die neue Opposition. Eine Analyse [1043]

BERLINER AUTORENGRUPPE [Hg.] Kinderläden. – Revolution der Erziehung oder Erziehung zur Revolution? [1340]

PHILIP BERRIGAN Christen gegen die Gesellschaft. US-Priester im Gefängnis [1498]

JUAN BOSCH Der Pentagonismus oder Die Ablösung des Imperialismus? Mit einem Nachwort von Sven G. Papcke [1151]

WILFRED BURCHETT Kambodscha und Laos oder Nixons Krieg? [1401]

GÉRARD CHALIAND Kann Israel noch besiegt werden? oder Die Kommandos kämpfen weiter [1409]

G. und D. COHN-BENDIT Linksradikalismus – Gewaltkur gegen die Alterskrankheit des Kommunismus [1156]

DAVID COOPER [Hg.] Dialektik der Befreiung. Mit Texten von Carmichael, Gerassi, Goodman, Marcuse, Sweezy u. a. [1274]

WOLFGANG CYRAN Genuß mit oder ohne Reue? Eine medizinische Analyse über die Gefahren des Rauchens [984]

BERNADETTE DEVLIN Irland: Religionskrieg oder Klassenkampf? [1182]

ULRICH EHEBALD Patient oder Verbrecher? Strafvollzug provoziert Delinquenz. Gutachten zum Fall N. Mit einem Vorwort von Gerhard Mauz [1501]

KLAUS ESSER Durch freie Wahlen zum Sozialismus oder Chiles Weg aus der Armut [1554]

FRANTZ FANON Die Verdammten dieser Erde. Vorwort von Jean-Paul Sartre [1209/10]

ERNST FISCHER Die Revolution ist anders. Ernst Fischer stellt sich zehn Fragen kritischer Schüler [1458]

KARL-HERMANN FLACH / WERNER MAIHOFER / WALTER SCHEEL Die Freiburger Thesen der Liberalen [1545]

ERICH FRISTER / LUC JOCHIMSEN [Hg.] Wie links dürfen Lehrer sein? Unsere Gesellschaft vor einer Grundsatzentscheidung [1555]

J. WILLIAM FULBRIGHT Die Arroganz der Macht [987]

166/42–42a

696/2

aktuell rororo

Werner Hofmann

Grundelemente der Wirtschaftsgesellschaft

Ein Leitfaden für Lehrende

Werner Hofmann, seit 1966 Ordinarius für Soziologie an der Philipps-Universität Marburg und Direktor des Soziologischen Instituts, stellt mit diesem Leitfaden eine neuartige Form von Orientierungshilfe zum Verständnis der Wirtschaftsgesellschaft zur Verfügung. Mit aller Sorgfalt werden die Grundfragen der Gesellschaft und ihrer ökonomischen Bedingungen erläutert.

Nach einer methodischen Einleitung werden im ersten Teil Grundbegriffe der Gesellschaftslehre behandelt; der zweite Teil enthält eine kritische Bestandsaufnahme der vorkapitalistischen Gesellschaftsformationen; der dritte Teil analysiert die kapitalistische Erwerbsgesellschaft: A. ihre gesellschaftlichen Grundverhältnisse, B. die Hauptaspekte des Wirtschaftsgeschehens (Wertschöpfung, Kapitalgewinn und Arbeitslohn, Preisbildung, Geld und Kredit, den volkswirtschaftlichen Gesamtprozeß, die Weltwirtschaft), C. die Grundbedingungen der Wirtschaftspolitik und D. die wichtigsten ökonomischen Lehrmeinungen; der vierte Teil kennzeichnet die Struktur der sozialistischen Gesellschaft.

rororo aktuell Band 1149

514/4

studium rororo

rororo studium Herausgegeben von Ernesto Grassi

Rechtswissenschaften:
Prof. Dr. jur. Erhard Denninger, Universität Frankfurt
Prof. Dr. jur. Karl Kroeschell, Universität Göttingen

Niklas Luhmann (Univ. Bielefeld)
Rechtssoziologie 1 [1]

Niklas Luhmann (Univ. Bielefeld)
Rechtssoziologie 2 [2]

Karl Kroeschell (Univ. Göttingen)
Deutsche Rechtsgeschichte I (bis 1250) [8 – Juni 72]

Karl Kroeschell (Univ. Göttingen)
Deutsche Rechtsgeschichte II (1250–1650) [9 – Sept. 72]

Eberhard Schmidhäuser (Univ. Hamburg)
Einführung in das Strafrecht
[12 – Sept. 72]

Betriebswirtschaftslehre:
Prof. Dr. phil. Dres. h. c. Erich Kosiol, Freie Universität Berlin
Prof. Dr. rer. pol. Erwin Grochla, Universität Köln

Erwin Grochla (Univ. Köln)
Unternehmungsorganisation [3]

Erwin Grochla (Hrsg.) (Univ. Köln)
Unternehmungsorganisation Reader + Abstracts [4]

Johannes Bidlingmaier (Univ. Graz)
Marketing [7 – Juli 72]

Erich Kosiol (Univ. Berlin)
Die Unternehmung als wirtschaftliches Aktionszentrum
Einführung in die Betriebswirtschaftslehre [11 – Sept. 72]

Psychoanalyse:

Hermann Argelander (Sigmund-Freud-Institut, Frankfurt/M.)
Gruppenprozesse
Wege zur Anwendung der Psychoanalyse in Behandlung, Lehre und Forschung [5]

Melanie Klein
Das Seelenleben des Kleinkindes
und andere Beiträge zur Psychoanalyse [6]

Igor A. Caruso (Univ. Salzburg)
Soziale Aspekte der Psychoanalyse [10 – Juni 72]

August Aichhorn
Erziehungsberatung und Erziehungshilfe [13 – Juli 72]

Hans Strotzka (Univ. Wien)
Einführung in die Sozialpsychiatrie [14 – Sept. 72]

Sozialwissenschaft:
Prof. Dr. phil. Joachim Matthes, Universität Bielefeld
Prof. Dr. rer. pol. Franz-Xaver Kaufmann, Universität Bielefeld

Joachim Matthes (Univ. Bielefeld)
Einführung in das Studium der Soziologie [15 – Okt. 72]

Dietrich Storbeck (Univ. Bielefeld)
Raumplanung in der Industriegesellschaft
Entwicklung und Probleme der Raumplanung in Deutschland [16 – Okt. 72]

Linguistik:
Prof. Dr. phil. Dieter Wunderlich, Freie Universität Berlin
Prof. Dr. phil. Helmut Schnelle, Technische Universität Berlin

Dieter Wunderlich (Univ. Berlin)
Grundlagen der Linguistik
[17 – Okt. 72]

Adam Schaff (Polnische Akademie der Wissenschaften, Warschau)
Sprache und Erkenntnis
[18 – Okt. 72]

754/2